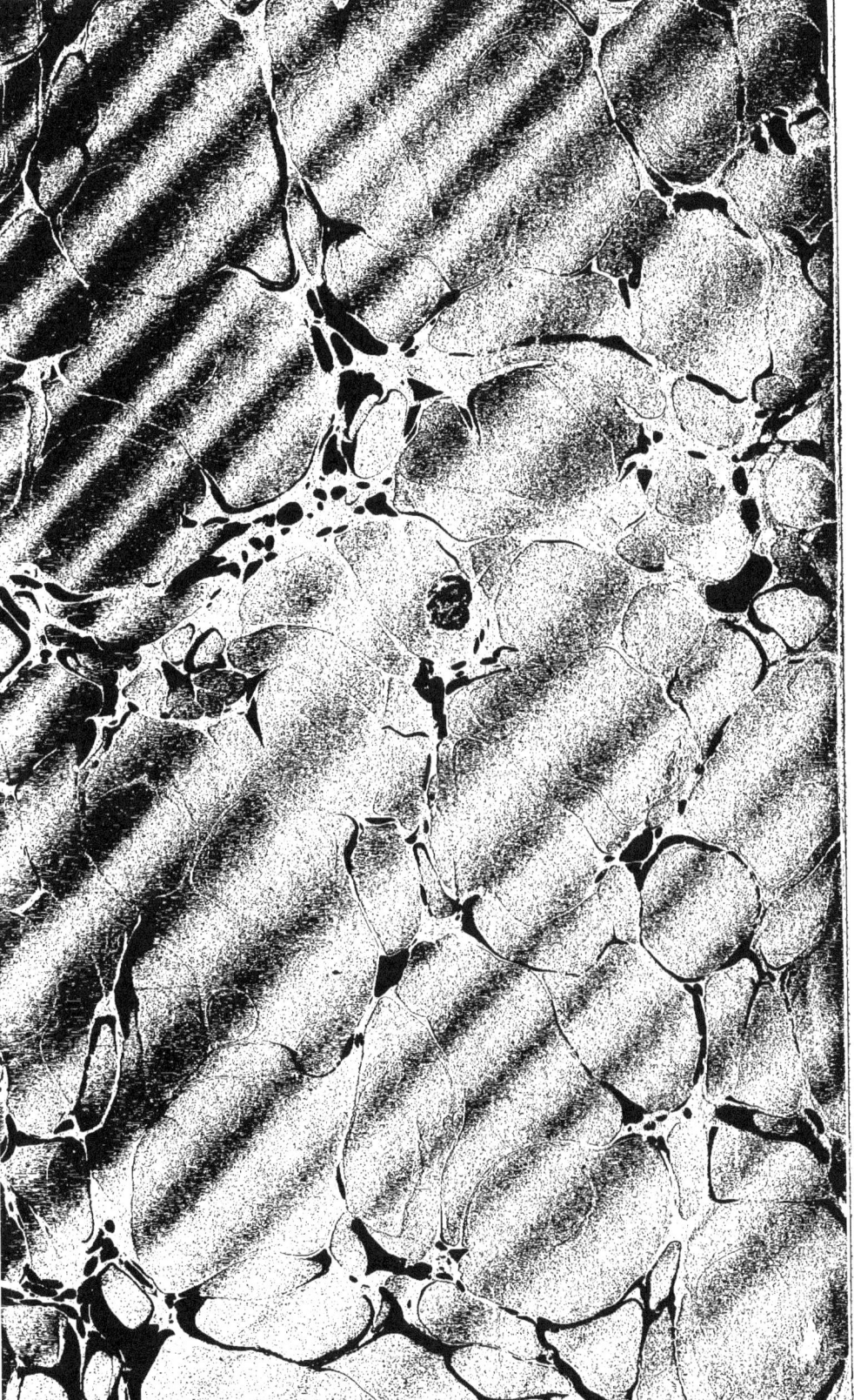

NAGUDELING

GROUPE GÉOGRAPHIQUE ET ETHNOGRAPHIQUE DU SUD-OUEST

SOCIÉTÉ DE GÉOGRAPHIE COMMERCIALE DE BORDEAUX

Reconnue d'utilité publique par décret du 31 août 1896.

CONGRÈS NATIONAL

DES

SOCIÉTÉS FRANÇAISES DE GÉOGRAPHIE

16ᵉ SESSION

BORDEAUX, AOUT 1895

PRÉSIDENT : M. DE MAHY, DÉPUTÉ DE LA RÉUNION, ANCIEN MINISTRE

COMPTE RENDU DES TRAVAUX DU CONGRÈS

BORDEAUX

SIÈGE DE LA SOCIÉTÉ : A LA BOURSE

1896

GROUPE GÉOGRAPHIQUE ET ETHNOGRAPHIQUE DU SUD-OUEST

SOCIÉTÉ DE GÉOGRAPHIE COMMERCIALE DE BORDEAUX

Reconnue d'utilité publique par décret du 31 août 1896.

CONGRÈS NATIONAL
DES
SOCIÉTÉS FRANÇAISES DE GÉOGRAPHIE

16e SESSION : BORDEAUX, AOUT 1895

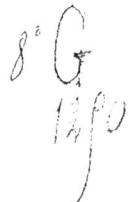

GROUPE GÉOGRAPHIQUE ET ETHNOGRAPHIQUE DU SUD-OUEST

SOCIÉTÉ DE GÉOGRAPHIE COMMERCIALE DE BORDEAUX

Reconnue d'utilité publique par décret du 31 août 1896.

CONGRÈS NATIONAL
DES
SOCIÉTÉS FRANÇAISES DE GÉOGRAPHIE

16e SESSION
BORDEAUX, AOUT 1895

PRÉSIDENT : **M. DE MAHY**, DÉPUTÉ DE LA RÉUNION, ANCIEN MINISTRE

COMPTE RENDU DES TRAVAUX DU CONGRÈS

BORDEAUX
SIÈGE DE LA SOCIÉTÉ : A LA BOURSE

1896

GROUPE GÉOGRAPHIQUE ET ETHNOGRAPHIQUE DU SUD-OUEST

SOCIÉTÉ DE GÉOGRAPHIE COMMERCIALE DE BORDEAUX

CONGRÈS NATIONAL
DES
SOCIÉTÉS FRANÇAISES DE GÉOGRAPHIE

16e SESSION : BORDEAUX, AOUT 1895

INTRODUCTION

ORGANISATION DU CONGRÈS

Conformément à la décision prise par le Congrès de Lyon en 1894, la Société de géographie commerciale de Bordeaux a eu l'honneur d'organiser *la 16e session du Congrès national des Sociétés françaises de géographie*. Elle avait d'ailleurs sollicité cette mission, non seulement parce que treize années s'étaient déjà écoulées depuis la tenue à Bordeaux du Congrès de 1882, et que son tour de le recevoir à nouveau lui paraissait arrivé, mais encore parce que, comme en 1882, la Société philomathique préparait pour l'année 1895 une grande Exposition qui devait appeler dans notre ville de nombreux visiteurs et offrir aux membres du Congrès, pour les délasser de leurs travaux, une succession d'attractions exceptionnelles.

La Société de géographie commerciale de Bordeaux décida tout d'abord, pour tenir compte d'un désir exprimé par le Congrès de Lyon, que la session de Bordeaux aurait lieu au commencement du mois d'août et il en fixa la date d'ouverture au jeudi 1er août, afin de ne pas faire coïncider entièrement le Congrès de géographie avec celui de l'Association française pour l'avancement des sciences dont l'arrivée était annoncée pour le dimanche suivant. Pendant les journées des 5 et 6 août, les séances des deux Congrès ont toutefois eu lieu simultanément; mais cette coïncidence, qui n'a pu être évitée, est loin d'avoir présenté des inconvénients, puisqu'elle a procuré au Congrès de géographie l'honneur de recevoir à l'une de ses séances la Section de géographie du Congrès de l'Association française et qu'elle a permis à ceux de ses membres qui l'ont désiré d'assister à quelques-uns des travaux des nombreuses Sections de cette Association.

La Société de géographie de Bordeaux se préoccupa ensuite de s'assurer les ressources nécessaires pour l'organisation et la réception du Congrès, et elle s'adressa au Conseil général du département de la Gironde, à la Ville et à la Chambre de commerce de Bordeaux, qui voulurent bien, dans cette occasion, lui accorder des allocations exceptionnelles.

Notre Société ne pouvait accueillir ces bienveillantes décisions qu'avec la plus grande reconnaissance et elle s'empressa d'offrir à ses présidents d'honneur, MM. Dezeimeris, président du Conseil général, A. Daney, maire de Bordeaux, et Brunet, président de la Chambre de commerce, la présidence d'honneur de la session.

Quant à la présidence effective du Congrès, notre Société ne pouvait mieux faire que de la confier à l'honorable M. de Mahy, député de la Réunion, vice-président de la

Chambre des députés, dont la haute compétence sur toutes les questions qui intéressent nos Sociétés de géographie est connue et appréciée de tous. M. de Mahy a d'ailleurs présidé en 1888 la session de Bourg et il n'est aucun des fidèles de nos Congrès qui ne se rappelle avec quelle autorité bienveillante et quel infatigable dévouement il en a dirigé les délibérations. Aussi son acceptation a-t-elle été à la fois, pour le Congrès de Bordeaux, une bonne fortune et un grand honneur; et la Société de géographie commerciale de Bordeaux tient à en exprimer ici, à l'honorable et vénéré Président, sa plus profonde et plus cordiale reconnaissance.

Dès le mois de janvier 1895, une Commission d'organisation avait été nommée par la Société de géographie commerciale de Bordeaux pour s'occuper de la préparation du Congrès. Elle était présidée par M. le commandant Bonetti, vice-président de la Société, et comprenait: MM. Manès, secrétaire général, Pérez-Henrique, Bénard, Nicolaï, Sennès, membres du Bureau, et MM. Descamps, Goguel et Lung, membres de la Société.

Les premières démarches de la Commission eurent pour but de solliciter des divers Ministères (intérieur, affaires étrangères, guerre, marine, instruction publique et beaux-arts, travaux publics, commerce et industrie, colonies) l'envoi de délégués, et la même demande fut adressée au gouverneur général de l'Algérie et au ministre résident à Tunis.

La Commission s'occupa ensuite de la rédaction de la circulaire ci-après, destinée aux diverses Sociétés françaises de géographie, pour obtenir leur adhésion et celles de leurs membres, la désignation de leurs délégués et l'envoi des questions qu'elles désiraient soumettre aux délibérations du Congrès.

CIRCULAIRE

Adressée aux Sociétés françaises de géographie.

Monsieur le Président,

Nous avons l'honneur de vous informer que, conformément à la décision prise en 1894 par le Congrès de Lyon, sur la demande de notre Société, le Congrès national des Sociétés françaises de géographie tiendra à Bordeaux, au mois d'août prochain, sa session de 1895.

Le Congrès aura lieu du 1er au 7 août inclus, et sera présidé par notre ancien président du Congrès de Bourg, M. de Mahy, député de la Réunion et vice-président de la Chambre des députés, qui veut bien nous faire cet honneur.

La Société de géographie commerciale de Bordeaux vous serait reconnaissante, Monsieur le Président, de vouloir bien accueillir favorablement l'invitation que nous vous adressons en son nom et venir honorer le Congrès de votre présence.

Elle vous prie, en outre, de vouloir bien engager les membres de votre Société à se rendre au Congrès pour prendre part à ses travaux. Ils peuvent être assurés de recevoir dans notre ville, de la part de leurs collègues de la Société de géographie de Bordeaux, le même accueil qu'en 1882, et ils y trouveront, indépendamment de l'intérêt que leur offrira le Congrès, l'attrait exceptionnel de la XIIIe Exposition de la Société philomathique dont le succès s'affirme de plus en plus, et dont nous serons heureux de leur faire les honneurs.

Nous vous prions enfin, Monsieur le Président, de vouloir bien nous faire connaître, le plus tôt possible, en vue de la rédaction du programme de la session, les sujets d'étude ou les communications que votre Société a l'intention de soumettre à l'examen du Congrès, et de nous désigner, en temps utile, les noms et adresses :

1° De votre délégué officiel, et 2° de ceux des membres de votre Société qui ont l'intention de venir assister au Congrès de Bordeaux et participer à ses travaux.

Veuillez agréer, Monsieur le Président, l'expression de nos sentiments les plus distingués.

Pour le Bureau de la Société :

Le Président de la Commission d'organisation du Congrès,

Le Secrétaire général,   *Vice-Président de la Société,*

J. MANÈS.   Commandant BONETTI.

Bien que le Congrès eût un caractère exclusivement national, les Sociétés de géographie de Madrid, de Lisbonne et de Porto furent invitées également à s'y faire représenter, cette exception étant motivée par la présence des produits de l'Espagne et du Portugal à l'Exposition de la Société philomathique et par les relations particulières de ces deux pays avec la Ville de Bordeaux.

Des invitations spéciales furent aussi adressées, sur la demande de nos délégués du Congrès de Lyon, à MM. de Claparède, président de la Société de géographie de Genève; Knapp, professeur de géographie à l'Université de Neuchatel, et M. de Varigny.

Sur la proposition de la Commission, la Société de géographie commerciale de Bordeaux arrêta ainsi qu'il suit le questionnaire du Congrès :

QUESTIONNAIRE DU CONGRÈS

I. — Géographie générale.

Mesure du temps et des angles. — De l'océanographie dans les Sociétés de géographie. — Rapports des climats et des produits. — Découvertes géographiques au xixe siècle. — Les abordages en mer. — La langue française et les intérêts français hors de France.

Sujets et communications inscrits à l'ordre du jour sur la demande des Sociétés :

a) Progrès réalisés depuis le dernier Congrès par l'application simultanée et parallèle du système décimal à la mesure du temps et des angles. (Société de géographie de Toulouse : M. Guénot, *rapporteur.*)

b) De l'enseignement de l'océanographie dans les écoles primaires du littoral. (Société de géographie de Lorient : M. Layec, *rapporteur.*)

c) Les limites géographiques du climat tempéré. (Société de géographie commerciale de Bordeaux : M. Gebelin, *rapporteur.*)

d) Projet de répertoire national des découvertes géographiques du

xixᵉ siècle. (Société de géographie de Marseille : M. Saint-Yves, *rapporteur*.)
e) Le rôle commercial de nos fleuves et de nos ports. (Société de géographie de Marseille : M. Breittmayer, *rapporteur*.)
f) De la situation de la pêche côtière et de la création des écoles de pêche. (Société de géographie de Lorient : M. Layec, *rapporteur*.)
g) Les abordages en mer. (Société de géographie commerciale de Bordeaux : N..., *rapporteur*.)
h) Les intérêts français en Syrie. (Société de géographie commerciale de Paris : M. Castonnet des Fosses, *rapporteur*.)
i) Atlas géographique et statistique de la France. (Société de géographie de l'Est : M. Barbier, *rapporteur*.)

II. — Géographie régionale.

Les régions naturelles du Sud-Ouest. — Canal des Deux-Mers. — Canaux des Landes. — Canal du Midi. — Bassin d'Arcachon. — Bibliographie géographique et statistique régionales.

Sujets et communications inscrits à l'ordre du jour sur la demande des Sociétés :

a) Les régions naturelles de la Gironde, à l'occasion d'une carte géologique d'une partie du département. (Société de géographie commerciale de Bordeaux : M. Fallot, *rapporteur*.)
b) Les courants du golfe de Gascogne. (Société de géographie commerciale de Bordeaux : M. Hautreux, *rapporteur*.)
c) Le canal des Deux-Mers (Mémoire de M. Kerviler, ingénieur des ponts et chaussées). (Société de géographie de Saint-Nazaire : M. Gallet, *rapporteur*.)
d) Le bassin d'Arcachon. (Société de géographie commerciale de Bordeaux : M. Duffart, *rapporteur*.)
e) Bibliographie géographique de la Lorraine. (Société de géographie de l'Est : M. Barbier, *rapporteur*.)
f) Des effets du déboisement sur les avalanches et les inondations en 1895 dans les Pyrénées centrales. (Société de géographie de Toulouse : M. Guénot, *rapporteur*.)

III. — Géographie coloniale.

Le territoire contesté de la Guyane. — Madagascar et ses productions commerciales. — Musées et renseignements coloniaux. — Produits des colonies. — Bibliographie coloniale.

Sujets et communications inscrits à l'ordre du jour sur la demande des Sociétés :

a) Les territoires contestés entre la France et le Brésil. (Société de géographie commerciale de Nantes : M. Doby, *rapporteur*.)
b) Renseignements coloniaux. (Question revenant devant le Congrès à la suite du vœu formulé l'année dernière par le Congrès de Lyon : *Rapporteur désigné,* M. Barbier, de la Société de géographie de l'Est.)
c) Utilité des Musées coloniaux dans les grands ports d'échange. (Société de géographie commerciale de Bordeaux : MM. Rançon et Bénard, *rapporteurs*.)
d) Immigration asiatique dans nos colonies. (Société de géographie commerciale de Paris : M. Castonnet des Fosses, *rapporteur*.)

IV. — Modification du Règlement et date du prochain Congrès.

a) Projet de modification du règlement des Congrès nationaux de géographie voté en 1884 par le Congrès de Toulouse. (Proposé par la Société de géographie de l'Est : M. Barbier, *rapporteur*.)
b) Candidatures pour le Congrès de 1897 des Sociétés de géographie de Saint-Nazaire et de Marseille.

Bordeaux, le 9 juillet 1895.

Pour le Bureau de la Société :

Le Secrétaire général,
J. MANÈS.

Le Président de la Commission d'organisation du Congrès,
Vice-Président de la Société,
Commandant BONETTI.

Les Compagnies de chemins de fer de l'État, de l'Est, du Midi, du Nord, de l'Ouest et de Paris-Orléans avaient bien voulu, sur la demande de la Société, accorder aux membres se rendant au Congrès, des bons de remise avec réduction de 50 0/0. Nous leur sommes d'autant plus reconnaissants de cette faveur qu'elle n'a pas été étendue, d'une manière générale, à la totalité des Congrès qui se sont réunis à Bordeaux pendant l'Exposition de 1895.

En terminant cette introduction, le Bureau de la Société de géographie commerciale de Bordeaux adresse ses plus vifs et plus sincères remerciements aux autorités bordelaises qui l'ont si généreusement aidé pour assurer le succès du Congrès, et particulièrement à la Municipalité et à la Chambre de commerce qui ont bien voulu faire aux congressistes, dans leurs salons de l'Hôtel de Ville et de la Bourse, de brillantes et gracieuses réceptions. La Municipalité avait eu, en outre, l'amabilité d'accorder à la Société de géographie les écussons et drapeaux nécessaires pour la décoration des salles des séances et de décider que, pendant toute la session, les divers édifices municipaux, Théâtres, Musées et Bibliothèques, pourraient être visités, sur la présentation de leur carte, par les Membres du Congrès.

La Société de géographie commerciale doit exprimer aussi sa profonde reconnaissance à la Société philomathique de Bordeaux qui a bien voulu, non seulement mettre le bel établissement de l'École professionnelle de la rue Saint-Sernin à la disposition du Congrès pour ses réunions, mais encore qui a généreusement ouvert à tous les congressistes ses vastes salons de lecture et de conversation du cours du XXX-Juillet, et qui leur a généreusement accordé, pour toute la durée de leur séjour à Bordeaux, des cartes gratuites permanentes d'entrée à l'Exposition.

Enfin, des témoignages spéciaux de gratitude doivent être également adressés aux maires de Saint-Macaire, de Castets, de Langon et de Bourg pour l'accueil sympathique et empressé qu'ils ont bien voulu faire aux congressistes pendant leurs excursions.

La Société de géographie commerciale de Bordeaux a été heureuse de recevoir, en 1895, le Congrès national des Sociétés françaises de géographie. Elle l'a organisé du mieux qu'elle a pu, et espère que tous ceux qui sont venus y prendre part, soit en qualité de délégués des Ministères, soit en qualité de délégués ou représentants des diverses Sociétés de géographie, voudront bien oublier les nombreuses lacunes qu'il a présentées, et ne se souvenir que de l'intention qu'a eue la Société de Bordeaux de ne rien négliger pour que la 16ᵉ session du Congrès national des Sociétés françaises de géographie soit au niveau de celles dont ils ont gardé le meilleur souvenir.

RÈGLEMENT

(Règlement adopté pour les Congrès nationaux des Sociétés françaises de géographie par le Congrès de Toulouse le 9 août 1884.)

I. — Tous les membres des Sociétés françaises de géographie sont admis à faire partie du Congrès national.

II. — Le Congrès tiendra sa session annuelle au siège de l'une des Sociétés, laquelle sera chargée de l'organisation.

III. — Chacune des Sociétés françaises de géographie déléguera spécialement pour la représenter au Comité du Congrès un de ses membres muni de ses pouvoirs.

IV. — Les délégués des Ministères et des Sociétés qui ont certaines études communes avec les Sociétés françaises de géographie pourront prendre part aux travaux du Congrès. Seuls, les mandataires des Sociétés de géographie précitées constitueront le Comité du Congrès.

V. — La session du Congrès pourra durer de cinq à six jours consécutifs. Autant que possible, la Société organisatrice devra éviter de l'entrecouper par des excursions.

VI. — Lorsque la Société appelée à recevoir le Congrès aura organisé une exposition, un jury local sera formé par ses soins pour préparer les opérations du jury définitif.

VII. — Durant la session, les membres du Congrès, suivant leurs aptitudes, seront répartis dans les diverses sections pour constituer le jury définitif.

VIII. — Ne pourront faire partie du jury les membres du Congrès qui sont exposants personnels, s'ils ne sont mis hors concours, au moins dans la section dont ils font partie.

Toutes les expositions collectives seront, pour les récompenses accordées, mises hors concours.

Il est entendu, toutefois, que les membres isolés de ces collectivités auront droit à concourir aux récompenses à titre personnel.

IX. — La session s'ouvrira par une séance générale dans laquelle seront prononcés les discours de cérémonie.

Dans la séance générale suivante, et dans l'ordre d'ancienneté des Sociétés françaises de géographie, le délégué de chacune d'elles fera l'exposé sommaire de ses travaux.

X. — Les comptes rendus des autres Sociétés se feront à la suite et dans l'ordre précité. La lecture des rapports ne devra pas durer plus d'un quart d'heure.

XI. — Une fois ouvert, le Congrès tiendra une séance le matin et une l'après-midi.

Les séances du matin seront exclusivement consacrées aux travaux sujets à discussion.

Celles de l'après-midi comprendront les communications diverses.

Il ne pourra être dérogé à cette disposition qu'en cas de force majeure ou quand il y aura surcharge à l'une des séances au détriment de l'autre.

Il pourra être organisé, suivant les besoins, des séances du soir pour des conférences spéciales.

XII. — La Société organisatrice sera chargée de pourvoir aux services du secrétariat et de la publicité.

XIII. — Afin d'éviter les surcharges d'ordre du jour et de conserver aux délibérations du Congrès leur caractère absolument géographique, les personnes qui auront des communications à faire, devront en donner au préalable le titre et, au besoin, le caractère défini, à la Société organisatrice.

XIV. — Les ordres du jour seront préparés par le Bureau de la Société organisatrice.

Si dans le cours de la session, sous un titre géographique, il est présenté un travail ayant un tout autre objet, la parole sera retirée à son auteur après consultation de l'assemblée par le Président.

XV. — La présidence des séances du matin, comme celles de l'après-midi, revient de droit aux délégués officiels des Sociétés de géographie et par ordre d'ancienneté de chacune d'elles. Il ne pourra être dérogé à cette règle que sur l'avis du Comité du Congrès.

XVI. — Si des délégués du Gouvernement, des membres des Sociétés étrangères de géographie sont présents, à titre officiel ou non, la présidence d'honneur de l'une ou l'autre séance pourra leur être offerte.

Le Bureau de la Société pourra présenter comme vice-présidents ou assesseurs les représentants des Sociétés, Académies, Administrations ou Institutions locales.

XVII. — L'ordre du jour et l'organisation du Bureau des séances supplémentaires du soir sont réservés à la Société organisatrice.

XVIII. — Toute question admise au Congrès sera traitée en séance de discussion générale. Les vœux qui pourront être formulés seront tous renvoyés au Comité composé uniquement des délégués spéciaux des Sociétés de géographie à raison de un par Société. La décision du Comité pour l'acceptation ou le rejet des vœux sera souveraine.

En séance générale de clôture, le Président du Congrès fera connaître les vœux que le Comité aura maintenus.

XIX. — A chaque session, le Congrès désignera la Société qui devra le recevoir à la session suivante. Cette désignation devra être faite, quand il sera possible, deux ans à l'avance.

XX. — Le Président de chaque séance sera chargé d'assurer l'exécution du présent règlement et de prendre toutes les mesures nécessaires pour maintenir la régularité de la marche des travaux.

XXI. — Un exemplaire du présent règlement sera distribué à chacun des membres du Congrès à la séance d'ouverture de chaque session et sera déposé en permanence par les soins de la Société organisatrice sur le bureau de l'assemblée.

Le présent règlement a été délibéré et arrêté par le Congrès réuni à Toulouse et dûment saisi dans la séance du 9 août 1884.

Pour copie conforme :

Le Secrétaire général,
J. MANÈS.

Le Président de la Société,
Marc MAUREL.

PROGRAMME GÉNÉRAL DU CONGRÈS

JEUDI 1er AOUT

Matin, 9 heures 1/2. — Ouverture du Congrès dans le grand amphithéâtre de l'École professionnelle (66, rue Saint-Sernin) : Allocution de M. le Dr Azam, président du Groupe géographique du Sud-Ouest. — Discours de M. de Mahy, vice-président de la Chambre des députés, président du Congrès.

<small>A l'issue de la séance, réunion du Bureau du Congrès pour la vérification des pouvoirs des délégués des Sociétés.</small>

Après-midi, 2 heures 1/2. — Réunion à l'Exposition (porte sud), où le Congrès sera reçu par une délégation de la Société philomathique et du Bureau de la Société de géographie commerciale de Bordeaux.

Visite du Palais des Colonies, dont les honneurs seront faits par M. BILBAUT, délégué du Ministère des colonies, et par les délégués de la Chambre de commerce; visite des autres parties de l'Exposition.

Soir, 9 heures. — Réception du Congrès dans les salons de la Chambre de commerce, à la Bourse.

VENDREDI 2 AOUT

Séance du matin, 9 heures ([1]). — Rapports des délégués sur les travaux des Sociétés.

Discussion du projet de modification du règlement proposé par la Société de géographie de l'Est (M. BARBIER, rapporteur).

Séance de l'après-midi, 2 heures. — Communications se rapportant à la géographie générale (titre 1er du questionnaire).

Soir, 8 heures 1/2. — Conférence.

SAMEDI 3 AOUT

Séance du matin, 9 heures. — Rapports des délégués sur les travaux des Sociétés (fin s'il y a lieu).

Examen des travaux et propositions sujets à discussion compris dans le programme.

Séance de l'après-midi, 2 heures. — Communications se rapportant à la géographie régionale et à la géographie coloniale (titres II et III du questionnaire).

Soir, 9 heures. — Promenade à l'Exposition.

DIMANCHE 4 AOUT

Excursion en rivière jusqu'à l'embouchure du canal latéral à la Garonne. — Visite de Saint-Macaire.

LUNDI 5 ET MARDI 6 AOUT

Séance du matin, 9 heures. — Réception par le Bureau du Congrès de la Section de géographie de l'Association française pour l'avancement des sciences.

Examen et discussion des questions soumises au Congrès par les membres de l'Association française, et de celles, comprises dans le programme, pouvant avoir un intérêt commun.

Séance de l'après-midi, 2 heures. — 1° Communications présentées au Congrès par la Section de géographie de l'Association française; 2° communications comprises dans le programme du Congrès

---

([1]) Les séances et conférences auront lieu à l'École professionnelle, 66, rue Saint-Sernin.

de géographie, et intéressant plus spécialement la section de l'Association française.

Soir. — Conférence.

MERCREDI 7 AOUT

Séance du matin, 9 heures. — Examen des travaux et propositions sujets à discussion compris dans le programme (fin).

Séance de l'après-midi, 2 heures. — Réunion des délégués (revision des vœux émis par le Congrès).

3 heures 1/2 : Séance de clôture.

Soir, 7 heures 1/2. — Banquet par souscription offert aux délégués des Ministères.

JEUDI 8 AOUT

Excursion finale : De Bordeaux à Cubzac par le Bec-d'Ambès.
Soir, 9 heures. — Réception à l'Hôtel de Ville par la Municipalité.

BORDEAUX, le 9 juillet 1895.

Pour le Bureau de la Société :

Le Secrétaire général,
J. MANÈS.

Le Président de la Commission du Congrès,
Vice-Président de la Société,
COMMANDANT BONETTI.

COMPOSITION DU CONGRÈS [1]

MM.   **Présidents d'honneur.**

* DEZEIMERIS, président du Conseil général.
* ALFRED DANEY, maire de Bordeaux.
* BRUNET, président de la Chambre de commerce.

Président.

* M. DE MAHY, député de la Réunion, vice-président de la Chambre des députés.

DÉLÉGUÉS DES MINISTÈRES

MM.   **Ministère de l'intérieur.**

* ANTHOINE, ingénieur, chef du service de la carte de France.

Ministère des affaires étrangères.

* LEFAIVRE, consul de France.

[1] Les noms des délégués et des membres des Sociétés qui ont assisté au Congrès sont précédés d'un astérisque.

Ministère de la guerre.

* LAPASSET, capitaine attaché au service géographique de l'armée.

Ministère de la marine.

* MARTIN, lieutenant de vaisseau.

Ministère de l'instruction publique, des beaux-arts et des cultes.

* GAUTHIOT, secrétaire général de la Société de géographie commerciale de Paris.
* LORIN, professeur agrégé d'histoire et de géographie, docteur ès lettres.

Ministère des travaux publics.

STROHL, ingénieur en chef des ponts et chaussées, ingénieur en chef du département de la Gironde.

Ministère du commerce, de l'industrie, des postes et des télégraphes.

* GAUTHIOT, secrétaire général de la Société de géographie commerciale de Paris.
* TURQUAN, chef du Bureau de la statistique générale de France au ministère du commerce, de l'industrie, des postes et des télégraphes.

Ministère des colonies.

* MARCHAND, capitaine attaché au service géographique des colonies.

DÉLÉGUÉS DU GOUVERNEMENT TUNISIEN

MACHUEL, directeur de l'enseignement public de la Régence.
* SERVONNET, lieutenant de vaisseau, attaché naval à la Résidence de Tunis et président de l'Institut de Carthage.

DÉLÉGUÉS, REPRÉSENTANTS ET MEMBRES INSCRITS DES SOCIÉTÉS DE GÉOGRAPHIE

I. — SOCIÉTÉS FRANÇAISES DE GÉOGRAPHIE [1].

Société de géographie de Paris (fondée en 1821).

* BALLAY, gouverneur de la Guinée française.
* BARBIER, membre correspondant, secrétaire général de la Société de géographie de l'Est, *délégué*.
* KLIPSCH-LAFFITTE, membre de la Société.
MASSAT, membre de la Société.
* SAINT-SAUD (comte D'ARLOT DE), membre de la Société.

Société de géographie commerciale de Paris (fondée en 1873).

* CANABY, membre correspondant.
* CASTONNET DES FOSSES, vice-président.
CHARBONNEL, secrétaire de section de la Société.
CLOZEL, explorateur, membre de la Société.
DELISLE, membre de la Société.
* DUPUIS (JEAN), explorateur du Tonkin, membre de la Société.
* FOURNIER DE FLAIX, économiste, membre de la Société.

[1] Les Sociétés sont inscrites sur cette liste par ordre d'ancienneté.

* GABORIAUD, explorateur, membre de la Société.
* GAUTHIOT (Ch.), secrétaire général.
* JAMBON (Charles), employé de commerce à Calcutta.
  LEVASSEUR, membre de l'Institut, professeur à l'École libre des Sciences politiques.
* LORIN, professeur agrégé d'histoire et de géographie, docteur ès lettres, membre de la Société.
* LOURDELET, vice-président de la Société, membre de la Chambre de commerce de Paris, *délégué*.
* LOURDELET (Mme).
* PENSA, secrétaire de la section d'Afrique de la Société et secrétaire général du Comité d'Égypte, membre de la Société.
  VARIGNY (de), membre de la Société.

Société de géographie de Lyon (fondée en 1873).

* BREITTMAYER (Albert), membre de la Société, *délégué*.

Société de géographie commerciale de Bordeaux (fondée en 1874).

* ARMAIGNAC (le D^r), archiviste de la Société.
* AVRIL, ingénieur de la Compagnie du gaz, secrétaire général de la Société philomathique, membre de la Société.
* AZAM, professeur honoraire à la Faculté de médecine, président du Groupe géographique et ethnographique du Sud-Ouest.
* BALLANDE, négociant armateur, membre de la Société.
* BÉNARD, enseigne de vaisseau, industriel, secrétaire de la Société.
* BONETTI, officier supérieur en retraite, vice-président de la Société.
* BOUCHERIE, sous-bibliothécaire de la Ville, secrétaire adjoint de la Société.
* BRONISLAWSKI, membre correspondant de la Société.
* CANU, vétérinaire de la Compagnie de l'Ouest, secrétaire de la Société.
* CANU (Mme).
* CAZENAVETTE, directeur honoraire d'école communale.
* CHARROL, opticien, secrétaire adjoint de la Société.
* COTTURE, négociant, archiviste adjoint de la Société.
* COURRET, conducteur des ponts et chaussées, à Bordeaux.
* COURTY, astronome à l'Observatoire de Floirac.
* DELMAS, négociant, secrétaire adjoint de la Société.
* DESCAMPS, capitaine au long cours, membre de la Société.
* DUFFART, directeur-propriétaire des « Charbons girondins », membre de la Société.
* DUFFART (Mme).
* DULAC, propriétaire, membre de la Société.
* DUTHIL, avocat, secrétaire de la Société.
* DUTRAIT, professeur au Lycée, membre de la Société.
* FALLOT, professeur à la Faculté des sciences, membre de la Société.
* GAULTIER, professeur au Lycée, membre de la Société.
* GEBELIN, professeur à la Faculté des lettres, vice-président de la Société.
* GODET, capitaine au long cours, membre de la Société.
  GOGUEL, sous-chef de l'exploitation en retraite, de la Compagnie des chemins de fer du Midi.
  GOMBAUD, capitaine au long cours, commissaire des dépenses de la Société.
* HAUTREUX, lieutenant de vaisseau, vice-président de la Société.

* IMBART DE LA TOUR, professeur à la Faculté des Lettres, membre de la Société.
* IUNG, pionnier africain.
* JAMBON, employé de commerce à Calcutta.
* KUNCKEL D'HERCULAIS, membre correspondant.
* LASSERRE (le Dr), chef des travaux d'histoire naturelle à la Faculté de médecine, secrétaire de la Société.
* LUNG, rentier, membre de la Société.
* MAGER (HENRI), délégué de Diégo-Suarez, membre correspondant.
* MANÈS, ingénieur des arts et manufactures, directeur de l'École supérieure de commerce et d'industrie de Bordeaux, secrétaire général de la Société.
* MAUREL (ÉMILE), négociant armateur, membre de la Chambre de commerce, ancien président de la Société philomathique.
  MAUREL (MARC), négociant armateur, président de la Société.
  MENGEOT, sous-directeur de la maison Fenaille et Despeaux, secrétaire de la Société.
* NICOLAÏ, avocat, secrétaire adjoint de la Société.
* NICOLAÏ (Mme).
* NOYER (ALFRED), chapelier, membre de la Société.
* PÉREZ-HENRIQUE, négociant, chef du secrétariat de la Société.
* RENON (Mlle), membre de la Société.
* RÖDEL, substitut du procureur de la République, vice-président de la Société.
* ROSSIGNOL, professeur au Lycée, secrétaire adjoint de la Société.
* SAMAZEUILH (FERNAND), banquier, membre de la Chambre de commerce, trésorier de la Société.
* SENNÈS, employé de commerce, commissaire des dépenses de la Société.
* TANDONNET (MAURICE), négociant-armateur, vice-président de la Société.
* VERGEZ, directeur des cours de la Société philomathique, membre de la Société.
* VIDEAU, négociant, membre de la Chambre de commerce de Bordeaux, membre de la Société.
* VITAL, ingénieur en chef des mines, ancien président de la Société philomathique, membre de la Société.

Société de géographie du Cher (fondée en 1875).

GAERTNER (colonel L.), président de la Société.

Société de géographie de Marseille (fondée en 1876).

* BREITTMAYER, membre de la Société, *délégué*.
  SAINT-YVES, membre de la Société.

Société de géographie d'Oran (fondée en 1877).

* GUÉNOT, secrétaire général de la Société de géographie de Toulouse, *délégué*.
  REY-PAILHADE, président de la Société de géographie de Toulouse.

Société de géographie de Montpellier (fondée en 1878).

SAHUT, ancien président de la Société d'horticulture de l'Hérault, membre de la Société.

Société de géographie de Bergerac (fondée en 1878).

(Section du Groupe géographique du Sud-Ouest et de la Société de géographie commerciale de Bordeaux.)

* LABROUE, proviseur du Collège de Périgueux.

Société de géographie de Périgueux (fondée en 1878).
(Section du Groupe géographique du Sud-Ouest et de la Société de géographie commerciale de Bordeaux.)
* LACROUZILLE (DE), président de la Société.

Société de géographie de Rochefort (fondée en 1878).
(Section, de 1878-1879, du Groupe géographique du Sud-Ouest et de la Société de géographie commerciale de Bordeaux.)
* BOURRU, médecin en chef de la Marine, directeur de l'École principale du service de santé de la marine, ancien secrétaire général de la Société, *délégué*.
* CHARRON, président de la Société.

Société de géographie d'Agen (fondée en 1879).
(Section du Groupe géographique du Sud-Ouest et de la Société de géographie commerciale de Bordeaux.)
* GIRARD, professeur au Lycée, secrétaire général.

Société de géographie de Nancy (fondée en 1879).
* BARBIER, secrétaire général, *délégué*.

Union géographique du nord de la France ; siège à Douai (fondée en 1880).
LEJEAL, professeur d'histoire et de géographie à Boulogne-sur-Mer, secrétaire général de la Société de géographie de Boulogne-sur-Mer.

Société de géographie de Lille (fondée en 1882).
* MERCHIER, professeur au Lycée et à l'École supérieure de commerce, secrétaire général, *délégué*.

Société de géographie de Toulouse (fondée en 1882).
* GUENOT, secrétaire général, *délégué*.
* MAUREL, docteur-médecin, membre de la Société.
MONTSABERT (DE), membre de la Société.

Société de géographie de Lorient (fondée en 1882).
* LAYEC, secrétaire général, *délégué*.

Société de géographie de Nantes (fondée en 1882).
* DOBY, secrétaire adjoint, *délégué*.

Société de géographie de Tours (fondée en 1884).
* BLANCHOT, colonel en retraite, président honoraire, *délégué*.
* MECK (ALEXANDRE DE), membre de la Société.

Société de géographie du Havre (fondée en 1884).
* FAVIER, professeur de géographie au Lycée, membre de la Société, *délégué*.
FAVIER (Mme).

Société de géographie de Saint-Nazaire (fondée en 1886).
* GALLET, contrôleur des Douanes, secrétaire trésorier de la Société, *délégué*.

Société de géographie de Valenciennes (fondée en 1886).
DOUTRIAUX, président, *délégué*.

DAMIEN, secrétaire de la Société.
BINET, trésorier de la Société.
LEFRANCQ (Adolphe), négociant à Valenciennes, membre de la Société.

Société de géographie de Dunkerque.

* VERBERCKMOES, vice-président de la Société et directeur de la Compagnie des bateaux à vapeur du Nord, *délégué*.

Société de géographie de Tunis.

PROVEUX, vice-président.

II. — Société de géographie étrangère, de pays frontière

Société de géographie de Madrid.

* SAINT-SAUD (comte d'Arlot de), membre correspondant, *délégué*.

III. — Sociétés assimilées

Société de topographie de France (fondée en 1876).

* DESCHAMPS, directeur de l'école Montaigne à Bordeaux.
* JOUGLA, instituteur à Bordeaux.
* LAFONT,   id.
* SOUQUES,   id.

Société des études maritimes et coloniales (fondée en 1876).

ADET, armateur à Bordeaux, membre de la Société.
RAOUL, membre du Conseil supérieur de santé, vice-président de la Société.
* TANDONNET (Maurice), armateur à Bordeaux.

Institut de Carthage.

* SERVONNET, lieutenant de vaisseau, président.

IV. — Autres Sociétés représentées

Société africaine de France.

* VERRIER (le Dr), membre du Conseil supérieur des colonies, président honoraire de la Société.

Société Philomathique de Bordeaux.

* HAUSSER, ingénieur en chef des Ponts et Chaussées et de la Compagnie des Chemins de fer du Midi, président.
* BUHAN (Eugène), négociant, vice-président.
* AVRIL, ingénieur de la Compagnie du gaz, secrétaire général.
* HUYARD, manufacturier, membre de la Société, chef du Service de l'installation générale de l'Exposition.
* SAUNIER, membre du Comité de la Société.
* VERGEZ, directeur des Cours de la Société.
* WIDEMANN, propriétaire, membre du Comité de la Société.

TRAVAUX DU CONGRÈS

PREMIÈRE JOURNÉE

I. — Séance du jeudi 1er août (matinée).

Président M. DE MAHY, député de la Réunion, vice-président de la Chambre des Députés, président du Congrès.

La première séance du Congrès commence à neuf heures et demie du matin, le jeudi 1er août, dans le Grand Amphithéâtre de l'École Saint-Sernin, décoré pour la circonstance de trophées, d'écussons, de cartes géographiques, de vues diverses, etc.

Sont présents sur l'estrade :

M. de Mahy, président du Congrès; M. le docteur Azam, président du Groupe girondin de l'Association française pour l'avancement des sciences et président du Groupe géographique et ethnographique du Sud-Ouest; MM. Hautreux et Bonetti, vice-présidents de la Société de géographie commerciale de Bordeaux; Manès, secrétaire général; Pérez-Henrique, Lasserre, Nicolaï, Canu, secrétaires.

Les délégués des différents Ministères assistent à la séance.

Une foule de notabilités occupent les places réservées, et dans la salle nous remarquons la présence de MM. Dezeimeris, président du Conseil général de la Gironde; Fallot, professeur à la Faculté des sciences; comte de Saint-Saud, délégué de la Société de géographie de Madrid; les divers délégués et représentants des Sociétés françaises de géographie et les délégués des Sociétés assimilées.

OUVERTURE DU CONGRÈS

M. le Dr AZAM, président du Groupe géographique du Sud-Ouest, ouvre la séance par une courte allocution. Il présente tout d'abord les excuses de M. le Préfet de la Gironde, de M. le Maire de Bordeaux et de M. le Président de la Société philomathique, appelés à la même heure, par des engagements antérieurs, dans une autre réunion, et fait connaître que M. Marc Maurel, président de la Société de géographie commerciale de Bordeaux, retenu dans sa famille par une triste circonstance, ne peut, à son grand regret, recevoir MM. les Membres du Congrès.

Au nom de la Ville et de la Société de géographie commerciale de Bordeaux, il souhaite la bienvenue à M. de Mahy, aux délégués officiels des ministères, et aux délégués des différentes sociétés représentées au Congrès.

M. le Président annonce ensuite que la section de géographie du Congrès de l'Association française pour l'avancement des sciences, qui doit se réunir à Bordeaux quelques jours plus tard, a résolu de se joindre au Congrès de géographie.

Les délégués des sociétés de géographie recevront à Bordeaux, ajoute l'orateur, le même accueil sympathique qu'en 1882. Ils seront reçus par la Chambre de commerce et par la Municipalité, et auront pendant toute la durée de la session leur entrée gratuite à l'Exposition de la Société philomathique.

M. le Président adresse ses remercîments à la Chambre de commerce de Bordeaux, qui a toujours soutenu la Société de géographie commerciale, non seulement par un appui moral, mais par des subsides et par le local qu'elle lui fournit.

M. DE MAHY prend ensuite la parole et commence par remercier les dames qui veulent bien suivre les séances du

Congrès et s'intéresser à ses travaux; puis il adresse à M. Marc Maurel l'expression des sincères regrets que tous éprouvent de le voir éloigné des réunions du Congrès par de douloureuses raisons de famille.

En ouvrant le 16e Congrès des Sociétés de géographie de France, l'éminent orateur constate, comme il l'a fait à Bourg, en 1888, le réveil des études géographiques et des études coloniales. Depuis le Congrès de Bourg, la France a considérablement étendu son domaine extérieur; en Afrique, elle a conquis la plus grande partie du bassin du Niger; en Extrême-Orient, nous possédons maintenant sans conteste la rive gauche du Mékong; nous avons pris possession des îles Saint-Paul et Amsterdam, et, en ce moment, nous étendons notre puissance sur Madagascar, cette île qui eût dû être à nous depuis plus de deux siècles et qui va devenir notre propriété définitive.

Nous avons reconstitué notre empire colonial, il faut qu'il soit occupé par des Français et au profit de la France. Jusqu'ici, il en a été autrement et nous avons malheureusement des inquiétudes à concevoir sur ce qui se fera à Madagascar. Nous sommes, dit M. de Mahy, trop généreux vis-à-vis des autres nations.

L'Angleterre, l'Allemagne, l'Espagne et l'Italie, pour ne citer que ces puissances, se répandent dans nos Colonies d'une façon alarmante. Pour ne citer qu'un fait, on peut répéter ce que disait M. Burdeau au retour d'un voyage en Algérie :

« M. de Mahy, homme éminent, politicien éclairé, républicain sincère, reconnaît par lui-même que l'envahissement incessant de notre riche colonie par les étrangers de tous pays, est une menace redoutable, tant pour notre avenir commercial, que pour notre autorité morale. Il faut donc aviser et aviser à bref délai. »

Nous avons, même en France, des régions où l'élément étranger égale presque l'élément national : les Italiens abondent dans le midi; les Allemands, dans l'est; les Belges, dans le nord; enfin dans l'ouest, il existe des colonies anglaises nombreuses, dans maintes villes du littoral. Nos fortifications sont partout élevées par des ouvriers étrangers, italiens ou belges pour la plupart. Marseille possède une population italienne considérable et par laquelle sont faits presque tous les travaux industriels.

Dans la plupart des colonies nouvelles, les tarifs douaniers sont tels que ces colonies sont inondées de produits étrangers, anglais ou allemands, pour la plupart. Il est à craindre qu'il en soit de même pour Madagascar. Ces colonies, que nous acquérons au prix de tant de sang et d'or, doivent profiter uniquement à la France. A Madagascar, les Anglais réussissent mieux que nous. Leurs marchandises y sont de mauvaise qualité, mais moins chères que les nôtres. Le fret sur nos navires est plus élevé que sur les navires anglais. En prenant possession de Madagascar, nous aurons à vérifier l'origine et la validité des concessions attribuées aux Anglais et aux Américains; quelques-unes de ces immenses concessions sont grandes comme cinq départements français. Il faudra lutter contre une bande de cosmopolites qui s'apprêtent à se partager les terrains que nous aurons conquis.

Selon ce que nous ferons de nos colonies, elles seront pour la France une cause de relèvement ou de ruine. En outre, il est à craindre qu'en cas de guerre, nos colonies nous soient arrachées avec l'aide de l'élément étranger que nous aurions laissé s'introduire chez nous.

Le discours de M. de Mahy, fréquemment interrompu par de chaleureux applaudissements, se termine par une ovation faite à l'auteur d'un discours si patriotique et si clairvoyant.

Ce discours terminé, M. LOURDELET, vice-président de la Chambre de commerce de Paris, demande si les opinions exposées par M. le Président du Congrès peuvent être l'objet d'une discussion ultérieure. M. Lourdelet, toute question de patriotisme à part, dit ne pas partager entièrement les opinions émises par M. de Mahy et déclare qu'il serait heureux de voir la question discutée contradictoirement. M. Lourdelet demande à être inscrit pour prendre la parole dans la discussion qui aura lieu.

M. DE MAHY déclare ne s'opposer nullement à un débat contradictoire. Il est donc décidé que la question de Madagascar sera reprise dans une séance qui sera fixée ultérieurement.

M. MANÈS, secrétaire général, annonce ensuite que les Congressistes seront reçus le soir par les membres de la Chambre de commerce de Bordeaux, dans les salons du Palais de la Bourse.

La séance est levée à onze heures et le bureau du Congrès se réunit immédiatement pour la vérification des pouvoirs des délégués des différentes sociétés de géographie qui se sont fait représenter au Congrès de Bordeaux.

II. — Visite de l'après-midi à l'Exposition.
JEUDI 1er AOUT.

Dans l'après-midi, à deux heures et demie, une délégation du Comité de la Société philomathique, composée de MM. Avril, secrétaire général; Saunier, membre du Comité, et Huyard, président de la Commission d'installation de l'Exposition, a reçu à l'entrée de l'Exposition les membres du Congrès.

A cette délégation s'étaient joints les membres du Bureau de la Société de géographie de Bordeaux et les délégués de la Chambre de commerce.

La visite a commencé par le Palais des Colonies, dont les honneurs étaient faits avec la plus grande amabilité par M. Bilbaut, délégué du Ministère des colonies, et par les délégués de la Chambre de commerce. De nombreux explorateurs et des habitants des colonies, présents à la visite, ont donné sur les objets et sur les produits exposés d'intéressantes explications.

Du pavillon des Colonies, les congressistes se sont rendus dans la galerie de l'Enseignement dont ils ont parcouru successivement les différentes parties.

A l'Exposition spéciale de la Société de géographie commerciale de Bordeaux, ils sont reçus par M. Hautreux, lieutenant de vaisseau, ancien directeur des mouvements du port de Bordeaux et vice-président de la Société. Après quelques mots de bienvenue, M. Hautreux fait admirer aux visiteurs les splendides cartes anciennes du cours de la Gironde que possède la Ville de Bordeaux et attire leur attention sur l'état des travaux actuellement entrepris en vue d'améliorer le cours de ce fleuve. Avec sa bonne grâce et sa courtoisie habituelles, le distingué cicerone du Congrès met ses auditeurs au courant des modifications tentées à diverses époques pour enrayer les obstacles apportés par les sables à la navigation de la Gironde. Sa parfaite connaissance de la question et l'affabilité qu'il déploie pour la mettre à la portée de tous, sont fort appréciées par les congressistes.

Les visiteurs s'arrêtent ensuite dans la travée occupée par l'Enseignement supérieur et examinent particulièrement la carte géologique du département de la Gironde exposée par M. Fallot, professeur à la Faculté des sciences et membre de la Société de géographie de Bordeaux.

Répondant à un désir qui lui a été exprimé, M. Fallot veut bien, à l'occasion de cette carte, donner aux membres du Congrès sur *les Régions naturelles de la Gironde* les explications suivantes qui sont écoutées avec le plus vif intérêt.

La Carte géologique des environs de Bordeaux et les Régions naturelles de la Gironde.

Par M. Emm. FALLOT,
professeur à la Faculté des sciences de Bordeaux.

La carte géologique des environs de Bordeaux, que j'ai dressée spécialement pour la XIIIe Exposition de la Société philomathique, et qui a été examinée par MM. les Membres du Congrès, comprend une portion considérable du département de la Gironde, à savoir l'espace qui s'étend du sud au nord, depuis Langon jusqu'au Bec-d'Ambès, et de l'est à l'ouest, depuis Sauveterre et la basse vallée du Dropt jusqu'à une ligne passant en pleine lande et allant de Castelnau vers le Barp.

Cette carte est à l'échelle du 1/20,000 et la première qui ait été faite avec d'aussi grandes dimensions dans la région girondine. Du reste, les cartes géologiques de cette partie de la France sont fort peu nombreuses, généralement anciennes et à petite échelle, ainsi qu'on pourra s'en rendre compte par l'aperçu historique qui suit.

La première carte géologique de la Gironde a été commencée en 1836 par Drouot, ingénieur des mines à Bordeaux, et continuée par son successeur Pigeon, qui la fit figurer, parait-il, à l'Exposition de Londres en 1861. Par suite de la mort de son auteur et du manque d'une notice explicative, cette carte, à très petite échelle du reste, 1/250,000, n'a jamais été mise en vente et je ne l'ai jamais vue.

En 1876, M. Raulin publia une carte géologique de la Gironde à la même échelle, mais cette carte, dressée d'après une esquisse datant de 1848, est basée sur une classification fort ancienne et la figuration des terrains y est très imparfaite et souvent inexacte.

Je passe sous silence une petite carte que j'ai annexée à l'Esquisse de la géologie du département de la Gironde, que j'ai fait paraître en 1889 ([1]), et j'arrive aux deux feuilles au 1/80,000 publiées en 1882 par le Service de la carte géologique détaillée de la France. Ces feuilles, dressées par M. Linder, actuellement inspecteur général des mines, sont celles de Bordeaux et de

---

([1]) *Feuille des Jeunes Naturalistes.*

La Teste. Bien supérieures à celles qui ont été faites antérieurement au point de vue de la classification, de l'observation et de la figuration des terrains, elles ne s'appliquent qu'à la portion occidentale de la région que j'ai figurée. Si elles m'ont été fort utiles pour la confection de cette partie de ma carte, je n'en ai pas moins été obligé, à plusieurs reprises, d'en modifier les détails par suite de mes recherches personnelles sur le terrain.

Mais la région que j'ai surtout étudiée, c'est celle de l'Entre-deux-Mers sur la rive droite de la Garonne, et, sur la rive gauche, la partie du département au sud du Gua-Mort. Toute cette portion de la carte est nouvelle et paraît bien différente de la figuration de M. Raulin et de celle des cartes générales de la France d'Élie de Beaumont et de MM. Carez et Vasseur. Sous ce rapport, la carte que j'ai exposée est absolument nouvelle et intéressante.

Les recherches que j'ai entreprises pour arriver à ce résultat ont été rendues très difficiles par le développement des cultures de tous genres, et surtout par la présence des formations de recouvrement qui prennent, dans la Gironde, une importance qu'elles sont loin d'avoir dans d'autres parties de la France. Néanmoins, je crois avoir réussi à donner un aperçu aussi approximatif que possible de la constitution géologique de la région.

Au point de vue géographique, la carte comprend les deux régions naturelles les plus typiques de la Gironde : l'Entre-deux-Mers et la Lande.

L'*Entre-deux-Mers,* placé entre la Garonne et la Dordogne, est une sorte de plateau ondulé qui domine ces deux vallées d'une hauteur variable; tandis que certains points atteignent plus de 140 mètres (Cazaugitat, canton de Pellegrue) et que les altitudes de 100 à 115 mètres ne sont pas rares, les bords mêmes sont moins élevés et ne dépassent guère 60 à 80 mètres. Cette sorte de massif triangulaire est constitué surtout par le calcaire à Astéries (étage tongrien supérieur) qui forme — on peut le dire — presque toute la charpente solide de la région girondine. Cette assise a été démantelée, ravinée par les phénomènes diluviaux quaternaires, et ceux-ci ont donné naissance à une formation argilo-siliceuse généralement rubéfiée par l'hydroxyde de fer, que l'on a appelée le Dépôt caillouteux de l'Entre-deux-Mers.

Dans quelques points épars, à des altitudes qui approchent ou dépassent 100 mètres, on trouve sur le calcaire à Astéries et sous le manteau diluvien des lambeaux de l'étage aquitanien, généralement sous forme d'un calcaire d'eau douce indiquant là la présence au milieu de la période tertiaire d'un ou de plusieurs lacs. Ce phénomène est intéressant à signaler parce qu'il se rattache à la période lacustre *tertiaire* de la Limagne, du Cantal, de la Beauce et de l'Agenais, pour ne citer que la France.

Ce calcaire lacustre est recouvert vers le centre et le sud de la région (Gornac, Castelvieil, Mourens, Sainte-Croix-du-Mont, etc.) par des lambeaux de mollasse marine également aquitanienne, indiquant que la mer de cette époque s'est étendue beaucoup plus loin, dans l'Entre-deux-Mers, qu'on ne l'avait cru jusqu'ici.

Les phénomènes d'érosion quaternaire ont fortement raviné toute la région, et, après y avoir démantelé les assises que je viens de décrire, ils ont abouti au creusement des vallées. Celles-ci sont souvent profondes et entament alors, surtout sur le versant de la Dordogne, l'étage tongrien inférieur, représenté par la mollasse dite du Fronsadais et les argiles à tuiles qui l'accompagnent. Le même fait se voit sur le versant sud dans la vallée du Dropt, où ces argiles sont exploitées.

En général, les rivières et ruisseaux qui parcourent les vallées de l'Entre-deux-Mers déposent peu d'alluvions, mais ils y entretiennent une végétation fraîche et luxuriante qui rend leurs bords assez pittoresques et qui tranche agréablement sur l'aspect un peu plus dénudé du plateau. La vallée qui aboutit à Rauzan et celle de l'Engrane méritent d'être signalées à cet égard.

La *Lande* est un pays plat, invariablement recouvert par la formation sableuse désignée sous le nom de *Sable des Landes*. C'est ce dépôt qui imprime à cette région son caractère distinctif. Il est d'origine et d'âge encore indéterminés (probablement quaternaire) et il cache en général les terrains plus anciens, que l'on ne voit guère à nu que dans les vallées profondes, le long des berges des ruisseaux. Ces terrains plus anciens appartiennent au Crétacé supérieur, au Tongrien, à l'Aquitanien et surtout au Miocène, dont les étages langhien et helvétien sont représentés par des sables coquilliers désignés, dans la Gironde, sous le nom de *faluns*. Leur faune, très riche, indique que le bassin de l'Aquitaine a été occupé, à cette époque, par une mer chaude dont la température rappelait évidemment celle de l'Océan indien actuel. Malheureusement, l'épaisseur énorme du Sable des Landes, qui a jusqu'à 50 mètres (sondages d'Arcachon et de Marcheprime), et même peut-être 80 mètres dans certains points, empêche d'étudier ces formations intéressantes autant qu'elles le mériteraient ([1]). Je rappellerai que le Sable des Landes renferme dans son intérieur, à une profondeur variable, un banc de grès ferrugineux (alios) qui s'oppose à l'écoulement des eaux et qui explique la couleur brunâtre de l'eau dans tous les ruisseaux de la région. Ceux-ci sont encore bien plus pauvres en alluvions que leurs congénères de l'Entre-deux-Mers, et l'on peut dire qu'ils ne déposent presque rien actuellement.

Telle est la constitution géologique et géographique des deux régions naturelles les plus tranchées de la Gironde. Elles se relient évidemment entre elles par la continuité des formations constitutives sur les deux rives de la Garonne, mais ce fleuve avec ses bords flanqués par des alluvions importantes, semble au premier abord détruire cette connexité.

Ces alluvions se divisent en deux groupes : les récentes, qui bordent le cours d'eau actuel et qui correspondent aux très grandes crues; les anciennes (quaternaires), qui forment des terrasses jusqu'à une certaine hauteur et qui se lient d'un côté au dépôt superficiel de l'Entre-deux-Mers, de l'autre au Sable des Landes.

Sans entrer dans l'examen des autres régions naturelles de la Gironde non figurées sur la carte, je dirai qu'elles viennent se grouper autour des deux types que je viens de décrire. Le *Bazadais* participe de la structure du sud de l'Entre-deux-Mers par son sous-sol, qui appartient à l'étage aquitanien, et

---

([1]) La région des Landes peut être considérée comme une aire d'affaissement comblée par les formations sableuses. Cet affaissement est manifestement prouvé par le fait que le calcaire d'eau douce aquitanien, qui atteint 110 mètres d'altitude dans l'Entre-deux-Mers, n'est plus qu'à 30 mètres et moins dans la Lande.

de la structure de la Lande par ses dépôts superficiels qui se lient au Sable des Landes. Les *coteaux de la rive droite de la Dordogne* (Libournais, Cubzadais), et *ceux de la Gironde* (Bourgeais, Blayais), rappellent beaucoup l'Entre-deux-Mers par la présence constante de l'étage tongrien qui en constitue la charpente et par leurs dépôts superficiels, qui sont également identiques. Mais dans le Blayais, le terrain éocène vient affleurer sous le Tongrien, et, sous ce rapport, il se lie à une dernière région, *le Médoc,* qui, par ses formations de recouvrement (graviers du Médoc), passe graduellement à la Lande.

Il résulte de cet exposé que si la Gironde peut se diviser en un certain nombre de régions naturelles, celles-ci, par leur constitution géologique, se relient les unes aux autres et concourent à former par leur ensemble une portion assez homogène de cette grande dépression du Sud-Ouest, que les géologues ont appris à désigner sous le nom de Bassin de l'Aquitaine.

Les congressistes pénètrent enfin dans l'annexe réservée aux travaux des élèves des cours d'adultes de la Société philomathique et à ceux des élèves de l'École supérieure de commerce et d'industrie.

Cette partie de l'Exposition leur est présentée par MM. Vergez, directeur des cours de la Société philomathique, et Manès, directeur de l'École supérieure de commerce et d'industrie, qui s'empressent de fournir aux membres du Congrès tous les renseignements aptes à faire connaître les résultats importants de l'enseignement de ces écoles, toujours si pratique et éminemment utile dans une ville commerciale comme Bordeaux.

Les congressistes se sont ensuite dispersés dans l'intérieur et les jardins de l'Exposition, après avoir remercié et félicité les organisateurs de l'Exposition dans la personne de MM. Huyard et Manès.

III. — Réception par la Chambre de commerce.

Jeudi 1ᵉʳ août (soirée).

Le soir, à neuf heures, les membres du Congrès, réunis au palais de la Bourse, ont été reçus dans les salons de la Chambre de commerce par M. Brunet, président de la Chambre de commerce, et la plupart des membres de la Chambre parmi lesquels nous avons remarqué MM. Gabriel Faure, Paul Tandonnet, Émile Maurel, Samazeuilh, Videau et Demay. M. Berniquet, préfet de la Gironde, président d'honneur de la Chambre de commerce, et M. Daney, maire de Bordeaux, assistaient à cette réception.

M. Brunet, dans une aimable et familière allocution, après s'être félicité de recevoir les membres du Congrès, a déclaré que la Chambre de commerce de Bordeaux serait heureuse d'unir, en toutes circonstances, ses efforts à ceux des autres chambres de commerce et notamment de celle de Paris, dans l'intérêt du commerce français en général. Il a levé son verre en l'honneur des hôtes de la Chambre de commerce de Bordeaux.

M. Gauthiot, secrétaire général de la Société de géographie commerciale de Paris, délégué des Ministères de l'instruction publique, et du commerce et de l'industrie, a remercié, au nom des délégués des départements ministériels, M. Brunet et ses collègues de leur si gracieux accueil et a porté un toast chaleureux à la Chambre de commerce de Bordeaux et à son président.

Au nom des délégués des Sociétés de géographie de province, M. Barbier, secrétaire général de celle de Nancy, a porté ensuite un toast à l'union des Sociétés de géographie et des Chambres de commerce.

Puis, M. Lourdelet, membre de la Chambre de commerce de Paris, a bu à l'expansion coloniale et commerciale de la France sous l'impulsion des Chambres de commerce.

Les membres du Congrès se sont retirés vers onze heures, emportant les meilleurs souvenirs de cette réception et enchantés de l'accueil plein de cordialité que leur a fait Bordeaux dans toutes les circonstances de cette première journée du Congrès de 1895.

Le Secrétaire des séances,
Secrétaire de la Société de géographie de Bordeaux,

Léon CANU.

DEUXIÈME JOURNÉE

I. — Séance du vendredi 2 août (matinée).

Président M. BARBIER, délégué de la Société de géographie de Paris.

Assesseurs :
- MM. LEFAIVRE, consul général, délégué du Ministère des affaires étrangères.
- le commandant BONETTI, vice-président de la Société de géographie commerciale de Bordeaux.

La séance est ouverte à neuf heures du matin.

L'ordre du jour appelle la lecture des comptes rendus des travaux des sociétés pendant le dernier exercice.

Conformément au règlement, les sociétés sont appelées par ordre d'ancienneté.

1. Société de géographie de Paris.

Note sur les travaux de la Société en 1894-1895 présenté par son délégué, M. BARBIER, secrétaire général de la Société de l'Est.

Messieurs,

Le mouvement d'expansion qui s'était manifesté dans la Société de géographie de Paris l'année dernière, s'est continué depuis. S'il ne nous a pas été donné de recevoir en séance solennelle des voyageurs ayant accompli une de ces explorations exceptionnelles qui font époque dans l'histoire des découvertes géographiques, nous avons eu du moins la satisfaction d'entendre nombre d'explorateurs de mérite et de savants distingués. Souvent, à ces séances, plusieurs Ministères se sont fait représenter, témoignant ainsi de l'intérêt qu'ils portent à nos travaux.

M. Charles Rabot a parlé des récentes explorations arctiques; M. Martel, de la mission qui lui a été confiée en 1893 par le

Ministère de l'instruction publique, et qui a eu pour objet l'étude des cavernes du Karst (Autriche); le vicomte de Cuverville, de son voyage au nord de la Russie; M. Boutrou, de la Scandinavie; M. Turquan, de la géographie de la population française et notamment des migrations de province à province, qu'il rend sensibles au moyen de nombreux graphiques.

Si, de l'Europe, nous passons à l'Asie, il nous faut noter : la mission scientifique de M. Louis Lapicque sur la côte du Beloutchistan et dans le golfe Persique, à bord du yacht *Sémiramis*, appartenant à Mme Jules Lebaudy; les explorations de M. de Poncins, qui se rendit du Turkestan au Kashmir par les Pamirs, et dont l'itinéraire, présenté à la Société par un autre explorateur de l'Asie centrale, M. Guillaume Capus, est tout à fait nouveau sur une bonne partie du parcours. M. le lieutenant de vaisseau Escande, ancien commandant de la canonnière *le Moulun*, s'est particulièrement désigné pour traiter la question de la viabilité du fleuve Rouge; il l'a fait avec une grande netteté. De son côté, M. Fauvel, de retour du Chan-Toung (Empire chinois), a décrit fidèlement le théâtre de la guerre sino-japonaise. Enfin, M. Grenard, le second de la mission Dutreuil de Rhins, a entretenu la Société des résultats scientifiques de cette exploration de quatre années à travers l'Asie centrale et des tristes événements qui entraînèrent la mort de son chef.

En Afrique, le Soudan, le Congo, Madagascar et le Cap, devaient attirer l'attention. Sur Tombouctou, MM. Édouard Guillaumet et le lieutenant de vaisseau Boiteux ont successivement pris la parole. Le capitaine Delaforge, administrateur du Faranah (Soudan français), a donné sur le climat et le sol de cette région des renseignements précieux. MM. Ponel et Decazes, bien connus par leurs importantes explorations, ont rendu à la géographie de nouveaux services : le premier, lors de son voyage dans l'Adamaoua; le second, pendant les longs mois qu'il commanda l'expédition du Haut-Oubanghi, que devait diriger le lieutenant-colonel Monteil.

Madagascar a été l'objet de deux communications. M. Charles Alluaud s'est occupé principalement du nord de l'île et de la colonie française de Diego-Suarez. La mission de M. Émile Gautier compte parmi les plus importantes qui aient été accomplies à Madagascar. Pendant trente mois, il a sillonné l'ouest et le sud de ce pays, plus grand que la France, et où la France se préparait à asseoir son autorité.

Ajoutons qu'en signalant l'importance des explorations diamantifères du cap de Bonne-Espérance et en décrivant les mines de diamant de l'Afrique australe, M. Henri Porcheron a traité un sujet d'autant plus digne d'attention qu'il est à l'ordre du jour.

Les questions débattues dans les séances de groupes ont donné lieu parfois à de très intéressantes discussions, comme, par exemple, les communications de M. Daniel Bellet sur le canal de la Baltique et de M. d'Albéca sur le Dahomey.

On sait qu'à côté des comptes rendus de ses séances, la Société de géographie publie dans son *Bulletin* d'importants travaux inédits. A la suite du rapport que rédige chaque année notre secrétaire général, M. Maunoir, sur les travaux de la Société et sur les progrès des sciences géographiques, il convient de signaler les relations des voyageurs et plusieurs études. Ainsi : les explorations de M. Charles Rabot dans l'Océan glacial arctique, à bord du *Châteaurenault* et de la *Manche;* les notes sur le Tafilelt de M. Gabriel Delbrel; la description de la vallée du Niari-Kouilou par M. Léon Jacob; le voyage, resté jusqu'à ce jour inédit, accompli en 1860 par M. le commandant Colieu au Gourâra et à l'Aougheroût; l'itinéraire, en dix-sept feuilles, de la mission Maistre entre le Haut-Oubanghi, le Baghirmi et la Bénoué, itinéraire absolument nouveau, qui coupe par le milieu un des plus grands blancs de la carte d'Afrique; une mission chez les Touaregs-Azdjer par M. Fernand Foureau, qui a parcouru et entièrement levé à la boussole 4,600 kilomètres dans sa campagne de 1894; enfin le Journal du voyage fait par M. Henri Douliot sur la côte ouest de Madagascar.

Parmi les autres travaux publiés dans le *Bulletin*, notons la savante étude de M. le général Bourdon sur le cañon du Rhône et le lac de Genève; la biographie détaillée de d'Entrecasteaux, par le baron Hulot, chargé, lors du centenaire de ce célèbre navigateur, de remettre en lumière la physionomie trop effacée de l'amiral et d'exposer son œuvre; M. Hulot a entrepris de dégager en même temps certains points de notre politique coloniale à la veille de la Révolution française. L'étude de M. Hulot sera complétée ultérieurement par une note de M. Henri Cordier sur une mission diplomatique de d'Entrecasteaux. Sous ce titre : *Contribution à l'étude des lacs des Vosges,* M. J. Thoulet traite successivement de la topographie, de la planimétrie et du cubage, de la température, de la coloration et de la transparence de ces lacs, dont les vases, particulièrement riches en matières organiques, pourraient être utilisées par l'agriculture et l'industrie.

Il importe encore de mentionner les Instructions pour les voyageurs, réunies par M. E. Caron, lieutenant de vaisseau, et une note du général de Coatpont sur les projections des cartes géographiques.

Le projet de carte du globe à l'échelle de 1/1,000,000ᵉ, mis en avant par le professeur Albrecht Penck, de Vienne, a été étudié par une Commission spéciale nommée par la Société de géographie.

Cette Commission, composée de MM. Édouard Anthoine, Édouard Caspari, Adrien Germain, Emmanuel de Margerie, Ch. Maunoir, colonel de La Noë, A. de Lapparent, lieutenant-colonel Prudent, Franz Schrader, a chargé M. Adrien Germain de résumer dans un rapport les conclusions de la Commission. Ce rapport est publié dans le 2ᵉ trimestre de 1895 du *Bulletin* de la Société de géographie.

La Société avait invité les sociétés françaises de géographie à donner leur avis sur le projet de M. Penck. Trois sociétés ont répondu à son appel : celles de l'Est, de Marseille et de Toulouse.

Frappée de ce fait, qu'en dehors de l'excellente carte publiée par le Service géographique de l'armée à une échelle trop grande pour être d'un usage général, la France ne possédait aucune carte de l'Afrique récente et suffisamment détaillée, la Société de géographie a entrepris de faire dresser une carte d'ensemble de cette partie du monde, à l'échelle du 1/10,000,000ᵉ. En s'imposant les sacrifices nécessaires pour mener à bien cette œuvre, notre Association a entendu se tenir à la hauteur des publications similaires à l'étranger et servir la cause de la science, qui se confond, surtout en Afrique, avec les intérêts français.

C'est en s'inspirant de telles pensées qu'elle a publié les cartes au 1/320,000ᵉ de la mission Maistre et fait calculer à ses frais les observations astronomiques de M. Foureau.

Outre les prix que la Société de géographie décerne chaque année aux lauréats des Lycées de Paris, des Écoles militaires de La Flèche et de Saint-Maixent, elle a distribué à sa première assemblée générale de 1895 quinze récompenses, parmi lesquelles : dix médailles d'or à MM. Louis Mizon, Émile Gautier, Fernand Foureau, Edmond Ponel, Thoroddsen, pour leurs explorations; à MM. Moureaux, R. P. Colin, Alexandre Courtry, Vidal de Lablache, Vuillot, pour différents travaux géographiques. Les autres lauréats sont MM. Edmond de Poncins, Jules Gaultier, Bernard d'Attanoux, Jules Forest et Louis-Armand Rainaud.

Dans son désir d'être utile au développement des sciences géographiques, la Société accorde une large hospitalité à ceux qui demandent à faire des recherches dans ses archives. Ainsi, cette année, elle a autorisé un certain nombre de personnes non inscrites parmi les membres à consulter les cartes et livres de la Bibliothèque.

Les voyageurs, qu'elle n'a jamais cessé de soutenir dans la mesure de ses forces, trouveront dans une Association qui vient de se fonder sous son patronage certaines garanties, jusque-là fort incertaines. La *Société des amis des explorateurs français* s'est constituée dans la séance du 30 mars, à l'Hôtel de la Société de géographie, sous la présidence de M. le prince d'Arenberg. M. Eugène Melchior a montré quel serait son rôle, sa mission : créer et administrer un fonds destiné à venir en aide aux voyageurs, particulièrement à leur retour, en faisant connaître les résultats des voyages. Les membres titulaires doivent payer une fois pour toutes 100 francs, les membres bienfaiteurs un minimum de 1,000 francs. Il est à souhaiter que cette œuvre patriotique prospère, et nul ne se féliciterait davantage de son succès que la Société de géographie, qui n'a jamais marchandé ni son admiration ni son appui aux missionnaires de la science.

2. Société de géographie de Marseille.

Rapport annuel de M. JACQUES LÉOTARD, secrétaire général, sur les travaux de la Société, présenté au Congrès national de géographie par son délégué M. ALBERT BREITTMAYER.

MESSIEURS,

La Société de géographie de Marseille a été éprouvée l'an dernier, à l'époque même du Congrès de Lyon, par une perte cruelle, celle de son regretté secrétaire général Paul Armand, agrégé de l'Université, qui était l'âme de la Société depuis quatorze ans, et dont la mémoire sera fidèlement conservée par ses collègues comme un exemple des plus hautes qualités.

Parmi ceux de ses membres que notre Société a eu le malheur de perdre, on remarque également l'explorateur marseillais Georges Révoil, consul de France à Pernambuco, qui avait reçu la médaille d'or de la Société pour ses remarquables voyages dans le pays des Somalis.

Depuis la dernière session du Congrès des Sociétés françaises de géographie, notre Association a présenté de nombreuses manifestations d'activité. Fondée en 1876, le nombre de ses membres est actuellement de 458, dont 302 membres actifs, et il serait plus considérable si la quotité annuelle était moins élevée (25 fr.).

Elle se tient en relation avec 155 sociétés ou revues géographiques du monde entier. Avec le concours des corps élus, de la Chambre de commerce, des grandes Compagnies maritimes ou industrielles et l'appui des pouvoirs publics et de la presse, notre Société se trouve dans une situation prospère et poursuit avec succès son œuvre de vulgarisation et de progrès géographique. La principale des conférences publiques avec projections lumineuses, organisées cette année par la Société, l'a été en l'honneur d'un jeune et vaillant explorateur dont la France se glorifie à juste titre, M. Casimir Maistre, qui est venu raconter, le 2 février 1895, son beau voyage du Congo au Niger, pour lequel la médaille d'or de la Société lui a été solennellement décernée, en présence d'un très nombreux auditoire, dans le grand amphithéâtre de la Faculté des sciences.

Une autre conférence publique a été brillamment faite, le 19 janvier, par M. Armand Janet, ancien ingénieur des constructions navales, qu'un long séjour en Extrême-Orient avait préparé à traiter le sujet suivant : « Excursions en Chine et en Indo-Chine. »

Le 2 mars, une troisième grande conférence a été donnée : M. le capitaine A. Baurès, attaché au ministère des colonies, connu pour ses explorations dans l'Afrique occidentale, s'est fait applaudir en parlant de la Guinée française et du Haut-Niger, où il se trouve actuellement en mission.

Les séances mensuelles de la Société, le premier jeudi de chaque mois, ont présenté un attrait d'autant plus sérieux, qu'une communication a été faite dans chacune d'elles par des membres de la Société, et généralement sur des sujets d'actualité. C'est ainsi que nous avons entendu successivement, depuis le 11 octobre jusqu'au 4 juillet, M. G. Saint-Yves, sur le théâtre de la guerre sino-japonaise en Corée et en Mandchourie; M. L. Fabry, sur une nouvelle méthode pour calculer la visibilité à distance; M. J. Delmas, sur les progrès des sciences géographiques en Italie; M. F. Nœtinger, sur la Castagniccia (Corse); M. H. Giraud, sur la politique européenne au Maroc; M. G. Saint-Yves, sur le théâtre de la guerre à Madagascar; M. Jacques Léotard, sur les ressources naturelles de Madagascar; M. F. Nœtinger, sur ses souvenirs et impressions de voyage dans le Sud algérien; M. H. Giraud, sur les routes sahariennes, et M. J. Léotard, sur l'étude de l'océanographie en France.

En outre des conférences publiques et des communications faites en séance, le cours populaire de géographie a été continué avec succès, chaque semaine, par M. le professeur Masson, dans une salle de la Préfecture. Cette année, ce sont les « Pays de la France » que notre collègue a décrits, d'après une division territoriale fort suggestive, dans ses leçons hebdomadaires. Ce cours public, qui existe depuis dix-huit ans, est, d'ailleurs, une des meilleures créations de la Société. Notre *Bulletin* trimestriel, renfermant le contingent habituel des travaux de nos sociétaires, a publié des mémoires géographiques intéressants et variés, parmi lesquels nous citerons : Une relation de voyage de Marseille à Tiflis, par Constantinople et la Crimée, due au capitaine G. Bourge, des Messageries maritimes; des notes de voyage dans les grands ports de l'Amérique du Sud, par le commandant E. Maigre, de la Compagnie Fraissinet; une étude comparative sur Marseille en 1787 et en 1891, d'après une relation allemande du temps et les documents actuels, par M. H. Barré, bibliothécaire adjoint de la Ville; les pilot-charts des États-Unis, par le professeur Thoulet, et l'île de Chypre, par l'explorateur Deschamps.

Quant aux principaux faits géographiques, aux explorations accomplies ou en cours, aux conventions territoriales intervenues dans le monde entier, on a pu les trouver dans la Chronique géographique méthodique du secrétaire général. Ajoutons que trois cartes ont paru dans notre *Bulletin,* montrant l'influence française en Afrique, l'itinéraire de la mission Maistre et la géographie de Madagascar.

En dehors de notre *Bulletin*, plusieurs membres de la Société ont publié d'importants ouvrages, et nous devons signaler particulièrement la remarquable étude de notre président, M. J.-Ch. Roux, député, sur le canal projeté de Marseille au Rhône, qui a ramené cette importante question devant le Parlement, et qui a valu une médaille de la Société de géographie commerciale de Paris à M. J.-Ch. Roux.

Notre bibliothèque, qui contient plus de 5,000 volumes et 1,500 cartes, est consultée sans cesse avec fruit, non seulement par de nombreux sociétaires, mais aussi par d'autres travailleurs, auxquels nous l'ouvrons généreusement, et qui y trouvent de précieux éléments d'informations sur le monde entier.

Le Bureau de notre Société a eu récemment l'honneur de souhaiter la bienvenue, à leur arrivée à Marseille, à un vaillant explorateur, notre compatriote M. F. Grenard, le survivant de la mission Dutreuil de Rhins au Thibet; et à l'illustre commissaire général du Congo français, M. Savorgnan de Brazza, retournant d'une laborieuse campagne dans l'Afrique centrale. De plus, notre Société avait été chargée de transmettre à M. Grenard et à M. de Brazza les compliments de la Société de géographie de Paris.

Cette année, comme précédemment, la Société a distribué de nombreux prix aux divers établissements d'instruction supérieure, secondaire et primaire de Marseille et du département. Elle maintient ainsi une excellente émulation pour l'étude de la géographie dans les écoles.

Enfin, au dernier Congrès des Sociétés savantes, à la Sorbonne, à Paris, notre collègue, M. G. Saint-Yves, a présenté d'intéressants mémoires sur les manuscrits géographiques de la bibliothèque de Marseille, notamment sur le voyage autour du monde du capitaine E. Marchand, et sur la première ascension scientifique du pic de Ténériffe par le R. P. Louis Feuillée.

Notre Société se préoccupe aussi de poursuivre des études de géographie locale. C'est dans ce but qu'elle a créé, cet hiver, une collection de photographies des monuments et des sites intéressants de la Provence. Il s'agit là d'un véritable petit musée, d'une haute valeur documentaire, et qui pourra, dans un avenir peu éloigné, atteindre un réel développement.

La création d'une collection de ce genre par chacune des Sociétés de géographie de France, pour la région qui se trouve dans sa sphère naturelle d'influence, serait assurément une importante contribution à la connaissance exacte de notre pays et un attrait nouveau pour les membres de nos associations.

Notre Société a, d'ailleurs, l'intention d'entreprendre prochainement, au point de vue de la géographie locale, des recherches spéléologiques et océanographiques. Elle compte justifier par ces travaux, ainsi que par son dévouement éprouvé à la cause de la géographie, le choix de Marseille par les sociétés sœurs pour le Congrès de 1897. Ce serait un puissant encouragement pour ses efforts, et elle espère que les raisons multiples qui militent en faveur de notre grand port méditerranéen seront admises par le Congrès de Bordeaux.

3. Société de géographie de l'Est.

Rapport de M. J.-V. BARBIER, secrétaire général et délégué de la Société.

MESSIEURS,

J'aurai assez l'occasion, au cours des séances du Congrès, de vous entretenir du résultat des travaux de nos diverses Commissions, organes de notre Comité, pour n'être pas plus bref encore que je ne le suis de coutume.

Toutefois, je ne puis passer sous silence la part prise par notre Société dans l'étude du projet de carte de la terre au 1/1,000,000°. A la suite de la consultation faite par la Commission technique nommée par notre Comité et de la participation de son rapporteur à la discussion qui eut lieu dans l'une des séances de la Commission de la Société de Paris, notre dite Commission technique a décidé la rédaction d'une note additionnelle qui paraîtra dans notre prochain *Bulletin,* mais dont je me suis fait un plaisir de vous offrir la primeur. Cette note est simultanément communiquée au Congrès international de Londres.

Nos conférences comme notre *Bulletin* restent les témoignages palpables de notre activité et de la manière dont nous pratiquons la vulgarisation géographique. Et cependant, depuis plusieurs années, loin de s'accroître, notre Société a subi une dépression, peu sensible, mais constante. Les causes, qui n'atteignent pas que nous, en sont faciles à discerner. Superficiellement, il semble qu'à la période du premier enthousiasme a succédé une époque d'accalmie plus ou moins longue. Mais les causes réelles, profondes, sont hors de nous : on peut citer notamment la création, dans notre ville, d'un nombre prodigieux de sociétés de tous acabits, fondées, dans une courte période, sous tous prétextes, vers lesquelles chacun se porte suivant son caprice, éparpillant ainsi les forces et les ressources, décourageant les meilleures volontés par leur multiplicité, les désorientant et les détachant des institutions les plus utiles et les plus sérieuses.

Notre Comité, se préoccupant d'un état de choses — qui, pour n'être pas unique, n'en éveille pas moins sa vigilance, — se propose, l'an prochain, de suivre l'exemple de nos collègues de Lille, — c'est du Nord que nous vient la lumière, — en organisant des excursions d'instruction géographique, dans la région lorraine d'abord et, plus tard, dans les régions voisines.

En l'état, notre Société a, malgré tout, un noyau solide d'adhérents; une bibliothèque, que nous avons considérablement enrichie depuis plusieurs années; un comité, composé d'hommes de haute valeur et de grande bonne volonté. Le secrétaire général, seul, laisse peut-être un peu à désirer; mais il est si bien entouré, qu'on ne s'en aperçoit pas.

Je dois rappeler que notre Société donne annuellement des prix de géographie au Lycée et à l'École primaire supérieure municipale de Nancy, au Collège et à l'École industrielle d'Épinal, aux Écoles municipales de Bar-le-Duc. Notre *Bulletin* est depuis longtemps servi à toutes les Écoles municipales de notre ville.

La dépression dont je parlais s'est surtout accusée dans nos sections; mais, naturellement, en raison inverse de l'activité déployée par les comités d'Épinal et de Bar-le-Duc, ce qui est pour nous un indice que cette activité, loin de se ralentir, doit redoubler d'intensité. Je suis heureux de constater que le comité de la section meusienne seconde admirablement celui de la Société-mère. Grâce à l'initiative toujours en éveil de son Bureau et particulièrement de son secrétaire, M. C. Bonnabelle, qui a fondé un musée ethnographique, industriel et colonial à Bar-le-Duc, cette section fait le plus grand honneur à notre groupe géographique. Ce musée s'agrandit tous les jours; il compte déjà parmi les curiosités les plus intéressantes de la cité barisienne, grâce aux libéralités ministérielles et particulières, grâce surtout à la persévérance de son fondateur, pour qui la mendicité n'est pas interdite. Nous avons là des collègues qui nous secondent largement, que nous donnons en exemple à ceux des Vosges et à qui nous nous plaisons ici à rendre pleine et entière justice.

Laboremus reste toujours notre devise.

4. Société de géographie de l'Ain.

Rapport sur les travaux de la Société, envoyé par son délégué, M. J. CORCELLE.

MESSIEURS,

La Société de géographie de l'Ain existe depuis quinze années. Elle a été fondée le 21 avril 1881. Elle sut limiter dès le début de sa carrière son champ d'action : c'était un sûr moyen d'accomplir une œuvre utile et durable. Elle se proposa de faire connaître dans le département les principales découvertes et les principaux voyages qui élargissent ou précisent notre connaissance de la terre. Elle voulut aussi consacrer le meilleur de ses efforts à une étude de la petite patrie, précise, exacte, étude qui n'avait jamais été faite, étude dans laquelle on rectifierait de nombreuses erreurs que les générations successives se transmettaient avec un soin pieux. On ne se doute pas des assertions erronées qui se perpétuent ainsi dans des livres sérieux, sur les géographies locales! Notre Société est restée fidèle à son programme, et a poursuivi sa tâche avec beaucoup d'esprit de suite, grâce à la bonne volonté et au dévouement de ses membres, grâce aussi aux subsides fournis par le Conseil général.

I. — Nous considérons toujours comme notre œuvre principale la rédaction de notre géographie départementale. Au début nos intentions étaient modestes. Notre doyen, M. Jarrin, demandait un livre moins sommaire et moins inexact que ceux qui existaient sur le même sujet, devant former un volume de 400 pages. Ce livre aurait remplacé avantageusement la statistique de Bossi, publiée par l'ordre de Napoléon en 1809. Mais notre cadre s'est peu à peu agrandi et cette année nous avons publié le sixième fascicule de la *Géographie de l'Ain*, qui complète le volume consacré à la géographie administrative.

Le premier volume de notre publication comprenait la *Géographie naturelle :* il avait pour principaux chapitres : l'Ain aux époques préhistoriques; l'aspect physique du département au point de vue géologique; l'hydrographie, complétée depuis dans notre *Bulletin* par une étude des nombreux lacs de notre région; la climatologie; l'histoire naturelle. Ces différents chapitres constituent un ensemble de 285 pages, où abondent des idées justes, précises, résultats d'observations faites sur place. Le volume est complété par une seconde partie intitulée : *Géographie historique,* dans laquelle est résumée l'histoire de la Bresse et du Bugey. On y trouve une biographie rapide de nos grands hommes, une indication de nos richesses d'art, des études sur nos chants populaires, notre patois et notre mythologie.

Dans le second volume nous avons réuni des études d'un autre genre : des études de géographie administrative. Chaque arrondissement a été examiné à part : une notice a été consacrée à chaque commune, notice renfermant des documents statistiques agricoles, industriels, artistiques. Nous avons constitué une sorte de dictionnaire, de répertoire si l'on veut, d'un maniement facile. Une notice générale, placée en tête de chaque canton, résume les grands traits de l'aspect physique de la région décrits par individualité politique.

Notre sixième fascicule comprend les deux arrondissements

es plus montagneux du département de l'Ain, ceux de Nantua et de Gex, l'un situé au milieu des chaînes parallèles du Jura, l'autre regardant la Suisse, accroché pour ainsi dire contre l'escarpement oriental du Jura. Ce sont deux arrondissements bien curieux au point de vue pittoresque, avec des lacs, des forêts profondes, des gorges étroites et sauvages, celle de la Valserine par exemple. Cette région mériterait d'être mieux connue et appréciée par les touristes. En la visitant, on s'apercevrait bien vite que nos paysages peuvent rivaliser avec ceux plus célèbres de l'étranger. Nous espérons que notre géographie contribuera à mieux faire connaître ces petits pays de la frontière suisse.

Nos études de statistique ont abouti à un résultat que nous tenons à signaler avant de terminer cette première partie de notre rapport. La population diminue graduellement dans toutes les communes rurales, où la main-d'œuvre est à un prix très élevé. Il y a là un phénomène inquiétant pour l'avenir de toute la région. Sans doute, quelques bourgs industriels, comme Bellegarde, Oyonnax, ont vu grossir rapidement leur chiffre de population. Mais c'est malheureusement l'exception. Les cantons purement agricoles ou forestiers deviennent des déserts. Celui d'Izernore, par exemple, avait, en 1846, 6,829 habitants, en 1891 il était descendu à 4,907. Par contre, l'activité industrielle n'a fait que grandir. A signaler surtout la multiplication des fromageries formées par association de propriétaires : le développement rapide de cette industrie agricole a permis d'utiliser nos pâturages de plaine et de montagne. Si les troupeaux de moutons ont presque disparu, par contre, dans les étables assainies, on peut voir des vaches de race pure, bien soignées et bien nourries. Parmi les communes en voie d'agrandissement nous signalons Bellegarde : elle était célèbre par la perte du Rhône. Le grand torrent qui coule depuis Genève dans une cluse étroite, disparaissait subitement dans une crevasse. On pouvait sans danger sauter d'une lèvre à l'autre. La perte du Rhône n'existe plus. On a dû faire sauter de nombreux rochers pour l'installation de turbines. Ces turbines, actionnées par l'eau rapide du fleuve, fournissent une force de 13,000 chevaux. Cette force est transmise dans la vallée grâce à un système très ingénieux. Tous les ans des industries nouvelles s'installent dans cette région privilégiée, où les forces naturelles sont abondantes et d'un emploi facile. J'ajoute que si dans ces dernières années, on a pu constater un certain ralentissement dans les transactions commerciales, cela tenait à la rupture presque complète opérée entre la Suisse et la France. Entre voisins, que réunissaient cependant des traditions de constante amitié, on avait élevé une véritable muraille de Chine. On vient sagement de la renverser : le résultat de cette mesure heureuse ne tardera pas à apparaître. La contrebande, toujours très active en temps de guerre économique, n'étant plus aussi fructueuse, se fera avec moins d'acharnement et d'audace. Nos produits agricoles, nos vins par exemple, retrouveront dans les Alpes suisses leurs débouchés ordinaires.

II. — J'ai beaucoup insisté sur notre géographie de l'Ain, parce qu'elle tient la première place dans nos préoccupations. Dès le début nous nous sommes mis à l'œuvre sans nous effrayer de la longueur du travail et des difficultés que nous aurions à surmonter. Notre exemple a été suivi, nous le disons, non sans orgueil : lorsque les monographies départementales seront achevées, un ouvrier à la main puissante réunira tous ces matériaux et élèvera un monument solide, une géographie complète d'une sûre information.

Nous avons publié encore une géographie médicale du département due au Dr Aubert, médecin-major de première classe au 23e régiment d'infanterie ; des études de géographie historique. Notre musée s'est enrichi de silex taillés, représentant toutes les formes ordinaires de la période magdalénienne. Ces silex proviennent de la grotte des Hotteaux près de Rossillon. Ils ont été trouvés à la suite des fouilles opérées dans cette grotte par M. Corcelle en août-septembre 1894.

Nous n'avons pas oublié la géographie générale. Les Sociétés de géographie se proposent pour but de répandre dans le public de saines notions, des idées justes sur les problèmes qui sont à l'ordre du jour. Elles peuvent ainsi détruire bien des préjugés, dissiper bien des malentendus. Chacune dans leur sphère d'action elles font œuvre de propagande utile. C'est à quoi répondent les articles publiés sous le titre de Mouvement géographique. Voici le sommaire de l'un d'entre eux :

« Département de l'Ain, nos lacs, légendes lacustres; les lacs d'Europe; les câbles sous-marins; Voyageurs français à Madagascar; l'arrangement anglo-congolais; l'explorateur Dutreuil de Rhins. » Nous insérons des relations originales comme celle-ci : « Au Tonkin, dans le Caï-khin en 1893-94, souvenir d'un soldat. » Nous y joignons de sévères études de statistique.

Nous avons donné aussi des conférences d'explorateurs toujours fort goûtées du public. Nous avons continué nos encouragements au cours de topographie organisé à Bourg.

Nous avons conscience d'avoir fait notre devoir dans la mesure de nos forces, nous nous sommes efforcés de répandre autour de nous le goût des études géographiques. Nous avons cherché à mieux faire connaître le petit pays où nous vivons, et ce faisant, nous croyons avoir servi modestement mais utilement la science et la patrie.

5. Société de géographie de Lille.

Rapport présenté par son délégué, M. MERCHIER, secrétaire général de la Société.

MESSIEURS,

La Société que je représente jouit auprès de vous tous de sympathies si générales et si précieuses, que j'aurais mauvaise grâce à détailler outre mesure l'œuvre accomplie pendant l'année qui vient de s'écouler.

Nous sommes aujourd'hui ce que nous étions hier... ce que nous espérons rester demain.

Le chiffre de nos membres s'élève à 1,700.

Nous avons donné trente-deux conférences, devant un public fidèle et nombreux.

Ce qui nous permet d'atteindre ce chiffre, c'est que nos sociétaires prennent de plus en plus l'habitude de payer de leur personne. C'est ainsi que treize d'entre eux ont fait des conférences : parmi ces conférenciers de bonne volonté, il en est un que je veux signaler, c'est le général Chanoine qui nous a donné une magistrale conférence sur la Chine, et le doyen de notre Faculté des lettres, M. Moy, qui nous a exposé tous les inconvénients de l'ignorance en matière de géographie.

Je ne vous infligerai pas l'énumération de tous nos autres

conférenciers; cependant, si je rappelle le nom de M. Blondel avec sa conférence sur la colonisation allemande, c'est que nos collègues de la Société commerciale de Paris savent apprécier toute son éloquence; si je rappelle le nom de M. Deloncle, c'est que notre président, M. de Mahy, sait avec quelle compétence son collègue à la Chambre des députés parle des choses d'Égypte; si je rappelle la conférence sur l'Arménie, c'est que nous devons à notre collègue Barbier d'avoir eu le concours de M. Minas-Tchéraz.

Nos sections de Roubaix et de Tourcoing ont eu également leur contingent respectable de conférences.

Notre concours annuel a eu lieu le 4 juillet dernier et a réuni 175 concurrents, garçons et filles.

Nos excursions continuent à avoir le plus grand succès.

Nous n'oublions pas que nous sommes en pays industriel et un grand nombre de nos excursions, je dirai à petite portée, ont pour but la visite de fabriques.

Mais nous savons aussi faire la part du pittoresque, témoin l'excursion à Chantilly et à Coucy, témoin celle que feront après-demain quarante de nos sociétaires à la forêt de Mormal.

Du 9 au 25 août, vingt-quatre de nos sociétaires visiteront la Suisse, en partant de Genève pour aller à Constance, Schaffouse, Bâle, et ils reviendront par Strasbourg, Metz et Bruxelles.

De notre *Bulletin*, je ne veux rien dire; je me contente de déposer les douze fascicules mensuels sur la table du Congrès; heureux si à côté des imperfections et des lacunes inévitables, il y a quelques qualités capables de mériter le suffrage de juges aussi compétents que vous. .

6. Société de géographie de Lorient.

Rapport présenté par son délégué, M. LAYEC, secrétaire général de la Société.

MESSIEURS,

La Société bretonne de géographie s'est, jusqu'ici, spécialement occupée de deux sortes de questions : l'océanographie et la géographie coloniale.

L'Océan, nous l'avons tous les jours sous les yeux : c'est un champ ouvert aux investigations des savants en même temps qu'à l'exploitation des industriels et des commerçants. En étudiant la mer, nous sommes surtout préoccupés des moyens d'existence des marins-pêcheurs, ces agriculteurs d'une plaine féconde, mais qui se laisse difficilement arracher ses richesses. Aussi, suivons-nous avec intérêt toutes les découvertes océanographiques qui conduisent ou conduiront à une exploitation plus rationnelle de la mer.

Dans la mesure de nos moyens, nous les provoquons, avec l'aide du ministère de la marine, qui, plusieurs fois, a mis ses navires et ses marins à la disposition d'un de nos membres les plus dévoués aux intérêts des pêcheurs, M. Guillard, professeur libre d'hydrographie.

Les colonies, leur histoire, leur développement, leur organisation ont été aussi, depuis l'origine de notre Société, un de nos objets d'études. Nos *Bulletins* ont publié, cette année encore, sur l'histoire de nos colonies, des travaux inédits dus à la plume très autorisée d'un jeune officier de Lorient, détaché au ministère des colonies. Souvent aussi nous publions, sous forme de lettres, des renseignements intéressants que nous envoient des colonies, où ils sont détachés, des officiers appartenant à la marine ou aux troupes de la marine.

Enfin, nous avons entrepris la géographie de la Bretagne et particulièrement de notre région morbihannaise; bien qu'immense, l'œuvre ne nous a pas effrayés : car nous joignons à l'amour de la patrie l'amour du foyer, et c'est l'aimer que d'entreprendre de la faire connaître. Nous avons commencé par une série d'études et de monographies qui serviront plus tard de base à une géographie complète du Morbihan. Nous avons donné, dans nos *Bulletins* de l'année, une étude démographique sur la population; une monographie de Belle-Isle-en-Mer; la traduction anglaise des impressions du Dr Ragregol au pays de Carnac et de Locmariaker. Nous avons à l'impression une étude très complète sur l'île de Groix; d'autres articles sont en préparation.

Nous avons continué à répandre dans le public l'amour des études géographiques : nos conférences sont suivies par un public si nombreux, que nous regrettons toujours de n'avoir pas à notre disposition une salle plus spacieuse et mieux appropriée.

Notre Société n'est donc pas restée inactive, bien que nous ayons été privés des encouragements de notre président, le capitaine de vaisseau Marquer, qui occupe en ce moment-ci les fonctions de commandant de la marine à Majunga.

7. Société de géographie commerciale de Nantes.

Rapport sur les travaux et les actes de la Société présenté par son délégué,
M. DOBY, secrétaire adjoint de la Société.

Messieurs,

Il y a treize ans à cette époque que, pour la première fois, la Société de géographie commerciale de Nantes se faisait représenter à un Congrès, et c'était à Bordeaux.

M. Linyer, son fondateur et encore aujourd'hui son président, la représentait, bien qu'elle n'eût à ce moment que deux mois à peine d'existence. Elle comptait alors une centaine de membres, tous pleins de bonne volonté et désireux de travailler en commun à la vulgarisation de la science géographique.

Depuis ce moment nous croyons n'avoir pas failli au mandat que nous nous sommes donné ; aussi, avons-nous vu nos efforts couronnés de quelques succès. Le nombre des adhérents a augmenté et notre ardeur n'a fait que s'accroître.

Placée dans une région maritime et dans une ville dont le passé commercial est des plus glorieux, notre Société s'est surtout préoccupée des questions coloniales, et notamment de celles qui intéressent plus particulièrement notre cité, dont nous avons suivi le relèvement commercial et industriel avec la plus vive satisfaction. Le canal maritime de la Basse-Loire, comme il fallait s'y attendre, a été le principal agent de cette prospérité nouvelle ; c'est pour cela que, cette année encore, nous avons fait de l'agitation en faveur d'un projet qui nous tient fort à cœur et que vous connaissez, puisque l'année dernière, à Lyon, vous lui avez fait un accueil dont nous n'avons pas perdu le souvenir.

Nos conférences ont été nombreuses et suivies avec un empressement tel, que souvent notre local s'est trouvé insuffisant. Nous avons successivement fait entendre et applaudir M. le marquis de La Ferronnays, député de la Loire-Inférieure, qui nous a entretenus de la Tunisie, de son état actuel et du développement qu'elle ne peut manquer de prendre depuis que la main de la France s'est étendue sur elle. Quelques jours après, un jeune voyageur, M. Voittel, retour du Laos, nous faisait entrevoir les progrès possibles de notre influence dans le pays des Moïs au Bas-Laos. M. Henri Mager, dont la compétence est bien connue en matières coloniales, nous a fait sur Madagascar une conférence dont le succès n'a été égalé que par celle du capitaine d'infanterie de marine Foussagrives sur le Dahomey, à la conquête duquel il a participé. Il y a quelques semaines, M. Courtellemont, dans une causerie charmante, nous faisait le récit des péripéties de son voyage à la Mecque et excitait le plus vif intérêt par les détails inédits qu'il donnait sur ce monde arabe encore si mal connu.

Plusieurs de nos membres, enfin, ont aussi contribué à l'intérêt de nos séances mensuelles.

M. l'abbé Chevillard, en parlant des anciennes relations de la France avec le Siam; M. le colonel Coville, en nous dévoilant un coin peu connu de notre colonie algérienne, le pays des Ksours; M. Fleuriot, en nous entretenant, à diverses reprises, d'une de nos possessions lointaines les plus discréditées, la Guyane et le contesté franco-brésilien.

Je ne saurais terminer ce rapport, déjà long, sans vous parler de l'installation de notre Société dans un nouveau local, plus vaste et surtout plus central que l'ancien. Nous avons pu ainsi grouper autour de nous plusieurs autres sociétés savantes de notre ville, et devenir en quelque sorte un centre intellectuel qui peut, dans une certaine mesure, avoir la plus heureuse influence sur l'intérêt croissant qui s'attache aux questions géographiques.

Deux de nos membres les plus érudits, MM. Orieux et Vincent, viennent de faire paraître le premier fascicule de leur géographie de la Loire-Inférieure, et c'est grâce à notre participation financière que le tirage a pu en être effectué. Nous en servons les fascicules à nos adhérents au fur et à mesure qu'ils paraissent et sans augmentation de la cotisation individuelle.

Les intérêts de la France à Madagascar ne nous sont pas restés étrangers, car chacune de nos réunions mensuelles, depuis le début de la campagne, est marquée par le récit des opérations militaires exécutées par nos braves soldats. C'est

M. le colonel Coville qui s'est chargé de cette partie de notre tâche.

Notre musée commercial et notre bibliothèque, qui s'accroissent sans cesse, sont plus fréquentés que par le passé, grâce à leur organisation nouvelle et à leur situation plus centrale, et tout fait espérer que le mouvement ascensionnel de notre Société se continuera pour le plus grand avantage de la science géographique et du commerce, dont les intérêts sont si intimement liés.

8. Société de géographie de Toulouse.

Rapport sur les travaux de la Société présenté par son délégué, M. S. GUÉNOT, secrétaire général.

MESSIEURS,

La Société que j'ai l'honneur de représenter devant vous poursuit avec succès les buts qu'elle s'est proposé d'atteindre : vulgarisation des sciences géographiques et étude particulière de la région du Sud-Ouest dont Toulouse est le centre.

Les réunions sont toujours suivies avec beaucoup d'assiduité par un public d'élite. Malheureusement, elle manque de salle suffisamment vaste pour recevoir tous les auditeurs qui répondent à ses convocations.

Des excursions sont organisées chaque année et révèlent aux gens du monde les curiosités du pays toulousain, sites grandioses, accidents naturels remarquables, qu'ils ignorent généralement.

Ces excursions agréables, très suivies, sont, au retour, l'objet de comptes rendus qui vulgarisent la géographie locale et exhument utilement quelques glorieuses pages d'histoire. On s'aperçoit fréquemment qu'on va chercher bien loin des impressions nouvelles, alors qu'on en a dans son voisinage immédiat d'équivalentes.

Nos *Bulletins* se publient très régulièrement. L'un paraît deux fois par mois et donne, dans les quinze jours qui suivent, le compte rendu des séances. L'autre paraît tous les deux mois.

Le nombre de nos sociétaires tend plutôt à augmenter qu'à diminuer. Il dépasse aujourd'hui le chiffre de six cents. Ce qui favorise le recrutement et ce qui donne de la cohésion à notre Association, ce sont évidemment les grandes conférences. Ces réunions permettent de donner satisfaction tout à la fois à la science et à l'esprit de famille. Chaque sociétaire a droit à deux entrées. Il est à remarquer que les dames apprécient ces conférences au moins à l'égal des hommes. Nos auditoires en comptent toujours un très grand nombre.

Depuis plusieurs années, nous étions en instance pour demander à ce que notre Société fût reconnue d'utilité publique. On nous a opposé d'abord notre jeunesse, puis notre pauvreté. La jeunesse est un défaut qui passe fatalement trop vite ; quant à la pauvreté, elle n'est pas toujours aussi sûrement réductible. Le fonds de réserve de 10,000 francs, demandé par le Conseil d'État, se constituait bien lentement, en dépit des années, lorsque notre président actuel, M. de Rey-Pailhade, préoccupé de cette situation, a levé généreusement l'obstacle, en faisant à la Société une donation d'égale somme.

Les bons exemples, comme les autres, sont contagieux, et un de nos anciens présidents, M. Ozenne, se piquant d'émulation, nous a laissé, lui aussi, par testament, une autre somme de 10,000 francs et un siège social définitif. Il a acquis, pour y créer un Institut toulousain, le palais d'Assezat, merveilleuse construction de la Renaissance, due à Bachelin, digne élève de Michel-Ange. Le palais devra être restauré par la Municipalité à l'usage de l'Académie des jeux floraux, de l'Académie des sciences, inscriptions et belles-lettres, de l'Académie de législation et de la Société de géographie.

Cette marque de considération, dont nous sommes fiers, est une preuve de l'intérêt que la Société a réussi à attacher à ses travaux.

Nous avons cependant éprouvé un échec du côté des pouvoirs publics. La Municipalité toulousaine, qui nous accordait chaque année une subvention de 500 francs, nous l'a supprimée, ainsi qu'à toutes les sociétés littéraires et scientifiques de notre ville. Dans un premier mouvement, qui n'était pas le bon, elle a prétendu qu'en République il était oiseux d'encourager les sciences et les lettres.

Nous espérons qu'il n'y a là qu'un malentendu passager et que le lien qui unissait les sociétés à la Municipalité se rétablira bientôt, au grand avantage de l'intérêt commun.

Vous savez, Messieurs, combien nous répondons à des besoins

réels et actuels; à quel point les questions géographiques et coloniales demandent à être vulgarisées; quelles erreurs funestes se commettent, à chaque instant, dans ce domaine; combien les études saines sont à encourager, en présence des débordements de décadence qui nous envahissent de toutes parts; sans compter qu'à une heure où l'on parle sans cesse de décentralisation, les sociétés littéraires et scientifiques de province en sont les foyers les plus actifs et les plus certains : il y a là de quoi justifier amplement l'intérêt des pouvoirs publics.

C'est ainsi, Messieurs, que nous poursuivons sans défaillance notre entreprise désintéressée de la première heure, confiants dans notre modeste sphère de faire œuvre utile.

9. Société de géographie commerciale du Havre.

Rapport sur les travaux de la Société présenté par son délégué, M. FAVIER, membre de la Société.

Messieurs,

La Société de géographie commerciale du Havre vient d'achever sa onzième année. Jeune encore, elle a su se donner des institutions qui vont toujours s'affermissant. Ses réunions sont très suivies; ses conférences ont la vogue; beaucoup de jeunes gens se disputent les prix de ses concours; sa bibliothèque, déjà riche, prend chaque jour une importance plus grande; enfin, ses *Bulletins* paraissent régulièrement. Je parlerai peu des unes et des autres, pour ne point répéter les rapports des précédents Congrès; je mentionnerai seulement ce qui m'a paru le plus digne de solliciter votre attention.

a) Divers conférenciers nous ont conduits, en guides sûrs et agréables, en Chine ou au Japon, sur les bords du Nil ou chez les missionnaires du Levant, ailleurs encore. L'un d'eux, venu du Tonkin, dont il a fait son pays d'adoption, nous a entretenus de sa nouvelle patrie (M. Levasseur). Par sa parole entraînante, ses saillies spirituelles, sa gaieté communicative, ses renseignements puisés aux sources mêmes, il ne nous a pas appris seulement à connaître notre belle colonie, il nous l'a fait aimer, ce qui vaut encore mieux.

b) Notre *Bulletin* se distingue par l'originalité des travaux qu'il publie, et qui presque tous sont dus à la collaboration des capitaines au long cours. Leurs communications sont toujours relatives aux pays qui entretiennent des relations suivies avec notre port : l'Amérique du Sud, les Antilles, l'Australie, les mers australes. Nous avons une exception, et une exception heureuse, à signaler cette année. M. le colonel Archinard a bien voulu, avec l'autorisation de M. le Ministre de la marine, nous donner des extraits de son rapport sur le Soudan, et ces extraits forment la matière du beau chapitre intitulé : « le Soudan en 1893. »

c) Dans les réunions de notre Comité, les questions de géographie commerciale et d'intérêt local font l'objet ordinaire de nos discussions. Nous ne nous plaignons pas, loin de là, lorsque le Congrès ou les sociétés sœurs nous prient d'en aborder de plus générales. Nous avons étudié les propositions de M. de Rey-Pailhade sur l'application du système décimal à la mesure des angles et à la mesure du temps. Nous avons décidé de « recueillir et de publier dans notre *Bulletin* tous les renseignements intéressant nos colonies que notre Société aura pu se procurer au Bureau spécial des renseignements coloniaux à Paris ou de toute autre manière ». C'est même à des questions de cette nature que nous voudrions employer le meilleur de notre temps. Notre Société désirerait que les propositions mises à l'ordre du jour du Congrès national fussent communiquées longtemps à l'avance et pussent être mûrement délibérées.

d) Je terminerai par un regret. Depuis quelques années, le chiffre de nos adhérents reste stationnaire : il oscille entre 750 et 800; c'est un danger. Notre vaillant secrétaire général, M. Loiseau, a déjà sonné l'alarme. Toutefois, nous ne désespérons point. Nous avons pleine confiance dans les efforts de notre Bureau, qui trouvera dans les membres du Comité et de la Société tout entière de dévoués auxiliaires.

10. Société de géographie de Tours.

Rapport présenté par son président et délégué, M. le colonel BLANCHOT.

MESSIEURS,

La Société de géographie de Tours, dont j'ai l'honneur d'être le président et le délégué auprès de vous, continue à remplir de son mieux sa mission vulgarisatrice des questions de géographie proprement dites et aussi de celles qui peuvent être considérées comme de la géographie appliquée. Je dois ajouter que depuis quelque temps, grâce à la spécialité érudite de certains de ses membres, elle a produit des œuvres de géographie archéologique sur la province de Touraine qui ont été très remarquées.

Malheureusement, sa situation reste stationnaire au point de vue de la prospérité matérielle. Et malgré le coup de fouet qu'il y a deux années le Congrès lui a si brillamment donné, le nombre de ses membres ne s'est pas accru; au contraire, il nous faut lutter avec énergie contre une tendance à la diminution. Aussi ses ressources sont-elles modestes, et elle n'a à compter que sur elles, car elle n'est soutenue par aucune subvention. La Chambre de commerce seule lui vient généreusement en aide en lui donnant l'hospitalité dans le bel hôtel qu'elle possède au sein de la ville.

Est-ce indifférence? Cela pourrait surprendre dans cette cité qui fut jadis un foyer de l'esprit français. Quoi qu'il en soit, et sans en rechercher la cause, nous nous bornons à constater que nous ne parvenons à réveiller cette indifférence que par l'attrait de conférences qui attirent le grand public spécialement invité. Mais ces grandes réunions ont l'inconvénient de constituer de lourdes charges pour notre modeste budget; aussi nos publications sont-elles forcément réduites, à notre grand regret.

Cependant, sur mon initiative, le Bureau de la Société est saisi d'un projet de modification de notre règlement et de nos statuts, et j'espère que les bases nouvelles que l'on va adopter pour le fonctionnement de notre Compagnie porteront une heureuse influence sur l'avenir de la Société de Tours.

10. Société de géographie commerciale de Saint-Nazaire.

Rapport présenté par son délégué, M. GALLET, secrétaire général.

Messieurs,

La Société de géographie commerciale de Saint-Nazaire est entrée dans sa neuvième année d'existence. Malgré les vides causés dans son sein par la mort, les démissions, les départs, elle a à peu près réussi, par le recrutement de nouveaux membres, à maintenir le chiffre de son effectif normal. Elle compte actuellement 75 membres actifs et 27 membres honoraires, en tout 102. C'est peu si l'on compare ces chiffres avec ceux des autres sociétés ici représentées; mais c'est tout ce qu'on peut espérer, pour l'instant, dans une ville encore dans la période de formation, et presque exclusivement habitée par une population ouvrière. Il faudra quelques années encore pour que les intérêts matériels, cédant le pas aux intérêts intellectuels, notre Société puisse entrer dans une voie de progrès. Nous comptons beaucoup, pour lui donner de l'impulsion, sur la réunion du Congrès national des sociétés françaises de géographie, que nous sollicitons depuis plusieurs années et que nous espérons enfin obtenir pour 1897.

En attendant, grâce aux subventions de la Ville et de la Chambre de commerce, nous avons un budget d'environ 1,100 francs, suffisant pour accomplir le programme que nous nous sommes tracé, c'est-à-dire donner des conférences, publier un *Bulletin* annuel, décerner des prix de géographie au Collège communal, ouvrir un concours pour les meilleures monographies de l'arrondissement, et enfin se faire représenter de temps en temps par un de ses membres dans les Congrès.

Bien que la lecture des trois rapports suivants n'ait pu être faite à la séance de ce jour, nous les ajoutons à la suite des précédents rapports pour ne pas les séparer des rapports des autres sociétés :

11. Société de géographie commerciale de Paris.

Rapport sur les travaux de la Société, présenté le samedi 3 août par son délégué, M. Ernest LOURDELET, vice-président de la Société, membre de la Chambre de commerce de Paris.

Mesdames, Messieurs,

La Société de géographie commerciale de Paris poursuit d'une manière normale et des plus satisfaisantes son développement et son œuvre vulgarisatrice.

Le nombre de ses membres atteint aujourd'hui le chiffre

de 2,100. Sa situation financière est bonne et lui permet de publier tous les mois son *Bulletin*, dont l'importance et l'intérêt vont sans cesse croissant.

Dans son dernier numéro se trouve une explication en français des noms de Madagascar, par M. Grandidier.

Parmi les conférences qui ont été faites aux assemblées générales mensuelles, nous citerons : L'Égypte et le Soudan égyptien, par M. H. Percher, dont la bouche est aujourd'hui close, et que l'issue fatale d'une rencontre a enlevé tragiquement à nos espérances et à notre affection. Harry Allis s'était fait une spécialité de la question égyptienne, dans laquelle il possédait une incontestable compétence ; la presse a perdu en lui un écrivain consciencieux, notre Société un collègue laborieux et hautement estimé.

M. Émile Gautier a raconté son long voyage à Madagascar, et s'est déclaré partisan du protectorat, « un système, a-t-il dit, qui nous a réussi en Tunisie, qui ne nous coûterait pas beaucoup plus cher qu'il nous coûtait hier, avant la guerre, et nous donnerait les mêmes avantages que l'annexion. »

Et s'il préfère ce système, c'est que « Madagascar n'est pas un pays riche actuellement ; on peut dire hardiment qu'il est pauvre. Cependant, c'est une acquisition d'une valeur inappréciable ; le seul point du globe peut-être qui soit inhabité et habitable pour une race européenne ; la seule chance qui nous reste de créer quelque part une véritable colonie de colons français, de créer un peuple qui soit sorti de nous, qui sera de notre race et qui parlera notre langue ; notre Amérique, notre Australie. Mais proportionnons nos dépenses à la richesse actuelle de Madagascar, non pas à ses richesses futures. »

Quelques jours après son arrivée à Paris, M. de Lanessan nous a entretenus de la colonisation en Indo-Chine. M. Charles Roux, député des Bouches-du-Rhône, nous a exposé l'économie du projet du canal du Rhône à Marseille. Enfin, M. Blondel, professeur à la Faculté de Lille, a fait une conférence sur Berlin et son développement économique.

Les séances des sections sont de plus en plus suivies, et malgré l'importance des locaux de la nouvelle installation, les salles sont souvent insuffisantes pour contenir les nombreux membres qui les fréquentent assidûment.

Les communications accompagnées de projections y sont faites sous une forme familière, qui convient mieux à ceux de nos voyageurs ou de nos explorateurs, qui redoutent la solennité des assemblées générales mensuelles; les questions et la discussion qui s'y engagent offrent un intérêt plus spécial et sont un attrait puissant pour nos sociétaires qui désirent obtenir de ceux qui ont vu par eux-mêmes des renseignements dont ils pourront faire leur profit.

Aux assemblées générales, comme aux séances de section, nous constatons avec une vive satisfaction la présence de nombreuses dames. Nous nous applaudissons de voir que les efforts de notre Société sont couronnés de succès et que la femme française s'intéresse de plus en plus aux voyages lointains, se familiarise avec l'idée d'expansion coloniale et manifeste un goût très prononcé pour la science géographique, autrefois si délaissée et si méconnue.

La correspondance de notre Société a pris également une importance considérable, et nous pouvons dire, sans crainte d'être taxés d'exagération, qu'elle s'étend à tous les pays, à tous les coins du globe. Elle constitue pour nos sociétaires une source d'informations précieuses et absolument inédites qui, lorsqu'on saura mieux l'utiliser, constituera une richesse à laquelle on viendra puiser abondamment.

La Société a témoigné ses sympathies et a offert des récompenses à différentes écoles; elle a décerné de nombreuses médailles à ceux qui, à des titres divers, ont contribué au développement des connaissances géographiques.

Bien que ne rentrant pas dans le cadre de ses travaux, nous ne pouvons passer sous silence la retraite de notre vénéré président-fondateur, M. Meurand, atteint par les années, qui a voulu laisser à la Société un souvenir durable de sa présidence en constituant une rente dont le montant est destiné à couvrir les frais d'une médaille à laquelle la Société a, dans un esprit de gratitude et de reconnaissance, donné le nom de prix Meurand, en souvenir de l'homme de bien qui l'a fondé.

Enfin, Messieurs, notre Société a eu l'insigne honneur de voir l'un de ses membres promu à la première magistrature de l'État.

Une importante délégation a été reçue à l'Élysée par M. Félix

Faure, qui lui a adressé une cordiale allocution, dans laquelle il s'est plu à reconnaître les services rendus par la Société de géographie commerciale de Paris, et à rappeler qu'il était depuis longtemps membre de notre Société, de celle du Havre et de beaucoup d'autres similaires, et qu'il entendait ne pas se séparer de ses collègues ni se désintéresser de leurs travaux.

Cette assurance, donnée par le Chef de l'État aux sociétés de géographie, est un gage précieux que nous tenons à vous communiquer, car il est à la fois la consécration de nos efforts et un haut encouragement à persévérer dans la voie éminemment désintéressée et patriotique que nous poursuivons pour l'honneur et le profit de la France.

12. Société de géographie de Rochefort.

Rapport sur les travaux des années 1893 et 1894 présenté le samedi 3 août par son délégué, M. CHARRON, président de la Société.

Messieurs,

Constituée définitivement le 16 novembre 1878, la Société de géographie de Rochefort n'a pas cessé de prospérer. Comptant 145 membres à l'origine, elle n'a pas aujourd'hui moins de 200 membres titulaires, auxquels il faut ajouter 137 membres honoraires ou correspondants, et elle échange ses publications avec 78 sociétés savantes, françaises ou étrangères.

Cédant à des tendances qui se manifestent de plus en plus au sein des sociétés françaises de géographie et qu'encouragent tous nos congrès, nous avons porté plus spécialement notre attention sur les régions qui nous entourent. L'Aunis et la Saintonge, particulièrement Rochefort et son arrondissement prenaient une bien petite place dans nos travaux; il nous a paru nécessaire d'entreprendre la vulgarisation de la géographie locale, mais en élargissant le cadre pour y faire entrer des données historiques peu ou mal connues. C'est pour cela que nous avons ouvert dans notre *Revue* un chapitre particulier dans lequel, sous le titre de : « Contributions à la géographie historique de Rochefort et de la région, » nous nous proposons de rassembler les éléments d'une nouvelle et plus complète histoire de la cité et de son arsenal.

Déjà d'intéressants matériaux nous ont été fournis; nous

avons commencé à rassembler les premiers éléments d'une géographie régionale; nous avons enregistré des documents relatifs à notre cité. Quelques-uns des membres les plus actifs de notre Société ont pris en main l'entreprise projetée. Mais nous sommes encore loin de posséder les matériaux qui nous sont indispensables. De ce que fut Rochefort avant 1666 on ne sait à peu près rien et même, depuis cette date, l'histoire de la cité et de la région présente des lacunes énormes. On n'a rien de la période révolutionnaire; c'est pourquoi nous faisons un pressant appel à tous ceux de nos concitoyens en mesure d'aider nos recherches de quelque manière que ce soit.

L'appel adressé à toutes les personnes en mesure d'aider la Société dans ses études sur la région a été entendu; des matériaux nombreux et intéressants sont parvenus, d'autres sont annoncés déjà.

Au cours de l'année 1894 nos publications se sont régulièrement succédé, et parmi les travaux qui ont occupé nos séances mensuelles, nous avons présenté dans notre *Bulletin* un certain nombre de mémoires.

Ce sont :

1º La relation inédite d'un voyage autour du monde accompli de 1766 à 1769, par un de nos concitoyens M. Vivez, médecin de l'expédition de Bougainville;

2º Les souvenirs d'une campagne à la Guyane, par M. Émile Robin, sous-commissaire de la marine;

3º Une monographie du château et de l'ancienne ville de Larochefoucauld, par M. J. Fermond;

4º Une étude sur le Bas-Congo, par MM. Raymond et Henri Lemaître, nos collègues.

Sur Rochefort et la région, les travaux ont été considérables. Avec M. Ch. Delavaud, nous avons dépeint la physionomie de Brouage, la ville morte. Notre collègue M. Béteau a rassemblé les éphémérides météorologiques et sismiques de la Charente-Inférieure. Le Dr Louis Cupitan nous a fait part de ses recherches sur les pierres closes de Charras. Notre savant géologue M. Boissellier a décrit le Palet de Gargantua et les oscillations de la mer en Aunis et en Saintonge.

Tous ces travaux sont pour la plupart des travaux originaux dus à des membres de la Société.

13. Société de géographie commerciale de Bordeaux.

Rapport présenté le mercredi 7 août par son délégué, M. MANÈS, secrétaire général.

Messieurs,

Pendant l'année qui s'est écoulée depuis le Congrès de Lyon, la Société de géographie de Bordeaux a continué à déployer son activité : d'une part par les réunions et conférences, et d'autre part par la publication de son *Bulletin*. Elle a de plus participé à l'Exposition de la Société philomathique et préparé la 16e session de notre Congrès.

Ses réunions ne sont malheureusement pas suivies aussi assidûment que nous le désirerions par nos nombreux collègues, et cependant nos ordres du jour, qui comprennent généralement, avec les nouvelles géographiques mensuelles consciencieusement dépouillées par nos secrétaires, des communications importantes faites pour la plupart par de savants collègues tels que MM. Hautreux, Gebelin, Dr Rançon, etc., sont chaque fois arrêtés par notre Bureau de façon à leur offrir un véritable intérêt.

Nos conférences publiques, au contraire, attirent de plus en plus l'affluence du public. Plus de dix ont été faites cette année et elles ont amené dans notre ville des conférenciers de haute valeur, comme MM. de Lanessan, Künckel d'Herculais, Ch. Lemire, Courtellemont, etc. Je me borne d'ailleurs à citer les principaux, ne voulant pas inutilement allonger ce rapport.

Je serai bref également sur ce qui concerne notre *Bulletin*. Toutes vos sociétés le reçoivent régulièrement et vous avez pu voir, cette année encore, avec quel soin il est rédigé sous la direction de son rédacteur en chef M. Gebelin. Comme toujours, dans les articles insérés, une large part a été faite à l'Afrique, et particulièrement au Sénégal, dont le commerce intéresse plus spécialement notre ville. Nous ne délaissons pas cependant les autres parties du monde et nous accueillons toujours avec plaisir, d'où qu'ils viennent, pour les utiliser dans notre *Bulletin,* les renseignements sérieux qui nous sont adressés par nos correspondants. Permettez-moi de citer dans cette catégorie les excellents articles qui nous ont été envoyés de l'Inde par M. Ch. Jambon, boursier de voyage du ministère du commerce à Calcutta. M. Jambon assiste à notre Congrès, où il doit faire aujourd'hui même une intéressante communication, et en le remerciant devant le Congrès de ses articles, je tiens à lui dire que je suis doublement heureux de le faire, car je ne puis oublier qu'il est ancien élève diplômé de l'École supérieure de commerce de Bordeaux.

La part prise par la Société de géographie commerciale de Bordeaux à l'Exposition de la Société philomathique n'a pas été aussi importante que nous l'aurions désiré. Le peu d'espace qui a pu être mis à notre disposition en est la cause; nous avons pu cependant y réunir, avec la collection de nos *Bulletins* et des autres publications de notre Société, une série de cartes se rapportant à la rivière et dont l'intérêt ne vous a pas certainement échappé lorsque vous avez, jeudi dernier, visité notre Exposition.

Enfin, Messieurs, notre Société, fière de recevoir cette année le Congrès national des sociétés de géographie, a fait de son mieux pour préparer notre 16e session. Elle aurait voulu pouvoir vous offrir un programme plus étudié et plus complet, mais elle espère que vous voudrez bien mettre toute votre indulgence à en oublier les lacunes et les défaillances et ne vous souvenir en quittant notre ville que du désir qui nous a animés de vous faire, à défaut de la réception brillante qu'ont pu avoir d'autres congrès, l'accueil le plus cordial et le plus sympathique.

La deuxième question à l'ordre du jour est la discussion du projet de modification du règlement, proposé par la Société de géographie de l'Est (M. Barbier, rapporteur).

Cette partie de l'ordre du jour ne comportant que la présence du Bureau du Congrès et des délégués, ceux-ci se retirent pour délibérer, la séance ayant été levée au préalable à dix heures.

Le Secrétaire de la séance,
Secrétaire de la Société de géographie de Bordeaux,

Dr Gilbert Lasserre.

II. — Séance du vendredi 2 août (après-midi).

Président M. LOURDELET, vice-président de la Société de géographie commerciale de Paris.

Assesseurs :
MM. GAUTHIOT, secrétaire général de la Société de géographie commerciale de Paris, délégué des Ministères de l'instruction publique, du commerce et de l'industrie.
le capitaine MARCHAND, délégué du Ministère des colonies.

La séance est ouverte à deux heures et demie.

M. LE PRÉSIDENT annonce qu'il a reçu une dépêche de M. de Claparède, président de la Société de géographie de Genève. M. de Claparède s'excuse de ne pouvoir assister au 16e Congrès national des Sociétés françaises de géographie, et envoie l'expression de ses vœux les plus sincères.

A l'unanimité, l'envoi d'une dépêche de remerciement est décidé.

Suivant l'ordre du jour, M. BREITTMAYER, délégué de la Société de géographie de Marseille, a la parole pour traiter du *Rôle commercial de nos fleuves et de nos ports.*

Dans le travail ci-après, M. Breittmayer explique le rôle commercial de nos fleuves et de nos ports. Il montre la solidarité qui les unit les uns aux autres. Les fleuves et les canaux font aboutir à bas prix les marchandises dans les ports, ou les en ramènent pour les livrer sur tous les points de l'intérieur ; les ports déclinent si cette aide ne leur est point donnée par les voies navigables du pays.

Il faut donc que les fleuves soient approfondis ou canalisés ou complétés par des canaux de jonction. A Bordeaux plus particulièrement, de même qu'à Nantes, des travaux dans ce sens sont urgents. La Garonne et la Loire devraient rendre une partie des services rendus par la Seine. Il faut raccorder nos ports du sud-ouest et du sud aux voies fluviales. Il y a là, pour nos grands ports méridionaux, une question vitale. Si leur tonnage décroît ou n'augmente pas aussi vite que celui des ports étrangers, cela tient en grande partie à l'insuffisance des fleuves et des canaux.

Le Rôle commercial de nos fleuves et de nos ports ;
Par M. Albert BREITTMAYER,
délégué de la Société de Marseille.

Il y a deux mois, M. le Président de la République disait ici même qu'avec son vaste et magnifique littoral, ses ports superbes dont l'outillage s'améliore sans cesse, sa population maritime si hardie et si laborieuse, notre pays n'est pas fait pour vivre replié sur lui-même ; bien plutôt il est prédestiné à ces actives négociations commerciales qui portent dans le monde entier ses produits, son pavillon et son influence.

Ces négociations, Bordeaux, sorti des marécages de la Garonne à l'époque de l'apogée de la civilisation romaine, prédestiné aussi depuis par les admirables produits de son sol, s'est toujours appliqué à les développer par son commerce maritime.

Le commerce maritime a nécessité de tout temps ces sortes de véhicules qui s'appellent navires et dont le trafic, limité d'abord pour nous à la Méditerranée jusqu'aux colonnes d'Hercule, prolongé ensuite par le voyage de Pythéas à la Grande-Bretagne, s'est étendu au monde entier par suite des découvertes successives des explorateurs européens. Dans le bassin de la Méditerranée, les ports pour eux nécessaires, qui n'étaient, ainsi que le nom l'indique, que des *abris* (comme le vieux Lacydon nous en offre l'exemple), s'appelaient alors Tyr, Sidon, Carthage. Au fur et à mesure du développement de ce trafic et des trajets parcourus, il a fallu en chercher de plus grands, et les embouchures des fleuves ont alors offert ce qu'il y avait de mieux pour les y installer. Les fleuves, comme nous l'avons dit autre part, sont une pénétration des mers dans l'intérieur des terres, comme ils servent aussi de chemin naturel vers elles ; ils ne sont que la continuation de la route de mer, et le rôle de la navigation intérieure ne doit être que de prolonger la navigation maritime.

Ce point intermédiaire de l'embouchure, ou plus dans l'intérieur du fleuve, a donné naissance à Rouen, à Nantes, à Bordeaux, à Arles, comme à l'étranger nous trouvons Hambourg,

Anvers, Rotterdam. Leur trafic augmentant en a fait des ports, et les ports principaux du pays. Leur mouvement était alors d'autant plus actif que les dimensions des navires, étant plus faibles, leur permettaient de pénétrer plus avant dans les terres. C'est ainsi, par exemple, qu'à la foire de Beaucaire il y avait encore en 1845, amarrés au quai de cette ville, une soixantaine de bricks venant d'Espagne, d'Italie et même du Levant.

Quand on a senti le besoin de transporter la marchandise plus au delà dans les fleuves, on l'a transbordée sur des bateaux adaptés à cette navigation. Sur certains lacs, ou même des bras de mer, on embarque aujourd'hui des wagons chargés pour les traverser: c'est la même idée qui a fait naître les transbordements. Ce transbordement, forcé par la nature même des choses, a créé alors, d'une façon définitive, une distinction entre la navigation maritime et la navigation intérieure.

De ce que la navigation maritime a l'immense avantage d'évoluer librement et sans taxe à la surface des eaux, elle trace néanmoins sur cette surface un sillage de chacun de ses parcours, sillage qui, s'il était indiqué sur la carte, imiterait exactement le tracé d'un cours d'eau. Cela tient, vous le savez, à la distribution des courants, comme aussi au soin avec lequel on cherche à abréger le plus possible la longueur du voyage; et tous ces voyages, d'un même port à un même port, traceraient sur la carte d'autant plus la même ligne que nous donnons aux capitaines et aux officiers de nos navires, aux mécaniciens et au personnel des machines, une prime sur l'économie du combustible, sur la vitesse; ce qui, par parenthèse, en forçant d'autant plus chaque navire à suivre la même route, augmente les chances d'abordage et de collision, et aurait lieu d'être modifié pour la sécurité des personnes et des choses. Le tracé de la marche d'un navire est bien, comme nous venons de le dire, une ligne sur l'immense étendue des mers.

Prolongez cette ligne par l'embouchure des fleuves, et vous aurez la figuration complète du tracé des transports par eau. Ici, et en tout cas il le faudra un jour ou l'autre, aucun droit de circulation quelconque, la liberté la plus complète sans laquelle le commerce ne peut se mouvoir; car le commerce, avec les mille et mille détails auxquels il doit avoir forcément recours, a besoin de cette liberté. Liberté des mers, c'est-à-dire en tous cas la paix, et liberté sur tous les cours d'eau. Montesquieu n'a-t-il pas écrit que l'effet naturel du commerce était de porter à la paix, et quoi de plus beau, de plus nécessaire pour le bonheur de l'humanité que ce but final!

Mais, en dehors du commerce lui-même, le port, en tant que port, a besoin d'écouler la marchandise qu'il reçoit. Comme le négociant, il lui sera non seulement avantageux, mais indispensable d'avoir deux moyens à sa disposition : la voie d'eau et la voie de terre, c'est-à-dire les chemins de fer. C'est, du reste, parce qu'ils ont ces deux moyens à leur disposition que les ports d'Anvers et de Hambourg accusent un tel accroissement; et pour Hambourg, le tonnage effectif de son port est dû pour un tiers à la navigation de l'Elbe, tandis que celle du Rhône ne donne qu'un cinquième à Marseille. Cette proportion plus grande en Allemagne tient à ce que l'on ne se borne pas à y améliorer le cours des fleuves, mais que le gouvernement et les villes se préoccupent de créer de remarquables ports fluviaux pourvus de quais, parfois de cinq kilomètres de longueur, de bassins, de grues et autres appareils de transbordement les plus perfectionnés, de voies de raccordement les mieux entendues entre ces quais et les chemins de fer, union que nos compagnies françaises, on le sait, encouragent au contraire le moins qu'elles peuvent. Nous avons démontré au Congrès de Bourg l'utilité du Rhône pour le commerce français, nous pourrions présenter pour nos autres fleuves les mêmes considérations.

Si quelques personnes, du reste peu nombreuses heureusement, contestent de la façon la plus absolue l'utilité et la nécessité de la navigation intérieure, puisque, disent-elles, les voies ferrées peuvent satisfaire et satisfont beaucoup mieux tous les besoins, elles ne peuvent nier l'absolue nécessité de la navigation maritime. Elle n'est pas près de disparaître, elle évolue sur un terrain libre, ou, en tout cas, toujours plus libre que sur terre. De plus, et nous l'avons démontré jadis dans une conférence à Cette et à Marseille, le fret maritime est beaucoup plus bas que ne le serait le prix de transport par chemin de fer pour les grandes distances, des ports d'Europe en Chine par exemple. Ainsi les Messageries maritimes transportent les soies de Shanghaï à Londres aux deux tiers du prix que taxerait le chemin russe, à raison de 9 centimes, et encore dans ce prix des Messageries, l'assurance (dont la voie ferrée n'est pas grevée) compte-t-elle pour moitié. Sur les thés cet écart est encore plus fort, il est de 498 fr. la tonne moindre, par la voie maritime.

Mais revenons à la batellerie : quand les bateaux à vapeur ont apparu, on croyait que plusieurs de nos routes nationales allaient être abandonnées ; lorsque vinrent les chemins de fer, on crut qu'ils allaient tout absorber. Et la statistique démontre qu'à l'heure qu'il est le tonnage kilométrique journalier sur les routes de terre n'a pas diminué : il accuse même un léger accroissement. Le mouvement des transports s'est donc augmenté en raison des moyens mis à leur disposition. Ce qui revient à dire que si l'on supprimait la batellerie qui lutte, dit-on, avec peine, il y aurait évidemment un manque de moyens auquel il faudrait forcément suppléer.

S'entr'aider est une nécessité de la vie humaine dans ses besoins comme en toute chose. Supposons cette batellerie disparue ; un exemple suffira : il y a quelques années les voies du chemin de fer étaient tellement encombrées de marchandises que les vins de Cette ont été embarqués sur des navires de l'État qui les ont portés, en contournant Gibraltar, dans nos ports du Nord. Croyez-vous qu'alors la batellerie du Rhône n'eût pas remplacé, si elle avait pu aboutir à Cette par les canaux, si les uns et les autres eussent été en état, cette intervention assez curieuse de notre flotte ? N'aurait-il pas été bien plus naturel de faire enlever, si elle avait été en état de le faire, ces vins par la batellerie du Rhône au lieu de faire ce long voyage ? Il est vrai que l'on dit que les vins se bonifient par un voyage en mer : peut-être M. le Ministre d'alors a-t-il pensé offrir aux chargeurs cet avantage.

Il semble en tout cas qu'il est de toute nécessité, pour un commerçant, d'avoir à sa disposition deux moyens d'agir, si ce n'est pour opter pour l'un ou pour l'autre, du moins pour ne pas risquer, si possible, de se trouver dans l'embarras, si l'un de ces moyens venait à lui manquer, ou si les prétentions ou les exigences de l'un le forçaient à recourir à l'autre. C'est encore là la liberté nécessaire sans laquelle le commerce ne peut se mouvoir.

Aujourd'hui on dit que la navigation intérieure a fait son temps, que les chemins de fer peuvent satisfaire seuls les transports, mais cela ne veut pas dire qu'ils doivent seuls les satisfaire. Donnez à la navigation des moyens aussi énergiques pour s'améliorer que vous en avez donné aux chemins de fer. Nous voyons qu'en 1835, alors qu'il n'y avait pas encore de voies ferrées cependant, la batellerie de la Garonne et du Rhône adressait à la Chambre ses réclamations. Elles portaient sur les droits de navigation d'abord : deux bateaux du bas de la rivière qui payaient 4,000 fr. de droits de 1824 à 1834 allaient en payer 20,000 et se préparaient à suspendre pour cela leur service. Elle demandait la réforme de lois qui remontaient à l'an VI et à l'an XII et qui, disait-elle, ne pouvaient plus être applicables à la batellerie à vapeur. Elle disait que tout autrement agissait l'Angleterre, qu'elle n'avait pas cru devoir soumettre les bateaux à vapeur à une taxe fiscale, qu'ils sillonnaient leurs fleuves sans entraves et sans impôt aucun. La navigation du Rhône demandait aussi, et l'a répété jusqu'en 1844 et encore sans succès, l'amélioration du fleuve, l'exhaussement des ponts trop bas pour le passage en hautes eaux, et enfin que les droits qu'elle payait fussent employés au fleuve lui-même.

Ce n'est qu'à partir de 1875, après bien des tâtonnements et des essais infructueux que les ingénieurs (il n'y en avait point avant 1845 attachés au service du Rhône) parvinrent, avec la somme de 39 millions, à porter le minimum d'étiage de 0,40 à 1,15 ; aussi, dix ans après, le mouvement des marchandises avait augmenté de 160,000 tonnes. Vous savez mieux que nous ce que l'on a fait ou non fait pour la Garonne.

Pour la Loire, c'est encore plus triste à dire et nous ne pouvons que transcrire ici ce que disait M. Dupont en 1893 au Congrès de Besançon : « Dans cette plaine magnifique (entre Blois et Angers) on s'attendrait à voir un fleuve majestueux rouler des ondes immenses jusqu'à la mer ; il n'en est rien ; ce n'est qu'une petite nappe argentée marchant entre des ilots pleins de saules et de bancs de sable changeant, qui provoquent la tristesse. »

Quant à la Seine, c'est le fleuve de la capitale : rien n'y est épargné ; une navigation des plus actives soit par porteurs, soit par remorqueurs s'étend depuis son embouchure jusqu'à

Laroche et même au delà par des canaux. Il est vrai de dire que le voisinage d'une aussi grande ville y aide puissamment, mais là on ne peut pas affirmer que la navigation à vapeur a fait son temps et qu'il ne faut plus rien faire ni dépenser pour elle.

Les mouillages, qui sur le Rhône n'atteignent, depuis les améliorations apportées au fleuve, que 1ᵐ40 sur les points minimums, sont de 2ᵐ50 à Mayence, à Manheim, à Lüdwigshafen et à Francfort. La Garonne et la Loire sont loin d'atteindre cette profondeur. De là, nécessité absolue d'améliorer et de beaucoup le cours de nos fleuves, ce qui nécessitera, de la part de nos ingénieurs, d'abord des études sérieuses sur chacune des parties de leur cours, et de l'argent qu'il faudra trouver coûte que coûte. Il faudra aussi du temps pour l'exécution, et le temps est aujourd'hui trop précieux pour ne pas se mettre vite à l'œuvre, afin de ne pas voir notre pays déchoir du rang qui doit lui appartenir.

L'urgence du raccordement de la navigation intérieure avec nos ports par des canaux nous semble suffisamment démontrée dans le cas seulement, bien entendu, où toute tentative d'amélioration des cours d'eau serait définitivement jugée stérile. Si les milliards que coûtent les chemins de fer semblent nécessiter une parcimonie pour les rivières, nous ferons remarquer qu'ils ont été dépensés dans l'espace restreint d'un demi-siècle, ce qui est une lourde charge pour le pays, et que les millions utiles à la navigation ne sont qu'une goutte d'eau en comparaison. C'est donc demander bien peu pour une œuvre qui touche de si près à la vitalité de notre pays.

M. BARBIER développe ensuite, ainsi qu'il est exposé dans la note ci-après, son projet d'*Atlas géographique et statistique de la France*.

Note au sujet d'un vœu émis par le Congrès de Lyon en vue de la création d'un atlas de géographie physique et statistique de la France;
Présentée par M. BARBIER,
secrétaire général de la Société de géographie de l'Est, rapporteur.

L'an dernier, à Lyon, j'ai proposé au Congrès, au nom de la Société de géographie de l'Est, d'émettre un vœu « invitant les ministères français à s'entendre pour réunir en une seule publication, dans le genre des atlas édités en Autriche-Hongrie et en Angleterre, ce qui concerne la géographie physique et la statistique de la France, soit en chargeant l'un d'eux de centraliser tous les documents réunis par les autres, soit en s'arrangeant avec un éditeur français pour assurer l'exécution de cette publication ».

Après discussion, le vœu fut adopté dans la forme plus concrète suivante : *Que les ministères compétents centralisent en une publication spéciale tout ce qui concerne la géographie physique et la statistique de la France.*

Quoique répondant, en somme, aux desiderata que nous avions exprimés, cette formule, trop générale, a dénaturé, en fait, l'objet que nous visions et nous met en présence d'une impossibilité ou d'une contradiction.

Les mots : *tout ce qui concerne... la statistique de la France* veulent dire que l'on entend englober tout ce qui se publie, sous forme de cartes, de graphiques ou de diagrammes, sur la statistique de la France. Or, ce n'est pas de cela du tout qu'il s'agit. Outre que l'on accumulerait ainsi — même en laissant de côté les diagrammes et les graphiques — une quantité trop considérable de cartes, dont la plupart seraient en dehors même de l'objet que nous avons en vue, il y a telles de ces cartes que l'on ne pourrait établir sur le même type que les autres. Ainsi, les cartes de la statistique des chemins de fer, — et, en général, celles afférentes aux travaux publics, à la vicinalité, etc., lesquelles, d'ailleurs, ne font pas partie des atlas que j'avais cités comme exemple et ne relèvent pas de ce que nous appelons la géographie statistique, — ne sauraient être établies à une aussi petite échelle que les cartes de statistique agricole, démographique, etc. Il est même telles de ces dernières qui contiennent des détails intéressants sans doute, mais en dehors du cadre d'un atlas d'ensemble, tandis qu'elles entrent naturellement dans celui d'une publication spéciale, destinée seulement aux services publics qui les dressent pour leurs besoins. Ajoutez que ces services — réduits déjà, par les nécessités budgétaires, à la portion congrue — ne peuvent actuellement, faute de crédits suffisants, — pauvreté n'est pas vice, — donner à leurs publications la périodicité indispensable, et que, si toutes les publications ministérielles de ce genre ne doivent pas entrer dans le même moule, l'économie que nous pouvions attendre de l'uniformité des clichés principaux est beaucoup moindre que nous ne le pensions.

De ce qui précède, il résulte que, l'an dernier, nous avons insuffisamment posé les données du problème. Toutefois, en citant les atlas de l'Autriche-Hongrie et de la Grande-Bretagne, nous donnions un terme de comparaison assez précis pour fixer les idées. Mais, en éliminant ce terme de comparaison du texte de notre vœu, — dans le sentiment que j'ai moi-même approuvé, sans en calculer les conséquences, de ne point prendre nos modèles à l'étranger, — nous avons donné à la formule de notre vœu une signification qui ne répondait plus du tout à la pensée initiale, encore moins aux possibilités d'exécution.

Cela étant, je viens demander au Congrès de bien préciser les conditions dans lesquelles cette exécution nous paraît à la fois possible et désirable.

L'Atlas de l'Autriche-Hongrie [1] est divisé en deux parties, l'une géographique, l'autre statistique. La première comprend quinze feuilles, dont sept sont consacrées à la climatologie, les autres à la géologie, aux forêts, à la flore, à la répartition des races et des langues. La deuxième comprend neuf cartes, disposées sans méthode apparente et consacrées à la répartition des religions, à l'armée, à l'instruction publique, à la densité de la population, aux localités de 2,000 habitants au moins, à la démographie dynamique, aux cultures, au bétail, à la distribution des sexes.

J'écarte tout de suite du débat la partie consacrée à la géographie physique, dont aucune carte ne paraît inutile et à laquelle on ne saurait guère ajouter sans pléthore. Il n'en va pas de même de la partie consacrée à la géographie statistique, qui demande des compléments et un ordonnancement plus conforme à la logique des choses.

---

[1] *Physikalisch-naturlisches Hand Atlas*, édité par l'Institut Hölzel, de Vienne, avec de nombreuses collaborations spéciales, en 1887. Toutes les feuilles principales sont à l'échelle de 1/2,500,000, et les cartes secondaires (telles que les températures pendant les diverses saisons) sont à l'échelle de 1/5,000,000, de sorte que chaque feuille contient en réalité quatre de ces cartes.

L'atlas anglais, lui, est purement statistique (¹). Les quinze séries de trois feuilles (Angleterre, Écosse, Irlande) qui le composent, ont un agencement plus bizarre encore; elles sont placées dans l'ordre très dispersé suivant : religion, éducation, industrie, criminalité, paupérisme, marine commerciale, agriculture, armée et marine de guerre, justice, chemins de fer et télégraphes, hygiène, géologie et mines, hydrographie, organisation politique, population.

Toutefois, l'an dernier, j'ignorais encore que ces deux publications avaient été précédées, en Allemagne même, par un autre atlas dû à la collaboration de deux savants distingués, Richard Andrée et Oscar Peschel (²), et qui a dû, en une certaine mesure, servir de modèle aux éditeurs autrichiens et anglais. Mais il faut convenir que, malgré certaines insuffisances, il est resté supérieur aux atlas d'Autriche-Hongrie et du Royaume-Uni. Il n'embrasse pourtant que vingt-quatre feuilles, dont une hypsométrique, six météorologiques et climatologiques, une pour les houillères et tourbières, deux forestières, une pour la population, une pour la religion, une pour la répartition des Juifs, une géologique, une des périodes géologiques antérieures (en six cartouches correspondant aux périodes triasique, liasique, jurassique, crétacée, éocène et pliocène), une de la densité de la population, quatre de démographie dynamique, quatre de la répartition des chevaux et du bétail.

En fusionnant les cadres de ces trois publications, on approcherait sensiblement du type que nous cherchons pour la France; quelques additions concernant certaines statistiques intéressantes, quelques cartes consacrées aux régions naturelles et artificielles de notre pays, de rares suppressions, enfin, en feraient un atlas vraiment complet, vraiment pratique.

Cependant, notre objectif semble maintenant un peu déplacé. D'après les exemples cités, on me dira qu'il ne s'agit plus alors d'une publication officielle centralisant les cartes statistiques

---

(¹) *Statistical Atlas of England, Scotland and Ireland*, par Philips Bevan, Edinburgh et London. Johnston, éditeur, 1882. L'échelle de toutes les cartes est de 1/1,300,000.

(²) *Physikalisch-statistischer Atlas des Deutschen Land*, chez Vilhagen, à Bielefeld et Leipzig, 1878. L'échelle de toutes les cartes est le 1/3,000.000, sauf la carte géologique au 1/3,700.000 et les cartons à petite échelle.

de tous les services publics, et qu'il y a lieu de s'en tenir uniquement à un choix fait parmi les cartes établies par quelques-uns de ces services.

Réduit à ces termes, le projet paraît devoir relever bien plutôt de l'initiative privée, représentée par un éditeur qui glanerait dans les ministères les cartes dressées par ceux-ci.

Peut-être. Mais, même ainsi restreint, le problème n'en impliquerait pas moins l'unification de l'échelle pour nombre de publications ministérielles statistiques. Voilà, par exemple, le ministère de l'agriculture, le ministère du commerce et de l'industrie, ainsi que le ministère de la justice, qui ont publié sous le nom d'albums de véritables petits atlas de statistique afférents à leurs services. Or, tandis que les atlas étrangers que nous avons cités sont établis respectivement aux échelles de 1/1,300,000, 1/2,500,000 et 1/3,000,000, l'échelle des cartes des albums français est d'environ le 1/5,000,000. J'ai dit *environ*, parce que les unes sont à une échelle un peu inférieure, les autres à une échelle un peu supérieure, avec un écart se traduisant au total par 1 et 2 centimètres sur la hauteur de la carte. Cela prouve que, dans l'un et l'autre services ministériels, le souci de l'échelle est nul, — ce qui va de soi quand il s'agit de cartes statistiques, — mais cela prouve aussi qu'il ne coûtait rien, si l'on y avait songé, de faire ces cartes sur un même type planimétrique. Notez qu'il en est de même de ce que j'appelle la facture. Sur l'un de ces albums, on a figuré la mer par un fileté bleu gravé, ce qui est superflu, tandis que dans les autres, avec raison, on s'est abstenu de ce détail.

N'ayant pu me procurer les autres albums, qui sont aujourd'hui épuisés, j'imagine que tout ce qui ne tient pas à des services publics, — tels que ceux qui ressortissent directement aux travaux publics ou à la vicinalité, statistique d'ordre tout à fait spécial, — s'accommoderait très bien de l'unité d'échelle.

Or, la question est encore entière, notamment pour la guerre, la marine et les colonies, qui n'ont encore rien publié.

Cela posé, ne pensez-vous pas que si chacun des ministères — pour les cartes statistiques qui n'exigent pas une échelle au moins égale à 1/3,000,000 — dressait toutes les autres à l'échelle uniforme du 1/5,000,000, sur un même type et pour ce qui concerne la *population*, *l'agriculture*, le *commerce*, *l'indus-*

trie, l'*instruction publique*, la *propriété*, les *cultes*, la *justice* et la *criminalité*, il y aurait là, tout en respectant l'autonomie des services, une grande partie du problème résolue?

Sans doute, les crédits manquent aux ministères qui ont déjà publié de ces albums, pour les rééditer en les mettant à jour, et ceux qui n'en ont pas dressé encore n'ont point de disponibilités à y affecter.

Soit! Mais si un éditeur voulait tenter la publication d'un atlas comme nous le concevons, est-ce que nous ne devons pas souhaiter que les ministères lui facilitent l'entreprise en établissant leurs minutes manuscrites sur le schéma planimétrique uniforme dont il fournirait préalablement le tirage? Qu'ils lui assurent, en outre, la souscription d'un nombre déterminé d'exemplaires de l'atlas, destinés, les uns à leurs services techniques, les autres aux corps savants spéciaux, à certaines bibliothèques, aux chambres de commerce et d'agriculture, aux sociétés de géographie, etc., ainsi que le font déjà plusieurs d'entre eux? Nous pensons, nous, qu'éditeur et ministères y trouveraient leur compte.

A la vérité, une double et redoutable objection se présente. D'une part, l'extrême mobilité des éléments de la statistique fait vieillir vite les cartes qui la figurent, plus vite assurément que ne le font les variations des éléments de la physique du globe, — ce qui serait ruineux pour l'éditeur si les éditions ne s'écoulaient pas rapidement, — et, d'autre part, le prix d'un pareil atlas empêchera naturellement les acheteurs d'en renouveler souvent l'acquisition.

Sans doute; mais, même pour la statistique, les variations ne sont point extrêmes sur tous les sujets, et ceux qui en font l'objet d'études spéciales, trouvent facilement, dans les documents imprimés, les données rectificatives dont ils ont besoin.

En outre, à l'exemple de l'Institut de Gotha, pour le *Stieler's Hand Atlas*, et en raison de ce qui précède, l'éditeur peut ne rééditer que les cartes essentielles, celles sur lesquelles les écarts sont vraiment dignes d'être mis en comparaison des données antérieures. Il est même probable qu'une planche établie *ad hoc*, superposée ou substituée à celle déjà existante, permettrait d'établir cette édition complémentaire à très peu de frais.

Du reste, un choix judicieux des cartes à faire figurer dans l'atlas peut en restreindre relativement le nombre et le limiter aux besoins réels du public. Il me paraît superflu de mettre en relief ici l'excellente leçon de choses que le moins exercé des agents administratifs, ou le moins érudit des lecteurs, recevrait en consultant un atlas où ressortiraient, dans un même cadre, les rapports existant entre la nature du sol, le climat, la population, les cultures, le degré d'instruction, etc., etc., et il ne serait probablement pas très difficile d'attirer une clientèle d'acheteurs suffisante, tant en France qu'à l'étranger, pour absorber une édition dans des conditions rémunératrices.

Ramenée à ces termes, la solution du problème est loin d'être impossible. Tenant donc compte des considérations qui précèdent, je viens vous demander de modifier de la manière suivante votre vœu de l'an dernier :

« Le Congrès appelle l'attention des ministères et des éditeurs sur l'utilité de la publication d'un *Atlas de géographie physique et statistique de la France* comprenant : 1° pour la partie *géographique,* des cartes relatives à la géologie, à la météorologie, à la climatologie, à l'orographie, à l'hydrographie, à la flore, aux forêts, aux régions géographiques et ethnographiques ; 2° pour la partie *statistique,* des cartes relatives à la population, à la démographie dynamique, à l'agriculture, au commerce et à l'industrie, à la propriété, au paupérisme, à l'instruction publique, à la justice, aux cultes et à la criminalité ; — ces cartes devant être établies, en général, sur un même dessin planimétrique de la France (¹).

» En vue de faciliter cette publication, le Congrès émet le vœu :

» 1° Que les ministères de l'agriculture, du commerce et de
» l'industrie, de l'instruction publique, de l'intérieur, des
» finances et de la justice veuillent bien dresser leurs cartes

---

(¹) Soit le 1/5,000,000, par exemple. Certaines cartes, comme celle du *pays* de France, ne seraient point intelligibles à l'échelle du 1/5,000,000, et ont besoin d'une échelle plus grande, telle que le 1/2,500,000, échelle à laquelle on pourrait également faire la carte géologique en raison des concordances que ces cartes présentent. Le 1/10,000,000 convient pour la plupart des cartes climatologiques ainsi que pour certaines statistiques, comme l'a adopté M. Turquan dans la *Statistique générale de la France.*

» de statistique générale sur un même schéma de la carte de
» France;

» 2° Qu'à défaut de l'établissement de ces minutes par leurs
» services techniques, les mêmes ministères veuillent bien
» mettre à la disposition de l'éditeur qui voudrait entreprendre
» la publication de l'Atlas, tous les documents nécessaires à la
» confection des cartes qui le composent;

» 3° Qu'ils veuillent bien, au cas où un éditeur en ferait la
» demande, l'encourager par des souscriptions à un certain
» nombre d'exemplaires, soit pour subvenir aux besoins de
» leurs services, soit pour aider à la vulgarisation de cette
» publication.

» En outre, et en ce qui concerne spécialement la partie sta-
» tistique de l'Atlas, le Congrès décide de soumettre la question
» au Conseil supérieur de la statistique, spécialement qualifié
» pour en assurer la réalisation. »

Au sujet du vœu que M. Barbier voudrait voir voter à la suite de son intéressante communication, une longue discussion s'engage.

M. Turquan, chef de bureau de la Statistique générale, délégué du Ministère du commerce et de l'industrie, reconnaît que l'adoption d'une échelle unique pour les cartes statistiques qui s'y prêtent le mieux (population, démographie dynamique, agriculture, commerce, industrie, propriété, paupérisme, instruction publique, cultes, criminalité, etc.), serait tout à fait désirable.

Mais cette amélioration exigerait une forte dépense. Comme toute entente est impossible avec les éditeurs, il faudrait s'adresser à l'Imprimerie nationale. Or, il n'y a pas d'argent pour une si coûteuse entreprise.

L'an dernier, le Conseil supérieur de statistique s'est ému de cette situation, et a exprimé son vif désir d'y porter remède.

En attendant les voies et moyens, il était possible de reprendre l'Annuaire de statistique en forme d'atlas.

M. Turquan a été chargé précisément de faire cet Atlas, et, au nom du Ministère du commerce, il en met sous les yeux du Congrès un exemplaire.

M. Turquan ajoute quelques renseignements sur le contenu et les dispositions générales de ce travail. Il répond, croit-il, aux desiderata exprimés par M. Barbier : il a bien une couleur géographique, puisqu'il est basé sur une division essentiellement géographique, la division de la France en départements.

M. le colonel Blanchot n'est point satisfait des explications données par l'honorable M. Turquan. Il constate que puisque les industriels ne sont point autorisés à puiser dans les documents officiels, il convient d'extraire de ces derniers tous les renseignements de nature à intéresser le public, et il faudrait que les cartes ainsi publiées fussent à la fois géographiques et statistiques. Car alors seulement elles seront œuvre utile à la science. M. Turquan pense que l'Atlas qu'il présentait tout à l'heure au Congrès a une couleur suffisamment géographique, parce qu'il a pour base la division en départements. La division en départements n'a rien à voir avec la géographie scientifique : tout au plus peut-elle donner à une publication un vague fumet géographique.

D'ailleurs, si ces cartes sont destinées à faire partie d'un tout, qui constitue un très volumineux atlas, elles ne se répandront pas. On peut avoir besoin d'une seule de ces cartes, suivant sa spécialité, et on hésitera à acheter, pour cette seule carte, tout un énorme atlas.

M. Barbier ne croit pas non plus que les explications de M. Turquan aient prouvé l'inutilité du vœu, dont il demande l'adoption au Congrès. « Supposez, dit-il, que je demande un peu d'eau pour remplir mon bassin et qu'on me réponde par une inondation. C'est un peu l'impression que me donne la réponse de M. Turquan. Ce qu'il nous faut, ce n'est pas un ouvrage aussi peu maniable et aussi coûteux que celui qui nous est présenté : nous voulons un ouvrage de vulgarisation où soient résumés les résultats donnés par les documents officiels, et nous voulons que toutes les cartes de cet ouvrage soient dressées à la même échelle. »

M. Guénot, de Toulouse, est du même avis, et il ajoute que si les ministères sont assez riches pour publier des monuments aussi volumineux que l'atlas présenté par M. Turquan, ils le sont assez, à plus forte raison, pour nous donner un petit atlas pratique, maniable et à échelle unique.

M. Anthoine, ingénieur, chef du service de la Carte de France, délégué du Ministère de l'intérieur, déclare qu'il est impossible d'unifier les différentes statistiques ministérielles. Peut-être pourra-t-on unifier, jusqu'à un certain point, la méthode de représentation de certaines données graphiques.

A la suite de cette discussion, le vœu présenté par M. J.-V. Barbier, au nom de la Société de géographie de l'Est, est voté dans la forme suivante, sous le bénéfice des considérants qui le précèdent plus haut :

« Le Congrès émet le vœu :
» Que les ministères qui dressent des cartes statistiques,
» veuillent bien dresser celles d'entre elles qui s'y prêtent le
» mieux à une échelle unique ;
» Qu'en ce qui concerne ces cartes, l'étude de la question
» soit demandée au Conseil supérieur de statistique ;
» Que ceux de ces ministères qui ne publient pas leurs cartes
» statistiques, les communiquent, ainsi que tous les travaux à
» l'appui, aux éditeurs qui voudraient les publier. »

La troisième question marquée à l'ordre du jour : *Les Glaces de Terre-Neuve et notre climat*, est ensuite traitée par M. Hautreux, un des vice-présidents de la Société de géographie de Bordeaux.

Les Glaces de Terre-Neuve et notre climat. Les Trajets des tempêtes dans l'hémisphère Nord.

I. — LES GLACES DE TERRE-NEUVE ET NOTRE CLIMAT

Dans cette communication, nous présentons quelques concordances entre notre climat et l'état glaciaire du banc de Terre-Neuve.

Cet état glaciaire est fort différent d'une année à l'autre, et les variations ont certainement leur influence sur le climat général de l'Atlantique Nord; par suite, il doit en résulter une certaine répercussion sur notre climat. Des variations du climat de l'Atlantique nous connaissons peu de choses : à peine la distribution des températures à la surface de l'Océan, les parcours généraux des dépressions barométriques et la rotation des vents autour des centres de ces cyclones; mais des variations habituelles des températures de l'air, de la distribution des pluies, nous ne savons rien.

L'état glaciaire de l'année peut être apprécié, soit par l'étendue qu'occupent les glaces, soit par la durée de cette occupation.

Lorsque les grandes glaces, qui proviennent de la débâcle des glaciers du Grönland, arrivent sur le banc de Terre-Neuve, elles sont en pleine décomposition et ne tardent pas à disparaître. Depuis les parages du détroit de Belle-Isle, elles ont 600 milles à parcourir pour atteindre le bout sud du banc, leur limite extrême; à 8 milles de vitesse de transport par vingt-quatre heures, elles peuvent y être rendues au bout de soixante-quinze jours ou deux mois et demi. Mais elles sont généralement détruites bien avant d'avoir opéré leur trajet complet. Ainsi, cette année 1895, les glaces ont été signalées en nombre vers la fin d'avril, et le 15 juin il n'en restait presque plus. La grande période glaciaire aura duré moins de deux mois.

L'année dernière, 1894, les grandes glaces avaient été signalées en nombre vers la fin de janvier, et il en existait encore au mois de septembre; la débâcle a duré huit mois.

L'espace occupé par les glaces peut être évalué, pendant la période glaciaire, à la moitié de la superficie de la France dans les années de faible débâcle, comme cette année 1895; et à la superficie totale de la France dans des années semblables à l'année 1894.

Depuis huit ans, les pilot-charts donnent, mois par mois, l'état glaciaire du banc de Terre-Neuve. Si l'on fait ce relevé, on constate d'une année à l'autre des différences considérables.

La débâcle glaciaire, produite par la décharge continue des glaciers du Grönland, se dirige vers les bancs de Terre-Neuve; elle y arrive généralement vers le mois de février; le maximum d'étendue glaciaire a lieu en juin, et au mois d'août elle est habituellement terminée; toutes les glaces ont été détruites.

Mais il est des années où l'arrivée des glaces a lieu en janvier et où il en existe encore en octobre; d'autres fois, les glaces n'arrivent qu'en mai et sont détruites en juin; il y a même des années où on n'a rencontré que quelques rares icebergs isolés.

Cherchant s'il y avait quelque coïncidence dans notre climat avec ces états si variables, nous avons constaté qu'à la suite des grandes irruptions glaciaires et surtout de leur durée exagérée, nous avions eu des hivers longs et rigoureux; tandis que dans les années de courte durée glaciaire, notre hiver avait été moins long et plus doux.

Comme caractéristique de nos hivers, on peut prendre le nombre de jours où le thermomètre est descendu au-dessous de zéro à Floirac.

Comme durée glaciaire, la date de l'apparition des gros paquets d'icebergs et celle de leur disparition. Comme étendue glaciaire, le nombre de carrés d'un degré de côté où dans chaque mois on a signalé des glaces.

Sur ces données, nous avons dressé le tableau suivant, dans lequel on voit qu'aux années glaciaires 1887, 1890 et 1894 ont succédé des hivers très longs, — et qu'aux années peu glaciaires, comme 1888, 1891, 1892, ont succédé des hivers courts : ce tableau donne mois par mois, du commencement de l'année 1887 à la fin de 1895, le relevé du nombre de carrés d'un degré de côté où les glaces ont été signalées.

État glaciaire de l'Atlantique nord.

MOIS	1887	1888	1889	1890	1891	1892	1893	1894	1895
Janvier	4	»	»	22	»	»	3	15	1
Février	31	4	»	31	11	3	3	19	2
Mars	39	8	4	33	27	1	»	36	»
Avril	19	7	3	55	30	19	1	26	4
Mai	28	15	23	66	33	47	22	32	38
Juin	37	12	27	72	39	34	28	41	34
Juillet	17	2	14	33	13	32	32	50	»
Août	13	»	»	27	1	5	10	29	»
Septembre	2	»	10	13	»	»	10	24	»
Octobre	1	»	7	14	»	»	»	6	»
Novembre	»	»	2	1	»	»	»	4	»
Décembre	»	»	6	1	»	»	»	3	»
TOTAL	191	48	96	368	154	141	109	285	79
Durée glaciaire (mois).	7	2	5	10	6	4	5	9	2
Disparition des glaces.	Août	Juin	Octob.	Octob.	Juillet	Juillet	Août	Octob.	Juin.

Climat de Bordeaux. — Nombre de jours de gelée : 1887-1888, 57 jours ; 1888-1889, 34 ; 1889-1890, 57 ; 1890-1891, 62 ; 1891-1892, 36 ; 1892-1893, 27 ; 1893-1894, 29 ; 1894-1895, 49 ; 1895-1896, 29.

Ce tableau nous montre qu'il y a coïncidence entre l'état glaciaire du banc de Terre-Neuve et nos hivers.

On peut compter que, lorsque les glaces persistent au delà du mois d'août, notre hiver sera long et peut avoir jusqu'à 60 jours de gelée. Lorsque les glaces sont détruites au mois de juillet, comme cela a lieu cette année 1895, on peut compter que notre hiver sera court et n'aura guère que 25 à 30 jours de gelée.

Si de plus nombreuses observations permettaient d'affirmer le lien que nous croyons exister, on pourrait, dès le mois de septembre, c'est-à-dire trois ou quatre mois à l'avance, avoir quelques données sur l'hiver qui va suivre. Peut-être trouvera-t-on encore d'autres coïncidences analogues qui élargiront le champ, si court actuellement, des prévisions du temps.

C'est avec l'aide des pilot-charts que de tels résultats pourront s'accomplir.

Présentation des pilot-charts de juin et de juillet 1895. — C'est par la masse de documents que contiennent ces cartes qu'on peut donner un nouvel essor à la météorologie et à l'étude des tempêtes. (L'auteur présente au Congrès la carte américaine des trajets des tempêtes dans l'hémisphère nord.)

II. — TRAJETS DES TEMPÊTES DANS L'HÉMISPHÈRE NORD

L'étude des tempêtes, de leurs mouvements de rotation et de translation, est poursuivie par tous les météorologistes depuis plus de cinquante ans; elle exige la réunion et la discussion d'une masse énorme d'observations.

Le pays le mieux placé et le mieux outillé à cet égard est, sans contredit, l'Union américaine; ses côtes le mettent en communication constante avec les deux grands océans, le Pacifique et l'Atlantique; il recueille directement chaque jour les observations faites à terre et à la mer, depuis les côtes de la Chine jusqu'aux côtes de l'Europe, et, par l'intermédiaire des observatoires d'Angleterre et de France, les observations de l'Europe continentale jusqu'aux frontières de l'Asie.

Le bureau hydrographique de Washington a publié dernièrement deux documents fort importants que nous analysons. Ce sont deux cartes réunissant les trajets des tempêtes de plusieurs années :

1° *Tracks of Storms*. — Trajets des tempêtes sur le territoire des États-Unis et la partie de l'Atlantique nord, voisine des côtes américaines, pendant les mois d'août, septembre et octobre, pour la période de six années, de 1888 à 1893;

2° *Average Tracks of Storms*. — Trajets moyens des tempêtes dans l'hémisphère nord, d'après les observations reliées des dix années comprises entre 1878 et 1887.

La première carte présente séparément : 1° les trajets des tempêtes qui ont parcouru le territoire des États-Unis; 2° les trajets des tempêtes qui ont eu des parcours océaniques.

Au premier coup d'œil, on voit que les directions suivies dans les deux cas sont très différentes : sur terre, les parcours vont de l'Ouest vers l'Est, etc., passant sur la région des grands lacs; sur mer, elles se dirigent vers le W.-N.-W. dans la région tropicale, puis vers le N.-N.-E. dans la région tempérée, s'incurvant vers le 30° parallèle et épousant alors à peu près la direction des courants marins équatoriaux et du Gulf-Stream.

Les deux ordres de phénomènes ont donc des marches absolument différentes.

Si l'on observe les nombres respectifs de chaque ordre de ces manifestations, on trouve les chiffres suivants :

	NOMBRE DES TEMPÊTES			
	TERRITORIALES	MARITIMES	TOTAL des six années.	TOTAL par année.
Août.........	26	10	36	6
Septembre....	21	11	32	5.4
Octobre.......	27	12	39	6.5

Ainsi, le nombre des tempêtes terrestres est deux fois et demie plus considérable que celui des tempêtes océaniques.

La seconde carte est plus importante encore; elle résume, par saison et pour une période de dix années, les trajets des tempêtes dans toute la partie de l'hémisphère nord où l'on recueille des observations météorologiques. Depuis les mers de Chine, en passant par l'océan Pacifique, les territoires des États-Unis et du Canada, l'Atlantique nord, l'Europe et jusqu'aux rives de l'Iénissey en Sibérie, ne laissant en blanc que la Sibérie orientale et l'empire chinois.

Ce qui frappe les yeux tout d'abord, c'est que les parcours des tempêtes se rapprochent du cercle polaire dans les parties océaniques et s'en éloignent dans les parties continentales. Ce qui étonne aussi, c'est l'immense étendue de ces trajets; il en est pendant l'hiver qui, nées dans les mers de la Chine, traversent l'océan Pacifique, les États-Unis, l'Atlantique et l'Europe entière, pour aller se perdre ou se continuer au delà de la mer Caspienne, vers le plateau central asiatique.

La circulation atmosphérique n'est plus limitée à chaque océan, où elle formerait un vaste tourbillon; elle devient circumpolaire et la circulation équatoriale devient un phénomène local comme les moussons.

Il semble exister trois points d'origine des tempêtes :

1° Les mers de Chine;

2° Le pied des Montagnes-Rocheuses, dans sa partie désertique entre le Rio del Norte et le Missouri;

3° La mer des Antilles.

Dans les mers de Chine, les tempêtes de l'été naissent dans la zone tropicale, vers les îles Philippines, et prennent la forme des typhons; elles se dirigent soit à l'Ouest vers l'Indo-Chine, soit au N.-E. vers le Japon, et se terminent dans le Pacifique vers le Kamschatka. Les tempêtes de l'hiver naissent plus au Nord, soit en Chine, soit au Japon, et paraissent avoir des parcours considérables. Originaires du 30° de latitude, elles remontent vers le N.-E., dans le Pacifique, jusque par 55° de latitude, puis sur le territoire des États-Unis, elles s'inclinent vers le S.-E. pour gagner la région des grands lacs, par 45° de latitude en suivant ce parallèle jusqu'à Terre-Neuve, d'où elles remontent encore vers le N.-E. dans l'Atlantique, jusque par 60° de latitude; puis enfin, au contact des côtes d'Europe, elles s'infléchissent encore vers le S.-E. soit avant d'aborder en Islande, ce qui les conduit vers la Méditerranée, soit après avoir touché la Norvège, ce qui les porte vers la mer Caspienne et la Sibérie.

Au pied des Montagnes-Rocheuses, des tempêtes se forment, surtout en hiver; leur route les porte rapidement vers le N.-E. dans la région des grands lacs, où elles se fondent dans les trajets des tempêtes qui viennent du Pacifique.

Dans la mer des Antilles, c'est en été et en automne qu'y abondent les tempêtes nées sous les tropiques, à la limite Nord de la région des pluies. Ces cyclones marchent d'abord vers le W.-N.-W., puis vers le 30e parallèle, s'incurvent vers le Nord et le N.-E. et se conformant au cours du Gulf-Stream, le suivent jusqu'à Terre-Neuve, d'où ils se perdent généralement dans les régions polaires. Les coups de vent d'hiver, qui naissent plus au Nord, près de la côte des États-Unis, se dirigent vers le N.-E. et, à la hauteur de Terre-Neuve, se fondent dans les parcours de ceux qui proviennent du territoire des États-Unis.

En résumé, d'après ces cartes, on voit que dans l'hémisphère nord la circulation atmosphérique se fait autour de la région circumpolaire, dans le sens de l'Ouest vers l'Est. Des faits de même nature se passent dans l'hémisphère austral, où les navigateurs ont signalé depuis longtemps la persistance, presque constante en toute saison, des forts vents d'Ouest soit aux environs du cap Horn, soit sur la route du cap de Bonne-Espérance à l'Australie.

Les vents des régions équatoriales maritimes, alizés du N.-E. ou du S.-E., mousson du N.-E. ou du S.-W., ne doivent plus être considérés que comme des faits locaux, se produisant sur de vastes espaces, soumis périodiquement aux mêmes influences.

Le fait très important pour la météorologie générale, c'est la différence de direction des tempêtes sur les continents ou sur les océans, aussi bien pendant l'été que pendant l'hiver.

Quant à l'origine de ces tourbillons, ils semblent bien naître dans les points où se rencontrent des différences accusées soit entre les températures, comme au pied des montagnes neigeuses, soit sur les rives occidentales du Gulf-Stream et du courant du Japon ; ou bien aussi dans les régions où se trouvent de grandes différences hygrométriques, comme aux limites nord des régions des pluies tropicales, comme vers la mer des Antilles ou vers les Philippines à l'époque de l'hivernage.

Toutes ces observations ne cadrent plus avec la théorie admise que l'origine de la circulation atmosphérique était due à l'appel de l'air frais vers la région équatoriale surchauffée ; et la circulation de l'Ouest vers l'Est des régions tempérées, comme le résultat nécessaire des vents de retour de l'équateur vers les pôles, dont la direction vers le Nord était déviée par la rotation terrestre.

La circulation atmosphérique équatoriale est caractérisée par une régularité et une stabilité barométrique remarquables ; qu'il s'agisse des alizés ou des moussons, les perturbations violentes ne se produisent qu'aux changements de saison.

La circulation circumpolaire, au contraire, est caractérisée par une instabilité barométrique extrême, par la formation de tourbillons d'une étendue souvent énorme, par des vents très violents, par le mouvement de rotation des vents, toujours dans le même sens, autour d'un centre de dépression, et par les déplacements rapides de ces centres cycloniques.

Tandis que la circulation équatoriale, alizés ou moussons, est variable en direction suivant la configuration des continents qui bordent les océans, et avec les saisons ; la circulation circumpolaire se produit toujours dans le même sens général, de l'Ouest vers l'Est, et les grands accidents de terrain, les montagnes, n'y apportent pas d'obstacles.

Mais ce mouvement continu est segmenté en tourbillons successifs, en ondes barométriques profondes, presque aussi régulières que les mouvements rythmés de la houle engendrée par la tempête. On peut estimer qu'en moyenne il existe au même moment de vingt à vingt-cinq centres de dépression

rappelle les services déjà rendus par le Bureau central météorologique de France. Ce Bureau signale dans les différents ports les tempêtes probables, et il a ainsi sauvé déjà beaucoup d'existences. Il suffit de se mettre en correspondance avec ce Bureau, qui centralisera les observations avec d'autant plus de fruit qu'elles seront plus nombreuses, et il appartiendra à nos arrière-neveux de donner des moyennes, de pronostiquer les phénomènes climatériques avec plus de certitude que nous ne le faisons aujourd'hui.

La discussion étant terminée, le vœu proposé par M. Hautreux est mis aux voix et adopté.

L'ordre du jour est épuisé. La séance est levée à cinq heures et demie.

Le Secrétaire de la séance,
Secrétaire de la Société de géographie de Bordeaux,

G. ROSSIGNOL.

III. — Conférence du vendredi 2 août, à 8 heures 1/2 du soir.

Choses d'Asie : le Japon et la Chine.

Par M. MERCHIER,
Secrétaire général de la Société de géographie de Lille.

M. DE MAHY, président du Congrès de géographie, préside la séance, ayant à ses côtés les membres du Bureau du Congrès. Il présente le conférencier, M. Merchier, professeur d'histoire au Lycée de Lille, secrétaire général de la Société de géographie de Lille.

M. MERCHIER, avant de parler du Japon et de la Chine, rend hommage au général Chanoine, commandant la 1re division du 1er corps d'armée, de qui il tient, dit-il modestement, ce qu'il y a de meilleur dans la communication qui va suivre.

L'orateur nous rappelle d'abord les grands traits de la géographie physique du Japon. C'est un pays sensiblement moins étendu que la France, mais un peu plus peuplé que le nôtre, puisque le dernier recensement, en 1894, y constate plus de 40 millions d'habitants. La nature du pays est volcanique : de là des tremblements de terre fréquents, en prévision desquels les maisons n'ont le plus souvent que le rez-de-chaussée. « Il y a une baleine sous notre pays, » disent les Japonais.

Le climat est doux; Nippon, la grande île, a des hivers aussi doux que ceux de Provence. Le pays a un aspect riant et ressemble à un frais décor dont le charme séduit immédiatement le voyageur.

La fertilité est extraordinaire, parce que les terrains cultivables proviennent de la décomposition des roches volcaniques. D'ailleurs, les montagnes couvrent la plus grande partie du pays, dont seulement les quinze centièmes peuvent être cultivés. Mais le Japonais tire merveilleusement parti du sol utilisable. C'est un admirable agriculteur, et pas un coin de terre n'est perdu. Les principaux produits sont le riz, l'arbre à thé, les orangers, la soie grège dont la production monte à 2 millions de kilogrammes. La viticulture n'est pas sans importance : elle date de 1868, des quelques plants de vigne envoyés comme cadeau par Napoléon III. Le vin est médiocre, mais il sert à des coupages avec des vins étrangers; le tout est vendu sous l'étiquette Bordeaux.

Au point de vue minier, le Japon qui passait au XVII° siècle pour une sorte d'Eldorado, n'a pas beaucoup d'or; mais on y trouve de l'argent, du cuivre, beaucoup de fer, enfin et surtout de la houille en très grande abondance. Les gisements de l'île d'Yéso, ceux de l'île de Ta Ka Sima, près de Nagasaki, ont donné en 1893 cinq millions de tonnes, soit un cinquième de la production française. Ce n'est qu'un début. Les quantités extraites augmenteront très vite, au fur et à mesure du développement de l'industrie locale, car ce charbon japonais se vend une trentaine de francs, alors que le charbon d'Europe coûte 67 francs la tonne à Yokohama.

M. Merchier fait ensuite l'historique des rapports du Japon avec les Européens. Les Portugais vinrent d'abord, puis des imprudences de missionnaires amenèrent une réaction, à la suite de laquelle un peuple protestant, les Hollandais, fut seul toléré. On leur ouvrit le port de Nagasaki. Ils étaient d'ailleurs parqués dans un quartier séparé de la ville par de hautes murailles; on leur passait leur nourriture à l'aide de longues perches; eux-mêmes se servaient de cordes pour faire parvenir à destination les objets d'échange. Le Japon ne reprit ses relations avec l'Europe qu'en 1854. Il est vrai de dire qu'il se hâta de réparer le temps perdu, et il marcha tellement vite, ajoute M. Merchier, qu'en 1867 il s'offrit le luxe d'une révolution qui a eu pour résultat la transformation la plus rapide et en même temps la plus radicale et la plus complète qu'on ait jamais vue dans un pays. L'organisation était jusqu'alors toute féodale. Le *mikado*, sorte de roi fainéant, soumis à un *taïcoun* comparable à un maire du palais, sortit de sa retraite et dota son peuple de toutes les institutions européennes, y compris le régime parlementaire.

Puis, après avoir décrété cette transformation, le Japon se mit à l'œuvre pour la rendre effective. Il y travailla avec une ténacité et un esprit de suite tout à fait remarquable. Des étrangers furent appelés, des Français surtout, pour organiser une législation et une armée à la française. Le général Chanoine, alors capitaine, devint un des premiers instructeurs de cette armée, dont les succès ont si fort surpris l'Europe. Les progrès ont donc été très rapides, et le Japon peut, en 1895, se passer de ses maîtres.

Sans doute l'art, si patient et si fin, des vieux maîtres Japonais a subi le contre-coup de cette évolution si rapide;

mais les développements de la grande industrie consolent les Japonais. Ils deviennent les grands producteurs de l'Extrême-Orient, où la concurrence européenne va devenir impossible; l'article Manchester y est désormais battu. Récemment encore, on signalait sur le marché de Hong-Kong l'apparition de parapluies japonais charmants, légers, coûtant 5 francs pièce ! et le fabricant anglais est obligé de déclarer qu'il renonce à la concurrence !

M. Merchier, en manière de conclusion pour cette première partie de son travail, nous présente quelques photographies japonaises; il oppose les types antérieurs à 1867 aux héros de la dernière guerre. Et cette leçon de choses, que soulignent des projections à la lumière électrique, est vivement goûtée de l'auditoire.

Ainsi le Japon est devenu un peuple européen. Il vaut n'importe laquelle des nations de la vieille Europe.

Voyons maintenant ce qu'est l'empire rival, la Chine.

Il est immense : la superficie dépasse celle de l'Europe, équivaut à trente fois celle du Japon. La population est de 3 ou 400 millions d'hommes, ou même, suivant les plus optimistes évaluations, de 530 millions.

M. Merchier décrit les grandes régions de l'empire chinois : il nous montre le fourmillement des villes que trois traits caractérisent surtout : le bruit, le mouvement et la mauvaise odeur.

Au point de vue économique, la Chine offre d'incomparables ressources. La partie méridionale est surtout riche, notamment dans cette région du *Setchouen*, grande seulement comme la France, et cependant peuplée de 71 millions d'habitants. La richesse en houille est extrême, les gisements semblent être les plus considérables du monde entier : ceux du Setchouen et du Chansi, pour ne citer que deux provinces, ont respectivement 60 et 50,000 kilomètres carrés.

Et quelle merveilleuse population pour mettre en œuvre toutes ces richesses, si on voulait les exploiter ! Les étrangers sont émerveillés par l'activité, l'adresse, l'intelligence, l'esprit d'ordre et d'économie des ouvriers chinois. Ils n'ont pas de besoins; ils vivent facilement avec quatre sous par jour et constituent un péril social quand ils entrent en lutte avec la main-d'œuvre européenne.

La population agricole ne le cède en rien à la population ouvrière, et, d'après E. Reclus, les paysans chinois sont plus intelligents, plus instruits, moins routiniers que les campagnards des contrées de l'Europe où règne le dur régime de la grande propriété.

Une autre grande force de cette race, c'est que le lien de famille est très fort; on y a le respect de l'âge et l'habitude de l'obéissance filiale.

Il y a pourtant des ombres au tableau, et il faut d'autant plus les signaler qu'elles aident à comprendre la défaite récente des Chinois. D'abord on abuse des concours, où l'on ne réussit qu'au prix de longues et patientes études. Ces études qui, seules, donnent de la considération, sont incompatibles avec l'esprit militaire. De plus, le Chinois n'a pas la moindre notion du patriotisme, du moins tel que nous le comprenons en Europe. L'empire comprend des populations très différentes les unes des autres, qui ne se sentent nullement solidaires.

D'ailleurs, les idées fausses que l'on se fait en Chine sur les rapports de l'empereur avec les puissances étrangères empêchent de comprendre les défaites subies, amènent au contraire à les nier absolument. Le Fils du Ciel n'a avec l'Europe ou avec le Japon que des rapports de maître à valet : toutes les nations sont ses vassales, ses tributaires. Ce qui caractérise le Chinois, c'est le mépris complet qu'il professe pour tous les autres peuples.

Dans ces conditions, on comprend combien la Chine est plus rebelle à l'influence européenne que le Japon; combien aussi elle sera plus réfractaire à l'éducation donnée par nous. Cette éducation a été ébauchée : les Anglais y ont travaillé en mettant la main, grâce à M. Robert Hart, sur les douanes de l'empire; les Allemands, en prêtant de nombreux officiers pour organiser l'armée. Mais les Allemands ont rencontré partout la plus mauvaise volonté. A l'École militaire, fondée à Tien-Sin en 1884, les élèves changeaient constamment. Le major Paoli, directeur de l'École, ne pouvait obtenir d'avoir deux fois de suite les mêmes élèves aux mêmes cours. On a mis d'excellents canons Krupp sur certains points; mais qu'importe la valeur des fortifications quand il n'y a pas de soldats pour les défendre?

Tel était l'état respectif du Japon et de la Chine quand éclata le conflit entre ces deux puissances.

M. Merchier rappelle les causes et les principales étapes de cette guerre, qui semble si grosse de conséquences. C'est sur ces conséquences, qui sont d'ordre économique, que le conférencier insiste en terminant. Le Japon espère entraîner à sa suite ses voisins, et présider, dès lors, aux destinées futures de la race jaune. Il compte fournir les cadres et l'organisation en demandant à la Chine les matériaux et la main-d'œuvre. Ainsi entrerait dans la lutte économique contre les Européens, ce peuple de 400 millions d'hommes que dirigeraient des Japonais. Le résultat serait l'éviction absolue des marchandises européennes sur les marchés d'Extrême-Orient; puis bientôt l'invasion des produits japonais et chinois en Europe et en Amérique.

La conférence de M. Merchier, documentée avec tant de science et dite avec une si réelle éloquence, a eu un succès considérable. Voici en quels termes en parlait la *Petite Gironde*: « Le succès, nous allions dire le triomphe de l'éminent conférencier, a été tel que nous ne saurions le décrire. »

Le Secrétaire,
Secrétaire de la Société de géographie de Bordeaux.

G. ROSSIGNOL.

sément des crédits antérieurement votés par la Chambre pour l'approfondissement de la Charente ne sont pas même employés. Il appartient au Congrès de donner son avis dans cette question qui intéresse au premier chef la défense de nos côtes du Sud-Ouest.

M. le colonel BLANCHOT s'associe aux préoccupations de M. Charron; il importe que le Congrès émette à son tour un vœu qui réconforte ceux précédemment émis et en particulier celui du Conseil général de la Charente-Inférieure. En 1893, d'importants crédits ont été votés, soit pour les arsenaux, soit pour l'approfondissement de la Charente, les travaux devaient être effectués en quatre années, aucune somme n'a été portée au budget. Il demande que le vœu du Conseil général soit confirmé par l'Assemblée.

M. le colonel Blanchot entre, d'ailleurs, dans l'examen de la question avec une compétence et une chaleur communicative qui achèvent de jeter la lumière sur ce débat. Lorsqu'en 1891, M. de Douville-Maillefeu proposa, dans un de ses discours, la suppression complète du port de Rochefort et de ses arsenaux, l'idée trouva de nombreux adhérents. Aujourd'hui l'on n'ose pas encore déspécialiser le port de Rochefort, mais on essaie d'y arriver indirectement, en supprimant un à un les rouages administratifs qui assuraient son fonctionnement utile et ses moyens d'action. L'outillage nécessaire à la réparation des navires, par exemple, est déjà supprimé; il n'y aura bientôt plus d'armement ni de désarmement; le service des subsistances est amoindri. Au moment où l'on demande d'approfondir la Charente, on saisit encore mieux cette singulière anomalie: car on va permettre aux grands navires d'arriver à Rochefort; mais, quand ils y seront, il n'y aura plus de quoi les ravitailler. Le vœu de 1891 tend à provoquer une plus grande extension touchant Rochefort, son port et ses arsenaux, et, en fait, par tous les moyens, on ne néglige aucun effort pour réduire Rochefort à sa plus simple

TROISIÈME JOURNÉE

I. — Séance du samedi 3 août (matinée).

Président M. GUÉNOT, délégué des Sociétés de géographie d'Oran et de Toulouse.

Assesseurs :
MM. le capitaine LAPASSET, délégué du Ministère de la guerre.
le capitaine MARCHAND, délégué du Ministère des colonies.

M. LOURDELET lit son rapport sur la Société de géographie de Paris, qui est accueilli par des applaudissements.

M. CHARRON lui succède pour donner communication de son rapport sur la Société de géographie de Rochefort dont il est président.

A ce sujet, M. Charron, se préoccupant des menaces de suppression ou, en tout cas, d'amoindrissement du port militaire de Rochefort et de ses arsenaux, appelle l'attention du Congrès de géographie sur les conséquences désastreuses de pareils projets, qui ne tendent à rien moins qu'à compromettre gravement la défense nationale, en laissant à découvert et à la merci des flottes ennemies toutes nos côtes de l'Ouest, si insuffisamment protégées. Déjà les assemblées élues de l'arrondissement de Rochefort, son Conseil municipal et le Conseil général de la Charente-Inférieure, ont protesté énergiquement contre d'aussi néfastes tendances, qui ne sont que le résultat des vues particulières ou étroites de certaines personnalités dont il importe de combattre l'influence. Or, il semble qu'elle n'a jamais été plus près d'aboutir qu'en ce moment où préci-

ou allemande constitue un véritable péril national, parce que la défense de notre pays et sa sécurité se trouvent engagées et compromises. M. de Mahy vous a demandé s'il était possible que l'on puisse continuer à employer, dans la construction de nos forts de l'Est et des Alpes, des ouvriers allemands et italiens, qui sont doublés de soldats étrangers à la solde de leurs gouvernements respectifs, pour faire œuvre d'espions en paraissant n'être que des manœuvres, des ouvriers qui sont des gradés de landwehr et des officiers allemands ou italiens? Il vous a donné des exemples nombreux de pareils faits, et par eux l'étranger possède tous nos plans avec les détails les plus secrets de nos forteresses et de leur armement. Eh bien! quand il s'agit de la défense nationale, la question économique disparaît. Elle n'existe plus. Que l'État y veille; que notre soldat, au besoin, se fasse constructeur, architecte, terrassier, comme le soldat romain qui, déposant ses armes, élevait les retranchements de son camp, la maison prétorienne, et puis sa ville, lorsque la légion était à demeure comme en Afrique, où nous le voyons édifier des temples, des basiliques, des forums, des arcs de triomphe, des aqueducs, des voies incomparables. Qu'il y ait dans nos armées un, deux, trois régiments d'ouvriers analogues à ceux du génie, construisant spécialement nos forts sous la surveillance de nos officiers ingénieurs. Le soldat français fera tout son devoir pour la patrie, et ce n'est pas dans le rang qu'on trouvera des traîtres. (M. le colonel Blanchot et le Congrès applaudissent l'orateur.)

Voilà bien où l'infiltration de l'élément étranger est dangereuse; en bien d'autres circonstances, elle ne l'est pas moins; et que l'on cite une nation d'Europe, de celles qui veillent à leurs frontières, comme l'Allemagne, l'Italie ou l'Espagne, qui emploient des Français pour l'édification de leurs ouvrages militaires?

En ce qui concerne les colonies, nous avons une autre politique à suivre que dans notre métropole, d'autres sys-

M. Nicolaï prend la parole pour appuyer également la proposition de M. de Mahy.

Si M. Lourdelet a simplement pensé que notre territoire ne devait pas être hermétiquement fermé aux étrangers en général, qu'il serait dangereux de leur opposer une muraille de Chine, pour relever son expression, s'il a voulu que la suspicion qui doit atteindre un certain nombre d'entre eux ne doive pas peser sur tous indifféremment, M. Nicolaï sera avec lui. Qu'ils créent chez nous des industries prospères, non seulement il n'y contredira pas, mais la prospérité nationale y trouvera son compte. Des phénomènes économiques semblables à ceux qui se sont produits à notre détriment, si l'on consulte les enseignements de l'histoire, peuvent se représenter et servir nos intérêts. On a vu nos protestants chassés de France il y a deux siècles, passer à l'étranger et le doter de nos industries et de notre génie national. Si l'inverse venait à se produire, sous l'empire de causes de ce genre, et si des étrangers expulsés demandaient un asile à la France dans les mêmes conditions, quel est l'esprit assez peu clairvoyant qui verrait un danger dans un apport aussi précieux? M. de Mahy lui-même applaudirait, comme l'orateur, à de pareilles bonnes fortunes. Il est encore exact que certains travaux malsains et pénibles, tels que ceux de terrassement, de creusement des ports, d'irrigation et d'assainissement des marais, répugnent à l'ouvrier français et que les entrepreneurs sont bien aises de trouver des Italiens ou des Espagnols pour les faire. On s'en est rendu compte lorsqu'on a voulu creuser les bassins de La Pallice, et dans notre Médoc, chaque année, des centaines de Basques et d'Espagnols viennent faire les défoncements des terres et le curage des fossés, parce que notre paysan, exclusivement vigneron, ne veut pas se livrer à ces travaux. Mais jusque-là il n'y a aucun danger à recourir à la main-d'œuvre étrangère, il n'y a que des avantages.

Donc, pas d'équivoque. M. de Mahy a courageusement dénoncé des faits où l'emploi de la main-d'œuvre italienne

faut un régime économique particulièrement favorable à nos nationaux, rigoureux et prohibitif même aux étrangers. A cette seule condition la colonie rapportera, mais pour ce faire, il faut que Madagascar soit terre française et puisque la question du système d'exploitation de nos colonies est posée par l'honorable M. Lourdelet, M. de Mahy demande à son tour au Congrès de sanctionner ce débat. Il faut qu'un vœu y réponde soit dans le sens de M. Lourdelet, soit dans le sens des idées que M. de Mahy défend. M. de Mahy saisit le Congrès d'un vœu tendant à l'annexion de Madagascar.

M. LOURDELET invite M. de Mahy à retirer sa proposition. La question de Madagascar n'est pas encore suffisamment éclairée; outre que le gouvernement s'en préoccupe, il y a à Paris un Comité d'études spécial qui prépare les voies et moyens de tirer le meilleur parti de notre nouvelle colonie. Un vœu, émis dans ces conditions, pourrait gêner dans une certaine mesure les dispositions qui se préparent.

M. DE MAHY s'y refuse. Il y a un mouvement d'opinion publique à créer. La presse se préoccupe très vivement de la question en France et à l'étranger. L'annexion, le protectorat, voilà les deux mesures entre lesquelles nos ministres hésitent; il faut qu'à l'étranger on sache que nos ministres ne prendront de mot d'ordre que dans le sentiment de la France, mais il faut que ce sentiment se manifeste.

M. le colonel BLANCHOT apporte une intervention vigoureuse à la thèse si magnifiquement soutenue par M. de Mahy en faveur de l'annexion pure et simple de Madagascar, envers et contre toute espèce de protectorat.

M. FOURNIER DE FLAIX pense qu'il y a là une question d'un ordre purement politique dont le Congrès n'a pas à se préoccuper.

M. de Mahy remercie M. Lourdelet des marques de sympathie qu'il a données à sa personne, mais il tient encore plus à ses idées qu'à sa propre personnalité, qui s'efface lorsqu'il s'agit des grands problèmes qui intéressent l'avenir et la prospérité de notre pays. Il ne faut pas qu'il y ait d'équivoque. Il y a un danger actuel et il y en a un autre qui peut être celui de demain, puisque dans quelques semaines la France aura conquis une colonie nouvelle. C'est bien le moment de se préoccuper du régime qui lui sera appliqué. Ce n'est pas seulement avec des millions que l'on a eu raison de la résistance des Hovas, c'est aussi avec le sang, avec la vie de milliers de soldats français. Le régime économique jusqu'ici appliqué à nos colonies a été particulièrement désastreux pour la France. Il semble que nous n'ayons eu à cœur de créer un vaste empire colonial que pour permettre aux étrangers d'y développer leur commerce au détriment de nos nationaux. Chaque fois que l'étranger exploite dans nos colonies, il y a, à son profit exclusif, un déplacement de la fortune et de la prospérité de la colonie sur laquelle il a jeté son dévolu. Mais quand cet élément domine, c'est une complète confiscation qui s'opère, c'est l'étranger qui se substitue à nous. Que fera-t-on demain de Madagascar? La placera-t-on sous un protectorat? C'est aller au-devant de complications qui seront de tous les jours; à tout instant il faudra traiter avec la reine de Madagascar ou avec son premier ministre, et une nouvelle expédition redeviendra nécessaire à brève échéance. Et pendant ce temps, pendant que la situation de nos nationaux sera précaire et compromise, les Anglais, les Allemands, les Américains prospéreront sous notre protectorat, seront seuls à bénéficier du régime et encore nous devrons protection à leurs biens et à leurs personnes. Ce n'est pas pour cela que Madagascar est devenu un vaste cimetière français; puisque l'expédition est faite, et son urgence s'imposait, il faut bien en tirer parti, au mieux de nos intérêts et rien que dans nos intérêts. Il y

l'exception n'est pas la règle ; des mesures de prudence et de surveillance d'un ordre purement administratif y remédieront sans qu'on ferme le pays hermétiquement à l'étranger. Il ne faut pas, après avoir vu des espions dans tous les ouvriers allemands, belges ou italiens, que par un sentiment d'anglophobie qui nous est dicté par la manière particulièrement pratique et clairvoyante dont les Anglais entendent les affaires, on les chasse à leur tour de nos colonies. Le commerce sans eux ne s'y ferait pas ; une preuve, c'est que nous n'allons pas dans nos colonies et que nous ne savons pas les mettre en valeur. La prospérité de nos villes de plaisance repose tout entière sur l'élément étranger. Il est certain et reconnu que nos colonies n'ont jamais prospéré tant qu'elles se sont bornées au commerce avec la métropole. L'Algérie, par exemple, serait-elle devenue ce qu'elle est si l'on en avait fermé l'accès aux étrangers ? Les colonies qui prospèrent le moins sont celles qui sont réduites au seul commerce avec la métropole. Ce qu'il faut faire, c'est faciliter l'exode de nos nationaux, aider la colonisation, encourager la création de sociétés françaises d'exploitation. Pourquoi n'allons-nous pas chez les étrangers créer de grandes entreprises à l'égal de celles qu'ils viennent fonder chez nous ? Faisons de même, devançons-les, soyons des citoyens intelligents, actifs, entreprenants, audacieux même, soyons de bons et vrais Français !

En ce qui concerne Madagascar, il serait dangereux d'émettre un vœu pour ou contre l'annexion ; une étude ample et approfondie permettra seule de se prononcer en toute connaissance de cause en faveur du système à appliquer, mais il serait dangereux que le Congrès s'associât à une décision aussi grave. C'est pourquoi M. Lourdelet se déclare un adversaire des doctrines économiques professées par l'honorable M. de Mahy touchant le système d'exploitation de nos colonies, tout en s'inclinant devant le caractère et la personne particulièrement sympathique de M. de Mahy dont il ne combat que l'idée.

» avec de puissantes ressources de combat et de construction
» et enfin, qu'en toute circonstance de mer, les plus grands
» bâtiments puissent y pénétrer et s'y reconstituer au besoin. »

L'ordre du jour appelle ensuite la discussion sur le « système d'exploitation des colonies ». Cette question a été introduite dans l'ordre du jour conformément à la décision prise à la première séance, pour permettre à M. Lourdelet de répondre aux différents points touchés, au sujet de l'exploitation de nos colonies, par M. de Mahy dans son discours d'ouverture du Congrès.

M. LOURDELET a la parole. Il ne pense pas que l'existence des divers éléments étrangers qui nous apportent leur industrie ou leur main-d'œuvre constitue pour notre pays ce péril social que M. de Mahy a dénoncé avec tant de vigueur. Il ne faut pas que nous nous enfermions dans une triple muraille de Chine et que l'étranger soit expulsé de chez nous quand il nous apporte son travail et se contente de salaires très modérés par cela seul qu'il est étranger. Nous ne devons pas fermer notre territoire, et le faire serait, au point de vue économique et social, commettre une faute grosse de conséquences. On dit bien couramment qu'en confiant du travail aux ouvriers italiens qui abondent dans certaines contrées, on enlève du travail aux ouvriers français, qui ne trouvent plus à employer leurs bras, ce qui donne un fort appoint aux grèves. Si l'on va au fond des choses, on s'aperçoit bien vite que les grévistes sont pour la plupart des sans-travail de profession et que les travaux auxquels sont employés les ouvriers italiens sont de ceux dont l'ouvrier français ne veut pas, parce qu'ils sont trop pénibles et point assez rémunérateurs : les travaux de terrassement, d'assainissement des marais, des ports, etc... sont à peu près exclusivement recherchés par les Italiens et on est bien heureux de les avoir parce qu'on ne trouve pas de main-d'œuvre française. Certainement, il peut y avoir eu des abus du genre de ceux dénoncés par l'honorable M. de Mahy, mais

émettre un vœu très énergique en faveur de son maintien et de son accroissement de puissance. Il rappelle la conversation qu'avait en 1860 lord Seymour avec notre contre-amiral Lafon, alors capitaine de vaisseau en service dans l'escadre de Grèce. On faisait précisément la même comparaison entre Rochefort et Chatam que vient de faire M. Merchier lui-même et si justement. Non, dit l'amiral Seymour, la France ne fera pas de Rochefort un Chatam : vous n'avez pas le sentiment assez marin pour cela. Il y a trop de gens chez vous qui veulent la suppression de Rochefort et soyez assuré que le budget de l'Angleterre y contribuera.

M. Hautreux, comme ancien officier de marine, tient à déclarer que le maintien de Rochefort s'impose dans toute son intégrité. Rochefort sera toujours une suprême ressource. Pour mettre Rochefort en parfait état, il n'y a qu'un travail d'ingénieur et c'est devant ce travail qu'on recule !

M. Gauthiot rappelle tous les vœux précédemment émis en ce sens ; ils ont été défendus par le contre-amiral Juin, il importe que celui du Congrès vienne les réconforter.

La discussion étant close, le Congrès décide qu'il y a lieu de formuler un vœu en ce sens et sa rédaction est confiée à MM. Charron et Blanchot qui présentent le texte suivant dont l'adoption est votée par le Congrès :

« Le 16⁰ Congrès national de géographie rappelle le vœu
» qu'il a formulé dans la session de 1891, et, considérant que le
» port de Rochefort est, à de nombreux points de vue et plus
» que jamais, indispensable aux grands intérêts de la France,
» par sa situation au centre du littoral méridional de l'Océan où,
» de Belle-Isle à la Bidassoa il constitue le seul point d'appui de
» nos forces navales couvrant Saint-Nazaire et Bordeaux ; que
» de plus, ce point est invulnérable aux attaques de mer.
» Émet le vœu que cet arsenal, déjà démembré, soit rétabli

expression. Pourtant la nécessité d'une très forte défense s'impose à Rochefort, mais on fera si bien qu'un ennemi n'y trouvera plus que quelques torpilleurs. La puissance de cette place de guerre maritime étant diminuée, la côte est découverte et permet toutes les entreprises; on verra une autre *Augusta* dans le port de Bordeaux; et l'embouchure de la Gironde sera, pour un ennemi audacieux, une excellente base d'opérations. De Bayonne à Lorient il n'existera pas un refuge, pas un point où nos croiseurs, nos vaisseaux, en cas de guerre ou de désastres, puissent se réparer, se ravitailler. On parle de faire des ports de mer de Toulouse, d'Agen, de Montauban; on a fait un port à La Pallice! et on laisse perdre un port admirable qui existe, parce qu'il faut creuser la Charente! Lorient a bien moins de raison d'être que Rochefort. Sait-on si, dans vingt ans, on n'aura pas renoncé complètement à ces colosses qui sont nos cuirassés et s'ils ne seront pas devenus au contraire des types entièrement démodés, remplacés par de petits navires? Ne comprend-on pas qu'un port, œuvre des siècles, comme celui de Rochefort, l'un des remparts de notre défense nationale, ne peut être sacrifié sans qu'il manque quelque chose à la France?

Ce discours est prononcé d'une voix mâle et vibrante et soulève les applaudissements du Congrès.

M. MERCHIER appuie les conclusions de MM. Charron et Blanchot. Les Anglais n'ont eu de cesse qu'ils n'aient trouvé un port militaire situé en avant dans les terres et, par suite, à l'abri d'un coup de main et des flottes ennemies. Ils ont créé Chatam. Rochefort est le Chatam de la France; et si l'exemple de nos voisins d'outre-Manche pouvait nous donner une indication, on s'empresserait de rendre Rochefort encore plus formidable.

M. DE MAHY prend la parole pour déclarer que Rochefort est un port indispensable et que le Congrès doit

tèmes économiques à appliquer. Dans nos colonies, le colon français doit être encouragé chaque fois qu'on l'y rencontre et cet encouragement ne doit pas être platonique, il doit être réel. Le jour où, dans nos possessions françaises, on donnera au colon français un régime de faveur et de protection spéciale, on ne verra plus nos émigrants ou nos commerçants rechercher de préférence les colonies espagnoles de l'Amérique du Sud. Mais les conditions actuelles de notre production nationale sont telles, le prix de la main-d'œuvre est à tel point élevé, que la concurrence avec les maisons étrangères d'Allemagne et d'Angleterre, qui fabriquent à bien meilleur marché, ne peut pas être soutenue par nous. Il faut donc entraver l'accès des produits étrangers dans nos colonies en les frappant de droits suffisamment élevés; l'équilibre, alors seulement, sera rétabli; alors seulement, nos maisons françaises pourront commercer. C'est parce que, jusqu'ici, nous avons ouvert nos colonies à tous, sans nous préoccuper de les ouvrir d'abord sûrement à nos compatriotes, que nos colonies ne sont pas prospères et que le grand commerce y est aux mains des étrangers. Les étrangers s'y sont substitués à nous, et ici apparaît bien la justesse des observations présentées par M. de Mahy. Il y a deux politiques économiques à suivre : l'une, chez nous, concernant les relations directes de la France avec l'étranger; chez nous, nous ne pouvons, nous ne devons pas expulser systématiquement l'étranger; il suffira de le soumettre à certaines exigences administratives, de le surveiller, de le recenser, de l'astreindre à des déclarations de résidence, etc.; l'autre politique sera pour nos colonies, la préoccupation étant d'exploiter nos colonies pour le plus grand profit de la mère-patrie, il nous y faut protéger exclusivement le négociant et le colon français, il nous faut l'y appeler et l'y faire se maintenir par des avantages réels et exclusifs. Dans nos colonies, rien pour l'étranger, tout pour le Français et la France. Il suffit de lire les journaux pour voir avec quelle faveur l'Angleterre en particulier accueille l'espérance qu'on n'établira à Madagascar qu'un protectorat. Cela seul ne doit-il pas nous donner l'éveil? Quand l'Angleterre se déclare satisfaite, c'est que l'Angleterre a déjà réalisé un profit, c'est que la France a travaillé pour elle. Et comment n'en serait-il pas ainsi? L'Angleterre, l'Allemagne et quelques grosses maisons américaines tiennent le commerce de Madagascar. On établit le protectorat à Madagascar. Qu'y aura-t-il de changé pour les étrangers? Ils savent que nos maisons de France ne peuvent leur faire la concurrence. Ils applaudissent. La question qui se soulève devant le Congrès n'est pas une question politique, elle est une question coloniale et commerciale. Il s'agit par l'annexion, et au moyen de l'annexion, de rompre avec les anciens errements, d'inaugurer un nouveau système d'exploitation coloniale, de protéger les intérêts français et de recueillir le profit après l'honneur. Notre don quichottisme ne nous a donné que l'honneur jusqu'ici. Combien chèrement gagné à Madagascar; les millions ne sont rien, mais il y a le sang de nos enfants qui a arrosé cette terre et il crie qu'elle soit française! (Applaudissements.) Oui, il faut créer un mouvement; oui, il faut que l'opinion publique soutienne nos gouvernants et qu'ils la sentent derrière eux. La voix du peuple c'est la voix de Dieu! Que le pays parle et fasse savoir à l'étranger que lorsque nos braves soldats se font tuer, ce n'est pas pour l'honneur d'humilier l'amour-propre d'un ministre ou d'une reine hova, mais pour conquérir une colonie à la France! (Applaudissements.)

M. Nicolaï adjure le Congrès de voter sur le vœu de M. de Mahy.

M. DE MAHY remercie M. Nicolaï et déclare maintenir son vœu de plus fort.

Le vœu, mis aux voix, est adopté à la majorité sous la forme suivante :

« Le Congrès demande l'annexion pure et simple de Mada-
» gascar. »

Les délégués des ministères déclarent s'être abstenus.

Le Congrès adopte ensuite le vœu ci-après proposé par M. de Mahy :

« 1° Que les manifestations de l'activité étrangère en France
» et dans les colonies, manifestations financières, religieuses et
» autres, soient l'objet d'une surveillance exacte et soumises
» strictement aux principes de la législation française;
» 2° Que les travaux militaires intéressant la défense natio-
» nale soient effectués exclusivement par la main-d'œuvre
» française;
» 3° Et qu'aux colonies, en raison des charges particulières
» qui pèsent sur le commerce national, ce dernier soit mis en
» situation, par un régime douanier approprié, de lutter au
» moins à armes égales avec le commerce étranger. »

La séance est levée à midi.

Le Secrétaire de la séance,
Secrétaire de la Société de géographie de Bordeaux,

A. Nicolaï.

II. — Séance du samedi 3 août (après-midi).

Président M. DOBY, secrétaire général de la Société de géographie de Nantes.

Assesseurs :
- MM. le lieutenant de vaisseau MARTIN, délégué du Ministère de la marine.
- LORIN, agrégé de l'Université, délégué du Ministère de l'instruction publique.

La séance est ouverte à deux heures et demie de l'après-midi.

M. Barbier donne lecture du mémoire ci-après, tendant à la création d'un Bulletin spécial placé sous les auspices de la délégation coloniale à Paris, et exclusivement affecté aux demandes d'emplois dans nos colonies et aux offres intermédiaires. Ce bulletin aurait pour avantage de fournir aux émigrants français tous les renseignements utiles concernant la demande de bras pour leurs industries respectives, de provoquer au besoin leur émigration et en tout cas de leur assurer, dès leur arrivée dans nos colonies, un emploi en rapport avec leurs aptitudes. M. Barbier, creusant son idée dans un travail très consciencieux, propose la création d'un service spécial et entre dans les détails d'organisation de ce nouveau rouage administratif.

Rapport sur la question des renseignements coloniaux, présenté par M. J.-V. BARBIER, secrétaire général de la Société de géographie de l'Est, conformément à la mission dont il a été chargé par le Congrès de Lyon en 1894 ([1]).

Messieurs,

Quand vous avez cru devoir, sur la proposition de notre cher collègue M. Gauthiot, me confier, à Lyon, l'élaboration d'un rapport sur la question des renseignements coloniaux, je ne me suis pas tout de suite — ni vous non plus sans doute — rendu un compte bien exact de la nature, de la signification et de l'importance du travail que vous m'imposiez. Je ne veux rien exagérer; mais ce n'est pas impunément qu'on se livre au dépouillement des quinze volumes des comptes rendus de nos sessions : j'ai fait plus d'une constatation qui surprendrait plusieurs d'entre nous, — j'entends de ceux qui, dans les meilleures intentions du monde, tendent à circonscrire le programme de notre congrès, voire le champ d'action de nos sociétés.

Vous me permettrez, n'est-ce pas, de consigner dès maintenant deux observations qui, tout en étant d'ordre général, viendront à l'appui des considérants particuliers de ce rapport.

[1] Avec le concours d'une Commission composée de MM. Millot, ancien officier de marine, vice-président honoraire de la Société; Auerbach, professeur à la Faculté des lettres, et Weissenthaner, industriel, membre du Comité de direction de la Société de géographie de l'Est.

Je les avais pressenties déjà dès avant la rédaction des questionnaires, — d'objets si différents pourtant, — que je vous ai adressés en janvier dernier.

Dans l'une des circulaires qui les accompagnaient, j'ai rappelé la manière dont les fondateurs de notre congrès l'avaient compris, défini, dirigé; je vous ai cité les paroles prononcées par l'amiral de La Roncière le Noury, dès l'ouverture de la première de nos réunions, en 1878.

Il y a plus. Dans le compte rendu de cette même session, je constate que des *vœux* — vous entendez bien, *des vœux* — ont été proposés, non point par quelque membre inexpérimenté, irréfléchi; mais par des hommes tels que MM. de Quatrefages, Maunoir et Foncin, l'initiateur même de la création nouvelle.

Donc, notre congrès a marqué, dès ses débuts, — de par des hommes dont l'autorité, la sagesse et la prudence ne sauraient être mises en doute, — la manière dont il comprenait sa mission. On a objecté, non sans quelque raison, que la plupart des vœux étaient stériles parce qu'ils étaient privés de sanction et, partant de cette idée, on a créé un malentendu qu'il importe de faire cesser, dans l'intérêt même du sujet de ce rapport et sans rien préjuger, en le commençant, des conclusions auxquelles il aboutira.

J'imagine volontiers, — car j'ai été témoin des débats de notre première réunion, — que les auteurs des vœux précités et ceux-là même qui les ont votés, ne se sont point fait grande illusion sur la réalisation immédiate, quasi impérative de ces vœux. D'une manière générale, cette réalisation est, en effet, subordonnée au degré de maturité des questions auxquelles ils se rattachent, au degré de préparation de l'opinion, à la « reconnaissance d'utilité publique », si je puis m'exprimer ainsi, des desiderata que nous manifestons.

Ne l'a-t-on pas vu, notamment, pour les questions coloniales qu'on nous dénie parfois le droit de traiter, comme si la colonisation n'était pas un fait géographique par excellence? Est-ce que l'occupation du Tonkin eût coûté ce qu'elle a coûté depuis si, il y a quinze ans, l'opinion publique s'était ralliée aux vœux de nos congrès? Est-ce que depuis longtemps la question malgache n'était pas mûre chez nous, alors que l'opinion y était si réfractaire? Il y a beau temps que notre honoré président, M. de Mahy en réclamait la solution tandis qu'il y a deux ans seulement le Parlement français, malgré la violation scandaleuse du traité de 1885 presque au lendemain de sa signature, malgré les intrigues anglaises, n'eût donné ni un sou, ni un homme pour mettre à la raison le gouvernement hova.

Nous sommes de ceux qui ont mission d'instruire, d'éclairer l'opinion publique, dût-elle rester longtemps sourde à notre voix, et il est des cas où l'émission d'un vœu n'est pas seulement un droit, mais un impérieux devoir. Que l'on ne se méprenne pas pourtant et c'est ici qu'il faut dissiper, une fois pour toutes, le malentendu qui nous départage : un vœu ne saurait être considéré comme une injonction de notre part, pas plus qu'il ne l'est de la part des corps élus, ayant un mandat mieux défini que le nôtre. Un vœu n'est que la formule résumant la discussion d'un projet dont la réalisation plus ou moins prochaine nous semble désirable; c'est le point de mire vers lequel nous voulons orienter les esprits; une indication précise, concrète, donnée soit à l'opinion, soit aux pouvoirs publics, soit à nos sociétés même, d'un but à atteindre. Et mieux vous aurez justifié et défini ce but, plus vous aurez précisé les moyens d'exécution; plus vous aurez chance d'y intéresser et l'opinion et les pouvoirs compétents, plus, enfin, vous aurez assuré à brève échéance la réalisation du progrès poursuivi.

Si vous voulez bien envisager ainsi les vœux que vous serez encore appelés à émettre dans nos sessions, — et en particulier ceux auxquels pourra donner lieu le débat dont je dois vous préparer le thème, — vous rallierez à vous, je n'en doute pas, ceux-là même qui rejettent l'émission de vœux comme une puérilité, voire un élément de déconsidération pour notre congrès.

La seconde observation, — déjà signalée dans l'une de mes circulaires, — est que les débats les plus complets, les plus nourris de nos sessions ne reflètent que très imparfaitement l'esprit, les tendances, la bonne volonté, les moyens d'action de nos sociétés : celles-là même qui se montrent, dans nos congrès, par la voix de leurs délégués, les plus passionnées pour une question, les laissent souvent tomber, une fois le congrès fini, dans l'indifférence sinon dans l'oubli. Ce n'est pas ici le lieu d'en rechercher les causes, mais cette constatation — de nature à nous faire réfléchir — a justifié amplement le procédé de consultation que j'ai adopté pour l'examen de la question qui nous occupe.

D'autres observations résultent encore des recherches auxquelles je me suis livré dans les annales de notre congrès; mais comme elles se présenteront sans doute d'elles-mêmes au cours de ce rapport, j'ai hâte d'entrer dans mon sujet.

I. — LES RENSEIGNEMENTS COLONIAUX DEVANT LE CONGRÈS

Il est bien difficile de traiter des renseignements coloniaux sans toucher un peu à la manière dont, en général, les questions coloniales ont été posées et traitées dans nos sessions.

Cela résulte et de la force des choses et de la délibération même que vous avez prise à Lyon. Alors que la discussion s'était engagée sur le point précis des voies et moyens les plus propres à vulgariser les renseignements coloniaux, elle s'est terminée par une résolution en vertu de laquelle j'ai été chargé de présenter « un travail condensant tout ce qui a été fait » jusqu'à ce jour au sujet de l'émigration coloniale ».

A prendre au pied de la lettre, c'était m'engager dans une œuvre considérable, exigeant plusieurs années, dépassant surtout de beaucoup ma compétence. Certainement, dans votre pensée, je ne devais sortir du domaine de notre congrès et de la sphère d'action de nos sociétés que dans la mesure nécessaire pour documenter mes conclusions. C'est ainsi que je l'ai compris, c'est dans cet esprit que j'avais écrit en premier lieu ce rapport. Mais, même dans ces limites, mon travail avait pris un développement extraordinaire et eût exigé une lecture de plusieurs heures. J'ai dû me résigner à le réduire beaucoup. Toutefois, pour que le bénéfice de mes recherches ne fût point perdu, j'en ai fait l'objet d'une annexe où, à tête reposée, vous pourrez retrouver, en abrégé et dans leur ordre chronologique, les étapes et les phases des questions coloniales devant notre congrès. Je me contenterai de vous en donner ici la synthèse, au point de vue spécial qui nous occupe et suffira seul à fournir d'amples et utiles délibérations.

En principe, l'idée *de confier aux sociétés de géographie le soin de centraliser les renseignements coloniaux* s'est fait jour, dès 1883, au congrès de Douai avec la motion John Lelong. A Nantes, en 1886, M. Guillot, du Havre, incite les sociétés de géographie à provoquer une enquête dans toutes les colonies aux fins de déterminer les conditions que chacune d'elles réunit au point de vue de l'habitat et du premier établissement. Mais l'idée première est reprise incidemment par M. Lourdelet, à Lille, en 1892. A ce même congrès M. Imbert la présente dans une brochure; mais la discussion en est remise au congrès de Tours, en 1893. Après un long débat, les conclusions de M. Imbert sont adoptées, à une assez faible majorité du reste. A Tours également, le congrès, sur la proposition de M. Tiétard, décide de mettre à l'étude de la prochaine session le projet de création d'un bureau de renseignements dans chaque préfecture. Il est bon de rapprocher de ce vœu celui qui fut présenté, dix ans auparavant, à Douai, par M. Ardouin-Dumazet au sujet de la diffusion dans le public, par l'intermédiaire des mairies, des lotissements des terres en Algérie.

L'idée première de la *publication de manuels destinés aux émigrants* par les soins et à la charge des sociétés de géographie fût émise à Nancy, en 1880, par M. Hay. Elle fut précisée, en 1886, à Nantes, par MM. Castonnet des Fosses et Gauthiot, le premier signalant les manuels si pratiques destinés par les Anglais à leurs émigrants.

Le projet de *création d'agents coloniaux* entretenus par les colonies, mais résidant en France, figure dans l'un des vœux présentés par M. Gauthiot à la sanction du congrès de Nantes.

Au même congrès, notre même collègue a préconisé la *création d'un fonds de colonisation*. A ce propos, il est bon de rappeler l'idée émise par M. John Lelong, dans un mémoire adressé au congrès de Toulouse, de demander à l'État d'appliquer à ce fonds de colonisation les amendes de police et de douanes dont il fait si facilement remise aux contrevenants à la suite de démarches d'autant plus efficaces que les accointances de ceux-ci sont plus influentes.

Enfin il est bon de noter aussi que, dès 1880, à Nancy, M. L. Delavaud, attaché à la direction politique des affaires étrangères, a proconisé *l'émigration des capitaux de préférence à l'émigration des personnes*. Cette idée, longtemps délaissée, a sa place aujourd'hui incontestée dans tout programme de colonisation bien compris.

Non content, Messieurs, de rechercher les aspects sous lesquels se sont présentées les questions coloniales dans nos sessions, j'ai voulu faire une incursion dans le domaine d'un autre congrès, — de celui du moins qui me paraissait le plus qualifié par son titre, sa composition et l'objet de ses études, pour traiter des renseignements coloniaux : — je veux parler du dernier congrès colonial national qui s'est tenu à Paris, en deux sessions : l'une, du 9 au 20 décembre 1889; l'autre, le 17 février et jours suivants.

Si nous avions besoin de justifier notre intervention dans la question qui nous occupe, nous n'aurions qu'à citer l'exemple de ce congrès spécial. Dans une seule session il a émis 132 vœux, un peu moins que notre congrès depuis dix-huit ans. Eh bien, de ces 132 vœux *aucun* n'a rapport aux renseignements coloniaux, et cependant s'il est un élément essentiel, indispensable à une colonisation rationnelle, ce sont des colons sachant bien où ils vont, ce qu'ils peuvent faire, connaissant les moyens dont ils pourront disposer afin d'arriver à de bons résultats.

Convenez que, si un congrès se déconsidérait à émettre des vœux, le Congrès colonial national a outrepassé la mesure et qu'il tiendrait le record de la déconsidération.

II. — LES RENSEIGNEMENTS COLONIAUX DEVANT LES SOCIÉTÉS

S'il m'avait été possible de rédiger la première partie de ce travail avant d'établir le questionnaire adressé le 15 janvier dernier aux sociétés, il est fort probable que je l'eusse fait plus précis, sinon plus complet. Je ne crois pas cependant que le résultat eût été sensiblement modifié, car toute initiative était laissée aux sociétés : il en est bien peu qui en aient profité. La lenteur apportée par la plupart d'entre elles à y répondre, l'indifférence absolue des autres dont j'ai sollicité en vain les avis, m'ont confirmé, une fois de plus, qu'il n'y a pas harmonie parfaite entre l'esprit de notre congrès et celui de nos sociétés.

Il y a là un état de choses qui a pour résultat de priver de sanction, — de la seule sanction souvent possible, de la seule qui soit toujours à notre portée, — les résolutions laborieusement discutées souvent de notre congrès.

Si, à l'exemple de ce qui se fait dans quelques-unes de nos sociétés, les questions que nombre d'entre nous présentent avaient un caractère moins personnel; si elles résultaient du travail d'un groupe, étaient soumises à la critique préalable d'une commission spéciale; si, enfin, la réalisation des vœux émis était également suivie par tous les délégués, au sein de chacune de nos sociétés, avec la collaboration active de comités ou de commissions composées de gens d'autant de compétence que de bonne volonté, — notre congrès gagnerait en autorité, en influence, parce qu'il gagnerait en esprit de suite.

Afin pourtant d'ôter aux sociétés consultées tout prétexte d'indifférence à l'égard de la question des renseignements coloniaux, j'avais cru bon de faire ressortir l'intérêt national, patriotique qui s'attache à la diffusion de nos connaissances sur les colonies françaises. En effet, dans un pays où le suffrage universel est appelé à se prononcer, par la voix de ses mandataires, sur toutes les questions touchant aux intérêts vitaux du pays, si l'on ne peut prétendre faire saisir au corps électoral, — simpliste par nature et dont une bonne partie sera toujours plus ou moins réfractaire au développement de la colonisation, — les mille aspects sous lesquels elle se présente, on doit le mettre à même d'en saisir les traits essentiels. Aucune société de géographie ne saurait donc, sans faillir à sa mission vulgarisatrice, se soustraire à l'obligation non seulement de mettre entre les mains de quiconque s'intéresse aux questions coloniales tous les éléments possibles d'informations, mais encore de faire la lumière, dans la mesure des moyens qu'elle peut mettre en œuvre, sur tous les problèmes coloniaux.

A tort plus souvent qu'à raison, l'opinion se passionne pour ou contre telles questions coloniales, jamais dans la mesure que comporte la notion rationnelle des choses. C'est en l'éclairant, c'est en la familiarisant peu à peu avec la connaissance des colonies, du profit que le pays peut et doit en tirer, qu'on la mettra en garde contre l'ignorance dont les politiciens savent si bien tirer parti.

Mais passons.

Le dépouillement, par le menu, des réponses faites par les sociétés de géographie, sans fournir des matériaux en aussi grand nombre que celui des comptes rendus de nos sessions, a cependant exigé un développement trop important pour que j'hésite un instant à procéder pour celui-ci comme j'ai procédé pour le précédent. Vous trouverez donc, détaillées dans l'annexe à ce travail, les solutions indiquées par chacune des sociétés qui, dans un sens ou dans l'autre, m'ont fait connaître leur opinion; je me contenterai ici de les classer méthodiquement.

Je dois dire tout d'abord que douze sociétés m'ont répondu : Société de géographie et Société de géographie commerciale de Paris, les sociétés de Lyon, Marseille, Montpellier, Bourg, Le Havre, Toulouse, Lorient, Nantes, Lille et de l'Est. Je n'ai rien reçu de Bordeaux, Douai, Oran, Saint-Nazaire et Tours. Je ne parle que pour mémoire de la Société normande de géographie qui se tient dans une abstention systématique incompréhensible, ni de la Société bourguignonne d'histoire et de géographie de Dijon confinée dans un effacement absolu. En somme, la majorité des sociétés ont fait connaître leurs idées dans tout le calme et le loisir possibles. Aussi trouverons-nous la matière de conclusions rassises dans le rapprochement de leurs réponses respectives.

Sur la nécessité même des *renseignements coloniaux et de leur groupement dans les centres provinciaux*, il y a unanimité, abstraction faite des restrictions sur la manière dont seront utilisés les renseignements recueillis.

Les *sociétés de géographie* sont-elles particulièrement qualifiées pour centraliser ces renseignements, les communiquer aux intéressés en y joignant les éclaircissements dont ils peuvent être susceptibles? La Société de géographie commerciale de Paris, les sociétés de Lyon, de Marseille, du Havre et de l'Est sont absolument affirmatives; mais, unanimes sur la question d'irresponsabilité, elles diffèrent quelque peu sur la mesure dans laquelle chacune d'elles peut agir. Les sociétés de Montpellier, Lorient et Toulouse, tout en déclinant pour elles-mêmes ce rôle d'intervention active, approuvent cependant celles des sociétés qui peuvent être plus et mieux qu'elles-mêmes en situation de le remplir, de recueillir et d'utiliser ces renseignements, décidées à les recueillir elles-mêmes d'après les autres et à les grouper dans leurs bibliothèques. Nantes, plus réservée encore, est prête à entrer dans la voie que lui indiquera le congrès de Bordeaux. La Société de géographie de Paris pense que seules les *chambres de commerce* et les *municipalités* sont plus qualifiées que les sociétés de géographie de province pour faire connaître à qui de droit les renseignements coloniaux. Elle ne croit pas même que ces dernières puissent assurer à la fois une somme de renseignements suffisants pour tous les cas particuliers, ni la régularité d'un service de ce genre. En ce qui la concerne, confinée dans son rôle scientifique, elle n'en met pas moins — comme elle a déjà eu l'occasion de le faire — sa bibliothèque au service de qui veut coloniser. Lille même, malgré le « raca » prononcé par elle, — sous prétexte que sa bibliothèque et son musée commercial suffisent à tous les besoins, — fera tout au moins autant, sinon plus, j'en suis convaincu. Quant à la Société de géographie de Bourg, elle entend que la chose n'est possible que par des commissions préfectorales dont elle donne, par la voix de son secrétaire général, la composition très mixte.

Les *préfectures* et les *mairies* sont également indiquées par la Société du Havre, mais comme intermédiaires secondaires. Cette société recommande également l'institution d'agents subventionnés par les colonies.

Enfin, la *publication de manuels de l'émigrant*, semblables à ceux publiés en Angleterre pour les émigrants anglais, est recommandée par la Société de géographie commerciale de Paris et la Société de géographie de Marseille.

Vous pourrez, Messieurs, tout à loisir, quand ce travail sera publié, rapprocher à votre tour, pour votre édification, les réponses des sociétés avec les vœux de nos congrès que vous trouverez résumés dans l'annexe au présent rapport.

III. — EXAMEN CRITIQUE DES MOYENS PROPOSÉS

De ce qui précède, on peut considérer comme acquis que les sociétés de géographie sont un des rouages actifs de la diffusion des renseignements coloniaux. Reste à savoir la sanction que chacune des sociétés qui l'admettent lui donnera, pour la plus grande édification des autres et pour assurer le succès de la cause si chaleureusement soutenue par notre Congrès. *Acta non verba,* ce n'est point aux adhésions plus ou moins bruyantes, plus ou moins tranchées en apparence qu'il convient d'attacher ici le moindre prix, mais à la manière dont l'idée sera réalisée par les unes et les autres.

Ce serait d'ailleurs une étrange illusion de croire que, même avec l'unité de programme, même avec une égale bonne volonté, les sociétés arriveront à une organisation partout semblable, à des résultats analogues. Le premier et le plus heureux que nous puissions espérer, — et il a bien son prix, — consistera sans doute dans un mouvement de noble, d'utile, de salutaire émulation.

D'ailleurs, nous l'avons vu, tant d'éléments officiels, administratifs ou locaux, peuvent être appelés à intervenir que, de la plus ou moins grande part qu'ils prendront, résulteront des appuis ou des entraves pour les sociétés de géographie.

Plusieurs d'entre elles, nous l'avons vu, fondent de grandes espérances sur le concours des préfectures. Je crois pouvoir dire, tant en mon nom qu'en celui de notre société, que l'on court à une déception absolue en comptant sur l'initiative préfectorale. Peut-être, sur un ordre parti du ministère de se prêter à la création de bureaux ou de commissions départementales spécialement affectées aux services des renseignements, y aurait-il quelque chance de succès; encore ne faudrait-il pas que le ministre consultât préalablement MM. les préfets. Je suis à cent lieues de mettre un instant en doute la bonne volonté et la clairvoyance des premiers magistrats de nos départements; mais il est dans l'essence même de nos administrations de ne céder qu'à contre-cœur à des innovations et je gagerais ce que l'on voudra qu'en dehors des préfectures ayant quelque port d'émigration dans leur ressort, on ne trouvera pas cinq préfets disposés en faveur de la création sur laquelle on fonde tant d'espérances.

J'irai même plus loin; à savoir, que non seulement ce concours ferait défaut, mais qu'encore il serait nuisible; car, dès que cette mission d'information serait dévolue à l'administration préfectorale, à un titre quelconque, l'État serait immédiatement suspecté de se transformer en agence d'émigration et en encourrait toutes les responsabilités. Cette raison seule ferait que le ministère lui-même n'autoriserait jamais sans doute les préfets à se prêter à l'organisation d'un service de renseignements coloniaux.

Ajoutez que, par une contradiction relevée dans plusieurs des réponses qui me sont parvenues et que l'on trouve d'ailleurs signalée au cours des discussions de notre Congrès, si le public a une tendance marquée pour recourir à l'État en mainte circonstance, il redoute, d'autre part, ce que l'on a appelé « les machines administratives ».

Plus encore, on a compté sur les mairies et, à Lyon même, on a parlé du concours des instituteurs, comme des intermédiaires dont on ne saurait se passer.

Il y a lieu d'en rabattre, là aussi. Il ne faut pas connaître, en effet, ce que sont les installations municipales dans les petites communes, c'est-à-dire dans les trois quarts, sinon plus, des communes de France; il ne faut pas connaître surtout l'esprit de nos municipalités rurales pour se figurer un instant qu'elles seront les intermédiaires que vous cherchez. Sans doute, il y a l'instituteur et vous pouvez même ajouter qu'il est le plus souvent secrétaire de la mairie; mais, là encore, des désenchantements vous attendent. Aujourd'hui l'instituteur est très chargé et, même pour des services sur lesquels son attention est journellement appelée, même pour des choses qui lui sont demandées par ses supérieurs hiérarchiques en dehors du programme universitaire, il est bien difficile d'obtenir qu'il s'y intéresse [1].

Et puis, n'y aurait-il pas un véritable gaspillage de papier et d'argent à inonder les communes de publications coloniales dans des départements fournissant à peine un colon par année?

Si vous voulez, sinon un intermédiaire actif, à tout le moins un dépositaire qualifié, pourquoi ne choisiriez-vous pas, de préférence, le *receveur des postes?* Celui-ci est toujours présent, toujours au service du public. Il n'est pas un campagnard

---

[1] Nous le voyons bien pour les observations météorologiques au sujet desquelles ils sont cependant en correspondance avec les commissions météorologiques départementales ; sans préjudice d'autres exemples.

qui ne connaisse ce fonctionnaire et qui n'ait été en rapport avec lui. Professionnellement, il fait peu ou prou de géographie; il a l'habitude de « bouquiner » les documents administratifs. Tout le monde connaît le chemin de son bureau, depuis celui qui envoie de temps à autre de l'argent à son fils soldat quelque part en France, voire aux colonies, jusqu'à celle qui va en déposer à la caisse d'épargne postale. La recette des postes constitue généralement le centre d'un groupe de communes; la commune où il se trouve est souvent la plus importante de ce groupe, et il n'est pas un paysan qui, s'il ne veut point se déplacer, ne sache comment il faut s'y prendre pour obtenir les bons offices du facteur rural.

Notez que le receveur des postes est un agent discipliné qui, sur un ordre émanant de la direction générale, accomplit en conscience la tâche qui lui incombe.

Enfin, et c'est là une considération qui a aussi son prix, au lieu d'avoir à fournir plus de 36,000 communes, on aurait à pourvoir moins de 7,500 recettes postales. Vous avez donc là des intermédiaires précieux auxquels nul n'avait songé jusqu'ici.

Il va sans dire que cela n'empêche pas d'utiliser le concours des *chambres de commerce;* j'y joindrais volontiers les chambres et les *sociétés d'agriculture,* et même les *chambres syndicales,* j'entends celles où l'on ne s'occupe véritablement que des questions économiques. Encore, de ce côté, ne faut-il pas craindre les contacts avec des chambres syndicales où la pire politique fait l'objet presque exclusif des préoccupations, car, plus d'une fois dans nos congrès, on a fait ressortir que l'émigration bien conduite, bien dirigée, était une soupape de sûreté aux ferments révolutionnaires. Il y a encore les *bibliothèques municipales, cantonales* et *populaires.* Mais, croyez-moi, sauf peut-être dans les grands centres, — encore ceux-là ont-ils plusieurs bureaux de poste alors qu'ils n'ont qu'une mairie, — laissez le maire à ses champs et l'instituteur à son école.

S'il est une création désirable, c'est celle des *agents coloniaux* entretenus en France aux frais des colonies et dans des conditions de contrôle et d'attributions à déterminer. L'idée en a été préconisée par la Société du Havre; mais déjà, à Nantes, sur la proposition de M. Gauthiot, elle avait été l'objet d'un vœu. Toutefois, comme ce vœu stipulait l'institution d'agents chargés « de remplir, en France, le même rôle que les agents des colonies anglaises en Angleterre », il importe d'appeler votre attention sur une confusion qu'il convient d'éviter. Les agents des colonies anglaises en Angleterre ne sont point des agents coloniaux au sens que nous entendons ici, ni que nous devons attacher à l'institution dont il s'agit. Ce sont de véritables agents diplomatiques et seules les colonies qui ne sont pas colonies de la couronne, qui jouissent du *self-government,* ont des agents accrédités auprès de la métropole. A ce titre sont représentés à Londres : le Canada, toutes les colonies australiennes, sauf West Australia, la New Zealand; Zanzibar, Natal et le Zululand ont également des agents à Londres. Rien donc que par le fait qu'aucune de nos colonies n'est autonome, elles ne sauraient être représentées de la même façon par des agents qui ne peuvent avoir ni même situation, ni même rôle.

Mais, cette observation faite, des agents particuliers, placés, comme il a été dit dans ce vœu, sous le contrôle des chambres de commerce ou, à défaut, du corps élu de la colonie, nous paraissent être l'un des rouages les plus nécessaires et les plus importants de la colonisation. On comprend bien d'ailleurs que le nombre en sera limité et qu'il y aura lieu d'établir entre eux et les sociétés de géographie des relations de nature à faciliter leur tâche réciproque.

Donc : *sociétés de géographie, agents coloniaux, chambres de commerce, chambres* ou *sociétés d'agriculture, chambres syndicales* à spécifier, *recettes postales, bibliothèques municipales, cantonales* et *populaires :* tels sont les rouages de l'organisation du service des renseignements coloniaux.

Il en est un autre encore qui, par son organisation et son recrutement, peut, dans une mesure que nous examinerons plus loin, contribuer beaucoup au succès de nos efforts.

Enfin, planant au-dessus de tous, le *ministère des colonies* qui, avec le *service des renseignements coloniaux,* peut encourager, aider beaucoup l'initiative privée sans en rien l'annihiler ou lui porter ombrage. Outillé pour recueillir les renseignements coloniaux officiels, il détient naturellement l'une des sources les plus importantes. Il ne demandera pas mieux de mettre ses publications à la disposition des intermédiaires qualifiés dont nous venons de parler et qui ne peuvent que contribuer à le seconder lui-même. Il est le point de concentration obligé de données offrant un ensemble de garanties que les autres sources ne posséderont pas toujours au même degré.

Sans doute, les tendances ou l'insouciance de certains administrateurs coloniaux peuvent rendre sujets à caution, à quelques égards, les documents qu'ils fournissent, et ces tendances doivent trouver un correctif dans les documents privés, encore que ceux-ci puissent — si désintéressées que soient les personnes dont ils émanent — être tout autant suspectés de partialités en sens inverse.

Cela implique, à mon sens comme à celui de la plupart des sociétés, — y compris celle de l'Est, — la nécessité de recueillir tous documents publiés par le ministère des colonies en général et par le bureau des renseignements coloniaux en particulier, ainsi que tous ceux émanant de sources privées de compétence et de bonne foi avérées. M. Froidevaux nous a conseillé de recourir aussi aux documents étrangers : l'avis est d'autant meilleur à recueillir que nous savons la réelle valeur des rapports du consul anglais sur l'Algérie, — pour ne parler que de celui-là.

La plupart des réponses qui m'ont été faites renferment des réserves générales sur l'insuffisance des publications officielles et particulièrement sur celles du ministère des colonies. On n'a peut-être pas assez tenu compte des améliorations que la direction des renseignements coloniaux y a déjà apportées. Le *Bulletin de l'Exposition coloniale* en se transformant en *Revue coloniale* est devenu une source véritablement indispensable et précieuse à consulter. Mais il est une innovation, récemment réalisée par le service des renseignements coloniaux, que beaucoup ignorent encore, que tout le monde ignorait assurément lors de notre dernière session et qui répond à l'un des *desiderata* les plus essentiels de notre Congrès et de nos sociétés.

On a demandé avec instance, en effet, la publication de petits manuels destinés à l'émigrant et rédigés sur le modèle des manuels anglais et allemands. Pour deux shellings on peut avoir les renseignements concernant l'ensemble des colonies anglaises et comprenant tout, absolument tout ce qu'il est besoin de savoir pour y émigrer. Eh bien, le service des renseignements coloniaux a entrepris, pour les émigrants français, la publication de manuels en tout semblables, sous le titre de *Notices coloniales*. Cinq de ces notices sont déjà imprimées. Afin de fixer vos idées, vous trouverez dans l'*Annexe* de ce rapport le sommaire de l'une d'entre elles d'après les indications placées en marge des pages qui en rendent la consultation facile et rapide.

On pourrait peut-être chicaner sur l'ordre dans lequel les renseignements sont groupés dans ces notices, — à l'exemple, du reste, des manuels étrangers, — on ne peut méconnaître qu'ils sont fort complets. Ce qui m'a frappé, c'est que ces opuscules ne sont pas anonymes et quand on connaît l'auteur d'un ouvrage, on sait quelle créance on peut lui accorder. Ainsi la notice sur la Cochinchine est signée par M. Bertin, administrateur de première classe des affaires indigènes; celle sur le Tonkin, par M. Jung, vice-résident; celle sur la Nouvelle-Calédonie, par M. Gallet, administrateur principal; celle sur le Sénégal, par M. Suberville, adjoint des affaires indigènes. La cinquième est un recueil de documents officiels relatifs au régime minier de l'Annam et du Tonkin.

Ajoutez que, malgré sa confiance dans l'autorité des signataires de ces notices, la direction des renseignements coloniaux se réserve, avant de leur donner la publicité désirable, d'en envoyer plusieurs exemplaires dans chacune des colonies même, et de les soumettre à la critique de personnes en position de les reviser avec compétence.

Il y a là une procédure qui m'a paru des plus louables et empreinte d'une probité administrative à laquelle, ce me semble, justice doit être rendue. Est-ce à dire que ces manuels dispenseront de recourir à d'autres sources, ne fût-ce que pour s'assurer de leur mise à jour? Que non pas et je suis convaincu qu'avec l'esprit qui l'anime, la direction du service des renseignements coloniaux accueillera volontiers tous les perfectionnements, toutes les rectifications qui lui seront signalées. Mises au point, les *Notices coloniales* seront le truchement indispensable au colon, destiné à être mis à la disposition de qui de droit dans les bureaux de poste, dans les bibliothèques, etc., les sociétés de géographie restant le centre où l'émigrant pourra contrôler, compléter si possible, les renseignements donnés par la notice, où trouvera l'indication des sources nouvelles à consulter.

Ces brochures, d'une feuille ou une feuille et demie d'impression, ressortiront à un prix très minime et l'acquisition en pourra être faite par le public dans des conditions d'autant meilleures que le service par les postes pourrait en être gratuit.

L'*Annuaire colonial* publié par le ministère des colonies est une synthèse des *Annuaires coloniaux* publiés par les colonies elles-mêmes. J'espérais trouver dans ceux-ci un complément naturel d'indications utilisables dans le cas qui nous occupe; mais ces annuaires ne sont même pas à la hauteur d'un « Bottin » pour les renseignements les plus élémentaires; ils exigent une réforme d'autant plus désirable qu'elle peut se réaliser sans augmenter sensiblement leur volume, ni leur coût; amendés ainsi ils rendraient de réels services aux colonies mêmes et l'*Annuaire colonial,* qui n'en est que la condensation méthodique, en recueillerait d'utiles compléments.

On peut donner comme exemple d'annuaire colonial, l'*Annuaire général de l'Algérie et de la Tunisie,* publication due à l'initiative privée et qui est fourni de renseignements sur la situation, la population, les ressources de chaque localité ([1]), toutes choses utiles à connaître pour quiconque veut s'y installer.

D'ailleurs, en fait de sources officielles, il est d'autres documents que ceux émanant du ministère des colonies. Entre autres, la Commission de la Société de géographie de l'Est signale : les *Rapports à la Chambre et au Sénat sur les budgets des colonies,* les *Annexes des Débats parlementaires* et les *Documents parlementaires relatifs aux colonies;* les *livres jaunes relatifs aux pays de protectorat* publiés par le ministère des affaires étrangères; les *Rapports des gouver-*

([1]) A chaque localité, on trouve les indications suivantes : *département* ou *territoire, arrondissement, canton, commune de plein exercice, mixte* ou *indigène, port le plus proche, gare la plus proche, postes et télégraphes, population, superficie, altitude, cours d'eau.* Suivent, pour les communes d'une certaine importance, des données sur les ressources, le climat, le commerce et l'industrie, les marchés, l'administration locale, les douars ou tribus dépendant de ces communes.

neurs des colonies et ceux des *Résidents généraux dans les pays de protectorat*. Enfin, les *Archives de médecine navale,* publiées par le ministère de la marine, constituent une source précieuse au point de vue de la climatologie, des conditions sanitaires, de l'hygiène coloniale.

A côté et en dehors des institutions officielles, il est une association dont le but est précisément de faciliter la mise en valeur des colonies, en fournissant tous renseignements à quiconque y a des intérêts ou veut engager des capitaux dans des entreprises coloniales. Nos collègues de Nantes n'ont pas dissimulé, dans leur réponse, que cette association était, à leurs yeux, plus qualifiée que les autres pour réunir et répandre les renseignements coloniaux.

Je ne crois pas que l'*Union coloniale française,* — puisque c'est aussi bien d'elle qu'il s'agit, — ait tant d'ambition; mais, de par ses statuts et son organisation, de par la nature de son intervention dans le jeu des intérêts coloniaux, par son service de contentieux, elle constitue certainement un facteur essentiel mais spécial du développement de la colonisation. Plusieurs de ses publications (¹) s'adressent aux émigrants.

Elle a déjà fait souche en Tunisie en y créant une délégation. Par milliers, celle-ci a répandu des circulaires où sont résumées les conditions générales à remplir par qui veut coloniser en Tunisie; par milliers aussi, sous son patronage, son secrétaire général, M. Saurin, a publié un *Manuel de l'émigrant en Tunisie* et un *Manuel de l'émigrant en Algérie*. Notre Commission les a examinés avec le plus vif intérêt. A son avis, ils sont écrits à peu près exclusivement pour le colon agricole; ils manquent cependant, sous ce rapport même, de renseignements indispensables (prix de passage, durée de la traversée, formalités diverses concernant la nature des concessions); ils sont muets sur la main-d'œuvre la plus nécessaire, la plus immédiatement lucrative, ainsi que sur la concurrence qu'elle peut rencontrer dans la main-d'œuvre indigène. Malgré ces lacunes, faciles à combler dans les éditions ultérieures, ils n'en constituent pas moins des manuels utiles à l'usage des émigrants.

(¹) *Bulletin de l'Union coloniale française* (journal mensuel). — *Manuel d'hygiène coloniale*. — *Guide de l'émigrant en Nouvelle-Calédonie*. — *Le Régime commercial des colonies françaises,* etc.

Un mot encore avant de conclure.

On a beaucoup parlé aussi de la *presse locale* comme d'un porte-voix efficace, dont le concours était acquis d'avance, pour saisir le public de toutes les choses intéressant l'émigration aux colonies françaises. L'honorable M. de Varigny, au Congrès de Lyon, proposait aux sociétés d'envoyer dans les communes des exemplaires des journaux contenant des articles insérés par leurs soins. Ce serait, suivant l'auteur de la proposition, une faible dépense à s'imposer.

Serrons, je vous prie, la question d'un peu plus près. Dans le cas qui nous occupe, même sans prodigalité, on ne saurait faire les choses à demi. La Société de géographie de l'Est, par exemple, est au centre d'une région très vaste et il faut aller à Paris, Lyon ou Lille pour trouver un centre géographique capable d'une pareille tentative de diffusion. En admettant le partage du territoire français par zones, par sphères d'influence, il lui incomberait une dizaine de départements, soit environ 5,000 communes : coût 500 francs. A se limiter à la région lorraine, ce serait encore 150 francs. Et cela chaque fois qu'il y aura lieu de porter à la connaissance du public un groupe de renseignements coloniaux. Et pour quel résultat, je vous prie? Pour envoyer aux instituteurs dont les neuf dixièmes seront indifférents à l'appel que vous leur adresserez et renseigner, — peut-être, — une demi-douzaine de gens qui le seront infiniment mieux en allant au bureau de poste où ils pourront consulter le petit *vade-mecum* dans lequel ils trouveront ce qu'ils ont besoin de savoir. A cet effet, il faudrait simplement afficher, dans la partie réservée au public de chaque recette de poste, un avis imprimé en caractères très apparents, à peu près ainsi conçu : *On peut consulter ou se procurer ici les notices coloniales publiées par le ministère des colonies. Pour tous renseignements complémentaires s'adresser aux sociétés de géographie... (de préférence à la plus rapprochée).* Suivrait la liste des sociétés de géographie qui, s'étant fait inscrire au préalable au ministère des colonies, recevraient d'office toutes les publications officielles relatives aux colonies.

Et la presse locale, que devient son rôle en tout ceci? La presse reste, au point de vue général, le grand instrument de diffusion sans sortir pour cela de sa clientèle habituelle. Comme elle est le plus puissant levier d'action sur l'opinion publique, en saisissant celle-ci, par l'intermédiaire des journaux, des choses qu'il faut que tout citoyen sache sur les colonies pour éclairer sa religion et, au besoin, inspirer ses votes en dehors de tout esprit de parti, on déterminera ces grands courants qui gagnent le Parlement, inspirent au Gouvernement la ligne de conduite à suivre en pleine connaissance de cause, sans emballement comme sans réticences.

Dans les cas particuliers, elle pourra répandre dans le public les avis spéciaux que lui communiqueront les sociétés concernant les émigrants, nous verrons plus loin sous quelle forme.

IV. — CONCLUSIONS. — PROJET DE VŒUX ET DE RÉSOLUTION

Maintenant, Messieurs, que nous avons énuméré les divers éléments d'un organisme propre à la recherche et à l'utilisation des renseignements coloniaux, il importe de déterminer le rôle de chacun d'eux et le moyen de les faire converger sans entraves comme sans confusion vers le but à atteindre.

A cet effet, il convient peut-être d'envisager dans quel sens il faut porter nos efforts, d'en définir la nature.

On n'émigre pas beaucoup en France; cependant si l'on considère que, dans les dix dernières années, par exemple, sur un chiffre d'émigrants variant de 6,000 à 31,000 environ, soit une moyenne de 18,000 à peu près, un nombre infime se porte vers nos colonies, il y a un intérêt patriotique à diriger le courant d'émigration vers ces dernières. Cet intérêt s'accroît d'autant que, sur cette moyenne, la proportion est très grande d'ouvriers d'états qui vont porter à l'étranger une main-d'œuvre intelligente, productive, celle-là même qui fait le plus souvent défaut dans les colonies où nulle main-d'œuvre indigène ne saurait la suppléer. Il y a par exemple, en Nouvelle-Calédonie, des forêts de bois précieux qui attendent des ébénistes; ailleurs il y a des terres qui réclament des agriculteurs intelligents ayant quelque pécule pour la première mise en œuvre. Dans les colonies où la population abonde, où la main-d'œuvre indigène est à vil prix, où les richesses du sol pourraient être l'objet d'une exploitation fructueuse, ce ne sont point des bras qu'il faut mais des capitaux : telles les mines de houille des environs de Tourane en Annam.

Il y a donc deux sortes de renseignements à recueillir et deux sortes de clientèles à assurer à nos colonies. Aux colonies de peuplement il faut la main-d'œuvre que nos artisans vont porter à l'étranger; aux colonies d'exploitation il faut les capitaux hésitants qui ne trouvent plus sur place de revenu rémunérateur ou qui ne veulent plus s'aventurer à l'étranger dans des placements sans garantie.

Pour peupler les premières de nos émigrants, il faut fournir à ceux-ci des renseignements individuels leur indiquant les emplois disponibles et tout ce qu'il faut qu'ils sachent pour s'y rendre et y vivre.

Pour diriger les capitaux vers les autres, il faut des renseignements économiques précis sur les conditions et les garanties du placement; un intermédiaire sérieux pour traiter les multiples questions que peuvent soulever les intérêts engagés dans les exploitations de toute nature.

Examinons les deux cas.

Dans chaque colonie, il y a un ou plusieurs journaux publiant les demandes et les offres d'emploi. Si un organe périodique recueillait toutes ces demandes ou ces offres, toutes indications constatant qu'il manque ici des charrons, là des forgerons, ailleurs un pharmacien, etc..., et spécifiant la situation qui serait faite aux uns et aux autres; si, enfin, cet organe était envoyé à toutes les sociétés de géographie, elles pourraient faire savoir par la voie de la presse locale que tels ou tels artisans qui voudraient aller aux colonies n'ont qu'à s'adresser à la Société de géographie de la région.

Il semble tout de suite que la délégation coloniale qui forme le Conseil supérieur des colonies est absolument qualifiée pour créer et alimenter cet organe et le faire parvenir aux sociétés de géographie.

Le même périodique pourrait du même coup contenir toutes indications venues par la même voie, relatives à toutes exploitations de nature à provoquer un appel de capitaux. C'est ici qu'alors peut intervenir très utilement l'*Union coloniale française*. Nous en avons eu récemment un exemple à Nancy.

Lorsque M. Chailley-Bert et notre compatriote M. Ancel Seitz y vinrent faire une conférence dans laquelle ils expliquèrent incidemment le rôle de cette société, je reçus le lendemain la visite d'un banquier de notre place. Il me dit que des capitalistes de notre région, peu soucieux de courir les risques de placements étrangers et préoccupés d'améliorer leurs revenus, seraient désireux de mettre leurs fonds dans quelque exploitation coloniale sérieuse. Pour toute réponse je lui remis les statuts de l'*Union coloniale*. Il demanda aussitôt à s'inscrire au nombre de ses membres. Il y a six mois à peine de cela et depuis lors il m'a dit que lui et ses bailleurs de fonds n'avaient eu qu'à s'en féliciter. Je ferais donc encore de même, en pareil cas, et la conclusion sur ce point est que des rapports doivent être noués entre les sociétés de géographie, la délégation coloniale, les agents coloniaux et l'*Union coloniale française*, dans le sens qu'impliquent les renseignements à recueillir.

Nous avons vu que, sous le bénéfice de renseignements complémentaires à fournir par les sociétés de géographie et par les agents coloniaux, les notices coloniales pouvaient être mises à la disposition du public par l'intermédiaire des bureaux de poste : c'est une procédure simple qui n'engage les sociétés qu'à des frais insignifiants et qui offre toute garantie morale au public.

Sans doute, il est des sociétés dont le recrutement, les moyens, le milieu même où elles agissent se prêteront à une intervention plus active ; où l'émigrant trouvera, — comme l'a dit la *Société de géographie commerciale,* par l'organe de son dévoué secrétaire général, — un intermédiaire obligeant et compétent « pour faire les démarches de nature à procurer au solliciteur des allégements à ses dépenses ; pour lui éviter des déplacements ; pour lui donner une recommandation *autorisée* près des compatriotes déjà établis dans la colonie où veut se rendre l'impétrant, etc. ». En cela, tout dépend de tant de causes locales qu'ici chaque société ne peut prendre d'autre engagement que de faire de son mieux.

Mais, où les sociétés de géographie peuvent marcher de pair, c'est dans ce que j'appellerai l'outillage bibliographique. Je vous ai indiqué les sources officielles où elles peuvent puiser et qui sont certainement à la disposition de celles qui voudront les utiliser.

Elles doivent en outre recueillir, par voie d'échange ou autres, les publications coloniales périodiques ou non. Parmi ces dernières, il est des ouvrages généraux de fonds dont la consultation, pour être au courant des choses coloniales, — plus qu'on ne l'est en général au fond de la province, — est indispensable à qui voudra donner quelques conseils, tels : l'*Organisation des colonies françaises et des pays de protectorat* (¹), les *Principes de colonisation et de législation coloniale* (²), la *France coloniale* (³), les *Renseignements coloniaux et documents* publiés par le comité de l'Afrique française.

Mais cette accumulation ne servirait de rien sans l'établissement d'une table bibliographique où seraient catalogués méthodiquement tous articles, monographies, publications spéciales, afférents soit à chaque colonie, soit à certaines catégories de productions coloniales. Il y a telles sociétés comme la *Société de géographie commerciale de Paris* et la *Société de géographie commerciale de Bordeaux* dont les Bulletins feraient très utilement l'objet d'une table de ce genre, tant les articles ou monographies de ce genre y abondent. J'en dirai tout autant du *Bulletin de la Société des études maritimes et coloniales* et de la *Revue de géographie*.

Quant au *Bulletin de la Société africaine de France* et à la *Revue des colonies et des pays de protectorat*, ils sont de création trop récente encore pour qu'on puisse juger si un dépouillement analogue rendrait quelques services. Enfin, comme il n'est aucun effort qu'il faille négliger, je citerai le *Bulletin des renseignements coloniaux*, petite feuille volante rédigée par M. G. Laforest, où nous avons trouvé souvent des indications utiles et de sources sûres.

Il y a donc là un travail préparatoire de longue haleine, qui demandera d'autant plus de discernement que nombre d'articles, d'études ou de renseignements ne sont point de première source ou ne sont point de sources suffisamment autorisées.

(¹) Par Édouard Petit. 2 vol. gr. in-8°, Berger-Levrault et C°; prix : chaque vol. 12 fr.
(²) Par Arthur Giraud. 1 vol. in-8°, chez Laron.
(³) Par A. Rambaud. 1 fort vol. in-8°, chez Colin et C°.

J'estime donc que le jour où une société de province aura établi une table bibliographique ainsi comprise elle devra la soumettre à une revision contradictoire. Mais la première condition de toutes est de ne cataloguer que les articles et ouvrages signés.

Un dernier mot avant de vous présenter mon projet de vœux et de résolutions.

Je tiens, en effet, à faire ressortir un détail qui n'est pas sans importance pour les sociétés peu riches et point ou peu subventionnées, comme la plupart de nos sociétés provinciales; à savoir : que si, dans la tâche qui leur incombe, il y aura beaucoup d'efforts à faire et beaucoup de travail à fournir, rien du moins ne sera de nature à surcharger sensiblement leurs dépenses habituelles. Quant à espérer que cette tâche nouvelle et pourtant profondément utile, décidera de longtemps les dotations, souscriptions ou autres choses analogues à affluer dans leur caisse ou à constituer un fonds de colonisation, je les engage à ne point se leurrer d'espérances, pour ne pas, comme dit le proverbe, courir le risque de mourir de faim.

M. C. de Varigny en conviendra tout le premier, lui qui connaît très bien déjà quelques-unes de nos sociétés, et nous savons, nous, de notre côté, quels services il rend à la cause de la colonisation par les articles publiés, en ce moment même, dans un des principaux organes de la presse parisienne.

PROJET DE VŒUX

« Le Congrès national des Sociétés françaises de géographie, réuni à Bordeaux (XVIe session), émet les vœux suivants :

» 1º Que la délégation coloniale à Paris veuille bien : — a) prendre l'initiative de la création d'un *Bulletin* des offres et demandes d'emploi, ainsi que des émissions industrielles et commerciales aux colonies; — b) assurer le service gratuit de cette publication à toutes les sociétés de géographie qui se seront fait inscrire au ministère des colonies comme il sera indiqué plus loin;

» 2º Que la délégation coloniale veuille bien aussi user de son influence pour que chacune des colonies françaises entretienne à Paris, ou sur tel point du territoire qu'elle jugera bon, un agent particulier, placé sous la direction de sa chambre de commerce ou, à son défaut, du corps élu de la colonie. Cet agent serait chargé, tant dans l'intérêt de la colonie que des émigrants eux-mêmes, de donner à ceux-ci toutes indications complémentaires nécessitées par leur situation ou leur profession; de leur faciliter le voyage tant au point de vue des formalités qu'à celui de la dépense; de leur épargner autant que possible, à l'arrivée, par des recommandations personnelles sérieuses, les difficultés de toute nature d'une installation en pays inconnu. Cet agent mettrait, en outre, à la disposition des sociétés de géographie tout document de nature à aider celles-ci dans leur tâche;

» 3° Que M. le Ministre des colonies veuille bien :

» *A*. — Adresser toutes les publications et documents relatifs aux colonies publiés par son ministère, aux sociétés de géographie qui en feront la demande;

» *B*. — Servir, d'office, aux bibliothèques publiques, cantonales et populaires, les notices coloniales publiées par le service des renseignements coloniaux;

» *C*. — S'entendre avec M. le Ministre du commerce, de l'industrie, des postes et télégraphes pour que, dans tous les bureaux de poste de France soit déposé, à titre permanent, pour être mis à la disposition du public, un exemplaire des susdites notices ainsi que les plans de lotissement des terres colonisables; — pour que les receveurs ou receveuses des postes soient autorisés à fournir ces notices aux personnes qui le désireraient, moyennant un prix modique sur lequel d'ailleurs il leur serait fait une remise; — pour qu'un avis imprimé et très apparent affiché dans la partie du bureau réservée au public, informe celui-ci qu'il peut demander communication des notices coloniales et des plans de lotissement ainsi que l'indication des sociétés de géographie auxquelles on peut s'adresser (de préférence la plus rapprochée du bureau de poste) pour un supplément d'information. Ne figureraient sur cet avis que les sociétés qui, au préalable, se seraient fait inscrire au ministère des colonies et auxquelles seules seraient servis toutes les publications et documents officiels concernant les colonies;

» *D.* — Veiller à ce que les *Annuaires coloniaux* soient l'objet d'une publication plus régulière, d'améliorations portant principalement sur l'indication des divisions administratives auxquelles se rattache chaque localité; sur sa population, les ressources de toute nature qu'on y trouve, les services publics qui y sont établis, etc., ainsi qu'il est fait dans l'*Annuaire général de l'Algérie et de la Tunisie;* — à ce que l'*Annuaire des colonies* devienne, pour la partie économique et commerciale, la synthèse complète des *Annuaires coloniaux;* — assurer enfin le service gratuit des uns et des autres aux sociétés de géographie qui se seront fait inscrire comme il est dit plus haut. »

PROJET DE RÉSOLUTION

« Le Congrès des Sociétés françaises de géographie réuni à Bordeaux (16ᵉ session) engage fortement chacune d'elles :

» A se constituer en centre d'informations — voire, là où il serait possible, en bureau spécial de renseignements coloniaux, — aux fins de procurer, soit aux émigrants, soit aux capitalistes en quête de placements, les renseignements complémentaires dont ils auraient besoin; à tout le moins leur indiquer la voie à suivre pour se les procurer.

» A cet effet, elles devront :

» 1º Solliciter du ministère des colonies l'envoi de toutes publications et documents coloniaux dont il a la direction ou dont il peut disposer, notamment : la *Revue coloniale,* l'*Annuaire colonial,* les *Annuaires coloniaux* et surtout les *Notices coloniales;*

» 2º Demander en conséquence leur inscription sur la liste des sociétés de géographie qui devra figurer sur l'avis imprimé affiché dans les bureaux de poste;

» 3º Constituer dans leur bibliothèque une section spéciale où seront groupées toutes publications officielles et autres, relatives aux colonies; établir une bibliographie coloniale méthodique qui en rende la consultation facile, et donner accès, dans leur dite bibliothèque, aux intéressés;

» 4º Se mettre en rapport avec la délégation coloniale à Paris et avec les agents coloniaux aux fins d'obtenir d'eux toutes les communications dont il a été question dans les vœux émis par le Congrès de Bordeaux ; — entrer également en relations avec les chambres de commerce, les chambres ou sociétés d'agriculture, les chambres syndicales les plus notoirement occupées d'intérêts économiques en tant que le concours des unes et des autres leur paraîtrait nécessaire ;

» 5° Utiliser toutes les relations ou correspondances particulières avec des personnes autorisées, résidant aux colonies, afin de constituer un dossier à consulter pour mettre au point les renseignements qui auraient perdu de leur actualité ou de leur exactitude ;

» Instituer dans leur sein une commission spéciale sous le contrôle de laquelle seraient placés l'établissement de la bibliographie coloniale, le groupement des documents de toute nature formant l'ensemble des sources utiles à consulter, et la publicité qu'il y aurait lieu de donner, le cas échéant, à quelques-uns de ces documents ;

» 7° Enfin, s'assurer le concours bienveillant de la presse locale, en vue de la publication d'articles de nature à éclairer l'opinion sur les questions coloniales et d'avis relatifs aux renseignements coloniaux. »

Tels sont, Messieurs, dans leur esprit, sinon dans leur forme définitive, les vœux et résolutions qui me semblent la conclusion exacte d'un examen consciencieux de vos délibérations antérieures, de la consultation des sociétés et de la nature même des choses.

Je les soumets en toute confiance à l'appréciation du Congrès, non que je me flatte d'avoir indiqué toutes ni les meilleures solutions ; mais parce qu'elles sont la résultante à la fois d'un travail que j'ai tenu à rendre digne de la confiance que vous avez mise en son auteur et de la collaboration de collègues compétents de la Société de géographie de l'Est.

J'espère, d'ailleurs, avoir à tout le moins indiqué la voie dans laquelle nos discussions ne risquent pas de s'égarer sur de fausses pistes, et où, avec un peu de bonne volonté, toutes nos sociétés peuvent marcher d'accord. Ce faisant, étant donné le but à atteindre, elles rempliront leur mission scientifique et patriotique pour le plus grand bien de la France et de son empire colonial.

Trop heureux si, n'ayant point déçu votre attente, j'ai pu y contribuer en une modeste mesure.

Une discussion animée s'engage sur ce projet. M. Castonnet des Fosses se déclare adversaire de la création d'un semblable bulletin, comme étant de nature à nuire à l'initiative particulière des sociétés de géographie dont il ne ferait que doubler l'effort, sans avantages appréciables. D'autre part, il y a une presse coloniale et ce bulletin ne saurait la remplacer, il ne serait même qu'une revue des journaux coloniaux; pourquoi alors créer un nouveau journal qui ne rendrait pas plus de services que ceux existants?

M. Barbier répond à ces objections qu'il ne s'agit pas, dans son esprit, de créer un bulletin analogue à celui des sociétés de géographie, mais d'un bulletin résumant et condensant toutes les offres ou demandes d'emplois qui se font dans la presse coloniale.

M. Guénot approuve l'idée mise en avant par M. Barbier; toutes les sociétés de géographie sont débordées par les demandes de renseignements qui leur sont adressées; elles manquent souvent elles-mêmes d'indications précises et autorisées, sur lesquelles on puisse s'appuyer; ceux qui émaneront de la délégation coloniale réuniront ce double caractère; il n'est pas besoin que le bulletin soit bien gros pour rendre des services; il suffit qu'il soit bien informé; deux pages répondraient à ce besoin si elles sont sérieuses. Que l'on ne mette donc pas en avant la question de frais, car elle est insignifiante.

M. Castonnet des Fosses demande ce que M. Guénot entend par renseignements autorisés?

M. Hautreux pose une question. MM. Barbier et Guénot

ne confondent-ils pas la délégation coloniale avec le conseil supérieur des colonies?

M. Gauthiot demande à répondre sur ce point. Le Conseil supérieur des colonies existe bien, mais il ne s'est pas réuni depuis quatre ans.

M. le colonel Blanchot ne voit pas que cette question doive passionner les sociétés de géographie, car leur but est surtout scientifique, elles s'occupent des sciences géographiques et les font servir aux débouchés commerciaux, mais les sociétés de géographie ne peuvent pas se transformer en intermédiaires directs, entre les offres et les demandes, sous peine de dégénérer rapidement en agences. Des initiatives de cette nature incombent plus spécialement aux chambres de commerce.

M. Guénot appuie à nouveau la proposition de M. Barbier. Il arrive trop souvent que les émigrants sont odieusement trompés et ne trouvent que la misère en arrivant dans nos colonies, pour que la création d'un pareil bulletin ne s'impose pas.

La discussion étant close, après un échange d'avis dans lequel intervient notamment M. le capitaine Marchand, et en conformité des indications qui ressortent de cette discussion générale, M. Barbier rédige un vœu à faire parvenir au Ministre de la marine, l'invitant à vulgariser les renseignements coloniaux dans la plus large mesure possible et à les adresser à toutes les sociétés de géographie.
Ce vœu est adopté ainsi qu'il suit :

« Le Congrès, prenant acte de la satisfaction donnée aux
» vœux de ses aînés par la création au ministère des colonies
» d'un bureau de renseignements coloniaux et de son organe,
» la *Revue coloniale,* émet le vœu :

» 1° Que cette publication reçoive les développements et la
» diffusion proposés par le rapport de M. J.-V. Barbier;
» 2° Que le fonctionnement du bureau colonial soit facilité
» par la création d'agents choisis et entretenus par chaque
» colonie. »

L'ordre du jour appelle la communication suivante de M. LAYEC, délégué de la Société de géographie de Lorient :

La situation de la pêche côtière en France et la vulgarisation des notions d'océanographie, rapport présenté par M. LAYEC, délégué de la Société de géographie de Lorient, au nom de la Société bretonne de géographie.

La science de l'océanographie est aujourd'hui constituée en France; de nombreux savants y consacrent une grande partie de leur activité; des laboratoires de zoologie ont été établis sur nos côtes. On étudie la profondeur des mers, leur salinité, leur densité, les courants qui s'y manifestent, leur faune et leur flore.

Mais le pêcheur n'en reste pas moins ignorant de l'élément sur lequel il passe son existence; des richesses immenses existent auprès de lui, qu'il ne voit pas. Il ne sait rien des routes de l'Océan, rien sur ses dangers cachés, rien sur la culture de ce vaste champ. L'Océan est toujours pour le pêcheur comme pour les anciens l'élément perfide et dangereux sur lequel on ne s'aventure qu'avec terreur.

I

Il est de toute nécessité d'entraîner les populations maritimes vers l'exploitation de l'Océan. « Le poisson est la récolte des terrains immergés, comme les céréales, les bois, les prairies sont la récolte des terrains émergés. »

Là où le sol est ingrat, là où les industries n'ont pu s'établir, comme sur toute la côte de Bretagne, toute richesse vient de la mer : c'est elle qui fournit les principaux objets d'alimentation, de combustible, d'engrais, de literie, etc. Dans tous ces départements si peuplés du Finistère et du Morbihan, où croyez-vous que se porte la population, si ce n'est sur le littoral? Ainsi, le département du Morbihan, dont la population moyenne est de

76,7 habitants par kilomètre carré, n'arrive à ce chiffre que grâce à l'arrondissement maritime de Lorient qui compte 122 habitants par kilomètre carré.

Le Breton en particulier est appelé par la nature vers l'Océan. Derrière lui, la terre granitique ne présente qu'une maigre couche d'humus; devant lui, au contraire, se déploie la mer avec ses anfractuosités qui forment autant d'abris, de havres sûrs. Aussi, si les pêcheurs diminuent dans le Nord — pays riche, au sol fertile, au sous-sol encore plus productif, — ils resteront toujours aussi nombreux sur la côte de Bretagne, parce que tout enfant de la côte de Bretagne a « de l'eau de mer » autour du cœur.

II

Cependant, depuis quelques années, l'élément océanique refuse la nourriture qu'on lui demande.

Autrefois, la mer fournissait suffisamment à l'alimentation des populations côtières; les rivages étaient habités par toutes sortes de poissons; le reflux laissait à sec une grande étendue de terrain que recouvraient de nombreux coquillages.

Aujourd'hui, les bords de la mer sont dépeuplés de poissons et de coquillages. Peut-on reprocher au pêcheur son imprévoyance? Certainement, mais l'imprévoyance n'est-elle pas fille de l'ignorance?

Les poissons migrateurs, tels que la sardine, semblent même vouloir quitter nos côtes.

Cette année même, son apparition n'a duré que quelques jours. Or, sur nos côtes, quand l'hiver a été rigoureux, les pêcheurs n'ont pour payer le pain, pris à crédit pendant l'hiver, que les ressources de la pêche à la sardine.

En 1879, 175 usines sillonnaient la côte de Camaret à Royan. La décadence de cette industrie a commencé en 1880 et n'a fait que s'accentuer.

En 1886, 54 usines avaient disparu; d'autres ne fonctionnaient pas; une soixantaine restaient, dont vingt à peine travaillaient sérieusement; cependant qu'en Portugal et en Espagne, les usines qui, en 1878, n'étaient qu'au nombre de 7 (ce sont les chiffres de la Chambre de commerce de Bordeaux), sont, en 1886, au nombre de 90.

On pourra se rendre compte de la perte subie quand on saura que ces usines produisaient chacune environ 6,000 caisses de sardines à l'huile; le prix moyen de la caisse étant de 40 francs, la production générale s'élevait au chiffre de 42 millions dont l'exportation seule absorbait 32 millions. Ces 175 usines recevaient le produit de la pêche de 4,600 bateaux, montés en moyenne chacun par 7 hommes; c'est-à-dire que 32,200 pêcheurs vivaient en partie de cette industrie.

Ici, il est probable qu'aucun reproche ne peut être adressé aux pêcheurs.

Pouchet, en effet, affirmait, en ce qui concerne les espèces de haute mer, les espèces dites pélagiques, comme le thon, la sardine, le hareng, la morue... il affirmait, dis-je, « que tous les engins réunis de toutes les côtes du Nord-Atlantique ne sont qu'un facteur négligeable comparé aux facteurs cosmiques qui maintiennent l'équilibre actuel de l'espèce dans l'immensité de l'Océan ».

Mais on voit le mal qu'a entraîné la disparition ou plutôt l'apparition irrégulière de la sardine, car à ces 32,000 pêcheurs qui en vivaient spécialement, il faut ajouter 50,000 personnes, tels que : ouvriers ferblantiers, constructeurs de bateaux, femmes, enfants... s'occupant exclusivement des travaux dérivant de l'industrie de la sardine à l'huile.

Quelle est la cause de l'irrégularité dans la présence de la sardine? C'est évidemment une question d'océanographie, car le poisson continue à abonder sur les côtes d'Espagne et de Portugal jusqu'à Cadix, où cependant la pêche s'exerce avec la liberté la plus absolue et la moins prévoyante.

A ce fléau est venue se joindre la décadence de la marine à voiles. Sur toutes les côtes, il n'était pas d'habitant qui ne possédât une action dans un navire à voiles. Avec les navires à voiles a cessé l'aisance qu'apportait cette industrie des transports.

Pour ne pas tomber dans la misère, il a fallu chercher de nouvelles ressources : on a tenté l'ostréiculture et la pêche au large.

L'ostréiculture est déjà venue en aide à toutes les populations du golfe du Morbihan. Des parcs d'élevage se sont fondés; les capitaines au long cours et au cabotage se sont transformés en ostréiculteurs, employant à leur service une grande partie de la population, hommes et femmes, car les travaux d'ostréiculture sont de nature très variée.

Autrefois on se contentait de draguer l'huître sur les bancs naturels et de la conserver dans des parcs de dépôt. Actuellement, on traite l'huître depuis sa naissance jusqu'au moment où elle est en état d'être consommée.

L'ostréiculture occupe aujourd'hui, en France, 300,000 individus; les parcs comprennent, sur le domaine de l'État, 13,000 hectares, et appartiennent à 18,000 inscrits et 29,000 non-inscrits; sur le domaine particulier, les parcs occupent 1,940 hectares et sont la propriété de 250 inscrits et 2,500 non-inscrits. La statistique de 1892 nous apprend qu'il a été vendu 1,012,168,089 mollusques pour la somme brute de 17,364,664 fr.

La pêche au large, qui n'en est encore qu'à ses débuts, peut aussi contribuer à tirer les populations maritimes de la misère.

Mais son organisation exige des capitaux sérieux à cause des dépenses qu'amènent la modification du matériel et la construction des bateaux pontés. On s'est mis résolument à l'œuvre. Ainsi, par exemple, l'île de Groix ne comptait en 1840 que deux petites chaloupes pontées; les Grésillons ne pêchaient que dans les coureaux de Groix, et le produit de leurs pêches n'était vendu qu'à Lorient ou Port-Louis. Aujourd'hui leur flottille de pêche est forte d'environ 150 grands bateaux pontés, de 30 à 40 tonneaux, valant 15 à 18,000 francs chacun, et aujourd'hui ces insulaires sont les plus actifs thonniers du golfe de Gascogne. Leur gain s'élève de 1,200 à 1,400 fr. par an et par pêcheur.

Cependant, à mesure qu'on quitte la terre pour s'avancer jusqu'à 60 ou 80 milles, augmentent les dangers et les difficultés d'exploitation.

Ainsi, appauvrissement des fonds côtiers, mécomptes dans la pêche de la sardine, ruine de la marine à voiles, voilà la situation des régions du littoral. Les compensations apportées par le développement de l'ostréiculture et de la pêche au large suffisent-elles pour faire oublier les pertes ?

III

Un pays comme le nôtre, qui a 2,700 kilomètres de côtes, ne fera-t-il rien pour encourager la pêche?

Le maintien de cette population maritime, si brave et si endurante, est d'une grande importance pour le recrutement de notre flotte. Sur 158,153 inscrits maritimes, la moitié environ (80,000), d'après le rapport de M. Brisson, est fournie par les pêcheurs côtiers. L'arrondissement de Lorient, qui n'arme pas pour la grande pêche et qui fournit les thonniers et les sardiniers, a 26,679 inscrits.

La marine de l'État ne formant plus de ces marins instruits et pratiques, habitués à la navigation, la pêche au large sera dorénavant la seule école de navigation pratique. L'État se félicitera de les avoir un jour à sa disposition, car, quoi qu'on en dise, les canotiers et les hommes ayant le « sens marin » sont indispensables dans notre marine actuelle.

Les encouragements que vous apporterez à cette population s'adresseront à 80,546 matelots ([1]) qui emploient 24,000 bateaux d'une valeur de 45 millions, à laquelle s'ajoutent 23 millions représentant la valeur des filets et engins en service.

Groupez autour de ces hommes les familles qui attendent d'eux leur existence; joignez-y les 57,741 personnes (vieillards, femmes, enfants) faisant la pêche à pied, vous voyez pour combien d'êtres la pêche est un bienfait, car ce n'est pas sur ce littoral, au milieu de ces saines et vigoureuses populations, qu'on peut relever ces causes de tristesse et d'inquiétude qui nous effraient ailleurs.

Les ressources produites par la pêche sont assez considérables, pour que ceux qui nous procurent ces richesses attirent un peu l'attention.

Actuellement, la pêche côtière et la pêche au large (nous laissons de côté les grandes pêches et l'ostréiculture) tirent annuellement de la mer une valeur estimée, au moment de la vente directe par le pêcheur, à 60 millions. L'arrondissement de Lorient vient en tête, puis suivent Cherbourg, Rochefort et

---

([1]) Contre 12,000 qui se livrent à la grande pêche, d'après le rapport sur les pêches maritimes, présenté au nom de la première Sous-Commission extra-parlementaire de la Marine, par M. Huguet, sénateur.

Toulon, et enfin Brest. Le produit de la pêche côtière dépasse de plus du double le produit de la grande pêche, seule jusqu'ici protégée.

D'ailleurs, nous sommes loin d'avoir tiré tout le profit possible de nos ressources naturelles. La Corse, dont les richesses ichtyologiques sont très abondantes, néglige la pêche, parce qu'elle est dépourvue de voies de communication; la Tunisie possède sur ses côtes de grandes pêcheries inexploitées : M. Bouchon-Brandely, ancien inspecteur général des pêches, nous apprend que l'on a pu pêcher en un jour, à Bizerte, 22,000 dorades de 2 à 5 kilogrammes.

Bien exploitées, les pêches peuvent nous rapporter 500 millions. Alors, le poisson sera accessible à toutes les bourses.

Car le poisson, malgré ses avantages nutritifs, n'est pas encore arrivé à entrer dans la grande consommation; il est regardé même comme un objet de luxe; un habitant de Paris ne consomme en moyenne que 13 kilogrammes 224 grammes de poisson par an. Les difficultés de transport et de conservation sont aujourd'hui vaincues; mais les octrois des villes continuent à frapper très fort la marée; cependant, à Paris on a dégrevé le poisson dit de 3e catégorie : harengs, maquereaux, merlans, congres, raies, thons...

IV

Nous ne voulons pas dire que rien n'a été fait en faveur des études océanographiques :

1º Grâce au concours du Gouvernement, des départements, des villes, des universités et des particuliers, on a pu créer, sur le bord de la mer, des laboratoires zoologiques et des stations marines. De tout temps, les côtes de la Bretagne, avec ses roches qui atteignent parfois à des profondeurs de 40 pieds, ont été des champs de prédilection pour les naturalistes; depuis Cuvier, d'autres sont venus : Quatrefages, Coste, Audouin, Milne-Edwards, de Lacaze-Duthiers qui ont fait, des promontoires de l'ouest de la Bretagne, leurs séjours d'études. Bientôt la faune de toutes les côtes de France sera connue. En effet, la ville et la Chambre de commerce de Boulogne-sur-Mer ont fondé une station aquicole en 1883; puis s'échelonnent le long de la côte les stations de Luc-sur-Mer, de Saint-Vaast, les laboratoires de Roscoff et de Concarneau, la station des Sables-d'Olonne, le laboratoire d'Arcachon fondé en 1867 par une Société scientifique ; pour la Méditerranée, Banyuls, Cette, Marseille, Villefranche, que subventionne le Gouvernement russe, sont des centres d'études biologiques. A ceux qui objecteraient le caractère théorique et scientifique de ces laboratoires, nous rappellerions, avec le professeur Lacaze-Duthiers, que « des faits ont été découverts, à chaque progrès de la science, qui étaient sans valeur à leur découverte mais qui, peu à peu, s'alignent et conduisent aux applications de la plus haute importance ; — comment l'observation d'une pièce d'argent qui se ternit et des contractions d'une patte de grenouille a été l'origine de la photographie et de la télégraphie ; — comment le problème purement abstrait de la génération spontanée a donné naissance à la méthode antiseptique de la chirurgie ».

D'ailleurs, les océanographes n'oublient pas où tendent leurs efforts théoriques. M. Thoulet disait : « Faisons de l'océanographie par intérêt, puisqu'elle est le principe même de la navigation ; par humanité, puisqu'elle enseigne l'exploitation rationnelle de la mer et la façon d'améliorer le sort des populations maritimes. »

Le ministère de la marine, qui a la charge des inscrits maritimes, et, par conséquent, des pêcheurs, a aussi créé le *Bulletin des Pêches maritimes,* annexe de la *Revue coloniale et maritime.* Ce bulletin est alimenté par des notes, des rapports envoyés par les Commissaires de quartier. Il publie tous les mois une situation de la pêche et de l'ostréiculture, des renseignements sur les constructions de bateaux et les sinistres. Une circulaire du 31 mars 1893 énumère avec beaucoup d'intelligence, aux agents de l'Administration de la marine, les sujets d'études sur lesquels leur attention peut être appelée :

« Le milieu aquatique, dit-elle, les espèces animales et végétales qui s'y développent ; — la relation existant entre ce milieu et les êtres qui y vivent, sous le rapport de la reproduction des espèces comestibles ou de la reconstitution des fonds appauvris ; — les produits divers que recèle la mer et qui sont industriellement exploitables ; — les mesures administratives les plus propres à sauvegarder ces richesses naturelles contre les causes de destruction auxquelles elles sont exposées; — les procédés de capture ou d'élevage des individus les plus avantageux pour le pêcheur et les moins nuisibles à l'intérêt général; — les systèmes les mieux appropriés à certains fonds ou à certaines espèces en raison de la nature des parages ou des saisons; — les perfectionnements imaginés par les pêcheurs étrangers, les emprunts utiles que les nôtres pourraient leur faire; — l'organisation d'associations destinées à améliorer le sort des marins-pêcheurs (caisses de secours mutuels, de retraite, d'avances, d'assurances sur la vie ou sur le matériel, etc.), voilà des sujets intéressants à étudier et sur lesquels j'ai pensé que nos officiers de marine, au cours de leurs campagnes, et surtout les commandants des stations de pêche du littoral, de même que nos officiers du Commissariat, dans le cercle de leur résidence, pourraient recueillir des observations et des renseignements qui trouveraient leur place naturelle dans la section des pêches de la *Revue maritime et coloniale.* »

Malheureusement, le Bulletin et la Revue coûtent 50 francs par an.

Sous le même ministre, une circulaire du 21 août 1893 a poussé à l'organisation des associations mutuelles entre marins-pêcheurs.

Au budget est inscrite une certaine somme pour « encouragements à la pêche côtière, reconstitution du matériel de pêche à la suite d'événements de mer ». Depuis 1894, on y a ajouté le dispositif suivant : « et subvention aux sociétés de secours et d'associations mutuelles entre pêcheurs. » (114,300 fr.)

D'ailleurs, le côté pratique n'a pas été négligé par le gouvernement : des savants, M. Coste, puis M. Bouchon-Brandely, auquel a succédé récemment M. Roché, ont été mis à la tête du service de l'inspection générale des pêches.

Des inspecteurs de pêche, actuellement au nombre de 14, ont été institués sur le littoral. Chose curieuse, la Méditerranée n'en possède pas un seul; en général, leur circonscription est trop étendue. Ainsi le département du Morbihan n'a qu'un inspecteur des pêches à Auray, et la côte de Marennes aux Pyrénées n'en a qu'un, à la Teste-de-Buch.

Cette institution, telle qu'elle est organisée, ne rend que de très médiocres services.

Nous n'en dirons pas autant du Comité consultatif des pêches établi auprès du ministre de la marine par les décrets du 17 mai et du 20 juin 1887 ; il est composé de 19 membres et est présidé actuellement par M. Gerville-Réache ; cependant, le Comité n'a pas droit d'initiative et ne discute que les projets soumis par le ministre ; son utilité serait plus efficace si l'on instituait en province des membres correspondants, pris parmi les armateurs et les pêcheurs instruits. C'est là, d'ailleurs, un vœu dont la réalisation n'est pas éloignée ([1]).

V

Malheureusement, tout n'a pas été fait, et l'exemple des autres pays le prouve bien.

Ainsi, l'Écosse, en 1882, a organisé sur de nouvelles bases une sorte de conseil supérieur des pêches : le Fishery Board, dont le président, seul payé, reçoit 20,000 fr. d'honoraires. Le service administratif du Fishery Board comprend l'inspecteur en chef et l'inspecteur adjoint résidant à Edimbourg et 30 inspecteurs des pêcheries. Ils sont chargés de recueillir tous les documents qui peuvent servir à l'élaboration de la statistique et d'établir celle-ci pour leur circonscription, d'assurer le service des avertissements aux pêcheurs, de servir d'arbitres dans les différends entre pêcheurs. Ils sont secondés dans chaque district par un nombre variable de *correspondants* chargés de recueillir, dans le voisinage des lieux où ils habitent, les éléments de la statistique, et qui reçoivent pour cette fonction spéciale de 100 à 350 fr. par an.

En outre, le Fishery Board commande à un service scientifique qui se compose d'un secrétaire superintendant et de 3 naturalistes ; le service scientifique dispose de deux stations d'études biologiques à Saint-Andrews et à Dunbar et d'un yacht à vapeur attaché au service des recherches.

« Nous n'avons, dit M. Thoulet, aucun soupçon en France, je ne dirai pas de l'utilité, mais même de l'existence de ces données précises, et, en présence d'une ignorance aussi complète, on se demande quelle peut être la valeur des décisions prises par notre Commission des pêches. Tandis que chez les

---

([1]) Voir le décret et l'arrêté récents qui créent des membres correspondants du Comité consultatif des pêches.

nations étrangères, on ne s'appuie que sur des faits scientifiques précis et d'une indiscutable authenticité, nous nous contentons d'opinions personnelles, que n'affirment ni une carte, ni un document, ni une mesure, ni une expérience. Un pareil état de choses, qui n'est d'ailleurs ignoré de personne, sauf de nous-mêmes, est profondément regrettable. » L'initiative du département de la marine est ici entravée par l'insuffisance manifeste de la dotation budgétaire attribuée au service des pêches. Un unique crédit de 8,000 fr. est inscrit au budget pour faire face aux expériences et aux missions. En Écosse, les ressources du Fishery Board des pêches (1893) s'élèvent à 575,000 fr. dont 45,000 fr. pour les recherches scientifiques, sans compter les dépenses pour télégraphes et emploi de navire.

Aussi l'Écosse qui n'emploie à ses pêches que 13,491 bateaux et 45,140 hommes obtient-elle un rendement de 42 millions de francs.

Nous n'avons, non plus, rien d'analogue aux Fisheries Intelligence Bureau du Canada (bureau de renseignements pour les pêcheurs).

Sur la côte sont échelonnées 52 stations, en rapport direct avec les pêcheurs, et observant tous les faits susceptibles d'intéresser la pêche. Chaque agent remet tous les jours, à six heures du soir, au télégraphe, un message contenant le résumé de ses observations. Ces observations sont centralisées au poste central d'Halifax qui rédige un bulletin du jour. Ce bulletin est affiché sur tout le littoral et adressé à tous les journaux de la côte. Les pêcheurs attachent à ces renseignements une telle importance que, d'après le lieutenant Andrew Gordon, la première question que pose un patron en débarquant est celle-ci : « Que dit le Bulletin ? » Or, ce service, les 52 agents et les frais de télégraphie payés, ne coûte que 12,750 fr. par an. Ce service, chez nous, pourrait se faire facilement par les soins des sémaphoristes.

La Norvège et les États-Unis nous dépassent aussi. La Norvège inscrit, dans son budget (1893-1894), un crédit de 79,000 fr. pour les 15 sociétés de pêcherie de la Norvège, dans le but de leur permettre d'introduire dans le pays de nouvelles méthodes de pêche et de nouveaux appareils, de préparer des rapports instructifs sur les questions pratiques ou scientifiques, d'organiser des expositions de pêche et des régates pour bateaux-pêcheurs.

Un autre crédit de 31,640 fr. est affecté au traitement de quatre inspecteurs des pêcheries qui ont le devoir d'être les guides et les conseillers des pêcheurs, avec la charge de faire progresser les pêches.

Enfin deux agents résidant à l'étranger et chargés de renseigner le gouvernement norvégien sur l'installation de la pêche à l'étranger, et de communiquer leurs renseignements aux pêcheurs norvégiens, d'agir en vue de l'amélioration de l'écoulement des produits norvégiens, sont inscrits au budget pour une somme de 16,800 fr. Ces deux agents résident l'un à Hambourg, l'autre en Angleterre.

Enfin elle vote 16,100 fr. pour les deux écoles de pêcheries de Bergen et de Bodœ, qui instruisent les jeunes marins dans la préparation et la conservation du poisson.

Les États-Unis dressent des Pilot-charts. Ce sont des documents mensuels qui contiennent, représentées géographiquement, toutes les données physiques relatives à la mer, courants, glaces, brumes, vents, pression barométrique, marche des épaves pendant le mois qui vient de s'écouler, et les mêmes indications, en probabilités, pour le mois qui commence. Ces cartes ont une incontestable valeur pour les marins, les pêcheurs, les industriels se livrant, à un titre quelconque, à l'exploitation de la mer.

La France ne pourrait se glorifier d'innover, en adoptant quelques-unes de ces mesures.

VI

Aussi, de tous côtés, on constate que l'industrie de la pêche périclite ; on dit qu'elle finira par disparaître.

N'a-t-on pas raison ? Les importations de poisson frais, avant les nouveaux tarifs de 1892, en 1889, se sont élevées à 6,375,000 kilogrammes, contre 1,200,000 kilogrammes d'exportation.

La Bretagne qui, pendant trois siècles, a fourni des sardines pressées dans toute l'Europe, ne connaît plus cette industrie. Pour la sardine à l'huile, elle est dépassée par le Portugal, et dans tout le Midi, on ne trouve plus que des marques exotiques;

Bordeaux et Nantes qui étaient les grands marchés des ventes de conserves de poisson, sont détrônés; des centres comme Douarnenez ont baissé de population; des pêcheurs bretons, criant la faim, demandaient, il y a quelque temps, qu'on leur permît d'émigrer en Tunisie.

Dans la Manche, des espèces ont presque entièrement disparu, qui autrefois, au dire des vieux pêcheurs, fournissaient des récoltes abondantes et profitables. La décroissance des petits ports de pêche de la Manche parle aussi assez éloquemment.

Sur la Méditerranée, on remarque qu'un merlan pesant 1 kilo se vend aujourd'hui de 3 à 4 fr., alors qu'en 1830, il était si commun qu'il se vendait de 20 à 30 centimes.

M. Berthoule, membre du Comité consultatif des pêches, appréciant cette situation, terminait ainsi un de ses rapports au Ministre : « Nous avons recherché les causes du mal, nous en avons suivi les progrès, nous en mesurons l'étendue, et nous pouvons prévoir les irrémédiables désastres qu'il causera dans un avenir prochain, si rien n'en arrête la marche. Nos eaux stériles, nos plages désertes, l'inscription maritime frappée dans ses sources, notre flotte privée de son meilleur recrutement, la misère dans la chaumière du pêcheur, la faillite dans l'usine silencieuse, notre commerce amoindri. »

VII

Où sont les remèdes?

Il appartient aux savants de les rechercher. On parle beaucoup de mesures à prendre, d'engins à supprimer, de surveillance à exercer, de cantonnements à créer, de larves à ensemencer.

Nous n'entrerons pas dans ce côté technique de la question. Mais nous pensons qu'ici comme ailleurs toutes les mesures, même les meilleures, deviendront inefficaces, si on ne commence pas par détruire les préjugés, la routine; si on n'associe pas le marin-pêcheur au progrès scientifique qui se fait autour de lui, si, en un mot, on ne l'instruit pas.

Comment y arriver?

Il faut débuter par l'école primaire; nous sommes autorisés à y demander pour l'océanographie une part semblable à celle qui a été accordée à l'agriculture. C'est ici que la décentralisation doit dominer. Si, dans l'enseignement primaire, tous les enfants doivent être initiés à ces notions sommaires d'agriculture, qui leur font saisir qu'il existe une science de la terre, on ne voit pas pourquoi, dans les régions du littoral, on ne tournerait pas l'intelligence des enfants vers l'océanographie. Car, si, comme il est probable, on n'arrive que par le progrès des sciences biologiques à démêler le vrai du faux et à doter l'exploitation des espèces marines de règles appropriées, il faut mettre l'enfant à même de comprendre plus tard les principes de ces sciences. Déjà, d'ailleurs, la Société de l'Est a, au Congrès de Bourg en 1888, proposé d'introduire dans l'enseignement secondaire et dans les écoles normales des ouvrages d'océanographie, et le Congrès a adopté un vœu dans ce sens.

Quelques progrès ont été réalisés dans l'enseignement secondaire où on fait davantage appel au raisonnement scientifique. Mais, dans l'enseignement primaire, le progrès est lent; la géographie se confine trop dans la nomenclature. Que sait-on des mers, en dehors du nom des golfes, des caps? La géographie physique est négligée aux dépens de la géographie politique. On croit encore trop généralement que l'étude de la géographie est une affaire de mémoire, plutôt que d'observation et de raisonnement. On met sa vanité à savoir, quand on parle d'une ville, les grands hommes qui y ont vu le jour et les grands faits historiques qui s'y sont accomplis, sans rechercher si ces connaissances sont un rapport de la terre et de l'homme.

On dira, par exemple, dans un devoir de géographie, « que les bâtiments marchands remontent la Seine jusque dans le port de Rouen, *qui a eu le triste honneur de voir mourir Jeanne d'Arc.* » J'aurais préféré, au lieu de ce souvenir, un mot sur la largeur et la profondeur de la Seine.

Déjà, dans les devoirs d'élèves américains présentés à l'Exposition de Philadelphie en 1878, se trouvent posées dans la classe de Grammar Schools (élèves de 10 à 14 ans) des questions comme celles-ci :

Nommer quelques-unes des causes qui produisent les courants de l'Océan. — De quoi dépend le climat d'un pays? — Exposer les phénomènes des courants constants de l'Océan; quelle influence ont-ils sur le climat?

En France, « l'enfant sait où sont l'Océan et la Méditerranée, mais il ignore l'action de l'Océan sur le continent entier, son éternel envoi de nuages, sa tiédeur ici, ses flots de glace ailleurs, sa sauvage houle qui ne s'endort jamais; sa profondeur noire, ses marées qui tiennent la vie à distance. »

Ainsi s'exprime M. Fr. Schrader dans le *Dictionnaire pédagogique* de Buisson : c'est dire que l'océanographie, qui donne la connaissance des trois quarts de la surface de notre planète n'existe pas à l'école primaire.

Avant de donner ces notions d'océanographie dans l'enseignement primaire des régions côtières, on les enseignera évidemment dans les Écoles normales aux futurs instituteurs, à côté de l'agriculture. Ne parlons pas ici de surmenage, car, que de choses futiles pourraient sans inconvénient disparaître, sans grand dommage dans l'enseignement primaire : par exemple, l'histoire des Mérovingiens et des Capétiens, qui continue à être enseignée avec des détails inextricables!

Grâce à ces notions apprises à l'école primaire, le jeune enfant qui quittera l'école à treize ans, pour monter sur un navire de pêche ou de commerce comme mousse, sera apte à comprendre, dans les cours d'adultes, les conférences qu'il entendra sur la navigation et les industries côtières. Car je ne doute pas que l'on ne trouve dans les cours d'adultes le moyen de vulgariser les notions d'océanographie.

En outre, dans les bibliothèques scolaires tenues par les instituteurs et dont les livres sont mis à la disposition du public, je n'ai jamais rien trouvé qui fût plus spécialement destiné aux populations maritimes. C'est encore une lacune à combler.

La création d'écoles de pêche semblerait ensuite s'imposer. M. Roché constate, dans un rapport adressé au Ministre, en novembre 1894, et auquel je vous renvoie, que les pêcheurs « ne connaissent, pour la plupart, les règlements qui concernent l'exercice de leur profession que par ouï dire — avec toute l'imprécision qu'a pu leur imprimer la tradition verbale qui les leur a transmis ». Il faudrait, continue-t-il, que ces hommes eussent des connaissances pratiques pour déterminer à peu près leur situation au large... Ces connaissances pratiques leur font, à l'heure actuelle, presque totalement défaut...

« Est-il bien logique que des embarcations montées par 6, 8 ou 10 hommes, allant travailler très au large (quelquefois jusqu'à 80 lieues de la côte), et pouvant relâcher dans tous les ports, d'Aberdeen à Saint-Jean-de-Luz, soient ainsi confiées à la direction d'un patron qui n'offre que l'insignifiante garantie d'être un inscrit définitif... Alors que la loi protège — autant que le permettent les nécessités sociales — les ouvriers des industries insalubres; alors que les usiniers sont soumis (justement, d'ailleurs), à des règlements sévères pour l'installation et l'entretien de leurs générateurs et distributeurs de forces motrices; alors que le législateur a paru soucieux de réduire le coefficient de danger des industries chimiques ou mécaniques; l'industrie de la pêche, elle, n'est astreinte à aucune condition de garantie pour ceux qui sont les forces vives de la population maritime... »

C'est la Société bretonne de Lorient qui, la première, a demandé l'organisation de cet enseignement. Depuis, l'idée a fait des progrès : la plupart des Commissaires de l'Inscription maritime du 3e arrondissement y sont favorables. Le Congrès national des Pêches, réuni à Marseille en 1893, et le 8e Congrès de Sauvetage réuni en 1894 à Saint-Malo, ont réclamé des écoles professionnelles pour les marins-pêcheurs; M. Roché partage cet avis, tout en demandant toutefois que ces écoles soient créées plutôt par l'initiative privée que par le département de la marine, dont le budget est déjà si lourd; cependant il est disposé à réclamer une subvention de l'administration de la marine.

Les écoles de pêche s'imposent aujourd'hui au même titre que les fermes-écoles et les écoles d'agriculture; d'ailleurs la France n'aura pas ici non plus le mérite de l'innovation : des institutions de ce genre existent en Norvège, en Angleterre, en Belgique, en Espagne, en Portugal et même en Italie. M. Dubar en a visité quelques-unes.

Nous sommes sur le point de voir se réaliser les désirs de M. Roché.

Il vient de se fonder à Paris une Société, la Société d'enseignement professionnel et technique des pêches maritimes, dont le but, comme le dit l'article 1er, est « la création d'écoles professionnelles et de cours d'adultes à l'usage des marins-pêcheurs, pour leur permettre d'exercer leur industrie avec moins de danger, d'élever leur gain de façon à pouvoir s'assurer contre la maladie, les accidents et la vieillesse, et d'en tirer le meilleur parti possible au point de vue de l'amélioration de leur sort ». Vous pouvez voir, par la liste des membres honoraires de cette Société, que l'on commence, en France, à ne plus rebuter l'océanographie.

Il faudrait aussi que ces notions fussent répandues ailleurs que dans les centres d'écoles de pêche; or, qui serait plus apte à cette mission que les professeurs de l'École de pêche? Nous voudrions donc que, conformément à ce qui se passe dans le domaine de l'agriculture, des conférences fussent faites de temps en temps dans les régions de pêche, qu'en un mot l'enseignement technique et professionnel des pêcheurs ne fût pas négligé.

Une expérience concluante vient de démontrer la possibilité du fonctionnement de ces écoles. La Société de l'enseignement technique et professionnel a chargé M. Guillard, membre de la Société bretonne de géographie, de faire aux pêcheurs de Groix, avant leur départ pour la pêche au thon, dix conférences sur les moyens simples et pratiques de trouver leur position à la mer. Cinquante-deux auditeurs se sont rendus à l'appel de M. Guillard. M. Guillard se félicite de l'attention qu'ont apportée les élèves aux explications des professeurs et conclut en disant que « l'école est née viable et qu'elle vivra si ses premiers pas sont encouragés et soutenus ». Nous sommes heureux d'apprendre au dernier moment que le Ministre du commerce a fait parvenir 800 francs, et la Chambre de commerce de Paris 150 francs à la Chambre de commerce de Lorient, comme subvention à l'école de Groix.

Notre Société a encouragé, dans la mesure de ses moyens, les auditeurs de l'île de Groix, en leur envoyant quatre prix, et la Chambre de commerce de Lorient a voté une certaine somme pour l'achat d'instruments destinés à cette école.

VIII

Alors, munis de renseignements, capables de suivre scientifiquement les progrès de l'océanographie, les habitants de la côte feraient succéder à la routine une exploitation intelligente.

Habitués à dresser eux-mêmes des cartes de pêche, ils deviendraient les collaborateurs des océanographes.

Instruits de leur route et rassurés contre les dangers, ils s'avanceraient plus hardiment vers le large, y découvriraient de nouveaux champs de travail, et cette industrie prendrait un plus grand développement et attirerait les capitaux aujourd'hui peu confiants dans le savoir professionnel des pêcheurs.

Alors, ils ne seraient plus exposés à perdre leur route sur l'Océan, comme cela leur arrive fréquemment; de nombreux sinistres seraient évités.

Peut-être sauraient-ils renoncer d'eux-mêmes aux engins meurtriers pour ne pas détruire le germe des récoltes à venir [1].

En un mot, la France, nation maritime, ne s'entendrait plus adresser ces reproches:

« Alors, dit M. Thoulet, que l'Angleterre a accompli les expéditions du *Lightning,* du *Porcupine,* du *Challenger,* les Norwégiens celle du *Voringen,* les Suédois de la *Véga,* les Allemands de la *Gazelle,* du *National,* les Autrichiens du *Tegetthof,* de la *Pola,* les Américains du *Tuscarora* et de tant d'autres vaisseaux; alors que les côtes écossaise, scandinave, allemande sont couvertes de stations permanentes; que chaque année des observations internationales simultanées s'exécutent dans la Baltique, les détroits danois et la mer du Nord; que toutes ces nations reconnaissent combien ces recherches sont indispensables à la science pure, à la navigation, à la création de cette pépinière des marins de la flotte, de cette vaillante et laborieuse population de pêcheurs qui habite les rivages maritimes; alors que partout l'on s'efforce d'appliquer à l'exploitation de la mer les ressources de la science moderne appuyées sur un ensemble de faits soigneusement constatés et sur des mesures précises, la France persiste dans son indifférence et ne songe pas qu'à

[1] La Société des pêcheries de l'Océan dont le port d'attache est à Arcachon, ne commence le chalut qu'à partir de 40 brasses.

notre époque d'ardente compétition, il n'est permis ni à un homme ni à une nation de rester en arrière. »

Ces paroles, inspirées par une ardente conviction, sont peut-être un peu dures, car nous ne pouvons oublier ici ni les travaux de Lacaze-Duthiers, de M. Pruvot, de M. Hautreux et de quelques autres, parmi lesquels M. Thoulet lui-même n'est pas le moins méritant.

Vous pouvez, Messieurs, contribuer à entraîner la France vers les études océanographiques et, par suite, faire cesser l'état de misère des populations du littoral, si vous approuvez le vœu que j'ai l'honneur de vous soumettre au nom de la Société bretonne de géographie :

« Le Congrès, renouvelant un vœu déjà émis à de précédents
» Congrès, et auquel il regrette que le Gouvernement n'ait pu
» encore donner suite, émet le vœu :
» Qu'il soit créé en France, dans les régions du littoral, un
» *enseignement technique et professionnel de la pêche,* à
» l'exemple de ce qui existe au point de vue agricole (notions
» pratiques dans les écoles normales primaires et dans l'ensei-
» gnement primaire, professeurs d'agriculture, écoles d'agri-
» culture...). »

Ce vœu est adopté à l'unanimité.

M. LE PRÉSIDENT donne ensuite la parole à M. Ch. DUFFART, membre de la Société de géographie commerciale de Bordeaux, pour sa communication sur le bassin d'Arcachon.

Le Bassin d'Arcachon. — Géographie rétrospective du Bassin. — Projets et essais d'amélioration des passes depuis un siècle. — État actuel;

Par M. CH. DUFFART,
membre de la Société de géographie commerciale de Bordeaux.

MESDAMES, MESSIEURS,

L'entrée du bassin d'Arcachon subit, depuis quelques siècles, des transformations successives dont on s'est beaucoup préoccupé; mais, depuis vingt années environ, l'attention et les craintes des habitants des bords du bassin se sont portées surtout sur la plage d'Arcachon, que les courants de jusant corrodent chaque jour davantage, et qui est menacée d'une disparition très prochaine.

La création de parcs à huîtres jusqu'au bord des chenaux n'est pas sans avoir apporté dans le bassin une perturbation néfaste. On est d'autant plus fondé à le penser que c'est précisément à l'époque de début de l'industrie ostréicole par les moyens artificiels, que remontent les premières et plus importantes érosions d'Arcachon, du cap Bernet au débarcadère.

Il ressort clairement de l'examen des cartes de Beautemps-Beaupré, Monnier, Bouquet de la Grye et Caspari, ainsi que des renseignements fournis par les Ponts et Chaussées, que le chenal d'Eyrac ou de Bernet, s'approche de plus en plus d'Arcachon et y forme une concavité [1].

Il trouve sur la plage un élément très facile d'érosions, tandis qu'il n'a plus d'action sur le banc de crassats de l'île des Oiseaux, composé d'alluvions solides et abrité des vents du nord et du nord-ouest.

Cette situation est aggravée par les courants violents du petit chenal de Cousse, qui viennent du nord-est, au jusant, tournoyer sur la plage d'Arcachon.

C'est ici le cas d'appliquer au bassin une remarque qui permet d'affirmer que, chaque fois que dans sa double direction le

[1] Cartes accompagnant la communication sur le bassin d'Arcachon, et mises par M. Duffart, pendant son exposé, sous les yeux des membres du Congrès :

Carte du bassin d'Arcachon, par Hondius (1580-1595).
Carte du bassin d'Arcachon, d'après le document de Hondius, par Ch. Duffart.
Le bassin d'Arcachon, du *Flambeau de la mer* (1689).
L'entrée du bassin, croquis d'après Masse (1708).
Le bassin d'Arcachon, par G. de l'Isle (vers 1710).
   — par Covens et Mortier (vers 1720).
   — par Homano (vers 1720).
   — par Renard (1739).
   — par l'abbé Dicquemare (1775).
   — par le baron Charlevoix de Villers (1783).
   — par Bonne, ingénieur hydrographe du Dépôt de la Marine (1790).
   — par Cassini de Thury (1787 à 1790).
L'entrée du bassin, par Beautemps-Beaupré (1826).
   — par Monnier (1835).
   — par Bouquet de la Grye et Caspari (1872 à 1877).
Changements survenus dans l'entrée du bassin (de 1708 à nos jours), par Ch. Duffart.
La plage d'Arcachon (1875-1895), par Ch. Duffart.

courant suivra une rive concave, il l'érodera, et que chaque fois, au contraire, qu'il trouvera une rive convexe, il tendra à déposer sur ses bords des sédiments enlevés à la rive concave.

D'autre part, des travaux qui furent mal dirigés ont été entrepris, il y a quelques années, sur la plage; abandonnés dans un moment inopportun, l'état dans lequel ils ont été laissés a aggravé les érosions qu'on voulait combattre et rendu le mal au moins bien grave, sinon incurable.

Aussi est-il à souhaiter, pour la ville d'Arcachon et les bourgs qui bordent le bassin que, dans le plus bref délai, ces deux questions : « Protection de la plage » et « Amélioration des passes », soient résolues.

Des études importantes et précieuses sur les courants et les températures des eaux du bassin, ainsi que sur la géologie et la climatologie de la région, ont été publiées tout récemment par des hommes ayant sur ces questions une grande compétence.

Je ne reviendrai donc pas en détail sur ces sujets.

Ma communication se bornera à l'examen des modifications successives qui se produisent à l'entrée du bassin, depuis sa formation, et de ce qui a été tenté en vue de remédier à un état de choses désastreux.

LE BASSIN AVANT LE XVIe SIÈCLE

On a rencontré, dans le sous-sol des dunes et dans les alluvions et les vases du bassin d'Arcachon, des amas tourbeux contenant des traces d'animaux et de végétaux ne vivant exclusivement que sur la terre ou dans les eaux douces, d'où il paraît résulter que cette baie est de formation récente et qu'elle doit son existence à un affaissement du sol.

Il est certain qu'à l'époque romaine, au temps où Antonin le Pieux fit dresser l'itinéraire de Bordeaux à Dax et y fit mention de Boïos, la Leyre coulait du sud-est au nord-est, et se jetait à la mer vers Lège, au nord du bassin. Sa rive droite n'a pas dû beaucoup changer depuis, et les bords du bassin, d'Arès à Biganos, en donnent la physionomie à peu près exacte. Sa rive gauche, bordée de marais à l'occident de Boïos, rencontrait un plateau élevé couvert de forêts (l'île des Oiseaux actuelle), au sud duquel des dunes anciennes (la forêt d'Arcachon) étaient venues s'arrêter.

C'est vers le v° siècle que peut-être les Vandales, et plus tard achevant leur œuvre, les Sarrasins et les Normands, brûlèrent les forêts, dispersèrent les habitants et détruisirent Boïos, ville importante alors, dotée d'un évêché. Peut-être cette destruction fut-elle simplement l'œuvre de la mer.

C'est de cette époque que date la marche de l'ouest à l'est des dunes récentes, dont un cordon devait exister déjà, fixé par les Boïens, dès l'époque romaine.

Plus tard, du VIII° au XIV° siècle, le bassin subit une série de transformations importantes.

Vers le XII° siècle, la communication directe, de l'embouchure de la Leyre à la mer, par Lège, fut obstruée par les dunes, et, les eaux d'amont élargissant les fossés et esteys qui existaient au pied des dunes, sur la rive gauche du fleuve, ouvrirent un canal profond allant de l'est à l'ouest, qu'on désignait dès le moyen âge sous le nom de Bernet ou Brunet.

Des passes, à travers les nombreuses îles qui formaient un cordon allant de Lège à l'embouchure du ruisseau de Sanguinet, permettaient l'accès relativement facile de l'Océan au bassin; mais la formation d'étangs, au nord de Lège et d'Ignac, fut cause de l'ouverture par leurs eaux brusquement rejetées au sud, d'un autre chenal coulant avec force du nord au sud, et qui, changeant le régime du bassin, ne tarda pas à inonder et à faire disparaître en 1241 et 1242 les villages de Boms et de Frontau, et à faire dévier vers le sud-ouest le chenal de Bernet.

Dès cette époque, les passes durent osciller périodiquement, allant du nord au sud, observant une loi naturelle, presque mathématique, devinée par l'ingénieur Wissocq en 1839 et confirmée depuis par les documents cartographiques et les faits, soit :

Une période longue, de soixante à quatre-vingts ans, avec les passes au sud de l'entrée.

Une période courte, de quinze à vingt ans, avec les passes au nord. Cette période toujours brusquement commencée.

Une période de transition de vingt à trente ans, avec les passes au centre de l'entrée, allant doucement vers le sud pour s'y fixer.

DE LA FIN DU XV⁰ SIÈCLE A LA FIN DU XVIII⁰ SIÈCLE

Nous arrivons aux documents cartographiques.

Pierre Garcie, dit Ferrande, Juan de la Cosa (XVe siècle) et Mercator (XVIe siècle), font une simple mention de la baie d'Arcaxon.

La carte de Hondt ou Hondius, vers 1595, nous transmet la physionomie du bassin d'Arcachon pendant le XVIe siècle.

Tous les villages qui bordent le bassin ainsi que les paroisses y sont indiqués. Les levés topographiques ne sont pas parfaits, mais vu le peu d'étendue du bassin et cette carte ayant été faite surtout pour des navigateurs, on peut se renseigner en se repérant au moyen des points qui n'ont pas changé depuis, et il est facile de rétablir les choses en leur place.

Le cap Ferret s'avançait au sud, en face du cap Bernet, à une distance ouest de celui-ci de deux kilomètres environ.

L'île des Oiseaux appelée Arac, Notre-Dame d'Arcachon et la Pointe de l'Aiguillon y sont portées.

On trouvait à l'entrée Ville-Papo, groupe de deux îles à l'ouest du cap Ferret, et Prigonen, groupe de trois îles au sud-ouest.

Au sud de ces îles, la petite passe, puis la Pile, grande île, ayant à l'est la grande passe et au sud de celle-ci, la Matte, autre grande île, laissant entre elle et la côte une passe étroite.

De la Matte au cap Bernet, on rencontrait dans l'intérieur du bassin trois promontoires : le Vieil-Pile, la Botte ou la Beste et Bernet, dont les pointes étaient au nord-ouest de la côte, laissant entre eux et celle-ci une lagune ou bassin, propre à abriter les barques, et ayant été une passe peu à peu obstruée.

Le *Flambeau de la mer* traduit du flamand par Yvounet en 1680 est un document très précieux. La carte du bassin avec les fonds est la plus complète de l'époque.

La Pile et la Matte, devenues bancs de sable, ont rejoint la côte et s'y sont soudées, comme avant elles le Vieil-Pile et la Botte. La Pile va former le Pilat. La passe du sud est profonde et bien indiquée :

« Sur les dunes, dit Yvounet, au dedans de l'embouchure, il y a deux grands mâts de navire. Si vous désirez entrer, vous les amenez l'un pour l'autre et seront nord-est à l'est de vous.

» Tenez-les l'un pour l'autre et allez ainsi et passerez entre les deux bancs susdits et de basse mer, n'aurez pas moins que deux brasses d'eau, mais de haute mer cinq, cinq et demie et six brasses ; et allez ainsi sur ces dites marques jusqu'au dedans des îles et finalement laisserez le banc à bâbord. »

Entre le cap Ferret et la pointe du sud se trouve un grand banc enserrant trois îles, au sud desquelles la passe du Papon avec six brasses de fond. Au nord, une petite passe avec trois brasses de profondeur seulement à haute mer.

Dans l'intérieur du bassin, des mouillages sont indiqués avec des profondeurs de douze, quatorze, quinze et seize brasses. Enfin, deux vues de l'entrée, quand on se trouve à deux lieues au large, complètent les explications de la carte.

En 1708, Masse, ingénieur hydrographe, fit le levé de la Gironde et de la côte jusqu'à Arcachon. Ses cartes sont manuscrites et inédites.

Son bassin d'Arcachon dont les levés intérieurs paraissent avoir servi à Cassini de Thury cinquante ans plus tard, est une carte d'une grande importance au point de vue géographique et sur laquelle je regrette de ne pouvoir m'étendre.

Elle confirme un fait important que j'avais observé à la suite de l'examen minutieux des cartes anciennes.

C'est que, pendant les XVIe, XVIIe et XVIIIe siècles, la presqu'île du Ferret était située beaucoup plus à l'est qu'elle ne l'est aujourd'hui et qu'en même temps que le chenal de Piquey l'érodait à l'est, l'Océan déposait à l'ouest des sédiments en même quantité.

D'après Masse, le cap Ferret est à deux kilomètres environ du cap Bernet. A un kilomètre au sud, la Passotte, passe ayant cinq à six pieds de fond à basse mer, et à un kilomètre encore au sud, la passe du Milieu, avec huit, sept, six et dix pieds de fond. Puis sur l'emplacement des îles Papon et Prigonen disparues, une série de bancs de sable ne découvrant qu'en malines, appelés la Batture ou grande barre, au sud desquels, soit à environ 6,000 mètres du Ferret, la grande passe du Papon, n'ayant que dix à douze pieds d'eau, à basse mer sur la barre, mais ensuite dans le bassin trente et un, trente, vingt-neuf, vingt-huit, trente-quatre pieds d'eau.

A l'est de la passe du Papon, l'ancienne île de la Pile est

soudée par le sud à la terre ferme, obstruant l'ancienne passe du sud et formant une lagune ou bassin qui existera jusqu'à la fin du xviiie siècle sous le nom de Pilat.

Sauf le cap Ferret et la presqu'île qui sont plus à l'est, le reste du bassin est tel que nous l'ont fait connaître les ingénieurs de la fin du xviiie siècle.

Quelques années plus tard, le groupe de bancs de sable est devenu l'île du Terray, et est ainsi désigné dans les cartes de Guillaume de l'Isle vers 1710 et de Renard en 1739.

D'après la carte de Renard, les fonds sur les passes et dans les chenaux sont les mêmes qu'en 1680.

D'après Guillaume de l'Isle, l'île des Oiseaux est appelée la Matote et le bassin du Pilat est largement ouvert au nord.

Lorsque le chevalier de Kearny fit en 1768 les levés des passes, la passe ancienne du Papon longeait la côte et était peu praticable; une nouvelle passe s'était ouverte au nord de celle-ci et se dirigeait de l'ouest à l'est. L'île de Matoc, témoin de l'île du Terray, se trouvait au nord de cette nouvelle passe.

Au sud du cap Ferret une petite passe du nord était peu praticable.

En 1775, la carte de l'abbé Dicquemare pour le *Neptune oriental* indiquait la même situation que de Kearny. La passe du Sud avait deux brasses et demie de profondeur.

Le baron Charlevoix de Villers fit en 1783 un relevé de l'entrée du bassin qui accompagnait son intéressant mémoire sur l'amélioration des passes et l'ensemencement des dunes.

Le cap Ferret, en face de Bernet, est séparé de l'île de Matoc par une passe n'ayant que cinq pieds d'eau à la barre et un pied seulement à son entrée dans le bassin.

Au sud de l'île et des bancs qui l'entourent, la passe de Kearny a quatorze pieds d'eau à la barre et dix-huit à dix-neuf à l'intérieur. Un banc submersible sépare cette passe de la passe du Sud ou du Papon, qui n'a plus que deux à trois pieds d'eau sur la barre et un pied à son entrée dans le bassin. Le bassin du Pilat, bien rétréci, est situé au nord-ouest de la passe du Sud, à l'ouest de celle de Kearny.

L'entrée, du cap Ferret à la pointe du Sud, a 7,583 toises, et d'après de Villers il existait à cette époque, au nord du cap, une ancienne passe, peut-être la Passotte, relevée par Masse.

La carte de Cassini n'indique pas les fonds. Le grand cartographe semble s'être servi, pour le tracé des crassats et chenaux, de la carte de Masse.

LE BASSIN PENDANT LE XIXᵉ SIÈCLE

Pendant le xixᵉ siècle, les mouvements généraux des passes et de la côte, de l'entrée au cap Bernet, ont été les suivants :

L'île de Matoc devient le banc de Matoc dès le commencement du siècle et descend peu à peu au sud.

De 1805 à 1810, la passe est revenue au sud avec 4ᵐ87 seulement sur la barre. Une passe nouvelle s'ouvre au nord, c'est la Canonnière, encore peu profonde. Les érosions sont très fortes vers le sémaphore actuel.

En 1813, la passe avance toujours vers le sud ; elle a 5ᵐ20 sur la barre.

De 1768 à 1826, la presqu'île du Ferret, corrodée par le chenal de Piquey, s'est reculée à l'ouest, tandis que le cap est descendu du nord au sud-est de près de 5 kilomètres, et arrive à 900 mètres du Pilat, laissant entre lui et la côte un chenal de quatre-vingt-cinq à quatre-vingt-dix pieds de profondeur.

En 1826, la passe du Sud perd de sa profondeur et n'a plus que 4ᵐ55.

A cette époque, le centre des érosions est au Pilat, et un tourbillon des courants de jusant portant brusquement les eaux de l'est au nord-ouest, la passe de la Canonnière gagne tous les jours en profondeur, si bien qu'en 1835 elle atteint 5ᵐ50, tandis que la passe du Sud n'a plus que 3ᵐ20.

Un kilomètre du cap Ferret, qui recule à l'ouest puis au nord-ouest, est enlevé de 1826 à 1835, et les érosions se continuent jusqu'en 1877.

En 1849, il se produit un déplacement de la passe de la Canonnière ou du nord vers le sud. Ce mouvement continue et, en 1854, cette passe atteint 8 mètres de profondeur. Le sud est devenu impraticable, n'ayant que 2 mètres sur la barre. Une nouvelle passe tend à s'ouvrir vers le milieu de l'entrée en 1854.

En 1865, le banc de Matoc est jeté à la côte et affecte exactement la forme du Pilat, du Vieil-Pile et de la Botte, qui semble être une conséquence du régime du bassin. La passe du Nord, devenue passe du Milieu, atteint 8ᵐ50 aux basses mers, et une nouvelle passe, dite du Trincat, s'est ouverte à l'ouest avec 5ᵐ30 de fond.

Brusquement, entre 1865 et 1872, ces deux passes sont devenues impraticables, et en 1871 on reconnaît la passe dite de Flamberge ou du Sud, au sud des précédentes, orientée ouest-sud-ouest, qui, en 1872, atteint 6ᵐ50 de profondeur.

En 1883, Flamberge continue à se creuser et descend vers le sud-est. Depuis, cette passe ayant une grande tendance à s'approcher de la côte, a définitivement détruit le banc de Matoc, dernier témoin des îles des xvie, xviie et xviiie siècles.

Avec la disparition du banc de Matoc, la mer revient corroder la pointe du Sud.

Elle a repris sa position de 1854, et l'on constate que depuis 1887 les érosions sont actives sur les quatre points suivants :

Au nord du sémaphore ;

Au sud du poste de Mouleau ;

A la pointe du Bernet ;

Devant Arcachon.

LES PROJETS DE FIXATION DES PASSES

Voici quelques-uns des projets ayant pour but l'amélioration de l'entrée du bassin d'Arcachon :

Sous Louis XIV, Vauban avait déjà songé à utiliser le bassin d'Arcachon comme port de guerre, et le travail minutieux de Masse pourrait bien n'être pas étranger au projet du grand stratégiste.

Néanmoins, aucun projet sérieux ne fut élaboré à la fin du xviie siècle, ni au commencement du xviiie, et nous arrivons à l'exploration de Kearny et aux recherches du baron Charlevoix de Villers, sans rencontrer un travail complet sur la question.

En 1768, le baron Charlevoix de Villers proposait de fermer au moyen de fascines et de clayonnages les passes du Nord et du Sud, et de ne laisser subsister que la passe du Milieu ou de Kearny.

Il supposait que des dunes ne tarderaient pas à se former sur les bancs, au droit et à gauche de l'unique entrée, et que dans le goulet, ainsi rétréci, les courants violents de flot et de jusant dragueraient suffisamment et profondément la passe. Son mémoire, accompagné d'un plan, n'eut pas de succès, grâce à des intrigues qui ne sont pas à la gloire de Brémontier, et le projet fut abandonné.

En 1792, Teulère proposait deux balises : une fixe munie d'un feu, et l'autre mobile pour indiquer les passes, en attendant les améliorations désirées.

En 1810, Tassard, pensant que seuls les sables provenant des dunes du Ferret, jetés par les vents d'ouest dans le bassin d'Arcachon, étaient cause du mauvais état des passes, demandait la fixation des dunes au nord du cap et la construction de deux pyramides au droit et à gauche des passes pour indiquer celles-ci.

En 1829, le baron d'Haussez proposait de fermer l'entrée depuis le cap Ferret jusqu'à la pointe du Sud, et d'en ouvrir une nouvelle au nord du cap, en face de Bernet, avec des estacades à chaque extrémité, des épis pour défendre les berges, deux phares, des balises, etc.

Beautemps-Beaupré, qui venait de sonder le bassin et en avait dressé une carte très complète en 1826, se déclara, le premier, contre ce projet.

A ce moment, le cap Ferret s'avançait à l'est vers la côte et n'en était pas à un kilomètre. La passe du Sud était menacée, celle de la Canonnière impraticable.

Sur l'insistance du baron d'Haussez, devenu ministre de la marine, une commission gouvernementale fonctionna en 1830 pour examiner ce projet et l'approuva.

En 1835, après les changements considérables survenus dans l'entrée du bassin, le recul du cap Ferret à l'ouest, les érosions du Pilat et l'ouverture de la passe de la Canonnière, l'ingénieur Monnier refit la carte du bassin.

Il se déclara, dans le mémoire qu'il adressa au ministre de la marine, suffisamment éclairé pour être autorisé à affirmer qu'aucun travail d'art, quelque bien imaginé qu'il fût, ne pourrait avoir pour résultat la création d'une passe de facile accès et encore moins la création d'un état permanent de cette passe.

En 1839, F.-E. Wissocq, ex-ingénieur hydrographe de la marine, reprenant la question et l'étudiant pratiquement à fond, proposait la fermeture des passes du Sud et du Nord, dont l'instabilité est due au régime du bassin qu'on peut modifier, l'ouverture d'une passe au nord du cap Ferret, en face du chenal d'Eyrac, la fermeture par obstruction du chenal de Piquey, principale cause des fermetures des passes du nord, en reliant la presqu'île du Ferret à l'île des Oiseaux.

Ce projet, basé sur l'observation tout élémentaire de ce qui se passe dans le bassin et que, le premier, Wissocq mit en lumière, était accompagné d'un devis des travaux s'élevant à 1 million et demi de francs. A l'époque où il fut présenté, il ne lésait aucun intérêt des riverains, et il offrait l'avantage de créer un port important et bien abrité.

Quinze ans plus tard, à la suite d'une décision ministérielle du 21 septembre 1854, M. Pairier, ingénieur ordinaire du service, faisait connaître dans un mémoire en date du 31 mars 1855, le résultat de ses recherches et proposait, pour guider le navigateur, de construire le long de la côte des amers en charpente, espacés d'environ 6 milles, d'établir de nouvelles bouées sur la passe et dans le bassin et de remplacer, une fois la passe fixée, les mâts-balises, qui existaient alors, par deux tours en charpente portant chacune un fanal; pour avoir une passe d'accès facile, de fixer sa position dans une direction à peu près normale à la côte et de fermer les chenaux secondaires, au moyen :

1° D'une jetée placée au sud, se prolongeant du côté du large, dans la direction de l'est à l'ouest jusqu'à l'alignement de la côte et rattachée par une courbe à la rive sud, défendue elle-même sur toute la longueur soumise aux érosions, soit sur 5,300 mètres ;

2° D'une autre jetée partant de l'extrémité du cap Ferret, établie sur le banc du Toulinguet, longue de 2,000 mètres et dirigée vers l'extrémité de la jetée sud; de manière à éviter la déviation de la passe vers le nord, tout en restant en deçà de l'alignement de la côte ;

3° D'épis de défense placés près de l'enracinement de la jetée nord, sur la côte extérieure du cap Ferret, jusqu'à 4,000 mètres de ce cap.

La largeur laissée libre entre les jetées était de 2,000 mètres; elles étaient submersibles et arasées à $1^m 50$ au-dessous des plus basses mers. Cet avant-projet établissait, à environ 11 millions de francs, les dépenses prévues.

Le 16 février 1857, une décision ministérielle prescrivait de réduire les travaux projetés à la défense de la rive sud du bassin et l'établissement d'une jetée à la suite, limitée provisoirement à la rencontre du banc de Matoc ; l'exécution de la jetée nord devant être écartée pour le moment.

Le projet définitif dressé dans ce sens fut déposé le 5 novembre 1858, avec une prévision de dépenses de 7,500,000 fr., la jetée sud étant réduite à 1,715 mètres.

Le 14 août 1860, le Conseil général des ponts et chaussées donnait un avis favorable à l'exécution du projet ; cependant l'État ayant restreint ces travaux à la défense de la rive extrême sud seulement, avec une dépense de 1,800,000 fr., les ingénieurs, dans un rapport du 6 mars 1862, exprimèrent l'avis que les travaux, ainsi incomplets, ne *tarderaient pas à être détruits* et qu'en outre la dépense atteindrait 2,600,000 fr.

Devant la gravité de l'affirmation, l'État offrit de consacrer 5 millions aux travaux de l'entrée du bassin, et le 30 novembre 1862, un nouveau projet, d'une jetée mixte, fut déposé dans ce sens.

Ce projet n'eut pas de suite, on construisit néanmoins des amers et on établit un système complet de balisage des passes et des chenaux intérieurs pour la navigation de jour.

En 1872, M. Caspari proposait d'augmenter, au moyen de dragages, le cube d'eau emmagasiné dans le bassin par chaque marée et accroître ainsi l'action érosive du jusant sur les passes. Mais, dans ce projet, cet ingénieur n'espérait qu'améliorer l'entrée sans fixer les passes.

Ici s'arrêtent les projets d'amélioration des passes : aucun n'a eu de suites.

DISPARITION DE LA PLAGE D'ARCACHON

C'est vers 1848 que furent constatées les premières érosions de la rive sud du bassin devant Arcachon.

Le profil de la rive se compose, à la partie supérieure, d'une plage à pente douce qui se prolonge jusqu'au niveau des basses mers de vive eau, et au-dessous de ce niveau, d'un talus beaucoup plus raide, reliant la ligne de basse mer à un platin dont la profondeur moyenne est de 10 mètres. Ce platin lui-même rejoint par une assez faible pente les profondeurs des chenaux qui atteignent en divers endroits 20 mètres.

Vers le sud la rive s'abaisse et recule, en même temps la pente du talus sous-marin se raidit et la plage baisse et se rétrécit. Ces faits sont faciles à constater en comparant entre elles les cartes des divers hydrographes et des ponts et chaussées.

Plusieurs causes semblent concourir à ces évolutions désastreuses : la création de nombreux parcs à huîtres notamment, mais aussi, et ceci est établi, des érosions sous-marines au pied du platin sur lequel s'appuie la plage, soit à environ 8 mètres de profondeur, érosions paraissant dues à l'action exclusive des courants de jusant.

Sur les parties les plus élevées de la plage, au pied des dunes et sous les perrés, il est hors de doute que des écoulements d'eau douce érodent pendant les basses mers et contribuent au désastre.

On a beaucoup cherché à améliorer cet état de choses, sans y réussir, puis le découragement est venu ainsi que les récriminations injustes et injustifiées.

Les causes du mal étant à peu près connues, on rechercha le remède.

En 1874, une tentative de syndicat de propriétaires pour la défense de la plage fut faite sans résultat.

On imagina la fermeture des chenaux de l'est, en rejetant les eaux dans le chenal de Picquey, ainsi que l'obstruction du chenal de Cousse. Ces projets furent abandonnés à cause de l'incertitude des résultats.

On tenta un système de défense locale sur les points attaqués, soit une digue longitudinale en enrochements d'une longueur de 1,840 mètres, à 180 mètres environ au large des perrés, arasée à 7 mètres au-dessous des basses mers de vive eau. 14 épis transversaux, de 75 à 100 mètres, devaient relier la digue au talus sous-marin dans lequel ils se soudaient à 2 mètres sous les basses mers. Ces travaux allaient du débarcadère d'Eyrac à 360 mètres à l'aval de l'allée de la Chapelle.

Le projet fut approuvé le 1er août 1877. — Coût 400,000 fr.

En 1878 on commença les travaux devant la Chapelle. La

digue fut construite sur 800 mètres de long, ainsi que 8 épis, mais les érosions devenant plus actives et les résultats qu'on attendait de ces travaux étant négatifs, on les abandonna à la suite d'une décision ministérielle du 17 juin 1881, après une dépense de 291,124 fr. 21.

En 1883 un projet de construction d'épis est approuvé par décision ministérielle, et le 10 mars 1884, le Conseil municipal d'Arcachon, à qui ce projet est soumis, y donne son adhésion ; mais, le 24 mars 1885, une décision ministérielle le modifie et la question est pendante depuis.

CONCLUSION

La reprise des projets du baron d'Haussez et de Wissocq, en les adaptant aux progrès accomplis depuis 1830 et 1839 dans l'art des grands travaux maritimes, serait possible en ce qui concerne l'entrée du bassin.

Les courants à l'Océan, au nord-ouest du phare, n'ont pas une violence telle qu'ils puissent être un obstacle à leur réalisation et, en tout cas, les moyens puissants de dragage, dont on dispose seraient là facilement applicables, tandis qu'on ne peut rien tenter sur les passes au sud du cap Ferret.

L'étude des améliorations obtenues, en Hollande notamment, dans des baies ayant un régime similaire à celui du bassin serait nécessaire ; car, abandonné à lui-même, le bassin d'Arcachon peut se fermer à la suite d'une série de gros temps, tandis qu'amélioré et rendu praticable à l'entrée, il peut, au contraire, être d'un grand secours pour le commerce et pour la défense nationale.

Enfin, une ville récente et florissante, Arcachon, dont les débuts promettaient un grand avenir et qui s'est imposé de gros sacrifices, se voit tout à coup, depuis quelques années, menacée dans sa propre existence. Sur une longueur de près de 3 kilomètres, la plage corrodée ne résiste plus et disparaît totalement, laissant la mer attaquer les propriétés riveraines.

Aussi conviendrait-il d'appeler l'attention des pouvoirs publics sur une situation aussi grave et aussi périlleuse pour le bassin, que l'étaient, pour la région, les envahissements des dunes au siècle dernier.

J'ai, en conséquence, l'honneur de vous proposer le vœu suivant :

« Le Congrès,
» Considérant qu'il y a lieu de s'occuper sans plus tarder :
» 1° D'empêcher la plage d'Arcachon de disparaître ;
» 2° De rendre l'entrée du bassin praticable en tous temps et
» aux navires de tous tonnages ;
» Émet le vœu :
» Que le Gouvernement procède à l'étude des travaux néces-
» saires. »

Ce vœu est adopté.

La séance se termine par la communication suivante de M. Hautreux, sur l'*Amélioration d'une rivière à marée :*

Amélioration d'une rivière à marée ;

Par M. HAUTREUX,
lieutenant de vaisseau, vice-président de la Société de géographie de Bordeaux.

Un cours d'eau tend à creuser son lit en déplaçant les éléments meubles du fond. Les lois auxquelles obéissent ces déplacements, font l'objet des recherches des ingénieurs hydrauliciens ; tant que les eaux s'écoulent dans le même sens, on reconnaît que les sinuosités du fleuve commandent l'emplacement des mouilles et des bancs ; par conséquent, tous les travaux d'amélioration sont basés sur ces considérations. Par le rétrécissement des rives, on peut augmenter la rapidité du courant et, par suite, sa force creusante.

Il n'en est plus de même pour un fleuve ou un estuaire, soumis aux alternances des courants de la marée. Les lois applicables aux courants uniques en direction ne peuvent rendre compte des phénomènes que produisent les courants alternatifs, avec leurs changements de niveau et de direction, aux diverses heures de la marée.

Les tentatives faites dans cet ordre d'idées ont amené de trop nombreuses déceptions. On connaît, dans ce cas, l'effet fatal du rétrécissement des rives. Ce système paraît abandonné, et on semble admettre que dans les travaux d'amélioration il ne faut plus toucher au lit majeur du fleuve, c'est-à-dire à l'espace que doit recouvrir la marée, et borner ses efforts à modifier le lit mineur, c'est-à-dire le fleuve à l'étiage, dans le sens le plus favorable pour la navigation.

Ce lit mineur est généralement parsemé de bancs, dont les emplacements sont plus ou moins fixes, plus ou moins variables, et qui servent de rives directrices aux différents lits de courants de la marée.

Parmi les bancs des fleuves, il en est qui ont existé sur les mêmes points pendant plusieurs siècles, et d'autres qui se sont déplacés dans un petit nombre d'années.

Ces modifications ont été l'œuvre soit de la nature, soit du travail des hommes.

Ce sont les premières, surtout, que nous désirons étudier brièvement, dans la Gironde particulièrement, en nous servant de documents historiques incontestables.

L'EMBOUCHURE

Une lettre d'un moine de Cluny, datée de l'an 1080, dit que l'île de Cordan est séparée de la côte du Médoc par un chenal dangereux à traverser. Les plus anciens portulans, datés de 1318, 1367 et 1375, marquent à l'embouchure de la Gironde l'île de Cordan, et des dangers qui se trouvent dans le N.-W., près de la pointe de la Coubre actuelle.

Les cartes de 1580, de Waghenaer, et celle du siège de Blaye de 1592, indiquent d'une manière précise que la passe de l'entrée de la Gironde se trouvait dans l'ouest de Cordan, entre cet îlot et une suite de bancs nommés les Anes. On y trouvait d'assez grandes profondeurs. Une autre passe, dite passe Espagnole, existait entre Cordan et la côte du Médoc, praticable pour les navires de plus faible calaison.

A partir du règne d'Henri IV, les documents deviennent plus précis et se multiplient. L'état de choses que nous venons d'indiquer s'est maintenu sans grand changement jusque vers 1780.

Vers cette époque, à la suite de terribles coups de vent, de violentes perturbations se produisirent à l'embouchure de la Gironde, comme à l'entrée du bassin d'Arcachon et dans la baie de Saint-Jean-de-Luz.

En mars 1782, Saint-Jean-de-Luz est envahi par la mer et à moitié détruit. Dans le même temps, le cap Ferret s'allonge vers le sud en rejoignant les deux bancs de la passe d'entrée.

Aux alentours de Cordouan, les bancs des Anes sont détruits et culbutés dans la passe d'entrée (passe du Mattelier), la Pointe-de-Grave est corrodée de plusieurs centaines de mètres, et des bancs de sable sont jetés sur la côte de Terre-Nègre qu'ils prolongent vers l'ouest.

Depuis cette époque, très précise, le dessin sous-marin des bancs de l'embouchure est complètement modifié, le jeu des marées a dégagé une passe suffisante pour les grands navires, près de la pointe de la Coubre, dans une direction absolument différente de celle de l'ancienne passe du Mattelier, moins profonde et moins stable que celle-ci.

L'histoire nous montre donc, à un moment précis, une modification excessivement importante, dans un état de choses plusieurs fois séculaire, par suite d'un accident météorologique et que le travail humain ne peut espérer rétablir en sa situation primitive. La puissance destructive des lames de fond s'oppose à toute construction de digue à l'ouest de Cordouan. Il n'en est plus de même à l'est du phare où des assises rocheuses solides permettraient d'asseoir des travaux de défense et d'amélioration de la passe de Grave, la seule qui ait chance d'approfondissement.

GIRONDE MARITIME

Les cartes de 1580 et années suivantes jusqu'en 1780, montrent que depuis la Pointe-de-Grave ou Royan, jusqu'à l'île de Patiras ou Pauillac, il existait une suite de bancs, au milieu du fleuve, partageant son lit en deux chenaux bien distincts et assez profonds, surtout le long de la côte du Médoc.

La route des navires suivie en 1580 était encore pratiquée de même en 1780.

Mais à ce moment, en même temps que les bancs de l'embouchure étaient bouleversés, ceux de l'intérieur du fleuve étaient remaniés; quatre d'entre eux disparaissaient, et tandis que les profondeurs se maintenaient et même s'amélioraient dans la partie de la Gironde où les bancs avaient résisté; les profondeurs diminuaient de *deux mètres* de chaque côté des bancs qui avaient disparu; et le sol du fond se nivelait d'une rive à l'autre, formant la barre actuelle de la Maréchale si gênante pour la navigation à vapeur.

Ce second fait historique s'est encore produit sans l'intervention de l'homme. On est en droit de le considérer comme une conséquence des troubles causés, dans la direction des courants de marée, par le bouleversement des bancs de l'embouchure et le changement de direction des passes de l'extérieur.

Toujours est-il, que là où les bancs ont été maintenus, les profondeurs se sont conservées et même améliorées, et que là où les bancs ont été détruits, les profondeurs ont grandement diminué dans les deux chenaux.

Il est certain que l'on pourrait rétablir l'état ancien et reconstituer les bancs disparus. La partie du fleuve que nous considérons, située entre l'île de Patiras et la pointe de Castillon, n'est pas exposée aux lames de fond qui rendent tout travail impossible à l'embouchure extérieure; dans toute cette partie du fleuve, des travaux de défense des côtes, d'enrochements, ont montré par leur durée que les endiguements peuvent y être pratiqués en toute sûreté. La reconstitution de ces bancs avec leur dessin primitif est d'un résultat assuré.

GIRONDE SUPÉRIEURE

Entre le Bec-d'Ambès et l'île de Patiras, les anciennes cartes montrent qu'il n'existait pas d'autres îles que Patiras, le Pâté, l'île du Nord et l'île Cazeau, entourées d'un grand nombre de bancs jusqu'en 1790. Les navires, après avoir touché Pauillac, se dirigeaient sur Blaye, par des chenaux très variables et sans profondeur, puis longeaient la côte de Plassac et de la Roque pour s'engager dans le Bec-d'Ambès.

Près de la côte de Plassac se trouvaient des profondeurs, et des bancs existaient près de l'île du Nord.

De 1792 à 1815, la navigation fut à peu près nulle en Gironde. Les riverains, désireux d'augmenter leurs propriétés, achetèrent à l'État non seulement les bancs de sable voisins de leurs terres, mais encore les bancs qui étaient au large; par des plantations et du colmatage, on transforma ces bancs en îles.

C'est ainsi que se formèrent, vis-à-vis de Blaye, le Grand-Fagnar et le Petit-Fagnar; puis, vers le bras de Macau, les atterrissements de Soussans et de Margaux, l'île Verte et les prolongements de l'île Cazeau.

La passe, qui depuis des siècles existait entre Pauillac et Blaye se combla. Les profondeurs qui existaient vers Plassac et La Roque disparurent et furent remplacées par un banc qui s'est développé jusqu'en ces derniers temps; mais par contre, en face de ce banc de Plassac, et près de la rive de l'île Verte et de l'île du Nord, il s'est créé des profondeurs très utiles à la navigation.

Nous voyons encore, dans cette partie du fleuve, les profondeurs liées à la formation des bancs et le rôle néfaste produit par la formation des îles, qui sont de véritables rétrécissements du lit majeur.

GARONNE MARITIME

Dans la partie du fleuve comprise entre le pont de Bordeaux et le Bec-d'Ambès, il a été fait depuis 1806 de très grands travaux sur les rives, tendant à opérer des rétrécissements du lit majeur : les résultats n'ont pas répondu aux espérances conçues. Nous ne voulons étudier que les faits provenant du jeu naturel des forces mises en présence par la marée.

Les cartes anciennes, depuis 1708 jusqu'à l'époque actuelle, montrent le lit mineur du fleuve occupé par moitié par une suite de bancs rattachés tantôt à la rive droite, tantôt à la rive gauche. Ces bancs ont de tout temps existé sur les mêmes emplacements; partout où le haut fond s'élève jusqu'au niveau de l'étiage, en face, sur l'autre rive, existent des profondeurs, des mouillages, comme à Purgues, à Lagrange, à Lormont et dans le port de Bordeaux. Partout, au contraire, où ces bancs s'élèvent à peine au-dessus du fond du fleuve, au Bec-d'Ambès, à Montferrand, en face de Bassens, le chenal perd de sa profondeur.

Nous voyons encore dans cette partie du fleuve les bancs remplir la même fonction que dans la Gironde; ils sont nécessaires pour creuser le chenal en rétrécissant le lit mineur, sans porter atteinte au lit majeur.

Pour que le banc produise toute sa force utilisable, il faut qu'il rétrécisse le lit mineur en occupant complètement une partie de la section transversale, sans jamais dépasser le niveau d'étiage ou de basse mer moyenne; au-dessus de ce niveau, il formerait obstacle au développement de la marée, il deviendrait rapidement une île; mais pour produire tout son effet utile, il est nécessaire qu'il atteigne le niveau de basse mer moyenne.

Dans cette partie du fleuve, la section du lit mineur est toujours, en surface, la moitié de la section du lit majeur; c'est une conséquence des durées relatives du flot et du jusant; la durée du flot est moitié de la durée du jusant. Si l'on altère par un travail quelconque cette proportion, le fleuve travaillera par érosion ou colmatage à la rétablir.

Les considérations que nous venons d'exposer, sur la fonction que remplissent les bancs dans une rivière à marée, indiquent les procédés à employer pour approfondir les passes nécessaires à la navigation, sans apporter aucun trouble dans le régime du fleuve et sans crainte de produire des répercussions dangereuses soit pour l'amont, soit pour l'aval. Les moyens à employer doivent s'appuyer sur les deux principes suivants :

1º Respecter absolument le lit majeur d'un fleuve, dans ses rives comme dans ses obstacles naturels;

2º Accentuer dans le lit mineur les obstacles, dont le fleuve a parsemé son cours pour s'y créer un chenal, afin d'augmenter la profondeur de ce chenal.

Ces principes appliqués à la rivière de Bordeaux devraient tendre aux résultats suivants :

1º Exhausser le banc de Queyries pour approfondir le port de Bordeaux;

2º Exhausser le banc de Bacalan pour creuser la barre de Bacalan;

3º Exhausser les bancs de la Sole jusqu'à la traverse de Bassens;

4º Exhausser le banc de Pachau pour approfondir le mouillage de Purgues;

5º Exhausser le banc du Bec-d'Ambès contre l'épi et fixer à sa suite le banc d'entre Garonne et Dordogne;

6º Exhausser les bancs de Pauillac à Trompeloup, à la dis-

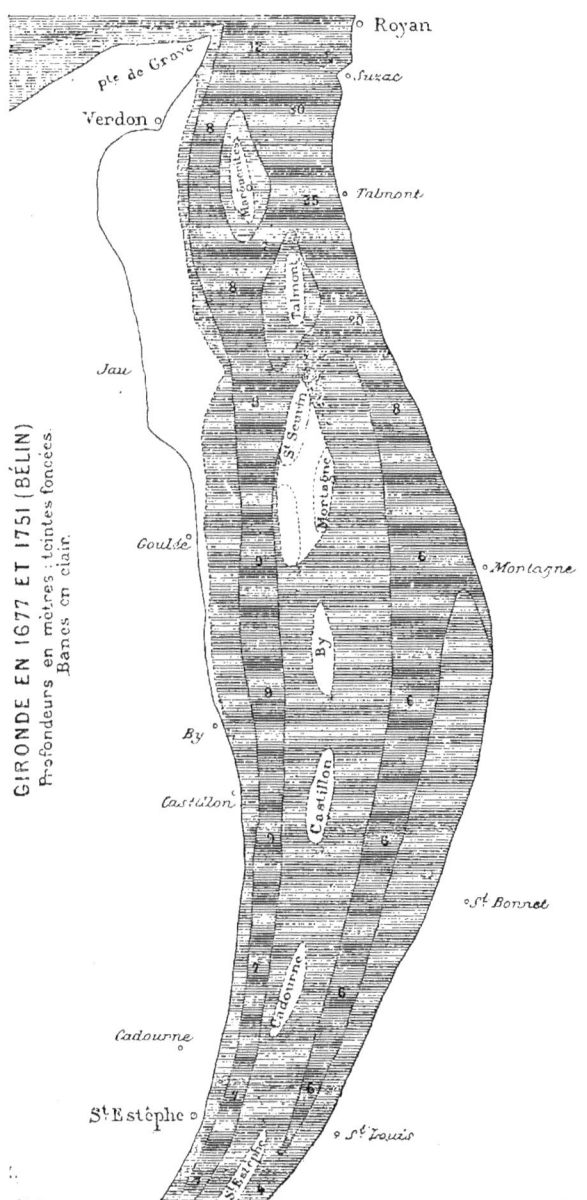

tance de terre donnée lors des meilleurs sondages, et faciliter l'accroissement de ces bancs vers Patiras pour porter obstacle au déplacement du chenal vers les îles;

7° Par des enrochements, reconstituer le pourtour des bancs anciens de Saint-Vincent, By et Castillon.

Par ces travaux on obtiendra, dans les passes, les profondeurs que l'on voudra, car, la section en travers d'un point quelconque du lit mineur étant connue, les travaux qui altéreront la surface de cette section, forceront le fleuve à recouvrer la surface perdue en déplaçant les éléments meubles de son lit; lesquels sont, dans le cas de la Gironde, les vases qui forment le fond des passes de navigation.

Quant au transport de ces vases au large, le fleuve lui-même s'en chargera, comme il le fait actuellement et comme le prouve l'analyse des troubles vaseux que le fleuve transporte chaque jour et à chaque marée, hors de son embouchure.

Nous présentons, à l'appui de ce travail, la carte de la Gironde maritime ancienne en 1677 et 1751, montrant les modifications considérables subies par les passes de navigation de la Gironde maritime à la suite de la disparition des bancs de Cadourne, Castillon et By.

La séance est levée à cinq heures et demie.

Le Secrétaire de la séance,
Secrétaire de la Société de géographie de Bordeaux,

A. NICOLAÏ.

III. — Promenade à l'Exposition.

Conformément à l'ordre du jour, la soirée du samedi 3 août a été consacrée à une promenade dans l'Exposition. Dès neuf heures du soir, les membres du Congrès arrivaient en grand nombre au point de ralliement, et, guidés par le secrétaire général et plusieurs autres membres du bureau de la Société de géographie commerciale de Bordeaux, ils visitaient avec intérêt, malgré la pluie qui commençait à tomber, quelques-unes des principales attractions de l'Exposition philomathique.

Les villages annamite et africain habités par une cinquantaine d'annamites ou cambodgiens, et par plus de 80 sujets noirs, sont d'abord parcourus par les congressistes qui sont surtout frappés du contraste curieux existant entre les deux races. Ainsi que le faisait remarquer dans son numéro du 12 mai 1895 le *Journal de l'Exposition* : « Les Annamites tranquilles, silencieux, le masque presque impassible, soit qu'ils forgent, qu'ils peignent, qu'ils tissent, sculptent, restent enfermés dans leurs cases. Les noirs au contraire sont dehors, vont et viennent, parlant bruyamment entre eux, rient en découvrant des dents blanches et longues, gesticulent et fument surtout avec une satisfaction évidente. Ajoutons qu'une quinzaine d'enfants à peine vêtus, la tête rasée, s'amusent, gambadent, vont de leur case à la cuisine, de leur mère à leur père, animant encore le tableau si pittoresque de toute cette population qui se remue, s'agite et ne fait rien. »

Les visiteurs se dirigent ensuite vers les fontaines lumineuses qui projetaient au centre de l'esplanade, au-devant du monument des Girondins leurs gerbes irisées. Descendant par l'escalier rustique qui mène à la chambre de manœuvre, ils pénètrent dans le sous-sol et assistent aux diverses opérations qui produisent la combinaison et la distribution des gerbes, et, sous l'action de la lumière électrique, donnent naissance aux changements de couleurs.

Le reste de la soirée est consacré à une visite détaillée de la maison électrique. Elle n'était pas encore ouverte au public, mais les constructeurs veulent bien faire une gracieuse exception pour les congressistes et c'est avec un vif intérêt qu'ils en parcourent toutes les parties. Entrant par l'escalier qui conduit à la salle des machines, ils assistent au fonctionnement des divers appareils (moteurs à vapeur, dynamos, accumulateurs, etc.) qui produisent l'énergie et la lumière; s'arrêtent quelques instants devant l'ingénieux tableau de distribution, dont les multiples combinaisons permettent d'envoyer cette énergie et cette lumière en un point quelconque de l'édifice, et montent aux différents étages dont ils visitent toutes les pièces, et où ils trouvent réunies les applications les plus variées de l'électricité, non seulement à l'éclairage, au téléphone et au chauffage, mais encore à la désinfection, à la cuisine, au blanchissage, à la fabrication de la glace et à la photographie. Une poupée pleurant dans son berceau que balance une force invisible, au son d'une chanson phonographiée, intéresse particulièrement les dames du Congrès.

Après avoir traversé les appartements, richement meublés et décorés avec goût, ils arrivent à la plate-forme de la tour de l'ascenseur d'où ils contemplent, à travers les quelques gouttes de pluie qui tombent encore, le brillant éclairage des jardins de l'Exposition. Bientôt après ils se retrouvent à l'Electric-bar où un champagne d'honneur leur est gracieusement offert par les concessionnaires de la maison électrique.

La Société de géographie commerciale de Bordeaux adresse ici, pour le charmant accueil qu'ils ont bien voulu faire au Congrès pendant cette soirée, tous ses remerciements à M. et à Mme Gravière, concessionnaires des villages annamite et africain; à M. Maurin, hydraulicien, qui présidait au fonctionnement des fontaines lumineuses, ainsi qu'à M. Dolter, ingénieur de la maison électrique, et à ses collaborateurs.

CONGRÈS NATIONAL DES SOCIÉTÉS FRANÇAISES DE GÉOGRAPHIE

BORDEAUX 1895

EXCURSION DU 4 AOUT

LES CONGRESSISTES SUR LE PONT
DU « LOT-ET-GARONNE »

Cliché de M. Marcel CHARROL   Photogravure A. COURRÈGES, Libourne

CONGRÈS NATIONAL DES SOCIÉTÉS FRANÇAISES DE GÉOGRAPHIE

BORDEAUX 1895

EXCURSION DU 4 AOUT

L'ARRIVÉE A LANGON

Cliché de M. Marcel CHARROL　　　　　Photogravure A. COURRÈGES, Libourne

CONGRÈS NATIONAL DES SOCIÉTÉS FRANÇAISES DE GÉOGRAPHIE

BORDEAUX 1895

EXCURSION DU 4 AOUT

L'ARRIVÉE A SAINT-MACAIRE

Cliché de M. Marcel CHARROL   Photogravure A. COURRÈGES, Libourne

CONGRÈS NATIONAL DES SOCIÉTÉS FRANÇAISES DE GÉOGRAPHIE

BORDEAUX 1895

EXCURSION DU 4 AOUT

LES ÉCLUSES DU CANAL LATÉRAL

Cliché de M. Marcel CHARROL   Photogravure A. COURRÈGES, Libourne

CONGRÈS NATIONAL DES SOCIÉTÉS FRANÇAISES DE GÉOGRAPHIE

BORDEAUX 1895

EXCURSION DU 4 AOUT

RUINES DU CHATEAU DE LANGOIRAN

Cliché de M. Marcel CHARROL   Photogravure A. COURRÈGES, Libourne

QUATRIÈME JOURNÉE

Dimanche 4 août.

Excursion en rivière jusqu'à l'entrée du canal latéral de la Garonne.

Le dimanche 4 août a eu lieu l'excursion organisée en l'honneur du Congrès par la Société de géographie commerciale de Bordeaux.

Le départ a eu lieu à sept heures du matin au ponton du quai de la Grave, sur le *Lot-et-Garonne* de la Compagnie Gironde-et-Garonne.

Empêché par un deuil récent, le président du Congrès, M. de Mahy, n'avait pu prendre part à l'excursion. Parmi les congressistes étrangers à notre ville on remarquait MM. Gauthiot, le capitaine Lapasset, le capitaine Marchand, Lorin, Turquan, Lourdelet, le comte de Saint-Saud, le colonel Blanchot, Barbier, Layec. A noter aussi la présence de quelques dames et de plusieurs journalistes. En tout, une cinquantaine de personnes.

Pendant la première partie du voyage une pluie battante ne cesse de tomber. Heureusement qu'à Baurech le soleil se montre, et permet d'admirer le double panorama que les deux rives de la Garonne font défiler sous nos yeux. Pour plusieurs de nos hôtes, c'est une véritable surprise que de trouver si luxuriants, si variés d'aspects, si pittoresques les bords de la Garonne. Plus d'un regrette dans son for intérieur de s'être laissé aller à trop admirer, sur la foi de récits étrangers, des spectacles moins beaux que celui-là.

Que manque-t-il à ces rives pour attirer le touriste? Le Rhin de Mayence à Cologne, le beau Danube bleu en amont de Vienne n'ont rien de plus romantique et de plus séduisant que la trop modeste Garonne. Et l'on dit que les habitants de ces régions sont portés à grossir les choses, à vanter outre mesure leur pays! C'est pure calomnie, car le fleuve est au-dessus de la réputation que lui font ses riverains. Les vieux burgs n'y manquent point, et il y a une « Garonne héroïque » aussi curieuse à voir que le « Rhin héroïque ». En moins d'une heure, comme dans les récits d'épopée, châteaux et vieilles tours se succèdent sans interruption : c'est Langoiran, aux débris si majestueux encore; c'est Rions avec ses antiques murailles; c'est Cadillac surtout, dont on admire l'enceinte fortifiée, la flèche élégante et le hardi château Renaissance, si fièrement campé sur le rebord du plateau. Décidément, il n'a manqué à ces rives pour attirer les visiteurs que le prestige des légendes épiques et que le passage d'un grand poète. Pourquoi faut-il que Victor Hugo ait pris au pied de la lettre le factice enthousiasme des bardes d'outre-Rhin pour leurs moindres rochers? Les bords de la Garonne, eux aussi, étaient dignes de son génie.

Lorsque le *Lot-et-Garonne* passe devant Langon, le canon tonne : le beau temps est revenu, et le soleil ajoute à l'air de fête qu'a pris la petite ville pour recevoir le Congrès à son retour du canal latéral.

Vers dix heures, arrivée à Saint-Macaire. Le maire, M. Giresse, et son adjoint, M. Dancy, entourés du Conseil municipal reçoivent les excursionnistes. Malgré la pluie qui tombe de nouveau, et sous les parapluies qui ruissellent, M. le commandant Bonetti, avec sa verve des meilleurs jours et sa bonne humeur coutumière, fait les présentations d'usage.

Flanqué du tout Saint-Macaire, le cortège parcourt les rues de l'antique Ligena. Il y eut là, en effet, au moyen âge, surtout au temps des guerres anglaises, une place forte importante. La ville a gardé des ruines intéressantes : telle de ses rues est encore bordée de maisons à grandes ogives et à croisées de pierre. L'église, romane avec des remaniements gothiques, est fort curieuse ; et, comme tout bon géographe est doublé d'un archéologue, les conversations vont leur train, et chaque détail trouve un admirateur.

Mais déjà l'heure fixée pour le déjeuner à bord du *Lot-et-Garonne* est passée. On revient donc rapidement à travers les rues de la charmante petite cité, où tout à l'heure on passait en flânant ; et il n'y a pas de retardataires, lorsque, après avoir pris congé de nos hôtes, nous nous asseyons à la table, dressée sur le pont, à l'abri d'une tente. Ce repas en plein air, pendant que le vapeur remonte jusqu'à Castets, est particulièrement agréable ; et pour beaucoup il restera un des bons souvenirs du Congrès. L'heure des toasts venue, on entend MM. Gebelin, Guénot, Gauthiot, le capitaine Lapasset, le capitaine Marchand, le comte de Saint-Saud, le colonel Blanchot, Manès, Lourdelet ; et ni les dames, ni la presse, ni la Société de géographie de Madrid, ni notre sympathique secrétaire général ne sont oubliés dans les spirituelles improvisations qui se succèdent.

Il est une heure : nous voici arrivés au canal latéral et au bourg de Castets. Le maire de cette localité, M. Fondeville, nous en fait les honneurs et nous conduit jusqu'aux premières écluses du canal. Elles ne s'ouvrent pas aussi souvent qu'elles le devraient, ces magnifiques écluses ; la navigation n'est guère active dans ces parages. Tout le long de la route, nous avons entendu des doléances à ce sujet : tout à l'heure c'était le Conseil municipal et les mariniers de Saint-Macaire ; dans un moment, ce sera le tour des autorités de Langon. Pourquoi laisse-t-on inutile cet admirable canal du Midi et cette belle voie fluviale que pourrait devenir la Garonne, de Bordeaux à Agen ? L'an dernier, pendant un long mois d'été, la navigation n'a pu dépasser Langon : tout un mois de chômage pour ces intéressants travailleurs qui constituent la marine d'eau douce, si utile et si dévouée. Nous songions tout à l'heure au Rhin et nous le déclarions trop vanté au point de vue du pittoresque et de la beauté des rives. En revanche, il est bien supérieur à la Garonne comme services rendus à la navigation. Le touriste qui le parcourt s'étonne de l'interminable file de bateaux marchands qui le sillonnent continuellement. Sans doute, il est plus profond, mais combien plus rapide aussi! Notre Garonne pourrait à bien peu de frais rendre les mêmes services, en attendant le canal à moyenne section qui se fera peut-être un jour. Quelques dragages sur le fleuve, quelques réparations pour le canal, et la Garonne redeviendrait ce qu'elle aurait dû toujours être, la meilleure artère fluviale de toute la région française. Qu'on y dépense seulement le quart de ce qui a été consacré (avec raison, d'ailleurs), à la Seine, et l'on verra aussitôt les magnifiques résultats!

A deux heures, nous repartons pour Bordeaux.

Le programme marque un arrêt à Langon. La riche petite ville s'est mise en frais pour recevoir le Congrès de géographie. Les maisons sont pavoisées, et la fanfare, sous l'habile direction de M. Audoir, joue la *Marseillaise*, pendant que le canon tonne de nouveau. MM. Fabre, maire; Féraudet, adjoint; Tarride, Périguey, Jugla, Lasserre, Cazebonne et Boyer, conseillers municipaux, reçoivent les membres du Congrès, et les convient à un vin d'honneur servi dans la salle des conférences de l'école primaire. Le Sauternes coule à flots. Plusieurs toasts sont portés, notamment par MM. Fabre, maire de Langon; Blanchot, Barbier, Bonetti, Guénot, Lourdelet et Gauthiot. Ils roulent sur la navigabilité de la Garonne, qui reste, maintenant que les vignes sont reconstituées, le grand souci de tous les riverains en amont de Bordeaux. Les membres du Congrès promettent de porter à qui de droit les doléances fort justes des populations garonnaises.

Le retour, moins contrarié par la pluie que le voyage du matin, a été coupé par un arrêt de quelques minutes à

Langoiran, où M. de Gaulne, maire, a souhaité la bienvenue. La fête locale, toujours très animée, battait son plein. Aussi les excursionnistes ont-ils bien mis à profit leurs dix minutes de séjour dans cette localité. Pendant qu'une partie d'entre eux allaient s'assurer que les mollets de l'inévitable géante des fêtes foraines n'étaient point « truqués », d'autres, amateurs d'exercices violents, montaient à cheval sur le manège contigu au débarcadère.

Au total, l'excursion terminée vers sept heures a été de tous points réussie. Elle a contribué à resserrer les liens d'estime et d'amitié qui doivent unir tous les amis de la géographie, et à rendre plus courtoises encore, si possible, les discussions des jours suivants.

A plusieurs reprises, un jeune congressiste, M. Marcel Charrol, a photographié les voyageurs.

Le Secrétaire,
Secrétaire de la Société de géographie de Bordeaux,

G. ROSSIGNOL.

CINQUIÈME JOURNÉE

I. — Séance du lundi 5 août (matinée).

Président M. le colonel BLANCHOT, délégué de la Société de géographie de Tours.

Assesseurs : { MM. le capitaine LAPASSET, délégué du Ministère de la guerre.
le lieutenant de vaisseau MARTIN, délégué du Ministère de la marine.

La séance est ouverte à neuf heures.

M. LE PRÉSIDENT donne la parole à M. Guénot pour la communication suivante :

Des effets du déboisement dans les Pyrénées ;

Par M. GUÉNOT,
Secrétaire général de la Société de géographie de Toulouse.

On pourrait dire que l'un des principaux objets de la géographie devrait être l'étude de l'aménagement et de la conservation des forêts de la haute montagne, tant leur importance est considérable dans leur corrélation avec la topographie, la météorologie, le régime des eaux, l'agriculture, les voies de communication, les travaux d'art, la population, en un mot avec tout ce qui a trait au relief du sol, avec tout ce qui est utile ou simplement agréable à la vie, à l'industrie humaine. C'est à ce titre que cette étude a sa place marquée dans nos assemblées, et c'est aussi pourquoi, sans doute, vous avez bien voulu m'inviter à compléter, au Congrès de Bordeaux, la communication déjà présentée sur ce sujet à Lyon, communication à laquelle vous avez ménagé un si bienveillant accueil.

En raison même de l'importance du sujet et des questions qui s'y rattachent, il en est peu qui aient été plus controversés et qui aient donné lieu à des opinions plus divergentes, bien qu'on ne l'agite guère que depuis le commencement du siècle.

Certains esprits, amis du paradoxe, se sont plu à contester les influences bienfaisantes des forêts; mais aujourd'hui les observations ont été si nombreuses et si concluantes, que la discussion n'est plus possible que sur certains détails, et tous ceux qui ne nient pas l'évidence ont été amenés à reconnaître le rôle considérable des forêts dans la physique générale du globe.

Comme principe général, il est admis que la présence des forêts dans les bassins supérieurs des fleuves est indispensable à la conservation de l'humus ou terre végétale, de ce tissu spongieux dans lequel circulent les eaux vives, de cette couche superficielle normale de ce qu'on pourrait appeler la terre fertile peuplée et civilisée, tandis que leur disparition coïncide avec le retour de l'aridité, du désert, de la barbarie.

Les solitudes désertiques de l'Europe, de l'Asie, de l'Afrique et de l'Amérique, l'Islande, le Groënland, la Thuringe, les causses des Cévennes, les plateaux de la Castille, la Mésopotamie, la Palestine, la Mauritanie, les Montagnes-Rocheuses, offrent des exemples aussi nombreux que décisifs des funestes résultats de la destruction des forêts. Cette énumération bien incomplète de faits devenus classiques est suffisante, sans qu'il soit nécessaire d'insister davantage. Partout l'histoire de la civilisation montre l'homme abattant les forêts jusqu'à ce que le désert s'ensuive.

Cependant, pendant longtemps, en France, les ressources forestières exploitables, réglementées et régies par des coutumes et des intérêts locaux qui se faisaient équilibre, paraissaient inépuisables, et la nature, qui les avait mises si libéralement à la disposition de l'homme, semblait devoir suffire éternellement à leur conservation. D'autant mieux que leurs propriétaires, rois, seigneurs, abbés, communes, très jaloux de leurs droits et prérogatives, ou, plus rapprochés de la nature, ayant l'intuition de l'importance des forêts, leur assuraient une protection relativement efficace. Il a fallu la Révolution et la centralisation à outrance qui a suivi, pour que l'on ait pu méconnaître les intérêts généraux du pays au point de les abandonner sans défense, sans discrétion et sans contrepoids aux intérêts égoïstes de l'individualisme moderne.

Ce n'est que lorsque les forêts ont été détruites dans certaines régions de la France et que les désastreuses conséquences de leur disparition se sont hautement manifestées, qu'on a paru s'apercevoir de leur rôle primordial et imprescriptible. Les malheurs ont été si grands, leur cause si évidente, qu'il a fallu se préoccuper de la restauration des régions montagneuses.

Mais s'il est facile en cette matière comme en tant d'autres de détruire, il n'en est pas de même pour reconstruire. Le problème du reboisement était si ardu qu'il paraissait insoluble, et les hommes de dévouement qui se consacrèrent à sa recherche furent considérés tout d'abord comme des théoriciens, comme des rêveurs. Ils ont dû réaliser des merveilles pour réduire au silence les détracteurs systématiques qui s'acharnaient à méconnaître leurs géniales conceptions.

Il est agréable d'avoir à constater que la solution de cette question délicate et ardue a été trouvée en France par l'Administration des forêts. Aujourd'hui, les observations et les expériences se sont multipliées et contrôlées les unes les autres de telle sorte que les résultats obtenus ont acquis une précision mathématique. Il est démontré que la montagne ruinée et désorganisée par l'imprévoyance de l'homme peut retrouver son épiderme naturel, ce manteau vivant et agissant préposé à maintenir la stabilité du sol et du sous-sol, à assurer la sécurité des hameaux, des villages et des villes, des champs et des vignobles, des versants et des plaines, en un mot à la conservation du patrimoine de la France.

Mais si le remède est trouvé, il s'en faut de beaucoup que ses applications soient proportionnées à l'étendue des besoins à satisfaire, des maux à guérir, et qu'on apporte dans cette question vitale l'esprit de suite indispensable à la réalisation de l'objectif poursuivi. Le reboisement, comme un mirage trompeur, s'effectue d'autant moins que sa nécessité apparaît plus urgente.

Ce n'est pas que, depuis un siècle, tous les hommes de gouvernement, les successeurs des Sully, des Colbert et des Turgot, ne se soient préoccupés, comme eux, de veiller à la conservation des forêts, mais les résultats ont été différents.

Nous voyons, en effet, dans les rares moments de paix, le premier Empire manifester une vive sollicitude pour ces admirables organismes de la constitution terrestre, mais sans y apporter la persévérance nécessaire. Et s'il eut le mérite apprécié de créer l'Administration actuelle des forêts, il commit la faute grave d'aliéner une partie de ce domaine, qui aurait dû rester national, en faveur de ses feudataires.

La Restauration, suivant les mêmes errements et obéissant à des préoccupations d'ordres divers, aggrava encore le danger en rendant, elle aussi, de vastes surfaces forestières à leurs anciens propriétaires, dans un milieu social et économique bien différent de l'ancien.

On crut remédier aux graves inconvénients résultant de cet abandon des forêts aux particuliers en édictant une législation rigoureuse pour les protéger contre les dangers, déjà pressentis, de la liberté et du droit commun ; mais, comme tout ce qui est excessif, cette législation fut appliquée avec de tels tempéraments qu'elle n'eut d'autre effet que de déchaîner l'hostilité de populations aveugles et ignorantes contre l'Administration des forêts, sans atteindre le but visé.

A toutes les époques, les plus grands obstacles à la restauration des montagnes et au repeuplement des forêts, furent, avec les difficultés budgétaires, les intérêts égoïstes des populations pastorales de la montagne. Après avoir inconsidérément sacrifié l'avenir au présent, elles n'ont pu encore se résoudre à sacrifier un peu du présent à l'avenir.

Dans l'étude sommaire qui va suivre, nous nous préoccuperons surtout de la région du Sud-Ouest, recherchant ce qui a trait aux forêts dans les Pyrénées.

Ces recherches nous permettront de juger de l'état de la question dans nos Pyrénées.

LES PYRÉNÉES

Le nom de Pyrénées évoque immédiatement à l'esprit des sites riants ou grandioses, de hautes montagnes, des champs de glace, des sources vives, de frais ombrages, en un mot les scènes alpestres les plus séduisantes.

Mais ce qui en fait surtout l'attrait, la riche ornementation, la décoration féerique, les cadres sublimes, ce sont les forêts. Les arbres charment le regard, impressionnent et reposent agréablement la vue et sont à la fois la vie et le mystère de la montagne.

La tradition place le berceau de l'humanité dans un jardin, et, admirable symbole, qui semble pressentir la mission providentielle du règne végétal, c'est un arbre qui renferme la science du bien et du mal.

La situation des forêts pyrénéennes est des plus avantageuses. Baignées dans les vapeurs humides de l'isthme de Gascogne, réchauffées par les rayons bienfaisants du soleil du Midi, issues d'un sol d'une fertilité incomparable, elles devraient être les plus belles des régions tempérées. L'exposition, l'altitude et le déboisement réunissent tous les climats dans les montagnes sur lesquelles elles sont assises. Au-dessus de 2,500 mètres, du Marboré à la Maladetta, s'étalent les scènes polaires, les glaciers permanents : c'est la zone glaciale ; au-dessous, sur le versant de l'Atlantique, c'est le climat tempéré du Béarn et de la Gascogne, tandis que, sur le versant méditerranéen, c'est le climat tropical du Roussillon. La végétation qui s'épanouit sur ces zones différentes, procède donc de tous les climats et de toutes les flores, et devrait, par suite, donner ample satisfaction à toutes les plantations. Malheureusement pour les forêts, l'homme, depuis des siècles, s'acharne à leur ruine avec une aveugle inconscience et une coupable cupidité. De sorte que, sous les apparences d'une brillante prospérité, elles cachent les maux qui les rongent dans leurs œuvres-vives et en compromettent l'existence même.

Or, ce n'est pas seulement au point de vue pittoresque et poétique que la perte des forêts serait à jamais regrettable, mais encore, nous le répétons, en raison de leurs fonctions importantes dans l'harmonie de tout ce qui existe à la surface de la terre.

Depuis les beaux travaux de Surrel, il est démontré qu'on ne saurait supprimer les forêts sans s'exposer aux plus terribles revanches de la nature.

N'est-il pas surprenant, toutefois, que ces enseignements ne soient pas mieux compris et que la disparition des forêts se continue en pleine civilisation, au milieu de l'indifférence publique ? La seule raison plausible de cet abandon lamentable, qui met en péril les intérêts les plus certains et les plus précieux du pays, est sans doute que, sous un régime de suffrage universel, les dangers de cette situation ne sont pas suffisamment connus pour s'imposer comme il conviendrait à l'attention du souverain : l'opinion publique.

Par suite, il résulte qu'il n'est peut-être pas superflu de passer en revue, une fois de plus, les funestes effets du déboisement dans les Pyrénées et d'en signaler de nouveau les dangers.

Topographie. — Il est un principe reconnu, c'est que les montagnes boisées gardent leur structure première et leur physionomie propre, tandis que là où a sévi le déboisement, elles se désorganisent et s'effondrent sous l'influence des agents atmosphériques. Un livre ne suffirait pas à énumérer les faits qui justifient ce principe; contentons-nous d'en indiquer quelques-uns des plus récents.

La vallée de Vic-Dessos, qui a vu ses montagnes déboisées par les exploitations abusives des maîtres de forge à la catalane, dévastation continuée et complétée par une vaine pâture inconsidérée, en a offert un exemple typique.

Le plateau dénudé de Soulcem fut surpris, cet hiver, saturé d'eau par les pluies et les infiltrations d'automne. La gelée força, boursoufla de vastes étendues et rendit meubles les couches superficielles de la roche à une grande profondeur. Une forte pluie d'orage étant survenue sur ces entrefaites, entraîna tous ces matériaux en décomposition au fond de la vallée par des milliers de ravins et de torrents. De ce seul fait, le faciès du canton de Malcarros fut profondément modifié. C'était auparavant la région préférée des pasteurs, qui y trouvaient encore des ressources appréciables pour leurs troupeaux. La vaste dépression qui existait dans toute la partie centrale du plateau fut comblée de matériaux en si grand nombre que leur poids énorme provoqua de formidables plissements.

Dix-huit combes ou ravins, de dimensions variables, sont nées de ce bouleversement; et, depuis, elles sont en activité, en toutes saisons, pour achever l'œuvre normale de désorganisation et servir d'exutoires naturels aux masses mobiles dans leur mouvement de bas en haut, mouvement qui ne s'arrêtera qu'avec le comblement de la vallée. Adieu champs et prairies, tout a disparu !

La même année, dans le canton de Pauze-Plane, le faîte déboisé de la montagne, formé d'une plaque énorme de 8 à 10 hectares, a été soulevé de sa base et précipité au bas du versant. La masse de débris entraînés au fond de la vallée, par un seul orage, a été évaluée à 30,000 mètres cubes.

Dans le bassin de la Pique, en amont de Luchon, le torrent de Laou d'Esbas, se formant sur un versant déboisé, précipita, en une seule nuit, 600,000 mètres cubes de matériaux au pied de la montagne.

Chaque gelée et chaque hiver, du golfe de Gascogne au cap Cerbère, les orages produisent des résultats analogues partout où ont été enlevées les forêts; ceux qui fréquentent ces parages ne les reconnaissent pas d'une année à l'autre, et le relief du sol s'est modifié de telle sorte qu'il n'existe plus de cartes exactes de ces régions désolées.

L'agent le plus énergique de la modification du facies du sol est le torrent, qui, comme un chancre, dévore la montagne à laquelle il s'est attaché. Lorsqu'il est en pleine activité, roulant parfois un volume de matériaux supérieur au volume de ses eaux, il couvre les parties inférieures d'immenses cônes de déjections arrachées aux flancs des montagnes qu'il détruit. Ces cônes de déjections recouvrent des centaines d'hectares de terres cultivées, qui sont changées en terres incultes. Si l'allure du torrent est moins rapide, il dépose ces déjections le long de son cours suivant les lois de la pesanteur, modifiant du tout au tout la forme des versants.

Régime des eaux. — L'influence des surfaces montagneuses boisées sur le régime des eaux n'est pas moins considérable.

La pluie, qui tombe sur les forêts, est d'abord reçue par les feuilles et les rameaux; le surplus est absorbé par le feutrage plus ou moins épais formé par la mousse, le gazon, les feuilles mortes et une couche de terre arable. Ce n'est qu'après avoir filtré lentement à travers cette série d'obstacles naturels, que l'eau arrive par mille ruisseaux, au fond de la vallée, sans compter qu'elle n'y arrive pas tout entière. Une première partie de ce liquide a été absorbée par les plantes forestières; une autre, retenue à la surface des feuilles et des rameaux, s'est évaporée, a été rendue à l'atmosphère, et enfin, une troisième partie a été retenue dans mille réseaux souterrains pour servir à l'alimentation des sources. Il suffit d'observer le rôle essentiel départi aux forêts dans la distribution des eaux de pluie, pour comprendre la perturbation profonde, irrémédiable, amenée par leur disparition dans le régime des eaux.

La pluie qui tombe sur les régions montagneuses dénudées, ne rencontrant pas ces obstacles protecteurs, ce filtre régulateur, se précipite en torrent au bas des versants, entraînant à sa suite tout ce qu'elle rencontre sur son passage ; et si le phénomène se produit sur toute une région, aussitôt tombée elle est précipitée dans le cours d'eau qu'elle enfle démesurément, entraînant de terribles inondations.

Ces faits sont démontrés par de nombreux exemples; contentons-nous d'en indiquer quelques-uns. Comparons le régime de la Têt et de la Tech, qui arrosent des régions relativement boisées, avec celui de l'Agly, où le déboisement s'est opéré sans mesure.

La Têt et la Tech ont une pente de 0^m02 par mètre, tandis que l'Agly a une hauteur de chute moins grande, environ 0^m14 par mètre. La quantité de pluie qui tombe sur les trois vallées contiguës est sensiblement la même. Dans ces conditions, et bien que la vallée de l'Agly soit moins encaissée que les deux autres vallées, cette dernière rivière a débordé seize fois et ses crues horaires ont été doubles de celles des deux autres qui, pendant la même période, ne sont sorties que neuf fois de leur lit. Alors que les désastres occasionnés par la Tech et la Têt ont été insignifiants, ceux dus à l'Agly ont ruiné le pays.

La proportion des surfaces boisées s'élève à 23 0/0 dans les bassins de la Têt et de la Tech, tandis qu'elle a été réduite à 4 0/0 dans celui de l'Agly.

Deux autres cours d'eau, la Pique et l'Onne, appartenant au bassin de la Garonne, présentent la même démonstration. La vallée de l'Arboust qui, d'après Froidour, pouvait fournir des mâts par centaines pour la flotte royale, a été si radicalement déboisée, que les habitants actuels en sont réduits, pour se chauffer, à se servir de fiente de vache ou à aller chercher du bois dans les vallées voisines, tandis que la vallée de la Pique a conservé boisée plus de la moitié de la superficie de son territoire.

En 1875, les pluies tombèrent également dans les bassins de

réception de ces deux vallées, pendant que les conditions atmosphériques furent sensiblement les mêmes, mais les crues se manifestèrent dans des conditions bien différentes.

En quelques heures, le débit de l'Onne passait de 11 à 130 mètres cubes par minute, et occasionnait des dommages s'élevant à plusieurs centaines de mille francs, tandis que la crue de la Pique, retardant de plus de douze heures sur celle de l'Onne et se prolongeant pendant plusieurs jours, n'atteignait progressivement qu'un débit de 8 à 46 mètres cubes par minute, qu'elle ne dépassait pas, et ne causait que des dégâts insignifiants évalués à un maximum de 6,000 francs.

Il est à considérer qu'en dehors de ces désastres immédiats, les eaux de l'Onne sont allées brusquement grossir celles de la Garonne et augmenter sur l'heure la crue de cette rivière d'autant. Toutes les vallées dénudées, comme celle de l'Arboust, ont évacué leurs eaux avec la même rapidité. La conséquence de ces innombrables évacuations soudaines a été la terrible inondation de 1875, dont les désastreux effets se sont faits plus particulièrement sentir à Toulouse. En vingt-quatre heures, la crue s'est élevée à plus de 13 mètres au-dessus de l'étiage, inondant le faubourg Saint-Cyprien, emportant les ponts, effondrant les maisons, noyant les habitants, dévastant les récoltes, rendant impropres à la culture les champs et les vignes, causant des pertes qu'on a évaluées à plus de cent millions.

Qui oserait dire que si toutes les hautes vallées du bassin de la Haute-Garonne eussent été boisées, comme celle de la Pique, ces irréparables malheurs n'eussent pas été évités !

Les forêts ne diminuent pas seulement la hauteur des crues, elles s'opposent encore au transport des matériaux qui exhaussent sans cesse le lit des fleuves et les font divaguer par dessus leurs rives. Ces matériaux de transport ont encore pour effet de favoriser les crues en constituant autant d'obstacles à l'écoulement rapide des eaux dans l'estuaire principal. Si les eaux étaient retenues dans les bassins supérieurs par les forêts et précipitées, au contraire, rapidement dans les bassins inférieurs, ce seraient là deux circonstances qui s'opposeraient aux inondations, ou tout au moins qui en atténueraient singulièrement les funestes effets.

Il est encore d'autres services que rendent les forêts au régime des cours d'eau. Par leur ombre protectrice, elles empêchent au printemps la fonte subite et générale des neiges aux altitudes moyennes. Elles conservent sous leurs rameaux les terres saturées d'humidité, qui alimentent les sources et les cours d'eau dans la belle saison, prévenant ainsi la sécheresse et prolongeant d'autant la période de navigabilité des rivières et des fleuves.

Ces effets mécaniques et physiques ont été résumés dans les propositions suivantes : *Les forêts réduisent le volume des crues et en prolongent la durée. Elles retardent la fonte des neiges et s'opposent aux débâcles subites. Par elles, les terres sont maintenues sur leurs pentes et l'exhaussement du lit des cours d'eau est arrêté.* (Surrell.)

Les richesses de l'immense plaine de la Garonne sont devenues, par suite du déboisement, à la merci d'une influence météorologique donnée, qui s'est rencontrée en 1875 et qui peut se reproduire demain. Le danger est d'autant plus grand que les montagnes des Pyrénées sont généralement imperméables, ce qui, sur les versants déboisés, précipite les eaux au fond des vallées avec la rapidité d'une avalanche. Qu'au printemps tombent de grandes pluies persistantes, que le thermomètre monte de quelques degrés, que sous l'influence d'un vent d'autan un peu chaud la neige fonde subitement sur les immenses espaces déboisés, et nous reverrons se reproduire demain, en quelques heures, les malheurs de 1875.

Comparaison entre la superficie de la montagne et celle de la plaine. — On a prétendu que la superficie des Pyrénées n'étant que de 400,000 hectares, alors que celle du bassin de la Garonne est de 5,600,000 hectares, c'est-à-dire douze fois plus considérable, le boisement de la surface montagneuse ne pourrait être que de peu d'effet sur les inondations [1].

Cet argument n'est que spécieux.

Il est à remarquer d'abord, ainsi que nous le disions plus haut, que les matériaux arrachés à la montagne dénudée par les torrents, exhaussent incessamment le lit des rivières, les prédisposant tout le long de leur cours et tous les jours un peu

[1] *Inondations de la Garonne et moyens d'en atténuer les hauteurs,* par M. Laurent, conducteur des ponts et chaussées.

plus à en sortir. Il y a là un travail continu qui a bien son importance.

De plus, dans les crues de la belle saison, dues aux fontes des neiges, cette fonte ne s'opère que dans la haute montagne et non dans la plaine.

En outre, c'est dans la montagne, en raison des pentes, que l'écoulement des eaux est le plus rapide et, par conséquent, le plus dangereux. L'eau qui circule avec une certaine lenteur sur les terrains peu inclinés de la plaine est, au contraire, immédiatement précipitée au fond des bassins de réception si elle tombe sur des versants dénudés.

On ne peut songer à supprimer totalement les crues, mais seulement à en diminuer l'élévation en en prolongeant la durée. Quelques mètres d'élévation de moins à l'étiage de Toulouse, et les malheurs de la ville étaient évités.

Ce qu'il importe de mettre en relief, c'est qu'il ne suffit pas de considérer les étendues diverses des surfaces comparées et les quantités d'eau reçues par chacune d'elles dans un temps donné, mais encore les vitesses plus ou moins grandes avec lesquelles ces eaux arrivent dans leur bassin de réception.

En outre, rien ne s'oppose à ce que le boisement ne soit étendu à certains coteaux de la plaine, dont d'immenses surfaces sont d'un rapport peu avantageux.

Mais il n'est pas douteux que le reboisement ne soit un remède efficace contre les inondations, ainsi que nous l'avons établi plus haut.

Avalanches. — Il est reconnu que, tout le long de la chaîne, les avalanches ne se produisent que là où les forêts ont disparu. L'hiver dernier, pendant lequel la chute des neiges a été particulièrement abondante, en a offert de nouveaux exemples; les avalanches ont causé de véritables désastres sur un grand nombre de points où elles étaient précédemment inconnues.

Le village d'Orlu, situé au pied d'un cercle de montagnes dont les versants déboisés présentent l'image de la plus parfaite désolation, avait conservé un petit bois de frênes et de noyers au-dessus de la métairie des Bazergues. Les habitants ne trouvèrent rien de mieux à faire, dans leur aveuglement, que d'abattre, l'été précédent, ces derniers arbres de la vallée. Les conséquences ne se firent pas attendre. Une avalanche se forma, là où de mémoire d'homme on n'en avait jamais vu, emporta la métairie et ses habitants, bêtes et gens, et alla écraser le village qui se trouvait au bas. Orlu fut détruit de fond en comble et ce canton, gagné à l'aridité et au désert, ne se relèvera de ses ruines que si l'on se décide jamais à reboiser ses montagnes.

Les mêmes faits se sont produits dans la haute vallée du Salat, montrant avec la même évidence les causes auxquelles ils sont dus.

Les pentes qui avoisinent le village d'Ercé ayant été rasées avec la même imprudence que celles d'Orlu, ont été saccagées avec la même intensité. Maisons, troupeaux et bergers ont été emportés par des avalanches nées dans des lieux où l'on n'en avait jamais vu auparavant.

Le climat. — L'influence des bois sur le climat est indiquée par le sens commun. En toutes saisons, d'instinct, bêtes et gens se retirent dans les forêts soit pour échapper aux rayons brûlants du soleil, soit pour se soustraire au froid de la nuit. Tout le monde sait que les régions dénudées ont un climat plus rigoureux que les pays couverts de forêts.

Ces vérités d'intuition ont été confirmées par l'observation scientifique. Les expériences concordantes de l'école de Nancy et des forestiers de Bavière les ont surabondamment démontrées.

L'action des forêts sur l'état hygrométrique de l'air a pu être exprimée, en quelque sorte mathématiquement, ainsi que l'a prouvé M. Loze, inspecteur des forêts[1].

M. Grandeau, dans son cours d'agriculture, l'a également constaté et résumé dans les propositions suivantes : « 1° à altitude égale, la fraction moyenne annuelle de saturation de l'air se maintient constamment de 3 à 9 0/0 plus élevée sous bois que hors bois; 2° l'état boisé du sol augmente la moyenne annuelle d'humidité relative de l'air dans une proportion d'autant plus élevée que l'altitude est plus grande; 3° la différence entre la saturation de l'air hors bois et sous bois s'est maintenue constamment de 5,22 à 5,28 0/0 de l'automne au printemps, tandis qu'elle a atteint une moyenne de 9,28 en été, d'où il ressort que l'action de la forêt sur l'état hygrométrique de l'air

---

[1] *De l'influence des sols boisés sur les climats.* Imprimerie L. Cyprien, 1892.

atteint, en été, presque le double de son intensité en toute autre saison. »

Quant à la température, de quelque façon qu'on groupe les périodes de temps observé par jour, par mois, par année, toutes concordent pour établir que les minima de température sont toujours moins bas sous bois que hors bois, les variations moins brusques. Les grands massifs exercent une action légèrement frigorifique croissant avec l'altitude, et réduisant, dans une notable proportion, les écarts de température.

Les courants atmosphériques sont encore plus sensiblement influencés. Le mouvement produit par la vie des plantes accumulées sur un point, le travail considérable de respiration de leurs innombrables cellules, suffit, à lui seul, à créer des courants ascendants et latéraux dans les mobiles couches aériennes. Les écarts de température entre les sous bois et les hors bois exercent également une action ayant le même résultat. Et c'est bien autre chose quand les vents qui rasent le sol rencontrent les forêts; ils sont alors déviés de leur direction normale et projetés à une hauteur d'autant plus grande que les massifs sont plus élevés. On a fait des expériences sur les vallées des Pyrénées orientées du sud au nord. Quand le vent d'Espagne rencontre les vallées, il se produit, si elles sont dénudées, une sorte d'adhérence au sol, qui le fait se précipiter avec une violence extrême du haut en bas de la chaîne, au lieu de lui laisser suivre sa trajectoire normale dans les hautes sphères, ce qui a lieu quand les vallées françaises sont boisées. On peut se rendre compte par là des conséquences qui peuvent en résulter dans la pression atmosphérique, dans la distension de l'air, dans l'abaissement ou l'élévation de la température, dans la naissance et la direction des orages.

Certaines régions sont devenues, depuis la disparition de leurs bois, le lieu de passage annuel des orages et notamment des orages de grêle : vallée du Rhône en aval de Lyon, vallée de la Garonne en amont de Toulouse.

En résumé, il est aujourd'hui établi que les forêts ont un rôle modérateur et pondérateur dans l'équilibre atmosphérique et que leur disparition entraîne les plus graves perturbations dans le climat; le fait a été démontré par de nombreuses et tristes expériences.

Sous l'influence du déboisement, le Turkestan, la Mésopotamie, la Syrie, la Palestine ont vu leur pays changé en désert. A un climat régulier a succédé un climat excessif. A une température modérée ont succédé des sécheresses intenses alternant avec des froids rigoureux.

L'Algérie a vu, sous la même influence, ses sources tarir, ses rivières se dessécher, ses pluies devenir rares et son climat extrême.

L'île de Chypre, célèbre jusqu'à nos jours par la beauté de ses forêts et la douceur de son climat, ne présente plus actuellement que l'image de la désolation. La perte des forêts y a amené un climat excessif. Les champs, autrefois cultivés, sont abandonnés parce que les récoltes n'arrivent plus à maturité, faute de pluies. Les périodes de sécheresses continues et croissantes entraînent une misère telle que chaque année une partie de la population émigre en Asie, chassée par la famine. La ruine générale est la conséquence de la ruine des forêts, et cette conséquence est si évidente à Chypre qu'elle est reconnue par tout le monde, depuis le pacha jusqu'au dernier paysan.

Dans les Pyrénées, le climat doux et humide des temps passés tend de plus en plus à se détériorer. Le chêne rouvre qui occupait autrefois de vastes espaces, disparaît peu à peu sous l'influence de la sécheresse; les hautes futaies, dans un trop grand nombre de zones montagneuses, souffrent et s'anémient; les périodes de maxima et de minima s'accentuent et l'on voit se multiplier d'une manière inquiétante les périodes de longues sécheresses, alternant avec des pluies diluviennes ou des froids rigoureux et persistants. Les vents, que rien n'arrête, ont une force de plus en plus grande et augmentent d'autant les désastreux effets de l'absence des pluies.

Voies de communication. — Les désastres occasionnés par les avalanches, les torrents et les inondations aux voies de communication, aux routes, aux chemins de fer et aux canaux se chiffrent par des centaines de millions par siècle.

En 1875, dans le bassin de la Garonne, un nombre considérable de ponts furent emportés, les chemins détruits, les canaux comblés, les voies ferrées dévastées.

Quelques années plus tard, c'était la vallée de Sauveterre qui était ravagée et voyait ses œuvres d'art disparaître en un instant.

Il n'est pas d'année où les travaux publics n'aient à réparer à chers deniers les dégâts occasionnés par les torrents et les combes, ces fruits naturels et ultimes du déboisement.

L'État réaliserait sûrement une économie considérable en prenant l'initiative d'un reboisement général de toutes les pentes déclives de la haute montagne.

Agriculture. — Nous ne rappellerons que pour mémoire les champs et les moissons ravagés par les inondations et les transports de limon rocailleux qui ont parfois pour effet de rendre stériles et incultes des surfaces considérables jusque-là fertiles.

Dans la haute montagne, la stérilité s'étend comme une lèpre à la suite du déboisement et a rendu désertes, nues et désolées, de larges zones autrefois peuplées et cultivées.

Sur le versant français et sur le versant espagnol, le fléau sévit avec la même intensité, et on constate que les villages et les lieux habités des deux pays, autrefois très rapprochés, s'en vont, s'éloignant tous les jours les uns des autres davantage.

Les abus de la vaine pâture ont détruit les herbages aussi bien que les forêts. De telle sorte que les pasteurs sont les artisans les plus actifs de leur propre ruine. Pour de misérables bénéfices immédiats, ils sacrifient l'avenir et compromettent la sécurité des habitants de la plaine et de leurs richesses.

Avant ceux des Pyrénées, d'autres pâtres ont ruiné certaines parties du monde. Les forêts du Monténégro, par exemple, ont été si bien ravagées et détruites par la vaine pâture et par les Turcs, que tout le pays s'écroule comme une ruine. Les torrents ont disloqué les montagnes et, une fois en mouvement, couvert entièrement la plaine de leurs déjections, tant et si bien qu'il est aujourd'hui impossible de trouver une surface d'un demi-hectare de terre arable d'un seul tenant dans tout le pays. Ce ne sont partout que cailloux roulants, blocs instables que les pluies du printemps mettent chaque année en mouvement. De riche qu'il était autrefois, le Monténégro est devenu le plus pauvre pays de l'Europe.

Population. — Il va sans dire que la population a suivi le même mouvement que les pâturages et les terres arables; elle a émigré dans la plaine, dans les grandes villes, où, faute de travail, elle constitue un embarras et un danger.

Il est à constater que les départements déboisés sont ceux où la population diminue avec la plus grande rapidité.

Le village de Sorgues, dans la haute vallée de l'Ariège, qui comptait au siècle dernier plus de mille habitants, n'en a pas cent aujourd'hui par suite de la disparition des forêts protectrices des cultures.

Et il n'est pas rare de voir des orages donner naissance à des torrents qui, en quelques heures, engloutissent des communes entières, habitants, maisons, troupeaux ; c'est ce qui est arrivé à la commune de Verdun (Ariège), qui avait eu l'imprudence de déboiser les forêts, sauvegarde de son existence.

On pourrait citer nombre de villages pyrénéens qui ont disparu ou vont disparaître, d'autres où la population est rédu.te à des proportions infimes, champs, prés, maisons ayant dévallé les pentes après la disparition des forêts, ou s'en allant partiellement à chaque orage.

Surrel avait déjà démontré que le même phénomène se produisait dans les Alpes, que les sols montagneux déboisés étaient livrés fatalement aux torrents et aux combes et entraînaient la disparition des cultures et celle des habitants. Un seul arrondissement des Basses-Alpes en est réduit à 12,75 0/0 de son ancienne population.

Hygiène. — L'influence hygiénique des forêts a été également démontrée. Sans parler des forêts de sapins et d'autres essences balsamiques dont les émanations sont si favorables aux malades atteints de maladies des voies respiratoires, la vie végétale s'exerçant par l'absorption de l'acide carbonique et l'expiration de l'oxygène pendant le jour assainit l'air ambiant dans de notables proportions.

La modération de la température, une production d'ozone plus abondante, un état hygrométrique moins sec, sont autant de circonstances favorables à l'hygiène dues aux forêts.

Le Dr Ebermayer a démontré au Congrès de Vienne, en 1890, la faible réceptivité des sols forestiers aux bactéries pathogènes.

Des faits nombreux, observés scientifiquement, ont montré l'influence salutaire des sous-bois pour atténuer les effets morbides du choléra, de la fièvre jaune et autres maladies contagieuses.

Les pleurésies, les fluxions de poitrine et autres maladies inflammatoires des voies respiratoires sont devenues aussi communes à Madrid que les brusques changements de température, depuis qu'ont disparu les grands bois qui protégeaient la Castille contre l'impétuosité des vents.

HISTORIQUE DU DÉBOISEMENT

Aux époques préhistoriques, il n'en était pas comme aujourd'hui; les forêts avaient tout envahi et, comme dans les pays neufs, à Madagascar et dans toute la zone forestière africaine, travailler à leur défrichement était rendre un véritable service au pays. C'est à cette œuvre de civilisation que se sont voués un certain nombre d'ordres religieux, en notre pays, qui ont acquis légitimement à ce rude labeur honneur et profit.

Les premières régions défrichées ont été les plaines fertiles aux riches alluvions qui se sont couvertes de céréales et d'autres produits agricoles nécessaires à l'alimentation de l'homme.

Mais ce défrichement aurait dû être contenu en de sages limites, et on peut dire que vers la fin du moyen âge l'équilibre était établi entre les parties découvertes et les parties boisées.

C'est depuis lors, et particulièrement pendant les XVIIe, XVIIIe et XIXe siècles, que se sont produites ces destructions intempestives, qui constituent un véritable danger national, parce qu'on a méconnu ce principe agronomique dont nos ancêtres avaient proclamé la sagesse : « La plaine à l'agriculture, la montagne aux forêts. »

On peut dire que cette disposition, imposée par les nécessités de l'agriculture, était favorable aux forêts, en ce sens que l'humidité et la fraîcheur relatives des lieux élevés, où les sécheresses sont rares, convenaient mieux au développement et à l'entretien de la végétation forestière; aussi avait-elle produit des résultats satisfaisants et s'était-elle généralisée.

La proportion des bois, par rapport aux autres cultures, s'accroît en remontant de la mer, vers les hautes vallées, suivant des lois qui ne subissent d'autres exceptions que celles qui proviennent de circonstances anormales dont les principales sont des destructions abusives dues soit à un pacage intensif, soit à des coupes déréglées, soit à des incendies, soit à des désordres de toutes sortes.

L'histoire atteste que les Pyrénées étaient autrefois peuplées de fauves. Gaston de Foix mourut de fatigue après avoir chassé un cerf avec trop d'ardeur. Le frère bâtard de ce comte lutta, corps à corps, avec un ours énorme dont les congénères étaient nombreux dans les vallées. Dans tous les documents anciens, on voit les plus petites communes proposer des récompenses à ceux qui débarrasseront le pays des bêtes féroces qui l'infestent. C'est avec les grandes forêts et les bois sombres que ces races d'animaux ont été détruites. Il reste à peine quelques loups, dans les Pyrénées, le cerf, le sanglier, le loup, l'isard même ne s'y rencontrent plus qu'à l'état d'exception. M. Latour de Saint-Ybars, allait même jusqu'à dire que l'ours Martin qu'on admirait alors au Jardin des Plantes, n'était qu'un ours espagnol, naturalisé français, pour sauvegarder l'amour-propre national.

Le mémoire de M. de Froidour, écrit en 1684, et auquel il faut toujours se reporter quand on parle de l'état ancien des forêts, fait encore une très longue énumération des ressources alors considérables des bois des Pyrénées. Il mit trois jours, dit-il, pour traverser, dans le Castillonnais, des forêts qui auraient demandé six mois pour être parcourues en détail. On voit aujourd'hui d'un seul regard les espaces vides que ces bois occupaient alors.

Le pacage intensif commençait déjà à sévir, en l'absence des seigneurs, déjà enclins à quitter la campagne pour la grande ville ou pour la cour.

Ensuite sont venus les maîtres de forges qui ont détruit systématiquement, par des exploitations abusives, toutes les forêts situées dans le voisinage de leurs usines.

L'époque de la plus grande prospérité métallurgique des mines pyrénéennes correspond à des désastres forestiers à jamais irréparables.

C'est en 1754 que l'on accorda aux ferriers, dans le Quérigut, pour les forges de Méjanes et de Puy-Valade, l'autorisation insensée de couper annuellement, sur les montagnes circonvoisines, 1,600 piles ou 9,600 stères de bois. En quelques années les forêts du canton se trouvèrent réduites de 6,255 hectares qu'elles occupaient, à 4,300 hectares tant bien que mal respectés. La *Grande Gaudide* disparut; et tels furent les résultats de cette concession qu'en 1829, l'État dut suspendre toute délivrance de bois, les forêts étant entièrement épuisées.

Il en fut de même des forêts des hautes vallées de l'Ariège et du Vic-Dessos qui, après avoir alimenté les forges de Rancié pendant plus d'un siècle, disparurent ou furent réduites à l'état de squelettes.

Au commencement du siècle, les maux occasionnés par ces causes de déboisement et par d'autres encore devinrent si évidents qu'une loi intervint, créant l'Administration forestière actuelle, et édictant des peines sévères contre les déprédateurs des forêts.

Malheureusement ces mesures ne produisirent pas tous leurs fruits.

L'Administration forestière, inexpérimentée, traita tout d'abord les forêts d'une manière empirique. Par des systèmes d'aménagement vicieux tels que la coupe à blanc estoc, la coupe par futaie, le nettoyage, elle fit des écoles dont les sols boisés firent malheureusement les frais.

« De Quérigut à Sainte-Croix, dit encore M. Latour, j'ai vu leurs essais. A la place de nos magnifiques forêts séculaires végètent des arbustes grêles et rachitiques dont les forestiers écartent, avec un soin inutile, les troupeaux. Sur des terres vagues, sur d'immenses rochers, couverts çà et là d'un peu de terre végétale, ils ont beau défendre leurs semis à grands renforts de poursuites et d'amendes, ils ne reproduiront plus ni les hautes futaies, ni les taillis épais qu'ils ont pour ainsi dire fauchés, sans avoir l'intelligence de leurs actes. Tout l'effort de ce grand zèle n'aura d'autre effet qu'ajouter à la misère des habitants de la montagne, qui, après avoir perdu leurs bois, perdent encore leur dépaissance. »

D'autre part, les populations pastorales, habituées, depuis la confiscation des forêts sur les seigneurs ecclésiastiques ou laïques, au libre parcours, ne virent pas, sans irritation, les mesures prises pour restreindre les droits plus ou moins usurpés qu'ils s'attribuaient, et inconscients du rôle d'intérêt public rempli par les forêts, mirent à les détruire un empressement et une ardeur égale à celle que les forestiers apportaient à les conserver.

Après les ferriers, les acquéreurs de biens nationaux saccagèrent à leur tour les forêts. Quoique ces biens fussent acquis à vil prix, il n'en fallait pas moins les payer; les coupes abusives et déréglées furent chargées d'y pourvoir et de libérer à la fois le sol et les produits.

Les époques de trouble et de révolution pendant lesquelles l'autorité désarmée est impuissante à protéger les propriétés publiques, leur furent encore funestes. En 1789, en 1830, en 1848 des bandes inconscientes les saccagèrent sans autre but que celui de détruire. La révolte des *demoiselles,* pasteurs habillés de chemises blanches pour dissimuler leur identité, est demeurée tristement célèbre dans l'histoire des forêts. Le fer et la flamme furent promenés d'une extrémité à l'autre de la chaîne, produisant des malheurs irréparables.

L'invention des chemins de fer accéléra encore le déboisement, par la prospérité qu'elle donna aux vignobles. Les vins trouvant un écoulement inattendu dans les débouchés que le chemin de fer leur ouvrait, on se mit à défricher tous les versants susceptibles de convenir à la culture du précieux arbuste.

L'ancien comté de Foix comprend à lui seul plus de 53,000 hectares de vacants domaniaux qui faisaient partie autrefois du patrimoine forestier de Henri IV.

De nos jours, les funestes pratiques du passé ne pouvant plus se continuer sur la même échelle ne s'en exercent pas avec moins d'ardeur, ni moins d'inconscience qu'autrefois. Il existe, dans tous les villages, des maraudeurs ne vivant que de rapines, empoisonnant les rivières, détruisant le gibier, saccageant les forêts et insensibles à toute répression.

Les incendies détruisent chaque année dix fois plus de forêts que l'Administration n'en reboise. Ils sont dus tantôt à la malveillance, tantôt à l'imprudence, mais le résultat est le même. Les bergers mettent systématiquement le feu aux vacants, pour augmenter, prétendent-ils, par cette pratique appelée écobuage, la végétation prochaine et se soucient fort peu que, des vacants, ce feu passe dans la forêt, quand ils ne l'y dirigent pas intentionnellement. A l'arrière-saison, les incendies constituent un des faits-divers banals de la presse. Dans ces dernières années les forêts d'Argelès, de Céret, de Saint-Laurent-de-Cerdans ont été la proie d'incendies s'étendant sur de vastes surfaces.

L'automne dernier, ces incendies étaient presque quotidiens; 900 hectares de pins de la forêt d'Arques devenaient la proie des flammes en présence de l'indifférence stupide des populations circonvoisines. 900 hectares, détruits en quelques jours, c'est une surface égale à celle du reboisement effectué par l'Administration en dix ans!

Le soutrage, cette pratique désastreuse qui consiste à faucher les ajoncs et les bruyères en terrains forestiers pour recueillir un engrais déplorable, s'oppose au repeuplement des coupes dévastées. La faux tranche du même coup et les herbes folles et les semis qui poussent d'une année à l'autre.

Le chêne vert, malgré sa force de résistance, a été dépossédé des terrains qu'il occupait par la pratique vicieuse du dessouchement.

L'enlèvement des feuilles mortes prive les forêts de l'élément fertilisateur indispensable à leur développement.

Les bois communaux sont encore les boucs émissaires des malheurs publics. Ce sont des coupes extraordinaires et épuisantes qui doivent combler les déficits budgétaires des communes en cas d'inondation, de sécheresse prolongée, d'épizootie, etc. Des demandes pressantes viennent alors assaillir l'Administration, qui n'est pas toujours assez puissante pour résister aux influences mises en jeu.

Mais la cause toujours agissante et toujours néfaste de la perte des forêts est le pâturage intensif et immodéré auquel se livrent les usagers. Le pied et la dent du troupeau, de la chèvre surtout et du mouton ensuite, achèveront bientôt leur ruine totale.

Sans cesse les usagers étendent les droits arrachés indûment le plus souvent par leurs ancêtres à la lassitude ou à la faiblesse de l'autorité.

La moyenne de dépaissance normale dans les terrains forestiers, appelée *possibilité*, est de 5 moutons par hectare. Cette moyenne est, il est vrai, rarement dépassée; et il n'y aurait pas abus si les animaux étaient répartis également sur toute la surface des dépaissances, mais il n'en est malheureusement pas ainsi. Les animaux préfèrent naturellement les joncs, les terrains fertiles où les pâturages sont les meilleurs et s'y tiennent constamment. Cette fréquentation habituelle a pour effet de ruiner successivement tous les cantons forestiers qui en sont l'objet. La couche arable, dénudée au ras du sol par la dent des animaux, triturée par leurs pieds, est entraînée par la première pluie d'orage, et le roc vif ne tarde pas à être à découvert et à s'étendre de proche en proche.

Au lieu de diminuer ce pacage intensif, en réduisant l'usage des pâturages aux seuls ayants droit, par suite d'un abus qui tend à se perpétuer, on les autorise à louer à des tiers ces dépaissances, qui n'entraînent, en droit coutumier, qu'un usage exclusivement personnel.

Il y a mieux, la transhumance a donné lieu depuis quelques années à un nouvel abus. Pendant l'hiver, les montagnards conduisent leurs moutons à des fermiers de la plaine qui se chargent de les héberger pendant la mauvaise saison, à condition que les montagnards, en retour, emmèneront au printemps le troupeau de la plaine paître dans la montagne sur les vacants et dans les forêts grevés de droit d'usage. Ce système abusif se pratique en grand dans l'Ariège.

On voit combien les périls auxquels sont exposées les forêts sont difficiles à conjurer.

De savants auteurs ont établi, preuves à l'appui, que chaque siècle les Pyrénées perdent la moitié de leurs forêts. Si on ne fait rien pour enrayer ces dévastations, il est à craindre que la disparition totale des forêts n'amène des ruines irréparables.

L'Administration forestière est seule à lutter contre les appétits déréglés et insatiables des pasteurs. Elle y use en vain sa popularité et y compromet souvent l'intérêt et l'avenir de ses agents les plus honnêtes. Si les intéressés à la conservation des forêts, surtout les habitants des plaines, ne lui viennent en aide, elle succombera dans cette lutte disproportionnée, au grand dommage de l'intérêt public.

Il y aurait encore beaucoup à dire sur les forêts, sur les résultats des différentes statistiques, sur la nature des propriétaires anciens et actuels, sur le pacage, sur le service du reboisement, sur les lois de 1845, de 1860, de 1864 et de 1882, sur les reboisements facultatifs et obligatoires, sur la valeur économique des forêts et de leurs produits, sur les moyens de remédier aux maux actuels : expropriation pure et simple, expropriation conditionnelle ou temporaire, subventions aux communes et aux particuliers; sur le régime forestier, sur les manifestations différentes des corps élus, mais ce serait abuser de l'hospitalité du Congrès, tous ces points seront traités ultérieurement.

Nous avons cherché à montrer le rôle de salut public départi aux forêts dans le grand œuvre de conservation du sol de la patrie; si nous avons réussi en quelque manière à intéresser à leur sort, nous jugerons avoir fait œuvre utile.

M. le colonel BLANCHOT intervient pour appuyer le vœu formulé par M. Guénot, et demande que le vœu dans le même sens, émis en 1893 par le Congrès de Tours, soit rappelé en même temps.

Il confirme tout ce qu'a dit M. Guénot, et cite un certain nombre d'actes regrettables vis-à-vis des forêts qui couvrent encore nos montagnes, dont il a été plusieurs fois le témoin impuissant. Il y a urgence à défendre nos intérêts généraux contre l'œuvre néfaste de quelques ignorants qui ne voient que l'intérêt du moment sans songer à l'avenir désastreux qu'ils se préparent et nous préparent.

M. D'ARLOT DE SAINT-SAUD, confirmant les paroles de M. Guénot sur l'envahissement de notre terrain par les troupeaux d'Espagne, dit que cela tient à deux causes : la première, à des droits séculaires de certaines vallées espagnoles d'envoyer chaque année leurs bêtes sur notre territoire; la seconde, à la vente annuelle de pâturages, que des communes françaises consentent librement à leurs voisines d'au delà de la frontière. Or, plusieurs de nos communes ne demanderaient pas mieux que de se dispenser de ces ventes, pour peu que l'autorité supérieure les y engageât.

Quant aux incendies de bois, en montagne, pour se procurer des pâturages, on est désarmé par la sévérité du

Code pénal vis-à-vis des incendiaires. Il est si sévère pour eux, que les avocats n'ont pas de peine à plaider devant un jury qui acquitte très souvent, trop souvent, ces malfaiteurs. Aussi, une campagne est-elle commencée en faveur d'une revision de l'article susdit du Code pénal.

M. de Saint-Saud insiste auprès de M. de Mahy pour faire valoir à ses collègues de la Chambre les arguments de M. Guénot, tirés des effets déplorables des incendies en montagne, quand cette question se présentera devant les pouvoirs publics.

M. DE MAHY approuve les précédents orateurs, et propose de voter en entier le vœu émis par M. Guénot, puis de viser le vœu de 1893 que vient de rappeler fort à propos M. le colonel Blanchot.

Il propose, en outre, que le travail de M. Guénot soit l'objet d'un tirage à part, qui sera distribué aux personnes compétentes, entre autres aux membres du Parlement.

Le Congrès, approuvant ces conclusions, adopte à l'unanimité les vœux suivants :

« Considérant 1° que la vaine pâture et le déboisement ont
» pour conséquences inévitables la détérioration du sol et du
» climat, les inondations, la ruine et la dépopulation ;
» 2° Que les forêts sont les régulateurs et les modérateurs
» naturels des agents atmosphériques et des cours d'eau,
» Le Congrès émet les vœux :
» 1° Que la loi de 1882 soit revisée dans un sens conforme à
» l'intérêt général en péril ;
» 2° Que l'allocation notoirement insuffisante de 3 millions
» soit portée à 10 millions au moins, en vertu de ce principe
» qu'il vaut mieux prévenir les désastres et les ruines qu'avoir
» à les réparer ;
» 3° Que toutes les forêts communales soient soumises, sans
» exception, au régime forestier ;
» 4° Que des cours spéciaux soient établis dans les écoles
» normales des départements déboisés, pour bien pénétrer les

» futurs éducateurs des populations de nos montagnes de l'im-
» portance des forêts, dans leur intérêt même, afin qu'ils puis-
» sent tenter de faire de ces dernières des auxiliaires utiles de
» l'administration des forêts. »

Le Congrès vote, de plus, de chaleureuses félicitations et des encouragements aux fonctionnaires de l'Administration forestière, qui luttent avec autant de courage que de dévouement contre les éléments déchaînés sur les hautes montagnes.

Il rappelle, en outre, les vœux antérieurs émis à Tours, et décide qu'il sera fait un tirage à part de la communication de M. Guénot.

M. CASTONNET DES FOSSES appelle ensuite l'attention du Congrès sur la question des *Intérêts français en Syrie :*

Communication sur les Intérêts français en Syrie ;
Par M. CASTONNET DES FOSSES,
vice-président de la Société de géographie commerciale de Paris.

Il existe en Syrie, dit l'orateur, des écoles françaises où l'on enseigne notre langue. Les enfants restent pendant plusieurs années à l'école et deviennent ainsi naturellement, pour nous, des pionniers d'avant-garde tout disposés à favoriser, à imposer la vente de nos produits, au milieu d'une population de 2,700,000 habitants, qui peuvent constituer pour nous une véritable clientèle.

Plusieurs de ces Grecs sont venus à Paris et l'on a favorisé la formation d'une petite colonie à laquelle on a concédé l'église de Saint-Julien-le-Pauvre. A cette église est annexée une école.

Jusqu'ici, le ministère des affaires étrangères a accordé à ces œuvres une subvention de 4,000 francs, mais on semble craindre que cette subvention soit prochainement réduite ou même supprimée. Je crois que cette mesure serait très fâcheuse pour le développement de notre influence en Syrie. L'école de Paris, en effet, forme des enfants qui, au bout de quelques années, retournent en Syrie, à Damas ; et ces jeunes gens, élevés parmi nous, devenus de vrais Français, sont pour nous, là-bas, des amis, des partisans ; ils parlent notre langue et sont d'excellents agents commerciaux.

C'est pour ces motifs que je demanderai au Congrès de renouveler le vœu émis par le Congrès de Tours, en faveur de la colonie grecque de Paris, et de voter le vœu suivant :

« Le Congrès de Bordeaux, renouvelant le vœu du Congrès
» de Tours (1893), émet le vœu que le gouvernement continue
» à l'école grecque de Saint-Julien-le-Pauvre la subvention de
» 4,000 francs (affaires étrangères) et 1,000 francs (instruction
» publique), et l'augmente si possible. »

Le vœu est adopté.

La séance est levée à onze heures du matin.

Le Secrétaire de la séance,
Secrétaire de la Société de géographie de Bordeaux.

Dr Gilbert LASSERRE.

II. — Séance du lundi 5 août (après-midi).

Président M. DE MAHY.

Assesseurs : MM. le général PARMENTIER.
CORNU, de l'Institut.
BALLAY, gouverneur général de la Guinée.

La séance est ouverte à deux heures et demie.

M. DE MAHY remercie la section de géographie du *Congrès pour l'avancement des sciences* d'être venue assister au Congrès de géographie, et il invite M. le général Parmentier et M. Cornu, de l'Institut, à prendre place à ses côtés. La même invitation est adressée à M. Ballay, gouverneur général de la Guinée.

Après communication d'une lettre par laquelle M. Doutriaux, président de la Société de géographie de Valenciennes, s'excuse de ne pouvoir venir au Congrès, l'ordre du jour de la matinée appelle la communication que doit faire M. Gallet, de Saint-Nazaire, au sujet du *Canal des Deux-Mers*.

M. GALLET lit alors le Mémoire ci-après de M. Kerviler, ingénieur en chef des ponts et chaussées. Sur la demande de l'Assemblée, M. Gallet en développe surtout les conclusions. L'exécution de ce canal s'impose. M. Bordes, de Bordeaux, a démontré les grands avantages qu'il aurait au point de vue national et international. Il faut que ce canal soit à grande section.

Le Canal des Deux-Mers ;

Mémoire présenté au nom de M. KERVILER, ingénieur en chef des ponts et chaussées

par M. GALLET, délégué de la Société de géographie de Saint-Nazaire.

MESSIEURS,

La question du Canal des Deux-Mers est une de celles qui préoccupent le plus l'opinion publique de notre temps et l'on entend souvent demander pourquoi une solution favorable n'intervient pas, dans les sphères gouvernementales, en faveur de l'exécution, surtout depuis que les Anglais ont livré à la circulation le canal maritime de Liverpool à Manchester, et les Allemands le canal de la Baltique.

Un projet très complet, dû à M. l'ingénieur en chef des ponts et chaussées Kerviler, a été cependant déposé, au nom de la Société d'études du canal, entre les mains des pouvoirs publics il y a déjà de cela dix ans. Le projet comprenait deux variantes aboutissant toutes les deux à Narbonne, mais partant, l'une de Bordeaux, l'autre d'Arcachon avec embranchement sur Bordeaux. Plusieurs commissions ministérielles furent nommées pour examiner ces projets: des objections furent présentées; mais il peut paraître étonnant qu'on ait répandu à profusion les rapports contenant ces objections sans demander à la Société d'études les réponses qu'elle avait à y faire, en sorte que plusieurs mémoires ont paru dans ces dernières années pour critiquer l'œuvre du canal; en particulier un mémoire de M. Barbès dans le Bulletin de la Société de géographie de Nancy, un autre de M. Fleury, ancien ingénieur du Suez, dans la *Revue des Deux-Mondes*, mémoires uniquement inspirés par les rapports dont je viens de parler.

Enfin, M. le ministre des travaux publics Barthou, s'étant décidé à demander des réponses à la Société d'études, celles-ci ont paru en 1894, mettant à néant toutes les objections faites : et un mémoire très catégorique publié, par M. Maurice Loir, dans la *Nouvelle Revue*, a répliqué point par point à celui de la *Revue des Deux-Mondes*.

Le procès est donc complètement instruit maintenant devant le public, et il nous a paru utile de résumer ici tout ce débat pour en tirer les conclusions naturelles et proposer, s'il y a lieu, un vœu très net en faveur de l'exécution immédiate de cette nouvelle voie de navigation.

Exposons d'abord les principales objections :

Le projet déposé par la Société d'études date de 1884. Les écluses étaient simples et on avait réduit les dépenses au minimum.

Une première commission, composée d'inspecteurs généraux des ponts et chaussées, déclare que la construction matérielle était possible, que la dépense s'élèverait à 750 millions, mais que l'alimentation en eau n'était pas suffisamment assurée et que les recettes d'exploitation n'étaient pas suffisamment établies pour justifier la mise aux enquêtes.

La Société demanderesse, tenant compte des principales observations présentées, remania son projet dans le sens indiqué; et c'est alors que, par arrêté ministériel du 13 mai 1886, deux nouvelles commissions furent instituées, l'une pour examiner spécialement la question d'*alimentation* en eau, l'autre pour examiner spécialement celle du *trafic*, puisque c'étaient là les deux seuls points qui paraissaient douteux.

Pour l'alimentation, M. l'ingénieur Kerviler avait ajouté de grands réservoirs d'eau disposés dans les massifs pyrénéens, et pour le trafic, M. Bordes, directeur de la Société de navigation à vapeur de Bordeaux, avait démontré quelles ressources incommensurables le canal offrirait au développement de la navigation par escales.

Les deux commissions furent obligées de reconnaître, l'une que l'alimentation en eau serait possible avec les nouveaux dispositifs projetés; l'autre que les recettes s'élèveraient à 40 millions au bout de la dixième année.

Mais alors, élargissant leur mandat, les deux commissions reprirent la question de dépense de construction, et pour montrer que les 40 millions de recettes qu'on était obligé d'accorder ne seraient pas suffisants pour rendre l'affaire rémunératrice, elles évaluèrent la dépense à 1 milliard 500,000,000 de francs, en chiffres ronds.

En discutant pied à pied le rapport des deux commissions et en s'armant de ses aveux ou de ses erreurs, la Société a prétendu démontrer :

1° Que *l'alimentation* en eau n'est pas seulement possible, mais assurée;

2° Que *les recettes* ne seront pas seulement de 40 millions, mais de 60 millions au bout de la dixième année;

3° Que *la dépense* de construction ne sera pas de 1 milliard 500,000,000 de francs, mais au plus de 750 millions.

Nous allons succinctement examiner chacun de ces points, mais plus brièvement les deux premiers, puisque la principale objection réside, on le voit, dans la question de dépense.

ARTICLE PREMIER. — ALIMENTATION

On doit fournir à quatre éléments de dépense d'eau :

D'abord les pertes par évaporation pour lesquelles les commissions ont adopté le chiffre de la Société;

Puis les pertes par infiltration que les commissions déclarent négligeables si les travaux d'étanchéité sont suffisants; et comme les dernières évaluations de la Société en prévoient pour 50 millions, on peut affirmer qu'ils sont suffisants. Restent donc les pertes par les portes et la consommation des éclusées.

Les pertes par les portes sont un élément important et les commissions ont accusé le projet de n'y avoir pourvu que par une majoration *indéterminée* du cube de l'éclusée. — Ceci est une erreur complète. Tous les mémoires présentés par la Société d'études, le dernier comme les autres, font remarquer que l'économie d'eau produite par les bassins d'épargne est des *trois cinquièmes* de l'éclusée totale, et qu'on la réduit à la *demie* pour tenir compte des pertes et fuites par les portes et par les vannes, ce qui correspond, par conséquent, à un *dixième* de l'éclusée totale, soit à 4,500 mètres cubes par éclusée. Or, la Commission évalue la perte à un mètre cube par seconde, soit à 3,600 mètres cubes par heure. S'il y a vingt trains dans la journée, la Commission évalue donc les pertes entre chaque éclusée à 4,000 mètres cubes. Or, la Société en compte 4,500. Ainsi, on l'accuse de ne pas tenir un compte suffisant des pertes par les portes, et elle en suppute cependant *plus que la Commission!* On pourrait aussi remarquer que la Commission a comme peur de ses propres chiffres : cette évaluation d'un mètre cube par seconde, dit-elle, *peut sembler exagérée à première vue...* C'est donc l'évaluation de la Société qui est exagérée, à son détriment, puisqu'elle a fait plus encore que ce qu'on lui demande si timidement.

Quant à la consommation des éclusées, il ne peut pas y avoir de grandes différences d'appréciations, puisqu'il s'agit d'un cube géométrique. Mais les commissions l'ont augmentée arbitrairement, en supposant : 1° que les écluses avaient 220 mètres de longueur au lieu de 200 mètres; 2° en demandant à compter un autre dizième en plus, pour somme à valoir, ce qui est inadmissible, puisqu'on vient de voir qu'on a compté à part les pertes par les vannes et les portes.

Enfin, il y a la consommation d'eau nécessitée par les irrigations et immersions. La Société dit 21 mètres et la Commission en demande 35, mais sans justifier ses chiffres, car, la Société ayant démontré qu'il faudrait un litre par seconde pour moitié de la surface irriguée et un quart de litre pour l'autre moitié, la Commission se contente de dire : Nous ne pensons pas qu'il faille moins d'un litre pour le tout, et de tout ceci résulte qu'en comptant les besoins aussi largement que possible, il suffira de 37 mètres cubes par seconde pour assurer l'alimentation du canal, y compris les irrigations.

Quelles seront maintenant les ressources?

La Société accepte les conclusions, peut-être exagérées, de la Commission pour dire que : pendant 65 jours par an, il n'y aura rien à demander à la Garonne; que pendant 238 jours on pourra lui prendre 20 mètres cubes par jour et que pendant

62 jours elle pourra largement fournir toute l'alimentation. Un calcul très élémentaire suffit pour montrer qu'il faudra donc demander 540 millions de mètres cubes à des réservoirs, et la Commission affirme qu'il suffirait de 374 millions, si l'on se bornait à la navigation; chiffre qui se réduirait au plus à 100 millions avec les réductions que nous venons de démontrer nécessaires dans ses évaluations des besoins.

Or, la Société a prévu dans ses bassins pyrénéens une réserve de 297 millions de mètres cubes près de Saint-Gaudens, à laquelle on peut en ajouter une autre de 230 millions dans l'Ariège. Le système de l'alimentation en eau est donc certainement résolu.

Je n'ajouterai qu'un mot sur ce sujet pour relever une expression de l'article de la *Revue des Deux-Mondes*. L'auteur déclare impossible d'alimenter en eau le canal futur et traite d'esprits imaginatifs les promoteurs de l'entreprise.

Or, M. l'ingénieur Kerviler affirme, dans le mémoire de la Société, qu'il n'a fait qu'utiliser, pour les réservoirs pyrénéens, les documents qui lui ont été remis par les ingénieurs du service des inondations de la Garonne, sur l'autorisation de l'inspecteur général de ce service, de même qu'il s'était servi, pour le débouquement d'Arcachon, du projet de port de refuge dressé en 1856, sur l'ordre du ministère, par M. l'ingénieur en chef Pairier, depuis inspecteur général; et, pour le débouquement de Gruissan, du projet dressé pour le nouveau port de Narbonne par M. Bouffet, ingénieur en chef du département de l'Aude.

Tels sont les rêveurs, à cerveau creux, qu'il a plu à M. Fleury d'appeler, dans une revue cependant sérieuse, des esprits imaginatifs.

ARTICLE 2. — TRAFIC

La Commission du trafic a été obligée de reconnaître que l'ouverture du canal déterminerait :

1º La résurrection du grand et du petit cabotage, « qui seraient particulièrement favorisés par l'ouverture du canal des Deux-Mers, et que la Société a le droit de compter sur leur développement pour l'avenir de l'entreprise »;

2° Qu'il y aura économie de charbon et de matières grasses pendant la traversée;

3° Qu'à l'économie de temps, il faut ajouter l'augmentation des bénéfices résultant des jours gagnés qui permettront à l'armateur de faire un plus grand nombre de voyages par an;

4° Qu'un moindre approvisionnement de charbon que nécessitera la traversée du canal, par comparaison avec celle du détroit de Gibraltar, permettra d'augmenter le tonnage des marchandises et procurera, de ce chef, un bénéfice supplémentaire à l'armateur;

5° Qu'aujourd'hui la plupart des navires recherchent *moins la vitesse,* que les occasions de compléter leur fret en route;

6° Qu'on peut à la rigueur admettre qu'avec *dix* trains par jour dans chaque sens, le canal « *pourrait livrer passage à quatorze millions de tonnes par an* ». C'est tout ce que la Société désirait obtenir de la Commission. *Ce fait est donc acquis.*

Toutefois, pour atténuer l'importance de cet aveu forcé, le rapporteur déclare que, pour un transit de 14 millions, il faut prévoir 15 trains chaque jour, au moins, dans chaque sens et un chômage de 45 *jours!* Mais ceci repose sur deux hypothèses inexactes : la première que la moyenne des forts trains ne sera que de 3,000 tonnes, et nous allons démontrer qu'il faut élever ce chiffre à 3,800 : la seconde que le chômage sera au moins d'un mois et demi de durée totale : mais ceci est manifestement exagéré. On a voulu assimiler le chômage d'un canal maritime au chômage d'*un simple canal de batellerie,* ce qui n'est pas admissible. La Société admet à la rigueur, pour les écluses maritimes, un chômage de 15 jours, pour tenir compte de quelques tempêtes qui mettraient dans l'impossibilité de naviguer, mais rien de plus.

Il y a lieu de citer ici quelques statistiques intéressantes.

Raisonnant sur un train de quatre navires, la Commission adopte le chiffre de 3,800 tonnes comme *un maximum* et celui de 3,000 tonnes comme *une moyenne,* tandis que la Société prend 3,800 tonnes comme *moyenne,* et il semble que les faits lui donnent absolument raison. En effet, la Commission évalue à 750 tonnes *la moyenne* des navires qui fréquenteront le canal dans dix ans; tandis que la Société admettait, en 1887, 950 tonnes pour 1895, et en donnait les raisons dans son mémoire.

Or, aucune théorie ne peut prévaloir contre les faits, et voici ce qui s'est passé depuis le rapport de la Commission : on lui avait démontré, d'après les rapports officiels du préfet de Nantes au Conseil général de la Loire-Inférieure, et les statistiques relevées au bureau du port de Saint-Nazaire, que si le tonnage moyen de toutes les entrées dans ce port était, en 1885, de 500 tonneaux, celui des navires au-dessus de 200 tonneaux était de 650 tonnes, et celui des navires au-dessus de 360 tonneaux supérieur à 760 tonnes. La Commission avait admis ces chiffres qu'on ne pouvait contester; mais la Société en ayant conclu, qu'en raison de l'élévation constante du tonnage moyen, ce chiffre de 760 tonneaux s'élèverait à 900 en 1895 et à 950 après dix ans d'exploitation, la Commission déclara qu'elle « ne pouvait suivre la Société dans ses prévisions » et maintint son chiffre de 750 qui, multiplié par 4, donnait la moyenne de 3,000 tonnes pour un train moyen. Qu'est-il arrivé? La statistique de 1892 est aujourd'hui publiée. Il en résulte qu'en 1892 le nombre total des entrées de mer à Saint-Nazaire a été de 984,000 tonnes pour 1,887 navires, tonnage moyen, 522 tonnes; que, si on retranche les navires inférieurs à 200 tonneaux, il reste 964,600 tonnes pour 1,189 navires, tonnage moyen 810 tonneaux, et enfin, que si on retranche les navires inférieurs à 360 tonneaux, il reste 920,200 tonnes pour 1,030 navires, tonnage moyen 893 tonneaux. Voilà des chiffres indiscutables. Il en résulte une telle accrue que la Société était encore au-dessous de la vérité en prévoyant le tonnage moyen de 900 tonneaux pour l'année 1895, et que le tonnage de 950 tonneaux en l'an 1900 ne sera pas un tonnage moyen des gros bateaux, mais un tonnage inférieur à la moyenne.

Quoi qu'il en soit, les chiffres admis en 1887 par la Commission doivent être augmentés aujourd'hui d'une accrue d'autant plus considérable qu'il y aura de nouveaux éléments de trafic déterminés par la construction du canal.

M. Bordes constatait, avec pièces statistiques à l'appui, qu'il passait à Gibraltar, en 1885, 20 millions de tonneaux ; il ajoutait, et ici nous citons textuellement :

« Le canal des Deux-Mers peut avoir des résultats inconnus pour tous ; ceux qui se montrent aujourd'hui sont en tout cas les suivants :

» 1° Une économie de route pour le trafic des ports du midi de la France, de l'Italie et de la côte est de l'Espagne, permettant d'espérer de ce côté un transit d'au moins un à deux millions de tonneaux ;

» 2° Un attrait puissant pour la navigation du nord de l'Europe à destination de l'Orient, qui permet ainsi d'espérer au début de l'entreprise 2 millions de tonneaux ;

» 3° La probabilité de passage des lignes à destination de l'Amérique du Sud qui cherchent les frets du midi de la France, d'Italie et d'Espagne et pourront fournir un contingent de un million de tonneaux ;

» 4° Une partie du transit qui s'arrête aujourd'hui dans divers ports méditerranéens, notamment à Gênes, transit qui peut être évalué, au bas mot, à un sixième du mouvement de ces ports, soit 1,500,000 tonnes ;

» 5° Le commerce intérieur du midi de la France, estimé par les promoteurs à 1,200,000 tonneaux, chiffre qui nous paraît possible. »

Ce qui fait bien, dès la première année, *six à sept millions de tonneaux*, alors que la Société, plus modeste que ses propres juges officiels, n'en comptait que cinq millions et demi.

Que si l'on supputait par le menu les économies réalisées par le passage dans le canal d'un navire moyen de 1,000 tonnes, marchant de 9 à 10 nœuds de vitesse, on trouverait, pour un voyage de Liverpool à Smyrne, en ligne régulière, une économie de 7,000 francs ; pour une ligne de Smyrne à Londres, avec escale à Bordeaux, une économie de 8,500 francs, et pour une ligne de Gênes, Marseille ou Barcelone avec l'Angleterre, relations qui se chiffrent par 3 millions de tonneaux, l'économie dépasserait 9,000 francs. Il n'est donc pas téméraire de leur demander un péage de 3 fr. 75 à 4 francs par tonne, qui leur laisserait un bénéfice équivalent au passage à peu près gratuit du canal.

Il en résulte que les recettes totales devant être majorées d'une accrue de quinze ans, puisque le canal ne peut être ouvert avant le commencement du siècle prochain, ne seront pas seulement de 40 millions au bout de la dixième année, comme l'a accepté la Commission en 1887, mais d'au moins 60 millions.

Reste la question des dépenses.

ARTICLE 3. — DÉPENSES D'EXÉCUTION ET D'EXPLOITATION

La Société d'études, qui a encore profité de certaines objections faites par les commissions pour revoir ses évaluations, déclare, dans son mémoire de mai 1894, que les dépenses de construction ne dépasseront pas 750 millions, soit avec les intérêts de fonds pendant la construction, un total de dépenses de premier établissement se montant à 825 millions, nécessitant pour intérêts, amortissement, frais d'entretien et d'exploitation, une dépense annuelle de 43 millions.

Les commissions ont évalué ces dépenses à peu près exactement au double, tandis que la première commission d'inspecteurs généraux de 1885 avait déclaré le chiffre de 750 millions suffisant. Je ne puis pas suivre la commission de 1887 dans le détail de toutes ses évaluations, ce serait déployer un appareil technique beaucoup trop fastidieux, et le temps me manquerait ici pour épuiser ce sujet. Je prendrai seulement pour type de son mode d'opérer deux articles : celui des écluses et celui des appareils à eau comprimée.

1° *Écluses*. — Il est entendu que les écluses doivent être accolées deux à deux, avec communication par le bajoyer central.

La Commission prend pour type une écluse à 2 chutes de 9 mètres. Suivons-la sur ce terrain.

Elle évalue la longueur totale à 475 mètres; mais c'est en ajoutant des longueurs de musoirs et de chambres de portes beaucoup trop fortes, parce qu'elle a toujours en vue la longueur exagérée *de 220 mètres* entre buscs au lieu *de 200 :* en réalité, et avec des caissons bien aménagés, il suffira largement de 430 mètres, ce qui donne un cube total de 350,000 mètres cubes de maçonnerie au lieu de 391; mais ce calcul de la Commission suppose à plaisir que toutes les écluses seront en pleine terre, ce qui est manifestement inexact : il y en a en rocher, de sorte qu'il faut réduire encore le cube moyen et le ramener à un maximum de 300,000 mètres cubes, qui ne sera certainement pas atteint. La Commission applique à ce cube un prix moyen de 40 francs, sous prétexte que ce prix a été atteint aux écluses de Poissy, près Paris; mais outre qu'il n'y a aucune assimilation possible entre ces deux ouvrages, attendu que dans les énormes écluses du canal des Deux-Mers, la proportion de la maçonnerie ordinaire est beaucoup plus considérable par rapport à la maçonnerie d'appareil, nous ne pouvons nous contenter d'évaluations aussi éloignées de la réalité. En fait, les dossiers remis en 1884 contiennent des avant-métrés *exacts avec détails estimatifs,* par département, évalués à l'aide des prix indiqués par les ingénieurs mêmes de chacun de ces départements. Il en résulte que la moyenne du prix des maçonneries des écluses dans la Gironde sera de 19 fr. 05, celle du Lot-et-Garonne de 17 fr. 10, celle du Tarn-et-Garonne de 25 fr. 60, celle de la Haute-Garonne de 26 fr. 40, celle de l'Aude de 19 francs : soit en moyenne générale, 20 francs. On arrive ainsi à 6 millions et non 15 millions 600,000 francs.

Si on ajoute, comme la Commission, 2 millions pour les fermetures et frais accessoires, on arrive à 8 millions par échelle de 2 écluses, soit 4 millions par écluse double et pour 37 écluses à 148 millions de francs.

Tel est le prix que la Commission aurait dû adopter *en suivant sa propre méthode,* au lieu de 342 millions.

2° *Appareils à eau comprimée.* — La Commission compte de ce chef 16 millions.

Il y a ici double emploi et superfétation. Sous prétexte que les manœuvres d'écluses seront faites à eau comprimée, on demande à la Société d'établir une conduite d'eau comprimée d'un bout à l'autre du canal et sur les deux rives, soit sur 800 kilomètres. On oublie qu'à l'article écluses, on a compté la machinerie dans le prix de l'évaluation. Toutes les machineries *seront locales,* et ne seront pas reliées par des conduites d'eau comprimée kilométriques qu'il serait impossible d'entretenir. Quant aux simples ponts tournants pour route, ils se manœuvreront directement à main : un cantonnier y suffira. On a donc compté là une dépense injustifiée.

Avec de pareils procédés, il sera facile d'élever la dépense, non pas seulement à 1 milliard et demi, mais à 2 milliards, et je pense qu'il faut s'en tenir aux dernières évaluations très étudiées de la Société d'études.

En résumé, nous nous trouvons donc en présence : 1° d'une alimentation d'eau assurée; 2° d'une recette annuelle qui atteindra rapidement de 50 à 60 millions; 3° d'une dépense de premier établissement de 800 millions. Dans ces conditions, l'affaire se tient bien et doit même être rapidement rémunératrice.

Faut-il rappeler maintenant les avantages militaires que présente le projet au point de vue de la défense nationale?

Je ne puis mieux faire que de reproduire l'avis tout récent exprimé par le regretté amiral Planche, d'une compétence toute spéciale en ces matières :

« Il n'est pas un officier de la marine militaire qui ne se soit demandé ce qu'il adviendrait aujourd'hui d'un conflit avec l'Angleterre.

» Son matériel naval est le double du nôtre, elle l'augmente chaque jour, et nous voyons sans cesse émettre cette opinion tant par les lords de l'amirauté que par les deux Chambres et la presse entière du pays, que la sécurité de l'Angleterre exige que ce matériel soit plus fort que celui de deux autres puissances maritimes quelconques réunies.

» Bien que la note générale dominante soit un désir universel de paix, que chacun fasse tous ses efforts pour éloigner le plus possible toutes chances de guerre, il convient cependant, en examinant l'horizon politique actuel, de ne se point laisser aller à de trop décevantes illusions, et d'envisager avec calme les circonstances qui peuvent amener une situation tendue et même une rupture complète. La question d'Égypte n'est certes pas résolue, et un moment viendra où elle se posera de manière à ne pouvoir être différée plus longtemps.

» Qui peut même prévoir quelle serait l'attitude de l'Angleterre dans l'éventualité d'une guerre continentale, et si, par la force des choses, elle ne serait pas amenée à tourner ses armes contre nous ou nos alliés?

» Dans quelle situation nous trouverions-nous alors? nos forces navales coupées en deux par Gibraltar, avec une impossibilité presque absolue de se rejoindre et de pouvoir opérer une concentration jugée nécessaire à un moment donné, telle serait notre position.

» Jadis, avec la marine à voiles, le passage pouvait, quoique dangereux, être tenté avec succès, les chances de vent, de courants, de brume, l'obscurité de la nuit, pouvaient être habilement utilisées et permettaient de passer.

» Avec la marine à vapeur, et jusque dans ces dernières années, le passage était encore possible, quoique rendu plus aléatoire par la présence d'une escadre mouillée sous Gibraltar, pouvant appareiller à toute heure sans avoir à se préoccuper des questions de vents et de courants, et se porter en nombre supérieur à la rencontre de l'ennemi dans le détroit. Il était néanmoins encore possible de profiter d'un temps de brume, d'un coup de mauvais temps, et tromper la vigilance de l'ennemi en se faufilant, à la faveur des ombres de la nuit, le long de la côte du Maroc.

» Un nouvel élément de combat est venu qui change la nature des choses; l'entrée du torpilleur en scène rend le passage du détroit sinon impossible, tout au moins tellement hasardeux, qu'il n'y a pour ainsi dire plus à y songer.

» Car, de même qu'il est admis aujourd'hui que le blocus effectif d'un port défendu par des torpilleurs est devenu impossible pendant la nuit, que les bâtiments de blocus devront prendre le large *chaque jour* bien avant la nuit, de manière à faire perdre leur contact, par la même raison, il ne sera plus possible à un navire de franchir le détroit bien défendu par une forte escadrille de torpilleurs.

» Avec une escadre de cuirassés et de croiseurs mouillés sous Gibraltar, qui auront des équipages reposés, il ne viendra à personne la pensée de faire passer un ou plusieurs navires pendant le jour, ils seraient bientôt assaillis par des forces supérieures, et ne pourraient que succomber honorablement.

» Pendant la nuit, l'escadre anglaise gardera le détroit avec 40 ou 50 torpilleurs, et même davantage si c'est nécessaire, la croisière s'effectuera en eaux tranquilles et sera bien moins fatigante pour les équipages de ces petits bâtiments, qui pourront du reste être organisés en relèves permettant le repos. Tout navire qui s'aventurera ne tardera pas à être signalé et sera bientôt entouré par un nombre de torpilleurs suffisants pour qu'il ne puisse plus en venir à bout.

» S'agira-t-il d'une escadre de combat? La question se ramènera alors à une bataille navale livrée dans des conditions désavantageuses, dans un espace resserré, et peut-être sous le feu des canons à longue portée de la forteresse. Et, comme à la suite d'un combat, vainqueurs et vaincus seront également maltraités et seront obligés de rentrer au port pour y subir des réparations de longue durée, le but que l'on se proposait, d'amener des forces dans la Méditerranée, ne sera qu'imparfaitement atteint, une bonne partie des navires se trouvant hors d'état de rendre immédiatement les services qu'on attendait d'eux.

» Nous pouvons donc affirmer, sans crainte d'être contredit, que nos forces navales seront scindées en deux, sans pouvoir opérer leur jonction à un moment donné.

» Le canal des Deux-Mers résout la question : nos bâtiments de combat, cuirassés et autres, *pourront se rejoindre, notre puissance navale est doublée.*

» Et l'on viendra dire que cette opération est aléatoire ! que peu d'amiraux consentiraient à emprisonner leur escadre dans une pareille souricière ! on parlera de l'éventualité, par un espion ou un traître, de fermer le canal après l'entrée de nos vaisseaux, en employant les explosifs modernes ! Vraiment tout cela n'est pas sérieux et a lieu de nous surprendre profondément, émanant surtout de la plume d'un officier qui s'est toujours fait remarquer par la hardiesse de ses conceptions, qui n'a cessé de marcher en tête des idées progressistes modernes, et dont toute la pensée et tous les efforts s'incarnent dans la tâche patriotique d'assurer la défense de nos côtes, surtout en Méditerranée où, en Corse et en Algérie, elle est encore bien loin de ce qu'elle devrait être.

» Mais alors, si l'on admet qu'il soit possible d'arriver à un pareil résultat, le même danger est à redouter pour nos ports intérieurs, notamment pour la Charente, que l'on travaille à approfondir, et que l'on pourrait également obstruer. On peut tout aussi bien venir faire sauter nos cuirassés et nos magasins dans nos ports.

» Il faut cependant bien admettre, qu'en temps de guerre, il est possible d'exercer une surveillance efficace et de prendre des mesures de précaution telles, que de pareils attentats soient rendus impossibles. Et s'il le fallait, l'usage du canal serait à ce moment réservé uniquement à nos bâtiments de guerre à l'exclusion de tous autres, et nous nous refusons à supposer que, dans nos équipages, il puisse se trouver un traître capable de perpétrer un semblable attentat. Nos matelots sont tous bons Français, et nous ne recevons pas parmi eux d'étrangers suspects.

» Est-ce du côté de la terre qu'il y a lieu de craindre une tentative sur un ouvrage d'art, un pont, une écluse? Là encore la surveillance est facile et rien ne s'opposerait à ce que l'on enfermât le canal, ou tout au moins les points à garder, dans une ligne de postes et de sentinelles; ce sera l'affaire de la Compagnie et des autorités militaires locales.

» On a parlé aussi d'un blocus des ports de débouquement, et même de la possibilité de s'en emparer.

» Les débouquements seront suffisamment fortifiés, à Gruissan, notamment, où la nature du terrain s'y prête admirablement, pour que cette éventualité ne soit pas à craindre, et puis, enfin, on ne s'empare pas aussi facilement d'un point de la côte de France, il faut encore y débarquer, et surtout s'y maintenir.

» Quant au blocus, il ne sera pas plus possible que celui de tout autre port, une défense mobile de torpilleurs et, espérons-le, de sous-marins, assurera toujours l'entrée et la sortie, ne fût-ce que pendant la nuit.

» Ces craintes sont exagérées, elles ne supportent pas l'examen, et quand nous affirmons que la construction d'un canal pouvant donner passage à nos plus grands cuirassés *double la puissance navale de la France,* nous avons la certitude d'être appuyés dans cette pensée par la marine tout entière. »

Comme conclusion de ce long mémoire, pourtant considérablement abrégé, j'ai l'honneur de vous soumettre le projet de résolution suivant :

« Le Congrès, considérant les avantages considérables que le pays tout entier retirerait de la construction du canal des Deux-Mers, soit au point de vue du développement du commerce maritime et des industries de toute espèce dans les contrées méridionales, soit au point de vue de la résurrection du cabotage, soit au point de vue de l'utilisation des forces hydrauliques pour les intérêts agricoles, et la transmission de l'électricité aux abords de la voie navigable, soit au point de vue de procurer aux classes laborieuses le travail qui leur manque aujourd'hui, soit enfin au point de vue de la défense nationale, de la suppression de Gibraltar, et de l'augmentation de notre puissance navale;

» Émet le vœu que les pouvoirs publics veuillent bien décider sans retard la mise aux enquêtes de la construction du canal des Deux-Mers et procéder à la déclaration d'utilité publique. »

M. le colonel BLANCHOT, qui avait fait connaître l'intention de combattre absolument les conclusions du précédent Mémoire, déclare se trouver dans une situation délicate puisqu'il va réfuter le travail d'un absent. D'autant que l'honorable collègue, M. Gallet, qui présente le rapport n'a formulé que quelques conclusions. Aussi se bornera-t-il à prendre à partie seulement ces conclusions.

M. Blanchot croit chimérique l'idée de construire un canal à grande section. C'est une utopie.

Quelle en serait la capacité de travail? Ce ne sera pas un canal à niveau comme le canal de Suez, mais un canal à écluses. Il faudra du temps pour écluser, et la nuit l'opération sera très lente et difficile, souvent impossible. Tout au plus peut-on compter sur le passage d'un navire par heure, donc de 24 par jour. En supposant un tonnage moyen de 1,000 tonnes, cela fera 24,000 tonnes par jour, au maximum. Encore est-il impossible de multiplier par 365 pour avoir le tonnage annuel de la circulation à prévoir. Il y aura nécessairement des moments de chômage, car on ne peut supposer des éclusages et un transit continuels, sans la moindre interruption, tout le long du jour et de l'année. Ajoutez les difficultés des deux entrées, quand soufflent des vents contraires ou des gros temps, considérez que le canal peut être gelé l'hiver pendant quelques jours, surtout au col de Naurouze, ou impraticable pendant les tempêtes violentes de ces mêmes parages, et vous estimerez, dit M. Blanchot, que ce n'est pas trop d'évaluer à trois mois le chômage annuel, en comptant le temps nécessaire aux réparations et à l'entretien du canal. Or, le travail ainsi diminué ne sera certainement plus assez considérable pour payer les intérêts d'un capital de 600 millions, chiffre auquel on évalue le coût de l'entreprise.

D'ailleurs, ce chiffre sera infiniment dépassé. On ne peut songer, en effet, à donner au canal des berges en talus, car ces berges pourraient crever et amener d'épouvantables malheurs dans la région. Le lit doit être creusé en terrain naturel; il faudra déblayer, enlever environ 915 millions de mètres cubes de terre. M. Blanchot peut donner des évaluations précises, car depuis quinze ans il étudie la question. L'enlèvement de 915 millions de mètres cubes, à raison de 5 francs par mètre, coûtera 4 milliards 600 millions. Pour transporter cette énorme masse de terre, il faudra dépenser au moins autant! Bref, M. Blanchot prévoit, de ce chef seulement, une dépense d'environ 9 milliards; mettons, si l'on veut, dit-il, que ce chiffre soit un peu exagéré; ramenons la dépense à 4 milliards de francs. Le déblaiement seul coûterait 4 milliards! et que d'autres dépenses à prévoir: la maçonnerie, les travaux d'art, ponts tournants, écluses, les ports, etc. Bref un canal à grande section serait tellement coûteux qu'il y aurait folie à l'entreprendre.

Serait-il si avantageux qu'on le dit, se demande ensuite M. Blanchot. Procurerait-il une bien grande économie de route? M. Blanchot ne le pense pas. Il a calculé qu'en prenant la voie du canal un bâtiment qui file 10 nœuds, ne gagnerait qu'un jour d'Ouessant à Malte. Mais un bâtiment filant 15 nœuds perdrait un jour et quart, et un de 20 nœuds, trois jours. Ce ne serait vraiment pas la peine d'augmenter ses risques d'échouage, d'abordage et de navigation en prenant la voie étroite, peu profonde sur les bords, souvent encombrée, d'un canal à écluses!

On a dit encore que notre flotte de guerre en serait doublée comme force. M. Blanchot rappelle la réfutation que des marins ont déjà faite de cet argument: qu'on double effectivement notre flotte et cela reviendra encore moins cher. M. Blanchot nie, d'ailleurs, le danger que Gibraltar pourrait faire courir à nos vaisseaux de guerre. Il fait avec ampleur un exposé de considérations de stratégie navale qui, en raison du concours de la vapeur, semblent amoindrir considérablement l'action du rocher de Gibraltar et des flottes anglaises voulant barrer ce passage de plus de 16 kilomètres de largeur.

Au point de vue de la défense continentale, un canal serait d'autre part un obstacle grave aux manœuvres des armées et pourrait compromettre sérieusement leurs opérations ainsi que le salut de nos contrées pyrénéennes, abandonnées au delà de cette deuxième frontière. Il y a d'ailleurs d'autres inconvénients auxquels on n'a pas assez songé. Le canal à grande section troublerait profondément la région traversée, bouleverserait les relations traditionnelles des riverains. On parle de construire 140 ponts. C'est bien peu ; cela donne un pont pour 4 kilomètres. Si l'on a recours aux ponts tournants, que d'heures seront perdues à attendre par les piétons et les véhicules de toutes sortes! Si l'on s'en tient à des ponts fixes, il les faudra hauts de 50 mètres. Bref, la vie des riverains sera tellement changée, qu'il faudra modifier les communes, les cantons, peut-être les départements!

M. Blanchot ne croit pas aux revenus indirects : location de force motrice et autres, que pourrait donner le canal.

En terminant, l'orateur se déclare résolument opposé à un canal à grande section. En revanche, il serait partisan d'un canal à moyenne section, où passeraient des navires de moins de 1,000 tonnes, et qui économiserait au grand cabotage français et étranger le détour par Gibraltar. C'est ce canal seulement qui ne coûtera peut-être que les 5 ou 600 millions dont on parle, mais il en rapportera l'intérêt. Si cette discussion doit aboutir à un vœu, que le Congrès veuille bien exprimer son désir de voir se construire un canal à moyenne section.

M. Barbier, dont l'orateur précédent a cité l'opinion, parle dans le même sens. « Je me garderais, dit-il, de rien ajouter à l'argumentation si solide de M. le colonel Blanchot, mais ayant été cité tout à l'heure, je tiens à confirmer tout ce que j'ai écrit dans la brochure publiée il y a dix-huit mois. J'ai été, en effet, de ceux qui ont porté les premiers coups au projet du canal des Deux-Mers : je souhaite qu'il reçoive ici le dernier. »

M. Gallet renonce à soutenir son vœu en faveur d'un canal à grande section. Il se déclare convaincu par les arguments de M. le colonel Blanchot.

M. Blanchot demande alors qu'il soit statué au sujet de son vœu de canal à moyenne section.

M. Gauthiot croit inadmissible de satisfaire au désir de M. Blanchot. Le Congrès est en présence d'une question nouvelle, qui n'a pas été discutée, qui d'ailleurs ne pouvait pas l'être, puisqu'elle ne figurait pas à l'ordre du jour.

A la suite d'une discussion animée, à laquelle prennent part MM. Barbier, Lourdelet, Gauthiot et Guénot, la discussion est close et le vœu suivant proposé par M. Blanchot est adopté.

« Le Congrès émet le vœu qu'il soit créé un canal maritime à
» moyenne section réunissant l'Océan à la Méditerranée et per-
» mettant le transit du cabotage pour les navires ne calant pas
» plus de 3 mètres ou 3m50 et les bâtiments de notre flottille de
» guerre. Que ce canal soit, autant que possible, une trans-
» formation, une appropriation du canal actuel du Midi et latéral
» à la Garonne. »

L'ordre du jour du matin, non encore épuisé, appelle la communication de M. Bénard sur l'*Utilité des Musées coloniaux dans les grands ports d'échange*. M. Bénard ne pouvant, par suite de ses occupations, assister au Congrès, sa communication est renvoyée à un congrès ultérieur.

L'ordre du jour appelle la communication ci-après de M. Pensa, secrétaire général du Comité d'Égypte, sur l'*Égypte au point de vue économique et les intérêts Français*.

M. Pensa déclare que le prestige de notre pays est toujours très grand en Égypte, nullement diminué. On s'y rappelle l'œuvre féconde des savants Français venus dans le pays avec Bonaparte. On nous y sait gré des services rendus, en particulier sous Ismaïl-Pacha, de l'instruction organisée par nous, des grands travaux dont nous fûmes les initiateurs ou les auteurs. Les Égyptiens comprennent que ce sont nos compatriotes qui leur ont rendu, en créant l'égyptologie, la conscience de leur vie nationale.

L'orateur étudie avec précision et à l'aide de chiffres récents, l'état politique, social, économique de ce riche pays. Sa richesse peut croître encore, grâce à des travaux qui rendraient l'irrigation plus complète. Il y a notamment à l'étude la construction d'un grand barrage sur le Nil.

M. Pensa termine en insistant sur ce fait que l'Égypte n'est pas, comme on le croit, sous la dépendance économique de l'Angleterre. La France y a des garanties sérieuses. Son action économique, loin de s'y être ralentie depuis l'occupation anglaise, s'est au contraire développée, grâce aux 20,000 compatriotes établis dans le pays, grâce aux établissements qu'ils y ont fondés dans ces dernières années. Un chiffre le prouve éloquemment : malgré l'obstruction, ouverte ou non, de l'Angleterre, nos importations ont augmenté d'un quart, de 1890 à 1894.

Seulement, pour garder nos positions acquises, il faut que nos commerçants soient renseignés, comme le sont les Anglais, sur les besoins de leur clientèle égyptienne; il faudrait notamment qu'un rapport d'ensemble sur le commerce égyptien fût mis chaque année par nos consuls à la disposition des Chambres de commerce.

L'Égypte au point de vue économique et les intérêts français;

Par M. Henri PENSA,
Secrétaire général du Comité d'Égypte.

Messieurs,

A côté des territoires que la France ajoute légitimement à son domaine colonial, également préoccupée de maintenir son rang dans l'équilibre planétaire, d'ouvrir un vaste champ à l'expansion de ses idées et un débouché à ses produits, il existe certains pays que les fatalités de l'histoire ont détachés de nous et où l'on retrouve cependant beaucoup plus que la trace de relations anciennes, d'une suzeraineté disparue et des créations entreprises par ceux qui, comme vous aujourd'hui, se préoccupaient d'accroître le rôle de la France dans le monde.

Mon ami Lorin vous entretiendra ce soir du Canada, que vient de relier à la France un récent traité commercial, comme pour témoigner du désir constant des anciens Canadiens de se rapprocher de la France et de l'Europe plutôt que d'être absorbés par les États-Unis.

Vous me permettrez de vous parler de l'Égypte, où un Français ne peut voyager sans rencontrer des Français, sans entendre parler notre langue, sans être accueilli partout avec une sympathie pleine de souvenirs reconnaissants.

Avant d'examiner quelle est la situation actuelle de l'Égypte au point de vue économique et d'énumérer les principaux éléments qui permettront de faire la balance de cette situation, avant de vous montrer toute l'importance présente des intérêts français en Égypte, on peut se demander quelles sont les causes de cette sympathie particulière qui a su résister même à la mauvaise fortune politique, et dont nos concitoyens sont si constamment entourés.

Elles sont complexes : tout d'abord, nous ne sommes pas seulement un peuple de négociants sachant acheter bon marché et vendre cher; nous sommes surtout une nation à la fois éprise de gloire et de science, séduite par les idées supérieures d'humanité et du relèvement des peuples déchus. Nous bénéficions en Égypte, malgré l'abstention coupable de 1882, du prestige extraordinaire qui s'attacha à l'expédition de Bonaparte, et aux créations grandioses de Suez, du barrage du Nil;

de tous les grands travaux d'irrigation accomplis par des ingénieurs français.

A l'admiration que le fellah porte instinctivement au plus grand capitaine des temps modernes, aux ingénieurs les plus savants, les plus hardis et les plus habiles, la classe instruite joint la reconnaissance. C'est que notre pays a été l'éducateur du peuple égyptien ; l'élite de ses générations a puisé en France, depuis Méhémet-Ali, les connaissances juridiques, littéraires, médicales, qui ont progressivement élevé le niveau de cette race ; c'est toute une série d'œuvres françaises, laïques et congréganistes de toutes sortes, qui, en Égypte, continuent à répandre, avec la connaissance de notre langue, l'amour de notre pays.

Il y a mieux : l'Égypte vivait au jour le jour, récoltant au pied de ses pyramides les moissons que lui donne le flot vert du Nil ; vivant dans ses villages de terre haussés sur les débris d'anciens villages ou appuyés sur les ruines colossales des pylones, des monolithes et des temples, l'oubli s'était fait dans sa mémoire : elle ignorait son passé. Il fallut des savants français pour découvrir les mystères de ce passé, la France les créa, et Champollion, Maspero, Mariette, de Morgan ont le grand honneur d'avoir rendu à l'Égypte son histoire. Cette considération est capitale, même à ce point de vue restreint de la condition économique présente de l'Égypte, parce que donner à un pays la connaissance de sa gloire passée, c'est lui rendre ses papiers de noblesse, c'est l'élever, le fortifier, le mettre à même de reprendre avec ses traditions la place qu'il doit occuper dans le monde méditerranéen et africain.

On ne peut concevoir que la France ait oublié elle-même tout ce qu'elle avait fait en Égypte. Mais c'est précisément parce qu'elle n'y était pas allée, à la grande époque révolutionnaire, comme un conquérant qui s'impose par les armes et pille à son gré, ni depuis, comme un trafiquant qui s'établit, s'enrichit et part, que la faute de 1882 n'a pas détruit en quelques jours les prodigieux édifices construits depuis un siècle par les Français dans la vallée du Nil.

L'Égypte en a vu passer des conquérants, elle en a fourni aussi : Sésostris, Amenotep, Cambise, Alexandre, Napoléon, Méhémet-Ali ; mais Bonaparte est le seul à avoir conduit en

Égypte une grande Commission scientifique, dont partout on retrouve la trace. Elle a aussi toujours été exploitée par des trafiquants de toutes les races, de tous les pays : Syriens, Grecs, Arméniens, Turcs, Italiens, Soudaniens et Arabes, mais au milieu des bazars cosmopolites, on distingue toujours les négociants français, notamment les Phocéens de Marseille, dont la loyauté a toujours contrasté avec la duplicité des autres. Ceux-ci s'étaient établis à demeure, sans esprit de retour, parce que la France avait tenu une telle place dans la renaissance de l'Égypte qu'ils pouvaient, à plus d'un titre, se croire dans une nouvelle France africaine : ces intérêts français, créés autrefois, ont grandi, ils se sont même tout récemment accrus, en dehors de toute faveur de la métropole, par leur propre force et le talent des négociants français : c'est ce qui résulte de l'étude de la situation présente de l'Égypte.

La population de l'Égypte était, en 1881, de 6,817,265 habitants ; elle n'a pas été recensée depuis cette époque, mais elle est estimée généralement à 8 millions d'habitants, dont près de 7 millions de cultivateurs et 1 million de commerçants et d'habitants des villes. Les terres cultivées comprenant un peu plus de 2 millions d'hectares, on voit que la population est très dense et atteint 245 habitants par kilomètre carré dans le delta, comme dans le delta du fleuve Rouge ; c'est le triple de la population moyenne de la France par kilomètre carré. Le salaire moyen des fellahs est de 0 fr. 70 dans les environs du Caire et d'Alexandrie, et de 0 fr. 40 dans la Haute-Égypte [1].

Les principales cultures sont celles de la canne à sucre, du coton, de la graine de coton, des céréales et des plantes fourragères, mais, depuis une dizaine d'années, les prix se sont avilis dans une proportion importante, de 25 à 30 0/0, et avec une régularité telle que vraisemblablement les prix antérieurs ne réapparaîtront pas ; d'ailleurs, les bonnes récoltes, favorisées par les travaux d'irrigation déjà exécutés, ont accru, peu-

---

[1] Nous n'avons donné, dans une communication de cette nature, que des indications d'ordre général ; notre ouvrage : *L'Égypte et le Soudan égyptien* (Hachette, 1893), dans son chapitre IV : État social et budgétaire de l'Égypte en 1895, p. 106 à 143, contient tous les renseignements recueillis dans les différents rapports de nos consuls et des consuls étrangers.

dant ces dernières années, les quantités obtenues et rendu, par conséquent, moins sensible cette baisse des prix.

Si on ne prétend pas, en Égypte, exercer d'influence sur le cours des marchandises en recourant à un régime de protection que les conventions internationales existantes rendraient sans doute inapplicable, on a pu songer à accroître la quantité des marchandises produites, puisque la production dépend de la superficie des territoires cultivés, et que ceux-ci varient uniquement avec le régime de l'irrigation. Les améliorations à apporter à la distribution des eaux devaient naturellement préoccuper les esprits : travaux concernant les canaux d'adduction, travaux concernant le drainage des eaux et le lavage des terres, travaux concernant l'accroissement de la quantité d'eau à utiliser et le niveau général du flot; on se préoccupa de les étudier et, dans la limite des crédits disponibles, de les réaliser. Les deux premières séries de travaux ont incontestablement amélioré l'état économique du delta; de la réalisation des derniers dépendra la prospérité de la Haute-Égypte. Mais que pourra être ce barrage, dont l'idée est due à un ingénieur français, M. Prompt, et qui permettra de cultiver en cannes à sucre ou en coton des terres aujourd'hui cultivées en céréales, ou même abandonnées? Les projets relatifs à ces travaux ne sont pas encore définitifs et les idées qui les concernent sont très diverses; les différents rapports de M. Willcoks, ingénieur, du colonel Ross, inspecteur général des irrigations, du colonel Moncrieff, sous-secrétaire d'État au ministère des travaux publics, et de M. Prompt, ingénieur en chef des Ponts et Chaussées français, sont loin d'être unanimes. Nous voulons seulement énumérer ces projets dont un seul doit être *a priori* écarté, parce qu'il sacrifierait le temple gréco-égyptien de l'île de Philœ :

1° Projet d'un barrage à Assouan, ayant 22 mètres de hauteur;

2° Projet d'un barrage à Kalabschah, qui contiendrait 3 milliards de mètres cubes derrière une digue de 17 mètres de hauteur;

3° Projet de barrages plus petits, au nombre de deux ou trois, qui seraient soit au nord d'Assouan, soit l'un au nord d'Assouan et l'autre à Assiout;

4° Projet consistant à relever le plan d'eau du lac Victoria Nyanza de 1 mètre; ce lac ayant 6,500 kilomètres carrés, ce travail retiendrait le volume d'eau nécessaire à une crue moyenne de soixante-cinq jours;

5° Projet d'un ingénieur américain, M. Copewhitehouse, consistant à emmagasiner de l'eau dans la dépression dite Ouady Rayyan, située au sud du Fayoum, pendant la crue, et à accroître à un moment donné le niveau des eaux.

Quel que soit celui de ces projets qui aboutisse, lorsque les finances égyptiennes auront permis de restaurer l'ordre, de sorte que l'Angleterre puisse tenir ses engagements, il est nécessaire de prévoir les transformations considérables qui résulteront de cette exécution : si, en effet, les quantités de produits agricoles sont accrues et si, en même temps, on utilise une partie de la force motrice résultant des chutes d'eau pour tirer parti industriellement de ces produits, il est incontestable que l'Égypte entrera dans une période d'activité et de progrès, tant au point de vue agricole qu'au point de vue commercial et industriel.

Dès maintenant, il semble que des industriels et des capitalistes français se soient préoccupés d'utiliser les produits de la Haute-Égypte sur place; et la création de nombreuses raffineries et sucreries dans ces régions est l'indication de cette orientation nouvelle.

Les importations et les exportations permettent de se rendre compte de l'état général du commerce; voici les chiffres qu'elles présentent :

	IMPORTATIONS	EXPORTATIONS
Moyenne de 1890-1891-1892	8,820,000 liv. ég.	13,030,000 liv. ég.
1893	8,718,000	12,790,000
1894	9,266,000	11,084,000

Les observations générales qui résultent de l'examen des éléments de chacun de ces chiffres sont les suivantes :

Les légumes dont l'exportation est dès maintenant importante, sont les oignons, les tomates, les pommes de terre.

Les produits importés dont l'accroissement est constant sont : le charbon, les bois et ouvrages en bois, le coton manufacturé, le tabac, les métaux. En ce qui concerne les importations de produits français qui nous intéressent particulièrement, leur valeur, par le seul port d'Alexandrie, a progressé régulièrement, de 1889 à 1893, de 15 à 20 millions de francs, et cependant les quantités importées de France ont diminué sur les eaux-de-vie, devant la concurrence des eaux-de-vie de Syrie, de Grèce, et de celles qui sont fabriquées en Egypte avec une contrefaçon de nos marques, et sur les vêtements et linges confectionnés, devant la concurrence de l'Autriche. Si nos industriels et nos négociants prenaient la peine de suivre les conseils de nos consuls à Alexandrie et au Caire et organisaient une meilleure représentation de leurs intérêts en Égypte, au lieu de s'en remettre de ce soin volontiers à des étrangers, il est absolument certain que cette progression de notre importation pourrait être accrue.

La situation budgétaire de l'Égypte est également de nature à éclairer sur la situation économique de ce pays; il ne paraît pas utile de revenir sur l'examen de la situation politique générale parce que, d'un avis unanime, l'état de paix publique est notoire et que rien ne saurait faire prévoir que cet état puisse être troublé; la population agricole a des habitudes de travail que l'agitation de 1881-1882 ne put modifier et la population des villes a très nettement le sentiment que la prospérité commerciale est associée à la tranquillité générale.

De l'examen du budget de 1894, d'après les chiffres donnés par lord Cromer, dans son rapport d'avril 1895, il résulte que cet exercice s'établit ainsi :

Recettes	10,304,000
Dépenses	9,519,000
Excédent	785,000

et les économies, imposées par les puissances au gouvernement égyptien, montaient au 31 décembre 1894, à 4,127,000 liv. ég.

Nous n'en concluons pas, comme lord Cromer, que le moment est venu de donner au gouvernement égyptien plus de latitude dans la disposition de ses finances, et il peut paraître qu'une pareille proposition ne peut avoir qu'un objet, ou bien d'accroître les crédits dont disposerait l'influence anglaise, par l'intermédiaire des conseillers placés près de chaque ministre, ou bien d'empirer la situation financière du pays et, en inquiétant les porteurs de fonds égyptiens, de justifier une main-mise complète de l'Angleterre sur le pays.

Il paraît utile, au contraire, de combattre une erreur très répandue qui associe la solidité des valeurs égyptiennes et l'occupation anglaise, alors qu'il n'existe aucune corrélation entre cette situation économique et le fait de la présence de 2 à 3,000 hommes de troupes anglaises en Égypte.

La garantie des créanciers et la sécurité des fonds égyptiens tiennent aux mesures internationales qui créèrent en 1876 le service de la caisse de la Dette et qui, en 1880, liquidèrent les dettes égyptiennes. Ces mesures internationales, on le voit, sont antérieures au débarquement d'Alexandrie qui eut lieu en juillet 1882 ; elles sont supérieures au fait de l'occupation, et ce qui le prouve indiscutablement, c'est que la réparation des dommages causés en 1882 n'a été assurée que lorsqu'une nouvelle mesure internationale, consentie entre les six grandes puissances, est intervenue à Londres en 1885. L'action du consul général d'Angleterre tendrait à rendre au gouvernement égyptien (si on lit son dernier rapport) une plus grande liberté d'action dont lui seul, en sa qualité de tuteur, profiterait ; l'action des cinq autres puissances a pour objet de maintenir la surveillance, la gestion collective qui résulte de cette réglementation internationale et la cessation de l'occupation anglaise n'entraînant aucune transformation dans le système financier actuel, ce système continuera après le départ des troupes anglaises, comme avant leur débarquement, à donner aux créanciers les garanties dont ils jouissent actuellement.

Ces considérations paraissent généralement ignorées ; on ne saurait trop appeler l'attention sur elles pour combattre une erreur que l'Angleterre laisserait volontiers s'accréditer.

De ces considérations, il ressort, Messieurs, certaines conséquences sur lesquelles il peut-être utile d'arrêter un instant l'attention.

C'est d'abord qu'il n'est pas indispensable de conquérir un pays pour accroître le chiffre des affaires qu'on engage avec lui, du moment que des engagements internationaux vous ouvrent nécessairement son marché.

L'Égypte est un pays agricole extrêmement riche et qui le sera toujours parce que cette richesse renaît chaque année et tient à des causes naturelles qui ne sauraient disparaître et dont la science pourra accroître considérablement les effets. C'est un vieux pays et, malgré sa population très dense, c'est un pays plein d'avenir, parce que des entreprises nouvelles peuvent en décupler les richesses, et c'est un pays sain, très habitable, à quatre jours de Marseille.

L'Égypte économique subit une crise par la baisse des prix des produits, mais la quantité des marchandises produites peut être accrue; l'Égypte économique n'est en rien dans la dépendance de l'Angleterre et ce fait tient à plusieurs causes : d'abord aux engagements internationaux qui ouvrent le marché de l'Égypte à toutes les nations, ensuite à ce que les négociants anglais jugent que les bénéfices à réaliser ne leur paraissent pas suffisants, alors que la clientèle locale est depuis longtemps entre les mains d'autres étrangers.

L'Égypte financière ne dépend en rien de l'occupation anglaise; sans doute ce pays ne détient pas lui-même ses rentes, mais la situation budgétaire, qui se solde par des excédents, est réglée par des dispositions internationales antérieures à l'occupation anglaise et qui subsisteront nécessairement, pour la garantie des créanciers, au lendemain de cette occupation.

La France a toujours conservé en Égypte une situation privilégiée; elle a, sans guerre, sans millions, une colonie spontanée de 20,000 habitants qui vivent et prospèrent en Égypte, et cette vitalité peut s'étendre, se répandre encore. Nous avons cette force qu'aucun étranger ne peut revendiquer, qui tient à des relations anciennes entre populations également riveraines du même bassin méditerranéen, à la connaissance de la langue arabe par un grand nombre de Français, à la connaissance de notre langue par toute la classe instruite de la population des villes, à ce prestige qui tient à la campagne d'Égypte, à nos ingénieurs et surtout à nos savants.

On ne saurait négliger ce patrimoine de bonne renommée, qui, même au point de vue égoïste des intérêts économiques, n'est pas négligeable. Continuons à engager des relations en Égypte, suivons les conseils de nos consuls et pour les mieux connaître, demandons au gouvernement qu'il les coordonne de sorte que ce soit la vue d'ensemble de la situation politique et économique du pays, avec les projets d'avenir qui peuvent la modifier, que nos négociants et nos industriels puissent saisir, et non pas l'examen spécial de la situation de telle ou telle ville. D'ailleurs, le consul général d'Angleterre procède ainsi, et son rapport annuel du mois de mars sur l'exercice antérieur permet à l'Angleterre de connaître la situation économique et politique du pays; que notre gouvernement fournisse également un rapport de même nature; ce sera le meilleur moyen de faire connaître dans la métropole la situation de l'Égypte et d'éclairer nos concitoyens d'Égypte sur une situation qu'ils peuvent difficilement connaître, faute de renseignements précis. Déjà le ministère des affaires étrangères publie annuellement un travail analogue sur la situation de la Tunisie; il dispose certainement des éléments nécessaires à un travail semblable et il servira les intérêts de notre pays en lui faisant connaître la marche économique de l'Égypte, en appelant l'attention publique, que sollicite actuellement le soleil de l'Afrique australe, sur cette vallée féconde et hospitalière où des Français prospèrent, sans encouragement officiel, spontanément et par leur libre volonté.

Enfin, ménageons à la France et à l'Europe le libre accès de toute la vallée du Nil, en dehors de tout monopole analogue à celui qui veut accaparer le bassin inférieur du Niger.

A la suite de cette communication, le Congrès de géographie réuni à Bordeaux, le 5 août, a adopté le vœu suivant :

« Sur la proposition de M. Henri Pensa, le Congrès : considérant que l'importance de la population française établie spontanément en Égypte atteint plus de 20,000 habitants; attendu que l'importation des produits français, par le seul port d'Alexandrie, a progressé de 1889 à 1893 de 15 à 20 millions de francs; considérant que des capitaux considérables sont actuellement engagés par les Français qui ont entrepris de créer en Égypte des industries nouvelles; considérant qu'il importe tout d'abord aux négociants français de se tenir au courant des événements relatifs à l'Égypte;

» Émet le vœu que le gouvernement s'efforce de faire
» déclarer la neutralité effective de la totalité du bassin du Nil
» et que le ministre des affaires étrangères publie chaque
» année, comme il le fait pour la Tunisie, un rapport d'en-
» semble, sur la situation de l'Égypte, où seront coordonnés les
» renseignements épars dans les rapports des consuls, rapport
» d'ensemble analogue à celui qui est publié chaque année par
» le gouvernement anglais. »

Ce vœu, est adopté, après une légère modification, demandée par M. LOURDELET.

M. CASTONNET DES FOSSES, de la Société de géographie commerciale de Paris, traite ensuite de l'*Immigration asiatique dans nos colonies.*

Le rapporteur montre, dans le travail ci-après, les dangers de l'immigration chinoise et même indienne dans nos colonies, à la Réunion par exemple. Puisque certaines colonies ont besoin pour leur main-d'œuvre d'immigrants travailleurs, qu'elles s'adressent de préférence aux Japonais et aux Annamites. Ils sont moins dangereux que les Chinois contre lesquels toute concurrence sur le terrain commercial est à peu près impossible, et que les Indiens, qui sont protégés britanniques.

L'immigration asiatique dans nos colonies.

L'immigration est une question vitale pour certaines de nos colonies qui n'ont pas, comme l'Indo-Chine, l'avantage de trouver une main-d'œuvre surabondante dans une population indigène aussi nombreuse que laborieuse. Ces colonies sont la Martinique, la Guadeloupe, la Guyane, la Réunion, *de vieilles colonies*, Mayotte, Nossi-Bé et la Nouvelle-Calédonie. La main-d'œuvre fait défaut dans ces possessions, et il en résulte que leur situation économique est des plus précaires. Autrefois, la Martinique, la Guadeloupe et la Réunion étaient des colonies florissantes. Quant à la Guyane, elle ne fut jamais prospère. Si dans nos Antilles et à Bourbon, le climat ne permet pas aux blancs de se livrer à la culture du sol, néanmoins l'on y voyait de belles plantations. La race africaine avait été largement mise à contribution ; l'esclavage existait. Un décret de 1848 vint brusquement mettre fin à cette odieuse institution ; mais accomplir une semblable réforme d'un seul coup, sans l'avoir préparée, c'était inaugurer un véritable bouleversement. Les conséquences du décret furent déplorables. A la Martinique, à la Guadeloupe, à la Réunion, les noirs désertèrent en grand nombre les habitations agricoles. A la Guyane, la ruine fut complète, si bien qu'il fut un instant question de vendre cette possession aux États-Unis. Le nombre des esclaves affranchis s'élevait à 249,000, dont 75,000 à la Martinique, 87,000 à la Guadeloupe, 12,500 à la Guyane, 60,600 à la Réunion, 3,500 à Sainte-Marie et à Nossi-Bé et 10,400 au Sénégal. La plupart d'entre eux étaient employés à la culture. Du moment qu'ils ne voulaient plus se livrer au travail que pour se procurer le strict nécessaire, et leurs besoins se réduisant à peu de chose, la source de production était arrêtée, et la ruine complète pour nos colonies. Il fallait trouver une main-d'œuvre pour remplacer celle qui manquait.

L'on ne pouvait songer à faire appel à l'immigration européenne. Le blanc est incapable de se livrer, sous le climat des tropiques, à la culture du sol qui demande une race énergique. On pensa que l'on ne pouvait mieux faire que de recruter des travailleurs parmi les populations noires de l'Afrique auxquelles appartenaient les anciens esclaves. Le ministre de la marine autorisa le recrutement des immigrants parmi les esclaves des populations africaines. L'esclave devait être racheté à son maître et transporté dans nos colonies comme travailleur libre, avec droit au rapatriement gratuit à l'expiration de son engagement, qui ne pouvait être moindre de cinq années ; une prime était assurée par chaque nègre à l'armateur qui se chargeait du transport. Ce fut ainsi à l'Afrique que l'on s'adressa tout d'abord pour avoir la main-d'œuvre. Nos colonies d'Amérique avaient recours au Congo et au Loango, et la Réunion à Madagascar et à la côte occidentale du continent noir.

Le nombre des Africains, transportés dans nos colonies, à titre de *travailleurs libres,* est d'environ 46,000, dont 26,000 à la Réunion, 12,000 à la Martinique, 7,000 à la Guadeloupe et un millier à la Guyane. La race noire présentait des qualités sérieuses. Si les immigrants qu'elle fournissait montraient une certaine indolence pour le travail, ils étaient acclimatés d'avance, et de plus, ils avaient l'avantage de se fusionner facilement avec l'ancienne population, les affranchis de 1848 ou leurs descendants, dont ils prenaient en peu de temps les mœurs et les habitudes. C'est ainsi qu'après cinq ans de séjour, le Cafre à la Réunion ou le nègre du Congo dans nos Antilles, arrivé nu de son pays, revêtait la redingote, portait un chapeau à haute forme le dimanche, et avait pris un nom français. Ainsi, il n'y avait pas à craindre que la nouvelle émigration ne fît souche d'un nouveau peuple.

L'immigration africaine ne fut que temporaire; des abus se produisirent bientôt. Au début, l'on s'était procuré des travailleurs à la côte d'Afrique, en y achetant des esclaves. Le travailleur conduit dans nos colonies était libre, une fois son engagement expiré. Mais il n'y avait aucune illusion à se faire, c'était l'esclavage temporaire, et de plus la traite reparaissait sous un autre nom. Les roitelets ou chefs de la côte africaine cherchaient à s'approvisionner d'esclaves pour satisfaire aux demandes des armateurs chargés du recrutement. Dans ce but, ils se livraient à des razzias sur les territoires de leurs voisins. De plus, bien qu'un progrès réel eût été accompli, le transport avait lieu parfois dans des conditions qui rappelaient celles du commerce du *bois d'ébène*. Souvent les nègres transportés de l'Afrique dans nos colonies, en qualité de travailleurs libres, avaient les fers. L'on pouvait craindre un retour déguisé de la traite; aussi, en 1860, l'immigration africaine fut supprimée. Inutile de dire qu'aucun des nègres transportés ne fut rapatrié : ils se sont fusionnés avec l'ancienne population noire. Ceux d'entre eux ou leurs descendants qui sont engagés à titre de travailleurs, ne sont pas 25,000, dont 5,000 à la Martinique, 3,000 à la Guadeloupe, 3 à 500 à la Guyane et 15,000 à la Réunion. Les deux tiers des travailleurs noirs de la Réunion sont des Cafres; l'autre tiers est d'origine malgache. A l'heure actuelle, l'immigration africaine a cessé et ne sera jamais rétablie; il n'y faut plus songer pour le recrutement des travailleurs nécessaires à nos colonies.

Tout en s'adressant à l'Afrique, l'on avait aussi songé à l'Inde et des coolies avaient été amenés dans nos colonies; mais Pondichéry et ses dépendances ne pouvaient fournir que quelques individus et l'Inde est une possession anglaise. Nous fûmes obligés d'avoir recours à l'Angleterre, et un traité fut signé avec elle le 1er juillet 1861. Ce traité avait pour but, d'une part de mettre fin au recrutement des immigrants sur la côte d'Afrique et d'autre part, de régler les conditions de l'immigration des coolies indiens dans nos colonies.

L'administration se chargeait de fournir des immigrants aux colons qui lui en adressaient la demande. Elle se procurait des travailleurs par l'intermédiaire d'agents établis, les uns dans nos établissements de Pondichéry, de Karikal et d'Yanaon, les autres à Calcutta, et leur nomination devait être agréée par le gouvernement britannique. Ces agents enrôlaient les immigrants en leur donnant des arrhes, en leur faisant signer un contrat d'engagement, en présence d'un fonctionnaire anglais chargé d'assurer et de constater le libre engagement de l'engagé. Le contrat devait mentionner les conditions du travail, les salaires, les rations ainsi que l'assistance médicale. D'après la convention du 1er juillet 1861, l'immigrant ne pouvait être tenu de travailler plus de six jours sur sept et plus de neuf heures et demie par jour; une fois que le contrat était signé, les immigrants étaient embarqués sur des navires nolisés par l'administration; tout navire devait avoir à son bord un médecin et un interprète. Les émigrants logeaient soit dans l'entre-pont, soit dans des cabines construites sur le pont supérieur, et le traité de 1861 assurait à chacun d'eux un espace suffisant. Chaque contingent devait comprendre un nombre de femmes égal, au moins, au quart de celui des hommes. Après trois années, la proportion numérique des femmes devait être portée au tiers; deux ans plus tard à la moitié, et deux ans après, la proportion devait être la même que pour les colonies anglaises. La durée de l'engagement était de cinq ans, mais, à son expiration, l'Indien pouvait la renouveler ou se fixer dans la colonie. Dans ce cas, il perdait son droit au rapatriement gratuit.

A leur arrivée dans la colonie, les émigrants étaient divisés en lots de dix et répartis entre les colons par voie de tirage au sort. Dans la répartition des travailleurs, aucun mari n'était séparé de sa femme, aucun père ni aucune mère de leurs enfants âgés de moins de quinze ans. Aucun travailleur n'était tenu, sans son consentement, de changer de maître, à moins d'être remis à l'administration ou à l'acquéreur de l'établissement dans lequel il était occupé à son arrivée. Tout immigrant recevait un livret sur lequel le propriétaire devait inscrire les indications relatives à l'exécution de son contrat. De son côté, le propriétaire avait un livre-contrôle, qui était la contre-partie du livret, et qu'il devait communiquer à toute réquisition des agents du service. Le salaire minimum des immigrants était, par mois, de 12 fr. 50 pour les hommes, de 10 fr. pour les femmes et de 5 fr. pour les enfants au-dessous de quatorze ans. Les immigrants avaient droit au logement, à la nourriture, au vêtement et aux soins médicaux. L'engagiste devait lui fournir deux vêtements par an; toute exploitation ayant vingt immigrants devait être pourvue d'une infirmerie convenablement installée et justifier d'un abonnement avec le médecin. Les immigrants étaient protégés contre les abus de pouvoir des engagistes. Dans chaque colonie, il existait un service spécial dit *service de l'émigration*, qui relevait de la direction de l'intérieur et comprenait un inspecteur, des syndics et des employés. De plus, les immigrants, sujets britanniques, avaient la faculté d'invoquer l'assistance de l'agent consulaire anglais, se rendre chez lui et entrer en rapport avec lui quand ils le voulaient. En tenant compte des primes payées, de la nourriture, des vêtements, des soins médicaux, etc., l'on a calculé que la journée du coolie indien revenait à 2 fr. 50. Elle était supérieure à la journée du nègre, qui ne dépassait guère 1 fr. 50. La main-d'œuvre avait ainsi renchéri, mais elle existait. Les frais de transport d'un Indien ne dépassaient guère 500 francs pour les Antilles, et pour la Réunion s'élevaient environ à 400 francs. Ils étaient supportés partie par le budget local de la colonie, partie par l'engagiste. A la Martinique, l'engagiste payait à l'administration 393 francs, et dans les autres colonies, la proportion pour laquelle il y contribuait était la même. Les frais de rapatriement étaient à la charge de la colonie. L'immigration indienne ne constituait pas une lourde charge pour les budgets coloniaux, car elle n'atteignait pas annuellement la somme de 1 million pour nos trois colonies : la Martinique, la Guadeloupe et la Réunion.

C'est dans ces conditions qu'eut lieu, dans nos colonies, l'immigration indienne jusqu'en 1884, époque à laquelle elle a cessé. Elle a fourni 26,000 immigrants à la Martinique, 42,000 à la Guadeloupe, 5 à 6,000 à la Guyane et 50,000 à la Réunion. Si l'Indien, moins robuste que le nègre, convient moins aux travaux agricoles, sa douceur fait qu'on s'accommode facilement de ses services. Du moment qu'on respecte ses usages, il est rare qu'il donne lieu à quelques sujets de plainte. Nos colonies étaient ainsi assurées d'avoir la main-d'œuvre. En 1882, l'Angleterre, heureuse de nous montrer son hostilité, interdit l'immigration indienne dans nos colonies et, depuis 1884, il n'y a plus eu d'envoi. Bien plus, l'Angleterre se prenant d'un vif amour pour ses sujets indiens, est intervenue à la Réunion, a prétendu que les coolies n'étaient pas traités comme ils devaient l'être et, le 27 août 1887, un décret a été rendu pour faire droit à ses réclamations plus ou moins mal fondées. Ce décret est entré dans de nombreux détails en ce qui concerne les Indiens. Dans les logements, le couchage doit être élevé d'au moins 50 centimètres au-dessus du sol. Chaque engagé doit recevoir par jour une ration composée de 800 grammes de riz décortiqué, 100 grammes de viande salée ou de poisson salé, 100 grammes de légumes secs, etc.

Inutile de dire que toutes les précautions demandées, exigées par l'Angleterre pour assurer le bien-être matériel de ses sujets indiens, n'ont pas eu d'autre but, d'autres résultats que de rendre plus fréquente l'intervention de l'agent consulaire britannique. Actuellement, la population indienne de nos colonies peut s'évaluer à 47,000 têtes, dont 23,000 à la Réunion, 13,000 à la Guadeloupe, 9,000 à la Martinique et 2,000 à la Guyane.

Les Indiens, qui sont restés dans nos possessions d'outremer, s'y sont définitivement fixés et ont fait souche; mais leurs descendants ne montrent que fort peu de tendances à s'employer comme travailleurs sur les plantations, ils préfèrent vivre en qualité de propriétaires cultivateurs, et comme à la Réunion le nombre des rapatriements a toujours été insignifiant, — à la Martinique, il s'est élevé à peine à 4,500 et à la Guadeloupe, il n'a guère dépassé 6,000, — comme aussi l'immigration des Indiens n'a jamais eu lieu dans une proportion normale entre les deux sexes et que les femmes ont toujours été bien moins nombreuses que les hommes, il en est résulté que les familles ne se sont constituées qu'à l'état de minorité, et que la population ne se maintenait sur les plantations que grâce à ce que leurs besoins se réduisent à peu de chose, un lopin de terre suffit pour nourrir une famille ; aussi, ce serait s'abuser étrangement que de compter sur la population d'origine indienne pour y recruter des travailleurs. Cette main-d'œuvre ne peut sérieusement exister qu'à la condition que chaque année, de nouveaux convois d'émigrants arriveront pour satisfaire aux besoins de la culture. Or, l'Angleterre nous a fermé l'Inde pour le recrutement des travailleurs. Faut-il essayer de conclure avec elle une nouvelle convention rappelant celle de 1861 ? Nous ne le pensons pas. Une émigration indienne trop nombreuse, se portant sur l'une de nos colonies, pourrait avoir comme résultat de noyer la population d'origine française. C'est ce qui est arrivé à l'île Maurice, notre ancienne Ile-de-France. En 1841, la population s'élevait à 158,000 habitants, dont 56,000 Indiens. Aujourd'hui, elle est de 372,000 âmes, dont 256,000 Indiens auxquels il faut ajouter 4,000 Chinois. La propriété passe de plus en plus aux mains des Indiens et le petit commerce est devenu leur monopole. L'*Ile-de-France* est actuellement une île indienne. Il n'est pas à désirer qu'il en soit de même de nos Antilles et de la Réunion.

De plus, la présence de travailleurs recrutés dans l'Inde, qui est une possession anglaise, présente un danger sérieux. Elle donne aux agents consulaires britanniques l'occasion d'intervenir à chaque instant dans les affaires intérieures intimes d'une colonie. Nous ne pouvons accepter cette situation, et, comme le disait avec raison l'honorable député de la Réunion, M. de Mahy, la *France doit être maîtresse chez elle et dans ses possessions d'outre-mer*.

La Chine, cet immense empire de 400 millions d'habitants, a attiré l'attention, et l'on a pensé que l'on pouvait recruter des travailleurs dans ce vaste réservoir d'hommes. Quelques essais ont été faits, et il en résulte que, là, l'émigration chinoise présente de nombreux inconvénients. Le Chinois a des qualités : il est laborieux, économe, et si on le traite avec justice, il remplit son devoir avec une ponctualité exemplaire. Cependant, son introduction dans nos colonies présenterait des dangers; il est vindicatif, joueur, fume l'opium, émigre seul et n'amène pas de femme avec lui; il ne fonde pas de famille. De plus, il constitue des clans, gouvernés par des sociétés secrètes, formant un véritable état dans l'état et il reçoit son mot d'ordre du dehors. En outre, il ne s'établit jamais dans un pays sans espoir de retour, et chaque pièce d'or qui tombe entre ses mains, disparaît de la circulation, jusqu'au moment de son envoi en Chine. Au point de vue agricole, les Chinois sont loin de constituer une catégorie d'ouvriers désirables. Car, une fois leur contrat achevé, ils abandonnent la culture pour exercer de petites industries, s'adonner au commerce de détail, et comme ils se contentent de maigres salaires, ils sont des concurrents terribles pour les Européens; aussi, nous ne pensons pas qu'il faille s'adresser à la Chine pour nous procurer la main-d'œuvre.

La présence des *Célestials* dans nos colonies ne doit pas être encouragée et pourrait devenir une cause de troubles. L'expérience a été faite à ce sujet, à Cuba : à un moment donné, l'on a compté plus de 100,000 coolies chinois que l'on employait principalement à la culture. L'on a dû y renoncer. On en compte aujourd'hui 50 à 60,000, et comme il n'y a plus d'émigration, ils finiront par disparaître. Dans nos anciennes colonies d'esclaves, les Chinois ne sont qu'à l'état d'exception, 8 à 900 à la Réunion, 400 à la Martinique, 300 à la Guadeloupe, et à peu près autant à la Guyane.

Nous ne demandons pas qu'on ferme l'entrée de nos possessions d'outre-mer aux sujets du Céleste-Empire, mais qu'on ne les y appelle pas; ils viendront toujours d'eux-mêmes et y seront un jour plus nombreux que nous ne le voudrons. A l'heure actuelle, ils sont 50,000 en Cochinchine, 100,000 au Tonkin, 3,000,000 au Siam, plus de 300,000 dans les Indes néerlandaises, 200,000 aux États-Unis, 18,000 aux îles Hawaï, plusieurs milliers en Australie, plusieurs centaines à Tahiti, etc., etc. Ils commencent à se rendre à Madagascar, et à Tamatave ils forment déjà un groupe assez important. Quand Madagascar sera conquis, l'on assistera à une véritable invasion de leur part. Le jour est proche où ils paraîtront en Europe, et il en résultera une crise économique des plus graves.

Selon nous, il existe deux pays qui doivent nous fournir la

main-d'œuvre nécessaire à nos colonies, et auxquels nous devons nous adresser de préférence à tout autre. Ces pays sont notre Indo-Chine et le Japon. Nous avons un empire de vingt millions d'hommes dans l'Indo-Chine. L'on connaît les qualités du peuple annamite, il est laborieux, colonisateur; et dans le Cambodge, où naguère les Annamites n'étaient qu'en petit nombre, ils sont actuellement plus de 150,000, refoulant devant eux la population aborigène. De plus, les Annamites sont habitués au climat de nos vieilles colonies et les quelques essais qui ont été faits, ont été satisfaisants. Il y a 300 Annamites à la Guadeloupe, 400 à la Guyane. L'Annamite doit être pour nous un précieux auxiliaire dans nos entreprises coloniales et il ne tient qu'à nous de l'utiliser. Jusqu'à présent, il a montré peu de dispositions à émigrer, mais il commence à se porter dans le Laos, dans le Cambodge, et avec un peu de patience, il s'embarquera pour nos colonies.

Enfin, l'émigration japonaise peut, si nous le voulons, constituer pour nous une ressource des plus sérieuses et nous y recruterons des travailleurs autant que nous voudrons. Le Japon a 42 millions d'habitants, quoique sa superficie ne dépasse pas 383,000 kilomètres carrés, c'est-à-dire 112 à 115 habitants par kilomètre carré. Cette densité n'est dépassée en Europe que par la Belgique. Chaque année, la population augmente de plus de 200,000 âmes. Les Japonais, qui se trouvent trop à l'étroit, commencent à émigrer, ils possèdent des qualités sérieuses comme colons, contrairement aux Chinois, ils émigrent avec leurs femmes et se fixent dans les pays où ils vont. Ils n'ont aucune répugnance à s'allier avec la population indigène. Aux îles Hawaï, l'on en compte 12,000 dont les trois quarts s'adonnent à la culture. Nombre d'entre eux se sont unis à des femmes canaques, et ainsi la fusion est commencée. Le Japonais est l'un des meilleurs émigrants que l'on connaisse, et l'expérience, qui a été faite, ne laisse aucun doute à ce sujet. Aussi, il est urgent que le gouvernement français s'adresse au gouvernement japonais et signe avec lui une convention nous autorisant à recruter des travailleurs parmi ses sujets, en réglant les conditions de l'émigration. Le Japon nous fournira la main-d'œuvre dont nos colonies ont besoin.

Il a été question, en ce qui concerne la Réunion et la Nou

velle-Calédonie, d'avoir recours au gouvernement hollandais et de négocier avec lui l'autorisation de recruter des travailleurs à Java. L'on avait pensé que cette grande île, qui possède une population nombreuse, 20 millions d'habitants, quoique sa superficie ne dépasse guère 135,000 kilomètres carrés, pouvait nous donner une main-d'œuvre peu coûteuse. Nous ne pensons pas que le Javanais puisse être un travailleur sérieux. Il est fort attaché au sol natal, et s'il n'est pas paresseux dans toute l'acception du mot, ce n'est qu'avec répugnance qu'il se livre à une culture dont il ne comprend pas l'utilité. Comme il est sobre et que ses besoins sont fort restreints, il ne donnera jamais une somme importante de travail sans y être forcé. Aussi, Java ne sera jamais pour nous une ressource au point de vue du recrutement de la main-d'œuvre. Pour la Nouvelle-Calédonie, l'on s'est adressé et l'on s'adresse encore aux Nouvelles-Hébrides; mais le nombre des immigrants que peut nous fournir cet archipel est fort restreint, et, à l'heure actuelle, les Néo-Hébridais engagés dans la Nouvelle-Calédonie ne dépassent guère 1,800 têtes.

La superficie des Nouvelles-Hébrides est d'environ 14,000 kilomètres, c'est-à-dire à peine la valeur de trois départements français, et la population, qui ne dépasse guère 60,000 âmes, a tendance à diminuer. De plus, le Néo-Hébridais est paresseux et n'offre pas une grande résistance; il ne faut pas se faire illusion à son sujet. Jamais nous ne trouverons à recruter aux Nouvelles-Hébrides la main-d'œuvre suffisante pour mettre en valeur les terres de la Nouvelle-Calédonie. Aussi, le décret du 11 juillet 1893, concernant l'immigration des Néo-Hébridais à la Nouvelle-Calédonie, et qui constitue un véritable code, comprenant 103 articles, nous fait sourire. L'administration coloniale, qui fonctionne à Paris, a pensé que les Nouvelles-Hébrides possédaient une population nombreuse, où nous pourrions recruter des milliers de travailleurs. C'est l'une de ses erreurs auxquelles nous ne sommes malheureusement que trop habitués. Quant à nos petites colonies, Mayotte et Nossi-Bé, elles ne comptent: la première, que 37,000 hectares de superficie, avec une population de près de 11,000 âmes; la seconde, Nossi-Bé, 30,000 hectares de superficie, avec 9,500 habitants. A Mayotte, la seule production, à vrai dire, est le sucre, qui occupe plus de 1,700 hectares, et à Nossi-Bé le sucre est également la principale production, quoique l'on cultive aussi le café et le riz. Naturellement, il faut s'adresser au dehors pour avoir des travailleurs, qui sont 4,500 à Mayotte et 3,000 à Nossi-Bé. La plupart sont des Cafres recrutés à la côte orientale d'Afrique, et les Indiens n'y existent qu'à l'état d'exception. Un traité a été conclu avec le Portugal en 1881, et nous avons toute facilité pour nous procurer la main-d'œuvre sur la côte de Mozambique. Pour Mayotte et Nossi-Bé, la question est tranchée. Ces deux petites colonies ont les travailleurs dont elles peuvent avoir besoin. La condition des immigrants est réglée par le décret de 1885.

En ce qui concerne nos autres colonies, la question de la main-d'œuvre est à résoudre. Il faut qu'elle le soit, et, du reste, il ne faut pas s'exagérer les difficultés. Nos Antilles, la Martinique et la Guadeloupe possèdent une population nombreuse, eu égard à leur superficie. La Martinique a 98,782 hectares carrés avec 177,000 habitants; la Guadeloupe, 178,000 hectares avec 183,000 habitants. Dans ces deux colonies, la principale production est le sucre. A la Martinique, la canne occupe 29,000 hectares, la moitié des terres cultivées, avec 29,000 travailleurs; la Guadeloupe, 25,000 hectares avec 40,000 travailleurs. Dans ces deux îles, surtout à la Martinique, la population d'origine africaine préfère de beaucoup s'adonner aux cultures variées plutôt qu'à celle de la canne. Il en résulte que, forcément, la main-d'œuvre fait défaut aux plantations. Mais, si la population était laborieuse comme elle devrait l'être, il n'en serait pas ainsi. De plus, ces deux colonies sont défavorables à l'immigration asiatique, et leurs Conseils généraux ont refusé tout crédit pour lui venir en aide. Il n'est pas admissible que la métropole leur impose des émigrants japonais et des annamites et prenne à sa charge les frais de transport. Quant à la Guyane, elle n'existe pas, à vrai dire; ce n'est qu'une solitude fertile. A nous de voir si nous voulons tirer parti de l'ancienne France équinoxiale; mais que l'on sache bien que tout y est à créer. Par le traité de 1881, conclu avec le Portugal, Mayotte et Nossi-Bé sont assurés de la main-d'œuvre. Quant à la Réunion, notre *vieille île Bourbon,* la main-d'œuvre est insuffisante, et toute la population est unanime pour l'immigration. Il suffirait d'un arrivage annuel de 600 travailleurs, et ce nombre, qui n'a rien d'extraordinaire, pourrait être facilement fourni par les Japonais et les Annamites.

La même émigration pourrait donner ce qui manque à la Nouvelle-Calédonie, pour mettre en culture la plus grande partie de son sol, restée en friche, et dont la superficie s'élève à 2 millions d'hectares. Mais le nombre des immigrants devrait être bien plus considérable qu'à la Réunion. Enfin, n'oublions pas que nous faisons actuellement la conquête de Madagascar. Cette grande terre deviendra une *terre française* et cessera d'être *la chose des Hovas*, espérons-le. L'Européen ne peut qu'exceptionnellement se livrer à la culture, et il faudra faire appel à la main-d'œuvre. Les Japonais et les Annamites peuvent être pour nous, dans cette entreprise, d'utiles et précieux auxiliaires. Ne nous laissons pas surprendre, et c'est pourquoi il est à désirer que dans le plus bref délai des négociations soient entamées à ce sujet avec le Japon.

A la suite de cette communication, le vœu suivant est adopté :

« Le Congrès émet le vœu qu'en cas de besoin de travailleurs » nos colonies s'adressent de préférence au Japon et aux » Annamites. »

Une fois le vote acquis, M. DE MAHY, qui n'a pas voulu intervenir pendant la discussion, à cause de sa qualité de président de séance, fait remarquer que la Réunion n'a besoin que d'une immigration annuelle de 5 à 600 individus. Ce léger appoint, ses compatriotes de la Réunion peuvent le trouver près d'eux, sans le demander aux pays d'Extrême-Orient. L'honorable vice-président de la Chambre des députés explique les raisons qui lui font préférer les Malgaches, même aux Japonais ou aux Annamites.

C'est au tour de M. BARBIER de parler sur la *Bibliographie géographique de la Lorraine*. Mais comme la séance a déjà été très remplie, M. Barbier « fait grâce de sa lecture, qui serait un peu aride et fatigante », et se borne à déposer son manuscrit sur le bureau ; le Congrès décide qu'il sera inséré dans le compte rendu, ainsi qu'une note de M. Barbier sur la *Bibliographie coloniale*.

Un Plan de bibliographie géographique lorraine, établi par la Commission spéciale de la Société de géographie de l'Est et communiqué, au nom de cette Société, par son délégué, M. BARBIER.

Messieurs,

En nous montrant aussi jaloux que personne de l'indépendance de notre Congrès en ce qui touche sa compétence et son action, nous ne perdons aucune occasion de travailler au progrès de la géographie locale.

Dans cet ordre d'idées, et en vue de préparer de longue main la publication d'une géographie de la région lorraine, nous avons déjà convié, il y a quelques années, les instituteurs de notre département à rédiger des monographies communales. C'est chose faite depuis longtemps ; mais, en attendant que se présentent les hommes de savoir et de bonne volonté qui entreprendront cette géographie et que soient réunis les moyens d'en mener la publication à bonne fin, il nous a semblé qu'il manquait à sa préparation un préliminaire obligé : je veux parler d'une *Bibliographie géographique lorraine*.

Il existe certainement un contingent considérable de travaux dont l'inventaire bien compris peut donner une indication précise sur le degré de connaissance que nous avons de notre région.

Sur ma proposition, le Comité de la Société de géographie de l'Est a institué une Commission spéciale composée de MM. Auerbach, professeur de géographie à la Faculté des lettres ; Rinton, docteur en droit ; Woelflin, ancien officier du génie, et votre serviteur, avec adjonction de M. le Dr Fournier pour les Vosges, et de M. C. Bonnabelle pour la Meuse.

Cette Commission a établi un plan de bibliographie géographique lorraine, lequel servira probablement de plan à la géographie régionale dont elle est l'éclaireur.

C'est ce plan que je vous demande la permission de vous exposer dans le tableau suivant :

I

GÉOGRAPHIE HISTORIQUE AVANT 1789.

1º *Cartographie;*
2º *Bibliographie* (¹).

II

PUBLICATIONS POSTÉRIEURES A 1789.

1º *Géographie physique :*
    a) Géologie.
    b) Topographie.
    c) Météorologie.
    d) Formation des eaux, hydrographie.
    e) Géographie botanique (²).
    f) Géographie zoologique (²);

2º *Anthropogéographie* (étude de la répartition des hommes d'après les circonstances géographiques). — Statistique géographique de la population;

3º *Géographie économique* (les transformations des milieux par l'homme :
    a) Exploitation du sous-sol; répartition des industries minérales.
    b) Exploitation du sol; agronomie.
    c) Exploitation des voies de circulation; industrie et commerce.

4º *Anthropologie :*
    a) Races.
    b) Géographie médicale.

5º *Ethnographie :*
    Mœurs et coutumes dérivant de circonstances géographiques.

(¹) Notre Commission pense que, sur ce point, le classement sera des plus délicats, car elle entend n'empiéter, ni sur l'histoire, ni sur l'archéologie; elle entend éliminer tout ce qui toucherait exclusivement à l'une ou à l'autre, encore qu'on soit exposé souvent à les confondre toutes deux et à les mêler à la géographie historique.

(²) Types indiqués : ouvrage de M. Godron.

Tel est, dans ses points principaux, le plan suivant lequel seront classés tous les éléments de la bibliographie géographique lorraine, sans préjudice des divisions pour ainsi dire transversales aux premières. Ces divisions détermineront le classement, suivant qu'il s'agira de *manuscrits*, de *volumes édités*, d'*extraits des périodiques*, etc., tout ce qui est, en un mot, du domaine de la « cuisine bibliographique ».

On est généralement mieux reçu à parler de ce qu'on a fait que de ce que l'on fera; mais comme il y a déjà un commencement d'exécution, nous ne serons pas taxés de témérité ni d'outrecuidance. Peut-être nous saurez-vous gré de vous avoir indiqué un plan que plus d'une des sociétés sœurs pourra s'approprier. Ce sera pour elles, comme pour nous, l'occasion de fournir un appoint à la géographie locale, de laver toutes celles qui suivront notre exemple — en élaborant parallèlement une bibliographie géographique coloniale ([1]) — du reproche de déserter les études qui nous touchent de près pour celles qui, aux yeux de quelques personnes, ne nous regardent pas. Dans l'une comme dans l'autre entreprise, nous avons conscience de remplir notre rôle et de contribuer au progrès et à la vulgarisation des sciences géographiques.

La séance finit par la dernière communication fixée par l'ordre du jour : *Côtes des Landes, vents, courants, températures et densités,* par M. HAUTREUX, l'un des vice-présidents de la Société de géographie de Bordeaux.

Ce travail a été, malgré l'heure avancée, écouté avec infiniment d'intérêt par les congressistes. Il s'est terminé par l'adoption d'un vœu.

([1]) Nous pensions bénéficier de l'autorisation du Congrès pour joindre, après coup, à l'*exposé* du *plan de bibliographie géographique lorraine*, un *plan de bibliographie géographique coloniale*. Mais celui-ci demandera une élaboration assez longue, le recours à diverses sources que nous n'avons pu encore réunir en assez grand nombre. D'ailleurs, il se rattache très directement au rôle des sociétés de géographie dans la vulgarisation des renseignements coloniaux, question qui n'a pas été traitée par le Congrès de 1895 et que nous porterons à l'ordre du jour de celui de 1896.

Côtes des Landes et bassin d'Arcachon; les vents, les courants,
les températures et les densités de la mer;

Par M. HAUTREUX,

Lieutenant de vaisseau, vice-président de la Société de géographie commerciale de Bordeaux.

I. — LES COURANTS ET LES VENTS SUR LA COTE DES LANDES DE GASCOGNE

Depuis l'époque de Franklin en 1776, il a été admis qu'une branche dérivée du Gulf-Stream se dirigeait vers l'entrée de la Manche et les côtes du Portugal. En 1822, le major Rennell traçait la route suivie par ce courant; il admettait que, venant butter sur le cap Finisterre (Espagne), il s'y divisait en deux branches dont l'une suivait la côte du Portugal, faisait route au Sud, et dont l'autre pénétrait dans le golfe de Gascogne, suivait la côte nord de l'Espagne jusqu'à la frontière française, s'infléchissait alors vers le Nord en longeant la côte des Landes de Gascogne, continuait vers le N.-W. le long des côtes de Bretagne et enfin, au delà d'Ouessant, allait se fondre dans les courants de marée de la Manche.

Les pêcheurs de la côte des Landes reconnaissaient bien qu'il y avait des courants assez violents, dans les parages qu'ils fréquentaient, mais variaient d'opinion sur leur direction générale, et y voyaient surtout l'action prépondérante des vents.

Les belles expériences du prince de Monaco, sur son yacht *l'Hirondelle*, en 1886, faites au moyen de corps flottants spécialement construits dans ce but, ont montré que, depuis le 20° méridien W. jusqu'à l'ouvert du golfe de Gascogne, les eaux de la surface subissaient un mouvement d'entraînement vers l'est. Sur 500 flotteurs jetés à la mer, 22 avaient pénétré dans le golfe et, chose digne de remarque, étaient venus s'échouer sur le rivage des Landes, tous plus au sud que leur point de départ, et presque à l'exclusion des autres côtes du golfe.

Des recherches analogues, faites à l'aide des pilot-charts américains, sur les parcours d'épaves tracés sur ces cartes depuis 1885, montraient aussi un certain mouvement d'entraînement vers le fond du golfe, mais, suivant la saison, des mouvements contrariés qui faisaient douter que le courant de Rennell existât toute l'année.

Tous ces faits nous ont engagé à refaire de nouvelles observations et à les continuer pendant deux années entières afin d'en tirer des conclusions plus nettes.

Nous avons eu recours au procédé simple et peu coûteux des bouteilles flottantes.

Procédé des bouteilles flottantes.

Afin d'éviter que les bouteilles isolées, roulant à la surface, ne fussent entraînées par les moindres vents, nous avons conseillé de joindre ensemble deux bouteilles ordinaires, au moyen d'une cordelette longue de 3 mètres à 3^{m}50 (c'est la hauteur de nos plus petites marées). Les bouteilles sont attachées par les goulots : l'une d'elles contient un bulletin de lancement indiquant le nom du navire, la date, la position et la prière de faire parvenir ce bulletin à la Société de géographie de Bordeaux ; l'autre bouteille est remplie d'eau aux trois quarts de façon à rester immergée et à servir de lest, sans cependant entraîner au fond la bouteille flottante qui contient le bulletin.

L'appareil est ainsi maintenu près de la surface, les bouteilles se tiennent verticalement et ne peuvent rouler ; la bouteille flottante est constamment rappelée dans la verticale de la bouteille lesteur, qui en définitive commande le mouvement.

Tout le système obéit aux seuls déplacements de la nappe d'eau voisine de la surface jusqu'à 3 mètres de profondeur, comme le ferait la coque d'un navire immergé.

Il a été lancé à la mer environ 300 bouteilles. Sur ce nombre, il en a été recueilli 105, soit environ 34 0/0.

Les directions suivies par ces bouteilles ont été :

Vers l'Est et le S.-E., 76 ;

Vers le N.-E., 24 ;

Vers le S.-W., 5.

La prédominance vers le S.-E. est très remarquable et détruit la théorie précitée du courant de Rennell. (V. planche II, graphique 1.)

Un autre fait important qui ressort de ces observations, c'est que les atterrissages se sont faits principalement sur la côte des Landes, à l'exclusion des côtes d'Espagne.

Les vitesses de transport sont plus considérables au large que près de terre; elles ont été trouvées de 5 à 6 milles par 24 heures au milieu du golfe, et de 2 à 3 milles seulement à 20 milles de la côte.

Le rivage exerce une sorte de répulsion, qui n'est vaincue que par la poussée des brises du large.

Les directions vers le S.-E. ont eu lieu surtout pendant les mois du printemps et de l'été; les directions vers le N.-E., surtout pendant les mois d'automne, à l'époque des vents violents du S.-W.; les directions vers le S.-W. pendant les périodes où ont régné des vents de N.-E. L'influence de la direction du vent sur les trajets des corps flottants était évidente. Cette remarque fut l'origine de nos recherches sur les vents dans le fond du golfe de Gascogne.

Les trois centres d'observation choisis furent:

La pointe de La Coubre, embouchure de la Gironde; le bassin d'Arcachon, au Sémaphore; et Biarritz. — Le matin à 7 heures et le soir à 7 heures. — Les données étant la direction et la force du vent, on dressa des graphiques représentant, pour chaque mois, et pour l'année, les mouvements successifs aériens qui se produisirent pendant ces trois années.

L'aspect de ces graphiques montre à l'évidence que les mouvements généraux de l'atmosphère subissent, dans chacun de ces points, des déviations locales tout à fait remarquables.

Dans ces trois points, depuis le mois de février jusqu'au mois de septembre, la poussée des vents de l'après-midi et du soir est dirigée vers le S.-E. En un mot, c'est la prédominance des vents du N.-W., des vents du large, qui pousse dans le fond du golfe, à la côte des Landes, tous les corps flottants; depuis le mois de septembre jusqu'au mois de janvier les vents deviennent variables; ils n'ont plus de dominante marquée.

La poussée des vents de la matinée n'a pas non plus, pour La Coubre et pour Arcachon, de direction générale bien indiquée; mais à Biarritz, les faits s'accusent nettement: du mois d'avril au mois d'août, la résultante des vents pousse vers l'E.-N.-E.; du mois de septembre au mois de mars, elle pousse vers le Nord, indiquant pendant les mois d'automne et d'hiver une prédominance marquée des vents du Sud, qui descendent des montagnes des Asturies.

Tous ces faits sont nettement accusés par les graphiques, ils peuvent se résumer ainsi :

Sur toute la côte des Landes, pendant les mois chauds, les vents dominants de l'après-midi viennent du N.-W. et poussent à la côte les corps flottants. Pendant les mois froids, les vents de l'après-midi n'ont plus de direction dominante, mais ceux du matin près de la côte Cantabrique soufflent le plus souvent du Sud et repoussent au large les corps flottants. (V. planche I, graphiques 1 et 2.)

Il y a concordance parfaite entre les dérives des objets flottants et les poussées des vents.

II. — LES TEMPÉRATURES DE LA MER

Côte des Landes.

La marche des températures de la surface de la mer, le long de la côte des Landes, est très régulière et n'éprouve que de très faibles modifications d'une année à l'autre.

Les modifications de température de l'air de chaque jour n'exercent pas d'influence appréciable au large; celles qui durent plusieurs jours se font sentir surtout à l'époque des changements de saison.

Pendant la période des grands froids, quoique les différences de température entre l'air et la mer atteignent quelquefois 20°, la surface de la mer ne parait pas en être impressionnée et du 1er janvier au 31 mars, les eaux se maintiennent entre 11° et 12°.

Il n'en est pas de même pendant la période chaude, les eaux subissent alors des modifications de température qui oscillent entre 19° et 22°, suivant les variations thermiques de l'air, et la pureté du ciel qui facilite l'insolation des eaux voisines du rivage.

Près de nos côtes, le minimum de l'hiver est de + 11° et a lieu vers le 20 février; le maximum de 21° à 22° a lieu vers le 1er août. Cette température est plus élevée de 3° ou 4° que celle de l'Océan voisin, entre le cap Finisterre et Ouessant. (V. planche II, graphique 2.)

Cette nappe d'eau surchauffée existe tout le long du rivage des Landes, de Cordouan à Biarritz; elle a une épaisseur de

Températures de la surface de la mer.

	1893 Juillet	Août	Septembre	Octobre	Novembre	Décembre	1894 Janvier	Février	Mars	Avril	Mai	Juin	Juillet	Août	Septembre	Octobre	Novembre	Décembre	1895 Janvier	Février	Mars	Avril	Mai	Juin	Juillet	Août	Septembre	Octobre	Novembre	Décembre	1896 Janvier	Février	Mars
Côte des Landes Maxima Minima Moyenne	22° 21 21.5	22° 20 21	21°.5 20 20.7	19° 17 18	16° 14 15	14° 11 12.8	12° 11 12	12° 11 11.5	12° 11 11.4	12° 12 12	15° 14 14.4	17° 16.5 16.6	20° 18 19.4	21° 19.5 20.4	21° 17 19.3	18° 17 17.7	16°.5 15 16	14°.5 13.5 14	12° 10 11.2	11°.5 11 11.3	13° 10.5 12.1	14° 13 13.5	19°.5 15.5 17.3	18°.5 17.5 18	22°.5 21.5 22	23° 20.5 21.7	22° 21 21.6	20° 16 18.5	17.5 16.5 17	» » »	14.5 12 13.5	14.5 13 13.5	14.5 14 14.2
Arcachon Rade d'Eyrac Maxima Minima Moyenne	» » »	» » »	» » »	» » »	» » »	11.5 7 9.1	8.5 1 4.9	10 6 8.5	13 9 11.2	14 13.5 14	16 13.5 16	23 17 21.3	22.5 20 21.3	22 21 21.5	21.5 17 18.9	17.5 14 14.8	13.5 5.5 11.9	8.3 7.5 7.7	8.5 3.5 6.4	6 4.3	11.5 5.5 8.5	17 10.5 14	19.5 14.5 16.5	23 17 19.9	24 20 22	25 19 22.5	24.5 20.5 22.5	22 10 16	14 9 11.5	14 9 11.5	13 4 8	12 8 9.5	16.5 10.5 13.5
Pointe de l'Aiguillon Maxima Minima Moyenne	» » »	» » »	» » »	» » »	» » »	» » »	» » »	» » »	» » »	» » »	» » »	» » »	» » »	» » »	» » »	» » »	15 6 12	9 6 7.5	8.5 1 5.5	8 1.5 4.5	12.5 5.5 9	18 10.5 14.5	20 14 17.5	23 17 19	24.5 18 22	23 21 22	24.5 23 23.5	23.5 11 18	15.5 12.5 14	15.5 10 13	12 1 6.5	9.5 5.5	13.5 4 10.5
Villa Algérienne Maxima Minima Moyenne	» » »	» » »	» » »	» » »	» » »	» » »	» » »	» » »	» » »	» » »	» » »	» » »	» » »	» » »	» » »	» » »	» » »	» » »	» » »	» » »	» » »	» » »	» » »	26 20 23	26 20 23.5	26 20 22.5	» » »	» » »	» » »	» » »	» » »	» » »	» » »
Observatoire Température moyenne de l'air	19.8	22.9	17.6	13.6	6.9	4.6	4.5	7.1	9.6	12.5	12.8	17.9	19.9	19.0	17.2	13.8	9.1	4.8	2.3	1.9	7.8	12.9	15.8	18.3	20.3	20.2	22.6	12.4	12.3	7.0	3.5	5.0	10.2

25 mètres, près de la côte, et s'étend au large jusqu'à 100 milles de distance à l'époque du maximum du mois d'août.

Le maximum de l'hiver, à 11°, est la température de la masse océanique du golfe de Gascogne jusqu'à 1,000 mètres de profondeur. On comprend que, pendant l'hiver, les grands froids de l'atmosphère ne puissent atteindre à cette profondeur et que les échanges verticaux ou de glissement que facilitent les mouvements de la marée sur nos plages, ne puissent être appréciés par nos instruments.

Au maximum d'été, les choses ne se passent pas de la même manière ; les eaux de la marée montante recouvrent, sur toute l'étendue de nos côtes, une surface de sable large d'environ 150 mètres, qui est devenue brûlante sous l'action des rayons solaires ; la chaleur ainsi communiquée à la mer, par contact et par insolation directe, tend à faire monter et à maintenir à la surface les eaux surchauffées, lesquelles s'étendent au loin, en nappe constamment renouvelée, à la façon d'une tache d'huile.

Cette nappe chaude a été reconnue au large ; elle s'étend au mois d'août jusqu'à 100 milles de distance, formant un vaste triangle équilatéral dont la base est le rivage même des Landes. Suivant la force d'insolation de l'été, d'une année à l'autre, le maximum peut varier de 21° à 23°, tandis que le minimum de l'hiver est toujours de 11°.

D'une façon générale, la température de la surface de la mer est toujours supérieure à la moyenne mensuelle de l'air.

Des observations de températures sous-marines ont été prises jusqu'à 30 milles au large. Les températures vont toujours en décroissant de la surface jusque dans les profondeurs. Ce mouvement est naturellement le plus rapide et le mieux marqué au moment du maximum d'août. (V. planche III, graphique 6.)

A cette époque on trouve les températures suivantes :

Surface de la mer, 22°.

A 25 mètres de profondeur, 18°5.

A 50 mètres, 13°5.

A 75 mètres, 12°.

Le graphique ainsi obtenu montre bien qu'entre la surface et 25 mètres la décroissance thermale est peu rapide, tandis qu'elle s'accélère entre 25 et 50 mètres; indiquant ainsi que l'insolation directe se produit jusqu'à 25 mètres, et qu'au delà de 75 mètres il n'y a plus de variations saisonnières.

La nappe d'eau qui subit les influences atmosphériques ne dépasse pas 60 mètres de profondeur.

Températures sous-marines.
PROFONDEURS EN MÈTRES

DATES	Surface	5	10	15	20	25	30	35	40	45	50	55	60	65
Hiver														
Février 1893.	11°	»	11°	»	11°	»	10°8	»	10°1	»	10°5	»	11°5	»
Été														
12 août 1893.	21.5	»	»	»	»	19°	»	»	»	»	15	»	»	»
24 août......	22	»	»	»	»	»	19	»	15	»	»	»	»	»
6 septembre	22	»	20	19°	»	»	15	»	»	»	14	»	»	13°
14 septembre	22	»	20	19	»	18	16	»	14	»	13	»	»	»
29 août 1894.	20	»	»	19.5	»	18.5	17	»	14	»	»	»	»	»
30 août......	20	»	»	20	»	18.5	16.5	»	15	»	13.5	»	»	»
Moyenne de l'été.	21°2	»	20°	19°4	»	18°5	16°7	»	14°5	»	13°9	»	»	13°

Bassin d'Arcachon.

Le régime du bassin d'Arcachon s'écarte, en beaucoup de points, de celui de l'Océan; bien que les marées y brassent chaque jour les deux tiers de la masse des eaux qu'il contient, et que le contingent d'eaux douces qu'il reçoit soit très faible.

En quelques mots, rappelons que la surface du bassin est d'environ 20 kilomètres carrés, la passe de l'entrée a 5 kilomètres de largeur, les courants de marée y atteignent des vitesses de 3 nœuds, et la pleine mer a lieu à Arès environ une heure plus tard qu'au cap Ferret.

Les vents. — Le régime alternatif des brises de terre et des brises du large existe d'une façon générale; il est moins accusé pour les brises matinales venant de terre que pour les brises de l'après-midi venant du large; ces dernières existent très nettement depuis le mois de mars jusqu'au mois d'octobre, elles sont dirigées à midi vers l'E.-S.-E., et le soir vers le S.-E. (V. planche I, graphique 2.)

Les brises matinales pendant les mois chauds perdent leur caractère de brises de terre, qu'elles reprennent pendant les mois froids, où le sol des Landes devient glacé.

Les pluies. — Le bassin n'a pas un régime hydrométrique uniforme ; il pleut en moyenne plus à Audenge qu'à Arcachon. Les observations pluviométriques de l'Observatoire de Bordeaux ont montré que la moyenne des dix dernières années donnait :

Au Piquey, sur le cap Ferret, 849^{mm}.

A Audenge, 1,091^{mm}.

Cette différence hydrométrique de près du quart entre deux points situés sur les bords du bassin indique qu'il doit exister des différences analogues dans la composition des eaux des diverses régions de cette vaste étendue.

Les températures de l'air. — Des différences semblables se produisent aussi dans la marche des températures aériennes.

La moyenne de dix ans donne comme nombre des jours de gelée de l'hiver :

A Arès, 53 jours.

A Arcachon, 39 jours.

Ainsi pour les températures de l'air, les différences sont encore plus sensibles d'un point du bassin à l'autre que pour les pluies. A l'Observatoire de Bordeaux-Floirac, les chiffres recueillis sont, tant pour l'hydrométrie que pour la température, une moyenne entre les deux extrêmes cités. Les chiffres de Bordeaux-Floirac peuvent servir pour indiquer l'état moyen de toute la région arcachonnaise.

Températures de la mer. — Le bassin doit être divisé en deux zones principales : 1° la partie maritime allant de la rade du cap Ferret à la bouée extérieure ; 2° la partie intérieure allant de la rade du cap Ferret jusqu'à Arès et Gujan-Mestras.

La partie maritime, longue de 4 milles marins et large d'environ 2 milles, du cap Ferret à la pointe du Bernet, sert aux mélanges des eaux du bassin intérieur avec les eaux de l'Océan. Les températures reliées montrent qu'à la bouée extérieure on observa la température de l'Océan, tandis que dans la rade du cap Ferret on trouva une moyenne avec les températures de la rade d'Eyrac.

Tout l'ensemble du bassin intérieur subit rapidement les modifications éprouvées par les températures de l'air. (V. planche II, graphique 2.)

Températures de la mer. Février 1895.

DATES	RADE d'Eyrac	POINTE DE L'AIGUILLON		PHASES de la lune	TEMPÉRATURES de l'air a 9 h.
		P. M.	B. M.		
1	5°	3°5	3°	»	— 3°2
2	»	3	3	»	— 0.2
3	»	4	4.5	P. Q.	7.7
4	»	5.5	6	»	4.3
5	»	3.5	4	»	— 0.8
6	2	2.0	1.5	»	— 3.9
7	2.5	3.5	3.5	»	— 0.7
8	»	4.5	4	»	2.8
9	»	6.0	4.5	P. L.	2.5
10	6	6.0	4.5	»	6.0
11	5.5	7.0	4	»	7.7
12	6	6.5	4	»	— 0.1
13	5	7	4.5	»	0.5
14	5	6	4.5	»	1.2
15	4.5	5.5	4.5	»	— 1.9
16	5	4	3	D. Q.	— 3.8
17	2	3.5	3	»	— 2.2
18	2.5	1	2.5	»	— 0.9
19	3	1.5	2.5	»	0.1
20	3.5	4.5	3.5	»	4.4
21	3.5	3	3.5	»	6.4
22	5	6	4	»	4.0
23	4	5.5	4	»	3.0
24	4.5	5	4	N. L.	5.6
25	5	4	5.5	»	3.9
26	5	5	7	»	5.3
27	5.5	6	8	»	2.6
28	5	6	7.5	»	2.1
Moyenne	4°3	4°6	4°2	»	1°89

La moyenne thermale de l'été est un peu supérieure à celle de l'Océan, mais la moyenne thermale de l'hiver est de beaucoup inférieure. Pendant l'été on peut noter 23° à 26°; pendant l'hiver les eaux descendent à 1° et gèlent même dans les parties qui restent longtemps à découvert.

Le moyenne de l'hiver est d'environ 4° à 5° en rade d'Eyrac.

Dans les grands chenaux, où se produisent les grands courants de marée, comme la rade d'Eyrac, de même que dans les canaux latéraux, où les courants sont moins forts, et où les influences de refroidissement, par contact avec le sol, sont plus évidentes, on ne voit guère de différence thermale entre les pleines mers et les basses mers qu'au moment des syzygies, où la pleine mer apporte un contingent nouveau d'eaux venant des grands chenaux, dont la température est un peu moins froide. Les courbes thermales de pleine mer et de basse mer sont absolument enchevêtrées. (V. planche III, graphique 5.)

Dans les grands froids, l'eau des canaux latéraux est un peu plus froide, d'un degré seulement, que l'eau des grands chenaux ; on peut donc dire que dans toute l'étendue du bassin intérieur, les eaux, en contact avec les parties du sol qui assèchent à marée basse, prennent une température en relation avec la température aérienne, qui dans les grands froids est de beaucoup inférieure à celle de l'Océan. Les marées ne modifiant presque pas cet état de choses, on en peut conclure que le contingent d'eaux océaniennes, apporté par la marée montante, n'arrive à pénétrer dans la rade d'Eyrac et dans les canaux latéraux qu'après un temps assez long, lorsque la masse des eaux de la région maritime a été suffisamment brassée par les courants de marée. Pour éclaircir ce problème, des observations reliées ont été faites aux mêmes moments de la marée entre les différents points du bassin et le large, soit pendant l'été, soit pendant l'hiver, pour déterminer plus exactement la façon dont se répartissent les températures entre les différents points de la baie et l'extérieur. Ce sont les observations de l'hiver qui marquent le mieux l'état des choses. Neuf séries ont été prises pendant l'hiver de 1894-1895.

L'observation du 20 février 1895, époque du minimum, donne les chiffres suivants :

Rade d'Eyrac, 3°5.
Cap Ferret, 8°.
Grandes Dunes, 8°5.
Sémaphore, 9°.
Au large, 11°5.

Le graphique, fait en tenant compte des distances, montre nettement l'abaissement rapide de la température entre la bouée extérieure et la rade du Sémaphore, puis jusqu'au cap Ferret une décroissance très lente, et de nouveau, entre le cap Ferret et la rade d'Eyrac, une nouvelle chute thermale très rapide. Cette courbe dénote ainsi clairement la région des mélanges située entre le cap Ferret et le Sémaphore, et les mouvements successifs de la marée qui amènent sur la rade d'Eyrac le contingent des eaux océaniennes. (V. planche III, carte 7.)

Nous donnons les tableaux comparatifs de ces températures.

Bassin d'Arcachon. Températures reliées.

DATES	Pointe de l'Aiguillon	Rade d'Eyrac	Rade du Ferret	Grandes Dunes	Sémaphore	Barre extérieure	Au large côte des Landes
Été							
4 juillet 1894	»	21°5	20°	»	»	18°	19°
8 juillet —	»	21.5	19	»	»	18.5	19
14 juillet —	»	20	20	»	»	19	18
17 juillet —	»	20.5	20.5	»	»	20	19
21 juillet —	»	21	21	»	»	20	21
26 juillet —	»	21.5	21	»	»	20.5	20
14 août —	»	22	21.5	»	»	20.5	21
Moyenne	»	21°3	20°6	»	»	19°5	19°6
Hiver							
2 décembre 1894	6.5	6	9	»	»	»	14°
8 décembre —	7	7.5	9	»	»	13°	13.5
11 janvier 1895	3	6	6	»	»	11.5	12
26 janvier —	7	7.5	8.5	10°	11°	11	11
30 janvier — . B. M.	4	6	6.5	7.5	8	»	11
20 février —	4.0	3.5	8	8.5	9	9	11.5
25 février — . B. M.	4.7	5	10	7	»	»	11.5
6 mars —	6.5	5.5	7.5	10.5	»	»	13
11 mars —	7	8	8.5	10	»	12.5	12.5
Moyenne	5°5	6°1	8°1	8°9	9°3	11°4	12°1

III. — DENSITÉS DE SURFACE DE LA MER

Ces observations ont été faites avec un *uromètre* de Bouchardat réglé à la température de 15°, et comme les variations de température de l'eau, dans le milieu observé, sont très régulières et donnent lieu à des corrections qui seraient plus faibles que les erreurs probables de lecture, les chiffres ont été inscrits tels qu'ils ont été lus; le but de nos recherches étant surtout d'établir la marche des modifications journalières et locales dues aux agents atmosphériques ou marins.

Les températures du milieu étant connues d'autre part, les corrections seront faciles à faire si l'on recherche les valeurs absolues.

Côte des Landes.

Les observations ont commencé au mois de septembre 1893, pendant une période très pluviale. Les chiffres obtenus portés sur un graphique montrent que, sur la côte des Landes, en plein Océan, les densités subissent des variations assez considérables, que le graphique constate par des ondulations mar-

Densités de la surface de la mer.

	Septembre 1893	Octobre	Novembre	Décembre	Janvier 1894	Février	Mars	Avril	Mai	Juin	Juillet	Août	Septembre	Octobre	Novembre	Décembre	Janvier 1895	Février	Mars	Avril	Mai	Juin	Juillet	Août	Septembre	Octobre
Côte des Landes Maximum P. M. Minimum ... Moyenne ...	1027 1025 1025	1026 1024 1025,6	1031 1026 1026	1032 1028 1029,4 1030,7	1030 1028 1029	1027 1024 1025,2 1016	1028 1025 1026,2	1030 1028 1029	1031 1027 1028,9	1028 1025 1026,5	1028 1025 1026,8	1027 1024 1026	1026 1024 1024,6	1026 1024 1025	1026,5 1023,5 1025,6	1027 1024,5 1025,7	1026,5 1020 1026,3	1027,5 1025 1026,8	1025 1026 1026,8	1027 1025 1026,1	1026,5 1023 1024,8	1026 1023 1024	1026 1023 1023,8	1025 1023 1024,3	1025 1023 1024,6	1025 1020 1024,8
Bassin d'Arcachon Rade d'Eyrac Maximum P. M. Minimum B. M. Moyenne ...	» » »	» » »	» » »	1030 1020 1025,7	1027 1014 1024,2	1021 1014 1016	1022 1020 1021	1028 1020 1024,1	1025 » 1025	1024 1022 1022,5	1026 1021 1023	1025 1021 1023,7	1027 1020 1024,1	1027 1020 1024,8	1026,5 1020 1023,9	1027 1020 1024,2	1027,5 1020 1022,9	1025 1015 1020,4	1025 1016 1020,3	1026 1014,5 1020,4	1026 1014 1020,3	1024 1014 1017,9	1025 1017 1020,2	1023 1019 1021	1025 1018 1021,6	1027 1020 1023,2
Pointe de l'Aiguillon Maximum ... Minimum ... Moyenne ...	» » »	» » »	» » »	» » »	» » »	» » »	» » »	» » »	» » »	» » »	» » »	» » »	» » »	» » »	1028 1023 1025,5	1028 1023 1025,2	1030,5 1025,5 1027	1031 1026 1028,9	1030 1025 1028,7	1030 1025 1028,8	1031 1025 1027,6	1027,5 1023 1025,6	1027,5 1025 1026,4	1027 1025 1026,5	1028 1024 1026,5	1027 1024 1024,2
Villa Algérienne Moyenne B. M.	»	»	»	»	»	»	»	»	»	»	»	»	»	»	»	»	»	»	»	»	»	»	1025,4	1025,5	1024	1024,2
Pluies à Bordeaux-Floirac En millimètres	127	111	75	46	57	55	61	80	77	45	112	85	96	48	53	39	70	56	69	79	61	89	39	47	11	127

quées. L'écart total observé entre le minimum et le maximum a été de 1,023 à 1,032.

MINIMA			MAXIMA		
Septembre..	1893	1,023	Décembre..	1893	1,032
Février.....	1894	1,024	Mai........	1894	1,031
Juin.......	1894	1,025	Juillet......	1894	1,028
Septembre..	1894	1,024	Février.....	1895	1,027
Juin.......	1895	1,023			

(V. planche III, graphique 1.)

On ne saisit pas nettement l'influence qu'exercent les pluies locales sur ces variations de la densité. L'année 1894 ayant été une année relativement sèche dans le Bordelais, a peut-être contribué à élever la densité des eaux côtières d'une façon anormale; l'année 1895 se rapprochant beaucoup plus de la moyenne, les densités se sont maintenues, suivant la saison, entre 1,024 et 1,026: en moyenne 1,025; ce qui est un peu plus faible que la densité océanienne du large.

L'action côtière nous paraît bien marquée par les oscillations de septembre à décembre 1893, conformes aux chutes de pluie qui se sont produites dans la région landaise. Le minimum de février 1894 ne peut s'expliquer par les mêmes causes; peut-être faut-il l'attribuer à la prédominance, dans ce mois, des vents du N.-W. maintenant près de la côte le contingent des eaux douces, depuis l'Adour jusqu'à la Gironde. Les séries de vents d'Est, qui ont eu lieu en mars 1894 et février 1895, ont aussi probablement contribué à chasser les eaux douces et à élever les densités.

Toujours est-il que, le long de la côte des Landes, la densité éprouve des variations assez fortes, dont la cause immédiate n'est pas encore nettement déterminée.

Bassin d'Arcachon.

Les observations de densités ont été faites par le capitaine Durand, des pêcheries de l'Océan, à partir du mois de décembre 1893, en rade d'Eyrac. Les difficultés d'organisation n'ont pas permis de les multiplier, autant qu'il était nécessaire, pendant la première année, mais à partir du mois de septembre 1894, les observations ont été faites chaque jour, à la pleine mer et à la basse mer; de plus, à partir du mois de novembre 1894,

M. le capitaine des douanes Sansuc nous a apporté son concours en prenant les mêmes observations à la *Pointe de l'Aiguillon,* au poste des douanes; et enfin, depuis le mois de juin 1895, des observations ont été faites à la *Villa Algérienne,* par M. Brunen, aux mêmes heures de marée.

En recueillant sur un graphique les données générales fournies par ces observateurs, on observe immédiatement qu'entre la rade d'Eyrac et les autres points du bassin et du large, il existe des différences considérables. (V. planche III, graphique 4.)

Dans la rade d'Eyrac, on constate des oscillations considérables d'un jour à l'autre et de la pleine mer à la basse mer.

En général, les densités de pleine mer sont toujours plus fortes que celles de basse mer de 3 ou 4 unités du dernier ordre.

Ainsi les moyennes du mois de juin 1895 ont été :

Pleine mer, 1,020 8.

Basse mer, 1,017 9.

Dans les autres points du bassin, les différences causées par la marée sont beaucoup moins sensibles et souvent interverties. (V. planche III, graphique 3.)

Il semble que la rade d'Eyrac, recevant plus directement les eaux provenant de la Leyre, les canalise en quelque sorte en les maintenant dans son chenal.

En toute saison la densité de la rade d'Eyrac est plus faible que celle de l'Océan.

Il n'en est pas de même pour les points qui sont situés hors du chenal, tels que la Pointe de l'Aiguillon et la Villa Algérienne. A la Pointe de l'Aiguillon, les densités sont, même à marée basse, généralement plus fortes que celles de l'Océan; et à la Villa Algérienne on observe une situation intermédiaire : les densités y sont plus fortes qu'en rade d'Eyrac, mais elles y éprouvent des fluctuations de même genre et qui paraissent liées aux mêmes causes.

Du mois de septembre 1894 au mois d'août 1895, où les observations ont été journalières et prises à marée basse et à marée haute, les extrêmes de la rade d'Eyrac ont été :

Marée basse, 1,014 et 1,026.

Marée haute, 1,017 et 1,027.

Les oscillations sont très fréquentes et les minima de basse mer des périodes sèches paraissent correspondre aux pleines et aux nouvelles lunes.

Dans les périodes pluvieuses, dans les grandes averses orageuses, la densité décroît progressivement tant que le temps reste pluvieux; elle remonte seulement quand la période de sécheresse a une certaine durée.

Mais il est aussi d'autres périodes d'oscillations prolongées qui ne peuvent se relier à aucun de ces faits immédiats.

Ainsi, en septembre et octobre 1894, la décroissance de la densité de basse mer passa de 1,025 à 1,020, d'un mouvement lent et continu, sans que, dans cet intervalle, il soit tombé une goutte d'eau; l'écart avec la densité de pleine mer était très accusé, cette dernière se maintenait à 1,026; ce qui démontrait qu'il y avait à cette époque un écoulement d'eaux douces, provenant de la région landaise, d'origine autre que la pluie. (V. planche III, graphique 1.)

Des fluctuations analogues se produisent dans les densités observées à la Pointe de l'Aiguillon, mais ici il n'y a pas de différence sensible entre les chiffres de pleine mer et ceux de basse mer.

Le minimum observé a été de 1,024; le maximum de 1,032.

Il s'est produit de grandes oscillations depuis le mois de janvier jusqu'au mois d'avril, sans qu'on puisse les rattacher à une cause bien définie. Depuis le mois de mai, les oscillations ont cessé et il s'est produit une décroissance continue, passant de 1,030 à 1,024 à la Villa Algérienne. Les premières densités observées en juin, après une période pluvieuse, furent de 1,017, — presque aussi faibles que celles de la rade d'Eyrac — pendant la période de sécheresse qui suivit en juillet et août 1895, la densité remonta à 1,024, égale à celle des eaux du large.

Dans cette station, il n'y a que de faibles différences produites par la marée, et les oscillations journalières sont très faibles.

En résumé, dans le bassin d'Arcachon, chacun des centres d'observations a son régime particulier.

Dans la rade d'Eyrac, où se rendent les eaux de la Leyre, les densités sont beaucoup plus faibles que celles de l'Océan; les pluies, les phases lunaires ont une action très marquée et produisent des variations considérables dans la salure.

A la Pointe de l'Aiguillon, dans un canalette qui n'est pas en relation directe avec le courant de la Leyre, l'action due aux marées est presque nulle, et les phases lunaires ne produisent d'effet sensible qu'au moment même des syzygies. La salure y est beaucoup plus forte que dans le canal d'Eyrac, et supérieure souvent à celle de l'Océan. Le régime de ce point est donc très différent de celui du canal d'Eyrac.

A la Villa Algérienne, les phases lunaires et les marées ne produisent pas d'effet marqué, mais les périodes pluvieuses y abaissent la salure presque autant qu'en rade d'Eyrac.

Ainsi, dans les grands canaux d'Arès et du Teich, les pluies ont une action dessalante très marquée, tandis que leur action est très faible sur les crassats, et dans les canalettes éloignés des grands courants.

Observations reliées. — Comme pour les températures il a été fait des observations, au même moment de la marée, entre la rade d'Eyrac et le large, aux différents points du chenal.

Le 14 juin 1895 à la basse mer, et le 19 juin 1895 à la pleine mer.

C'était immédiatement après une série pluvieuse d'une quinzaine de jours.

	14 juin B. M.	19 juin P. M.
Rade d'Eyrac	1,016	1,022
Cap Ferret	1,020	1,024
Grandes Dunes	1,023	»
Sémaphore	1,023	1,026
Bouée extérieure	1,024	»
A 15 milles au large	1,024	1,026

(V. planche III, graphique 2 et carte 4.)

Le graphique, fait en tenant compte des distances, montre que, de l'extérieur jusqu'aux Grandes Dunes, l'eau conserve ses caractères océaniques, aussi bien à marée basse qu'à marée haute; mais que, du cap Ferret à la rade d'Eyrac, la salure diminue rapidement, surtout à mer basse. Le 14 juin la perte de salure n'a pas été moindre de 33 0,0 entre ces deux points.

Cette étude des densités nous montre, comme celle des températures, le bassin divisé en deux parties tranchées : la maritime, où se font les mélanges avec l'eau de l'Océan, qui ne présente que de faibles variations dans la température et dans la densité ; et la partie intérieure qui subit toutes les influences atmosphériques, de la température et de l'humidité, à des degrés très variables, suivant que le point observé est plus ou moins recouvert par la marée, et plus ou moins voisin des canaux de décharge des cours d'eau.

Ces différences d'état, en des points si rapprochés, expliquent très bien que l'élevage et la pisciculture produisent des résultats si variés selon la région du bassin considérée et l'emplacement des parcs.

Les graphiques journaliers de février et de juin 1895 font bien voir les oscillations de la densité dans la rade d'Eyrac et les différences constantes considérables avec les points qui sont en dehors du chenal. (V. planche III, graphique 3.)

La rade d'Eyrac reçoit tout le contingent des eaux de la Leyre ; ces eaux douces n'en occupent pas toute la largeur, elles y oscillent constamment suivant la direction des vents ou les diverses directions des courants de la marée. Ce sont ces oscillations des courants qui déterminent les variations journalières de la densité, variations qui ne se produisent pas avec la même intensité dans les points situés en dehors de ce grand chenal, comme à la Pointe de l'Aiguillon ou à la Villa Algérienne.

Le graphique des densités reliées du 14 juin 1895 (V. planche III, graphique 2), nous montre avec quelle rapidité la salinité décroît dans le grand chenal pour une faible distance. Des Grandes Dunes à la rade d'Eyrac il y a 6 milles de distance et la chute de densité est de 1,024 à 1,016, soit 8 unités du dernier ordre. En suivant la même loi, on aurait trouvé *au Teich*, à 6 milles plus loin, de l'eau qui eût été presque douce.

Le bassin d'Arcachon est une nappe d'eau marine qui, par son régime, se rapproche beaucoup de celui d'un estuaire, et qui offre dans toute son étendue des différences d'état fort importantes, tant au point de vue de la température que de la salinité. Différences qui mériteraient d'être étudiées à fond dans l'intérêt de la pisciculture et de l'ostréiculture.

Il est à présumer qu'à cette localisation des phénomènes de température et de salinité, doivent correspondre des conditions biologiques spéciales, favorables ou défavorables à certaines espèces de poissons.

A la suite de cette communication le vœu suivant proposé par M. Hautreux a été adopté :

« Le Congrès demande que, à l'imitation de ce qui se fait
» dans plusieurs nations maritimes, des observations d'océano-
» graphie soient faites d'une façon continue, sur les navires de
» l'État qui sont chargés de la surveillance des pêches,
» Et que ces observations soient, tous les mois, largement
» communiquées aux populations maritimes qui se livrent à
» l'industrie de la pêche. »

La séance est levée à six heures.

Le Secrétaire de la séance,
Secrétaire de la Société de géographie de Bordeaux,

G. ROSSIGNOL.

III. — Conférence du lundi 5 août, à 8 heures 1/2 du soir.

Le Canada et ses relations avec la France ;

Par M. HENRI LORIN,
Professeur agrégé de l'Université.

M. DE MAHY, ayant à ses côtés les membres du Congrès, préside la séance et présente le conférencier, M. Henri Lorin, professeur agrégé d'histoire et de géographie, membre de la Société de géographie commerciale de Paris.

Dans un langage très élevé et avec une admirable clarté, M. Henri LORIN parle pendant plus d'une heure et demie, devant un nombreux auditoire, de cette ancienne colonie française dont l'annexion à l'Angleterre a été consacrée par le traité de Paris de 1763.

Sa remarquable conférence, dont l'intérêt était augmenté

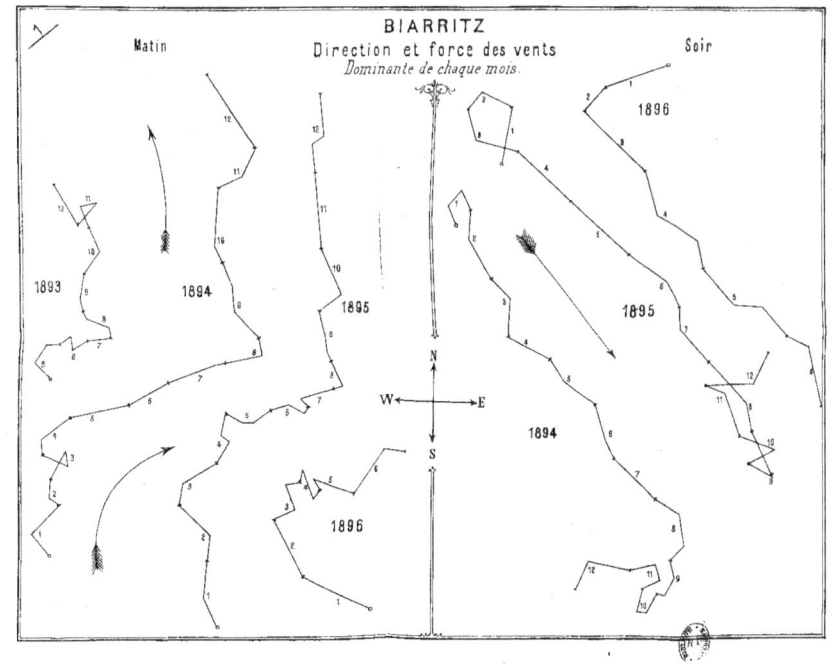

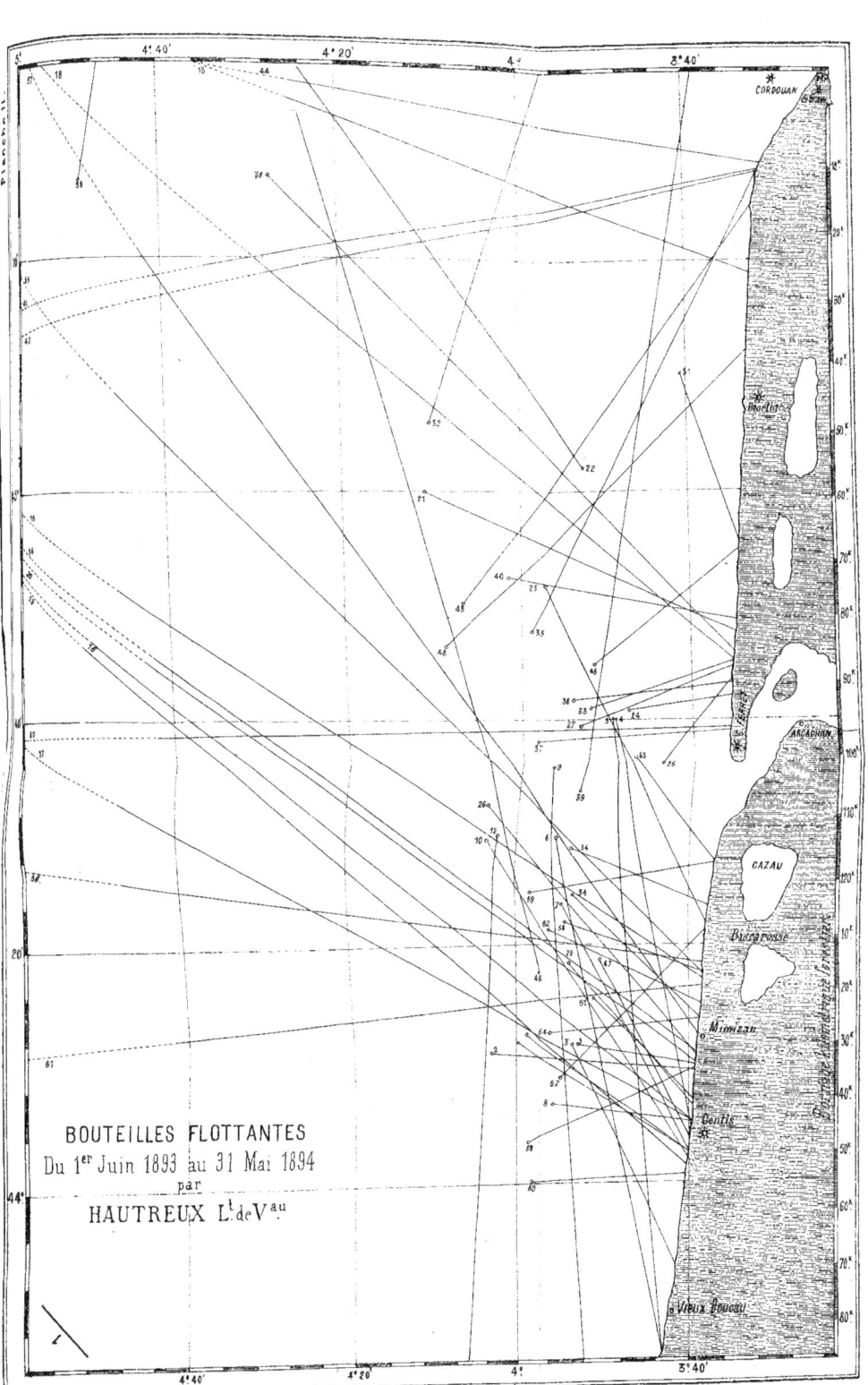

TEMPÉRATURES DE SURFACE DE LA MER

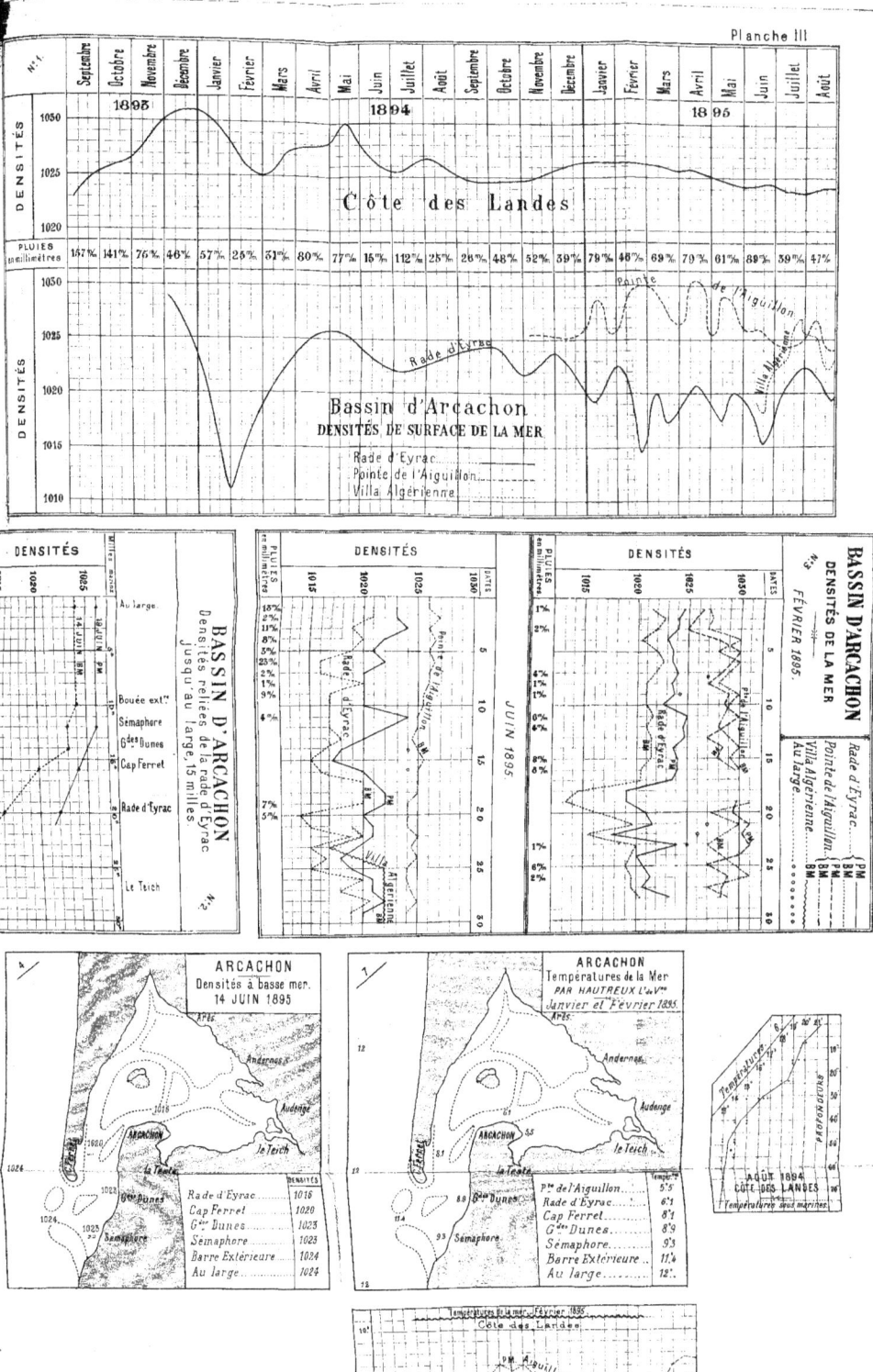

par de nombreuses projections, peut être résumée comme suit :

C'est chose facile que d'aller aujourd'hui d'Europe en Canada : huit à dix jours de mer, et, près du port de débarquement, à Québec, Montréal ou Halifax, un chemin de fer qui traverse d'un trait tout le continent américain, jusqu'au Pacifique.

Les navires entrent au Canada, du moins en été, par le Saint-Laurent, admirable chemin creux pratiqué par les eaux à travers les plateaux des Laurentides, et dont la falaise, de loin en loin, s'entr'ouvre pour laisser tomber en cascades les torrents de l'intérieur. Québec est la clef de cette voie de pénétration, ville militaire jadis, ville de science, et de science française, aujourd'hui. En amont, Montréal, au centre d'un pays où les eaux convergent de tous côtés pour associer leurs efforts contre les Laurentides, est une grande cité de commerce, la métropole économique du Canada.

Partant de Montréal vers l'ouest, le long du chemin de fer *Canadian Pacific*, on traverse successivement la forêt, la prairie et les Montagnes Rocheuses. Dans la forêt, pays au sous-sol dur de grès et de granit, la voie se fraie un passage pénible pour tourner par le nord le Lac supérieur; elle laisse au sud la province d'Ontario, toute défrichée aujourd'hui, et dont la vie industrielle (Toronto, etc.) est déjà très active. Winnipeg, à la lisière de la forêt et de la prairie sans arbres, est une étape naturelle du voyage; simple poste d'approvisionnements, où l'on formait autrefois les convois pour les expéditions dans la Prairie, c'est maintenant une ville importante, qui aurait poussé plus vite encore sans la folie de spéculation qui a paralysé son essor.

La prairie, plate d'abord, devient de plus en plus ondulée au voisinage des Rocheuses; c'est une admirable terre à blé et à bestiaux; le long du chemin de fer, des villages se fondent de proche en proche, et les derniers Indiens, parqués dans leurs *Réserves,* n'évoquent plus guère les souvenirs de ces terribles sauvages, Iroquois et Sioux, qui disputaient le passage aux pionniers français du XVIIe et du XVIIIe siècles.

La traversée des Rocheuses est un des plus beaux spectacles que l'on puisse souhaiter : hardiment jetée à travers les ravins, portée sur de gigantesques échafaudages de bois, que l'on remplace peu à peu par des ponts en fer, la voie court du Parc national canadien de Bawff, sur la lisière orientale du système, à Vancouver, sur le détroit Juan de Fuca; de grands paquebots relient journellement Vancouver à la ville insulaire de Victoria, capitale de la Colombie britannique, où le touriste retrouve, après les vertigineuses splendeurs des Rocheuses, l'intimité charmante d'une ville tout européenne.

Le chemin de fer *Canadian Pacific* est donc le lieu de régions bien différentes, et sa valeur politique est grande, puisqu'il exprime, en fait, l'unité du *Dominion of Canada*. Pour un Français, le voyage du Canada est particulièrement agréable, car, répartis surtout dans les provinces de l'est, près de deux millions de Canadiens parlent encore notre langue et considèrent la France comme leur mère-patrie.

Pourquoi n'essaierions-nous pas de profiter de ces sympathies? Tout en acceptant les fatalités de l'histoire, nous ne devrions pas nous laisser dépasser, au Canada, par les Belges ou les Allemands; oubliant même les raisons de sentiment, des motifs d'intérêt devraient attirer notre attention sur ce beau marché américain, où la France est encore si peu représentée; les Français qui vont au Canada sont des touristes plutôt que des commerçants; l'excellent accueil fait aux uns laisse deviner comment on recevrait les autres.

Un traité de commerce vient d'être signé entre la France et le Canada : l'on souhaiterait que ce fût là le point de départ de relations plus régulières et plus suivies entre les deux pays; il faut avant tout nous enquérir et, de préférence, nous enquérir sur place des conditions particulières du marché canadien; nous trouverions d'excellents auxiliaires parmi les négociants français de Saint-Pierre et Miquelon, qui, tous, connaissent l'anglais, langue commerciale du pays, et ne manquent pas de relations personnelles dans la société canadienne. En procédant prudemment, nous devons réussir aussi bien que les Allemands, qui ont aujourd'hui, de Hambourg au Canada, une ligne de vapeurs hebdomadaires; Bordeaux, dont les vins très goûtés là-bas bénéficient de réductions douanières, aux termes du nouveau traité, pourrait devenir le terminus français de notre ligne. Un auditoire bordelais est mieux préparé que tout autre à saisir l'intérêt de ces observations; il est profondément désirable que des négociants étudient de près cette question des relations à établir entre la France et le gouvernement du Dominion, leur initiative sera d'un excellent exemple; eux-mêmes en auront à la fois honneur et profit.

Cette conférence a eu, comme la précédente, le succès le plus complet, et lorsque M. de Mahy s'est levé et a remercié en termes empreints d'un vibrant patriotisme le distingué conférencier, c'est aux applaudissements répétés de la salle entière que la séance a été levée.

Le Secrétaire,
Secrétaire de la Société de géographie de Bordeaux,

Dr Gilbert LASSERRE.

SIXIÈME JOURNÉE

I. — Séance du mardi 6 août (matinée).

Président M. BARBIER, délégué de la Société de géographie de Nancy.

Assesseurs :
- MM. FLAVIER, délégué de la Société de géographie du Havre.
- LAYEC, délégué de la Société de géographie de Lorient.

La séance est ouverte à neuf heures un quart.

Au début de la séance, M. LE PRÉSIDENT donne lecture de la lettre suivante de M. J.-W. Stay :

41, Frestifield Terrace, Bedford Street,
Brighton (Angleterre), le 3 août 1895.

MONSIEUR LE PRÉSIDENT,

Ne pouvant pas assister au Congrès national de géographie à Bordeaux, à cause d'avoir assisté au Congrès international de géographie à Londres, à l'Imperial Institute, je tiens, comme membre d'une Société française de géographie, de vous présenter mes meilleurs vœux pour la réussite du Congrès de Bordeaux.

M'intéressant surtout à la colonisation, et à celle des Français, j'espère qu'au Congrès on arrivera à quelque résultat pratique à cet égard en Afrique, où la France ne doit baisser pavillon devant personne ; sans, toutefois, me borner à l'Afrique, je tiens à exprimer ma plus vive sympathie pour l'expansion française en Orient.

Je n'ai pas l'honneur d'être né Français, mais mon cœur est français. Hellène d'un côté, Écossais de l'autre, mes sympathies sont forcément et historiquement françaises.

Encore une fois, bon succès pour le Congrès géographique de Bordeaux ainsi que pour la colonisation française.

Veuillez agréer, Monsieur le Président, l'expression de mes sentiments distingués et, en même temps, la faculté de faire l'usage qu'il vous plaira ou conviendra de cette lettre, à laquelle je joins ma carte.

J.-W. STAY.

Monsieur le Président Congrès géographique de Bordeaux, Bordeaux.

En l'absence de M. Saint-Yves, de la Société de géographie de Marseille, c'est M. Manès, secrétaire général du Congrès, qui donne lecture du rapport ci-après envoyé par cette Société sur un *Projet de Répertoire national des découvertes géographiques du XIX*^{e} *siècle :*

Projet de Répertoire des découvertes géographiques de 1800 à 1900, présenté au nom de la Société de geographie de Marseille.

(M. SAINT-YVES, rapporteur.)

Avec le siècle qui finit, va être close l'ère des grandes découvertes géographiques. En 1900, la terre sera connue dans toutes ses lignes principales.

Pour commémorer l'œuvre de ces cent années, ne serait-il pas utile de dresser l'inventaire des progrès des sciences géographiques en ce siècle, comme on dressera, sans doute, celui de toutes les autres branches des connaissances humaines?

Nous estimons que nul hommage ne serait plus digne de ceux qui ont voué leur vie, qui l'ont sacrifiée souvent, au progrès de l'exploration du globe sur lequel nous vivons, effaçant de la carte toute *terra incognita*.

Nous venons donc proposer au Congrès de prendre en considération un projet de *Répertoire des découvertes géographiques de 1800 à 1900*, qui serait terminé en 1900, pour notre grande Exposition internationale.

Ce Répertoire comprendrait, groupés en trois époques (1800 à 1850, 1850 à 1870, 1870 à 1900), et par régions, les *résultats positifs, scientifiques* de tous les voyages accomplis en ce siècle; la biographie précise des explorateurs et de leurs compagnons (humbles, mais d'autant plus dignes soldats de la grande armée géographique), et la bibliographie des récits de leurs explorations. Le Répertoire serait complété par la *reproduction cartographique des principaux itinéraires*.

Je prends, comme type, le voyage de Baudin dans la région australienne. Le Répertoire donnerait :

1º Biographie de Baudin et des officiers de son expédition;

2º Bibliographie. Liste de tous les travaux publiés relativement aux résultats du voyage;

3º Itinéraire indiquant les points visités avec les principales dates;

4º Déterminations astronomiques : longitudes et latitudes déterminées, inclinaison et déclinaison magnétiques. Altitudes relevées;

5º Météorologie. Résumé des observations météorologiques;

6º Géologie. Indication des terrains signalés;

7º Zoologie. Énumération des nouvelles espèces découvertes, classées par habitat;

8º Géographie botanique;

9º Anthropologie. Mouvement de la population.

Pour d'autres voyages, il y aurait lieu d'ajouter à ces neuf séries :

10º Les itinéraires, par renseignements recueillis, qui présenteraient encore aujourd'hui un intérêt géographique;

11º L'énumération des découvertes archéologiques.

Toutes ces indications seraient données *d'une façon aussi succincte que possible.*

Le travail, pour être mené à bien, devrait être exécuté avec le concours de toutes les Sociétés de géographie. Chaque Société désignerait un délégué chargé de fournir tous les renseignements qu'il lui serait possible de recueillir dans sa région, en réponse au questionnaire qui lui serait adressé. Tous ces renseignements seraient concentrés entre les mains d'un *Comité de rédaction,* qui les mettrait au point et les ferait entrer dans le cadre général de l'ouvrage. A chaque Congrès, il serait rendu compte de l'état des travaux et on communiquerait les parties prêtes pour la publication.

Nous soumettons ce projet au Congrès national de Bordeaux, en le priant d'en apprécier l'intérêt et d'examiner les moyens pratiques pour en assurer la réalisation.

Tout en rendant hommage à la valeur de l'idée soumise par M. Saint-Yves, le Président estime que ce projet est trop vaste et aurait besoin d'être limité pour être discuté utilement dans le présent Congrès.

L'assemblée se range à son avis.

Les Abordages en mer.

Communications de la Société de géographie commerciale de Bordeaux.

La question des Abordages en mer est ensuite traitée par M. Godet, armateur, membre de la Société de géographie de Bordeaux, ancien capitaine de navire. L'orateur apporte, dans sa communication, la conviction du marin pour une idée qui résout d'une manière simple et pratique un problème gros de conséquences, trop souvent malheureuses.

Bien des précautions sont prises pour éviter les abordages en mer, mais elles sont généralement insuffisantes parce que, dans le cas le plus fréquent, le voilier qui veut éviter un vapeur ne s'aperçoit que trop tard de la direction que suit celui-ci. Il conseille donc d'adopter le système Prompt et Terigi, consistant à remplacer, dans les vapeurs, le feu blanc que l'on place sur l'étai de misaine par un feu blanc qui serait placé au sommet du grand mât et ferait ainsi, avec les feux de position rouge sur bâbord et bleu sur tribord, un angle suffisant pour que tout vapeur venant en sens inverse pût se rendre compte de la route suivie par le navire qu'il a devant lui.

Quant au voilier, pour indiquer sa marche, il devrait envoyer une fusée rouge ou bleue pour suppléer à l'insuffisance de ses feux de position.

A l'appui de sa communication, M. Godet soumet deux vœux à l'assemblée, vœux que le Président le prie de vouloir bien revoir avec M. Hautreux, pour qu'il puisse en proposer l'adoption.

M. Hautreux demande la parole et développe les solutions que M. Lanneluc et lui ont eu l'occasion de soumettre au Congrès de Washington, au sujet des abordages en mer et des moyens de les prévenir.

Il fait remarquer que depuis que l'attention a été appelée

sur les graves conséquences des abordages, on a fait dans tous les pays de sérieuses études.

On a observé que si le feu rouge se voit facilement, il n'en est pas de même du feu vert, et l'on a fait déjà des recherches pour savoir quelle couleur on pourrait employer comme vert ou pour remplacer le vert.

M. Hautreux, parlant des signaux phoniques, démontre les inconvénients de la sirène mue à la vapeur, et préconise l'air comprimé pour cet usage.

M. Manès demande l'autorisation de donner connaissance au Congrès du rapport ci-après de M. le commandant Riondel sur le même sujet, afin de ne faire qu'une seule étude de l'ensemble des propositions soumises au Congrès.

Mémoire adressé au Congrès

Par M. le commandant ALBERT RIONDEL.

MONSIEUR LE PRÉSIDENT, MESSIEURS,

En mai dernier, un vapeur de Bordeaux était coulé en mer, au large de Cordouan, en quelques minutes, avec une partie de son équipage, dans une terrible collision que je mentionne simplement pour ne pas raviver la douleur des familles.

Quelques jours après, le port de Dunkerque éprouvait un semblable sinistre : le steamer anglais *Eddystone* abordait et coulait, dans la Manche, le vapeur français *Marguerite*.

Sur tous les points du globe, ces malheurs se renouvellent pour ainsi dire chaque jour, et la liste en serait trop longue à dresser. Toutefois, je ne saurais passer sous silence la collision de Gênes : dans la nuit du 20 au 21 juillet, à une heure du matin, la *Maria P* a été coulée en trois minutes avec 148 personnes, par le vapeur *Ortigia,* qui a pu rentrer au port avec de très graves avaries.

Une vive émotion, dit-on, règne dans tout le pays; mais elle sera de courte durée. Qui se souvient de la terrible collision de l'Elbe?

Le *Georges-et-Jeanne*, le *Medellin*, le *Christophe-Colomb*, le *Sully* et tant d'autres sont oubliés depuis longtemps. Les victimes sont au fond de l'Océan ; les veuves et les orphelins sont dans le deuil et la misère !

La sérénité un peu indifférente des gouvernements fait un singulier contraste avec l'émotion générale que nous constatons partout depuis dix ans, dans les Chambres de commerce, les Sociétés de géographie, les municipalités des ports, les syndicats maritimes, les Congrès et parmi nos amiraux les plus éminents.

En 1886, votre Congrès national de Nantes émettait un vœu favorable à l'établissement de tribunaux maritimes internationaux pour juger les litiges d'abordages entre navires de nationalités différentes.

La Société de géographie de Bordeaux, il y a quelques jours, nous demandait, à M. le capitaine Augé et à moi, de participer à vos travaux et même de faire une grande conférence, ce qui, malheureusement ne m'a pas été possible. Les deux Congrès de la marine marchande et de la Société de géographie nous avaient fait la même demande. Tout cela montre bien à quel point la sécurité maritime préoccupe justement l'opinion publique. Mais, en attendant, les compagnies de navigation touchent paisiblement leurs grasses subventions et primes à la vitesse. Elles n'ont aucune responsabilité pénale. Elles violent à leur aise le règlement international, qui est l'unique garantie de leurs victimes. C'est en réalité l'état de barbarie sur l'Océan, avec l'autorisation tacite des puissances maritimes.

Tout le monde réclame avec raison les plus grandes vitesses. Ainsi le veut la loi du progrès. Mais on devrait en user avec prudence, modération, sagesse et humanité.

En 1889, les puissances maritimes ont été avisées par leurs cinquante délégués à la Conférence maritime de Washington. Elles savent officiellement que tous les paquebots transatlantiques désobéissent sans scrupule, systématiquement, par raison financière, au règlement international, et coulent chaque année des navires de pêche du banc de Terre-Neuve.

Qu'ont-elles fait pour remédier au mal ? Rien.

Grâce à l'opinion publique et à la presse, il existe enfin en France, depuis 1891, une loi pénale des abordages. Mais elle atteint seulement les *petits*. Elle punit, par exemple, l'homme de veille et le gardien du feu qui, par leur négligence, ont pu occasionner l'abordage; mais elle ferme les yeux sur les grands coupables qui causent tous les sinistres et violent impitoyablement le règlement international afin de mieux gagner leur argent.

Tous les syndicats maritimes et la manifestation de Fécamp ont émis le vœu de compléter cette loi par un article de Code additionnel.

Nous vous demandons instamment, Messieurs, de vouloir bien émettre un vœu analogue.

Vous trouverez dans notre brochure, les vœux émis, le 10 janvier, par l'imposante manifestation de Fécamp.

Nous disions, dans un paragraphe de notre mémoire, au Congrès de sauvetage : « Une responsabilité morale atteint donc les différents gouvernements. Elle les atteindra jusqu'au jour où ils auront enfin édicté une loi pénale maritime internationale. » Cette loi aurait dû être faite après la Conférence de Washington, aussitôt après l'avertissement des cinquante délégués.

Le 15 juillet de cette année, un jurisconsulte éminent de Rouen, très versé dans le droit maritime et les questions d'abordages, m'écrivait en ces termes :

« Je vous remercie de m'avoir envoyé votre dernière brochure. Je l'ai lue avec le plus vif intérêt.

» Que vos revendications soient d'une incontestable justice, qui le niera? Mais vous-même l'avez écrit : Qui commencera? Tout est là. Rien ne se fera tant qu'une entente internationale ne sera pas intervenue.

» C'est là ce que chacun doit souhaiter de son vœu le plus ardent. Votre croisade portera ses fruits et les pouvoirs publics finiront par s'émouvoir sérieusement. Et tout en trouvant que vous accablez peut-être trop la Compagnie transatlantique, qui ne fait pas autrement que ses rivales étrangères, je désire, pour votre juste cause, tout le succès qu'elle mérite. »

Comme notre si distingué correspondant, nous croyons fermement que les pouvoirs publics finiront *un jour* par s'émouvoir. Mais quand?

Tous ces retards sont bien tristes, car ils se traduisent chaque année par de nouveaux deuils dans les familles. Si les victimes pouvaient faire entendre au moins leurs cris d'indignation, l'entente internationale serait certes plus facile. Mais ce qui s'est passé à Washington montre bien les difficultés de cette entente. Le vrai moyen de hâter la solution, à la fois pratique et immédiat, est le suivant : la France a le devoir de donner l'exemple et de compléter la loi pénale des abordages de 1891. Notre diplomatie aura alors une action efficace auprès des autres puissances pour réclamer cette juste revendication.

Dans notre brochure, nous avons détruit successivement tous les arguments sans fondement des Compagnies pour les besoins d'une mauvaise cause. Elles disent, bien à tort, que le commerce français serait lésé dans cette fameuse lutte internationale de la route de New-York. Il n'en est absolument rien. En effet, un détour de 75 milles est une quantité négligeable sur un parcours total de 3,130 milles. En revanche, nos paquebots transatlantiques ont eu le grand tort de se laisser distancer et de filer aujourd'hui 2 nœuds 5 de moins que les steamers anglais. Voilà la vraie faute commise ; elle se réparera uniquement en mettant sur les chantiers des paquebots plus rapides.

En 1884, nous avons défendu chaleureusement la Compagnie transatlantique lors de la collision de son paquebot *Saint-Germain* avec le *Woodburn*. Elle voulut bien, d'ailleurs, nous en remercier. Le sinistre du *Sully* a été pour elle une leçon. Elle a cherché malheureusement à cacher son abordage.

Nous lui demandons de nouveau de donner à ses paquebots l'ordre impératif de ne plus traverser les lieux de pêche de Terre-Neuve. C'est son devoir, puisqu'on lui paie pendant l'année entière un détour de 57 milles à chaque traversée. Cette question a été traitée dans notre brochure et nous la rappelons simplement.

Le 17 juin 1894, le *Sully,* de Fécamp, a été coulé par la *Touraine,* et le Trésor public a payé, ce jour-là, un détour que la Compagnie aurait dû faire et qui ne l'a pas été, bien évidemment. Les contribuables ont alors payé le paquebot pour couler le bateau de pêche.

Nous désirons le service postal le plus rapide. Nous admettons les primes à la vitesse concédées aux paquebots et aux Compagnies de navigation. Mais, en revanche, si, pour gagner leur argent et avoir le *record* de la vitesse, ces Compagnies violent le règlement international et font des victimes, comment ne les rendez-vous pas responsables?

Nous demandons au Congrès national des Sociétés de géographie de vouloir bien appuyer le programme suivant des conclusions de notre ouvrage, car il est l'expression des vœux des marins de toutes les nations :

1° Création de tribunaux maritimes internationaux pour juger les litiges d'abordage entre navires de nationalités différentes ;

2° Routes d'aller et retour obligatoires pour les rapides sur les routes les plus fréquentées ;

3° Le nom des navires ayant une vitesse normale supérieure à 12 nœuds doit être inscrit en toutes lettres de 50 centimètres de hauteur, sur le flanc, au milieu du franc-bord, à l'instar des bateaux feux-flottants ;

4° Neutralisation des bancs de Terre-Neuve pendant la saison de pêche ;

5° Répression de la vitesse immodérée en temps de brume, par l'insertion d'un article répressif dans la loi du 10 mars 1891, les circonstances atténuantes pouvant être accordées selon l'état du temps et les lieux où l'article 13 serait violé ;

6° Adoption de signaux phoniques indicateurs de la route suivie par les navires.

M. LE PRÉSIDENT met d'abord en discussion les vœux ci-dessus.

Le premier de ces vœux, soumis à l'assemblée, soulève une polémique assez vive entre MM. DE MAHY, LOURDELET, le colonel BLANCHOT et GODET. C'est, surtout, le caractère d'internationalité du vœu qui en fait rejeter l'adoption ; les tribunaux nationaux étant, paraît-il, suffisamment armés pour juger ces sortes de litiges.

Les autres vœux, quoique méritant une attention sérieuse, sont tour à tour ajournés par l'assemblée, à l'exception du vœu n° 6, qui sera fondu avec celui qu'ont présenté dans le même but MM. Hautreux et Godet.

L'assemblée adopte ensuite, à la presque unanimité, les vœux ci-après rédigés par MM. HAUTREUX et GODET :

Le Congrès émet le vœu :

« 1° Que, pour éviter les abordages, sur tous les bâtiments à
» vapeur un feu blanc supplémentaire soit placé au sommet du
» grand mât;

» 2° Que les navires à voiles signalent leur allure au moyen
» de fusées colorées;

» 3° Que le feu vert soit toujours de la même nuance, con-
» forme à un type déterminé par les lois de la physique;

» 4° Que les signaux phoniques soient faits à bord de tout
» navire au moyen de l'air comprimé;

» 5° Que le nom des navires ayant une vitesse normale supé-
» rieure à 12 nœuds, soit inscrit en toutes lettres de 50 centi-
» mètres de hauteur sur le flanc, au milieu du franc-bord, à
» l'instar des bateaux feux-flottants. »

La suite de l'ordre du jour appelle le rapport sur les *Territoires contestés entre la France et le Brésil,* présenté par M. DOBY, au nom de la Société de géographie de Nantes.

Dans son travail, qui est inséré ci-après, l'orateur fait l'historique de la question depuis 1555, et prouve que la première erreur provient de la confusion des diverses rivières portant toutes le nom d'Oyapock. Lors de la signature du traité d'Utrecht, en 1813, ce territoire a été reconnu possession française.

Occupé depuis plusieurs années par des bandes d'aventuriers qui ne reconnaissent aucune domination, ces territoires sont aujourd'hui disputés par la France et par le Brésil, à la suite de la découverte de paillettes d'or dans la rivière Carsevenne, faite par un nègre de Cayenne.

Alors que le gouvernement français ne fait pas les efforts suffisants pour protéger ses nationaux, les Brésiliens, de leur côté, se sont mis de suite à l'œuvre pour s'assurer la possession du pays de fait, sinon de droit.

Il en résulte que l'exportation d'or natif, qui se faisait par Cayenne en payant un droit de 8 0/0, rapportant l'année dernière 13 millions à l'État, se fait de plus en plus directement de Counani, sans acquitter aucun droit, au détriment, par conséquent, de la colonie et de la métropole.

Question du Contesté Franco-Brésilien;

Par M. V. DOBY,

Délégué de la Société de géographie commerciale de Nantes.

La collision sanglante de Mapa, où un officier et plusieurs soldats français ont été assassinés dans un guet-apens, a remis sur le tapis cette fameuse question du Contesté franco-brésilien, qui a de tout temps captivé l'attention de tous ceux qui se préoccupent des intérêts français dans l'Amérique du Sud. Si la question que j'aborde a un intérêt général, elle en a aussi un tout particulier pour la ville dont je suis ici le délégué. C'est Nantes, en effet, qui est tête de ligne pour le service des transports, dont un de nos concitoyens, M. Demange, est concessionnaire, et c'est à Saint-Nazaire qu'aboutit la grande ligne transatlantique qui dessert la côte septentrionale de l'Amérique du Sud et les Antilles. Enfin, certaines maisons de notre place, la maison Crouan, pour n'en citer qu'une, font avec le Para un chiffre d'affaires énorme.

Une sorte de discrédit s'est, jusqu'ici, attaché à cette malheureuse colonie de la Guyane française, trop méconnue, et qui vaut infiniment mieux que sa réputation. Je n'entreprendrai pas de vous la décrire en ce moment, des voix plus autorisées l'ayant fait depuis longtemps et de la façon la plus complète.

Mais ce que je ne puis taire, c'est l'impression de tristesse qui s'empare de l'esprit de tout Français lorsqu'il compare l'état de notre Guyane à celui de ses deux voisines: la colonie anglaise est, aujourd'hui, prospère; la colonie hollandaise, qui l'est un peu moins, a jeté un grand éclat au siècle dernier; la Guyane française a toujours végété misérablement au dernier rang de nos possessions coloniales. Ce n'est certes pas la nature qu'il faut en accuser, car elle s'est montrée aussi libérale pour notre colonie que pour celles de la Hollande et de l'Angleterre.

Son climat n'est pas plus malsain, et son insalubrité a été fort exagérée. L'Européen qui ne s'y livre ni aux dessèchements, déboisements, défrichements, ni à des travaux pénibles dans la culture, l'exploitation de la forêt ou de ses produits, qui a un régime alimentaire réconfortant et qui se conforme aux préceptes usuels de l'hygiène, qui ne se livre à aucun excès de travail ou de plaisir, a des chances de se porter en Guyane aussi bien qu'en France. Les maladies épidémiques sont rares, et les fièvres endémiques n'ont pas un caractère pernicieux; mais, il faut bien le reconnaître, il y a certains travaux auxquels les blancs ne peuvent pas se livrer. Il serait sage d'y faire faire les travaux préparatoires par les races inférieures originaires de la zone torride, ou bien encore, comme le demandait l'année dernière, au Congrès de Lyon, notre honorable collègue M. Sauvery, du Havre, par les convicts de la métropole : Le rôle des Européens en Guyane ne peut être que celui de civilisateurs, d'éducateurs, de directeurs.

D'où vient donc alors l'infériorité de la Guyane française, quand on la compare à ses autres sœurs d'Angleterre et de Hollande? De ce qu'elle n'est pas assez connue d'abord, et aussi, sans doute, de son histoire, qui n'a à enregistrer que des échecs. Je ne vous les raconterai pas, vous ne les connaissez que trop. Il faut, cependant, reconnaître qu'en 1878 on sembla entrer dans une meilleure voie, dans une voie libérale : un Conseil général élu, la constitution de communes de plein exercice, le droit d'envoyer un député à la Chambre française, un délégué au Conseil supérieur des colonies, etc.

Malgré ces mesures, Messieurs, la décadence de la Guyane ne s'est point arrêtée. Les quelques grands propriétaires qui existaient avant l'abolition de l'esclavage n'ont montré aucune initiative, n'ont jamais essayé de compenser la perte de la main-d'œuvre servile par un meilleur aménagement de leurs terres ou un perfectionnement de leurs procédés de culture; on se borna à introduire, à partir de 1856, et dans de mauvaises conditions, semble-t-il, quelques milliers de coolies hindous dont, en 1876, le gouvernement anglo-indien interdit l'immigration. En 1854, la découverte de l'or est encore venue contribuer à la décadence agricole, sans pour cela produire en Guyane une immigration considérable; le pays ayant une trop mauvaise réputation d'insalubrité. Le résultat le plus clair de cette découverte, qui pouvait changer la face des choses, a été de faire abandonner presque toutes les cultures alors existantes pour se livrer à la recherche du précieux métal. Et même, sous ce rapport, nous avons bien d'autres reproches à nous faire. Les gisements aurifères qui, dans une certaine mesure, auraient pu compenser ce qu'ils nous faisaient perdre au point de vue de la colonisation agricole, n'ont même pas été exploités comme il l'aurait fallu, et il en est résulté un découragement général pour tous ceux qui s'étaient intéressés aux progrès de notre malheureuse colonie.

Enfin, Messieurs, un autre moyen de rendre quelque prestige à la Guyane française, ce serait de régler au plus tôt et au mieux de nos intérêts cette fameuse question du Contesté. Que peut-on, en effet, penser d'un pays que nous ne réclamons pas depuis si longtemps, bien que nous disions à tout propos qu'il n'est pas sans valeur? Il ne s'agit plus ici d'une simple rectification de frontière, entraînant la perte ou le gain de quelques lieues carrées, mais bien d'un territoire immense de plus de 80,000 kilomètres carrés et d'une valeur plus considérable que la Guyane française actuelle.

Et encore, quand je dis 80,000 kilomètres carrés pour le territoire contesté, est-ce bien l'expression de la vérité? Sans doute, il n'y a pas plus si l'on s'en tient au texte des traités, mais si l'on remonte plus haut dans l'histoire, que voit-on? les droits de la France s'étendre sur des espaces plus vastes et dont l'importance ne peut échapper à personne. D'après M. H. Coudreau, le Contesté est réellement compris entre l'Oyapock, l'Atlantique, le fleuve des Amazones, le Rio-Negro et le Rio-Brancos. Les populations qui y vivent ne demandent pas mieux que de s'unir à la France, à laquelle bien des souvenirs les rattachent. En effet, bien des voyages y ont été faits par nos compatriotes au xviie et au xviiie siècle.

On sait, du reste, que la limite méridionale n'a jamais été déterminée d'une façon bien précise, et que l'origine du malentendu, qu'il s'agit de régler au plus vite, remonte fort loin.

En effet, dès 1555, lors des voyages du Français Villegagnon, qui succédait, dans l'exploration de ces côtes, à nos compatriotes Binot-Paulmier de Gonneville et Denys de Honfleur, un poste appelé Brest avait été fondé au lieu actuel d'Anauirapucu, sur la rivière Mallepoc, à 2 milles à l'ouest de la ville actuelle de Macapa, capitale du Contesté, et aux bouches mêmes de l'Amazone. De 1555 à 1605, cet établissement, et ceux que nous avions disposés le long de la côte brésilienne jusqu'aux abords de l'emplacement présent de Rio-de-Janeiro, furent sans cesse en butte aux agressions rivales des Anglais, des Hollandais, des Portugais; et la résistance soutenue contre ces derniers par La Ravardière et Razilly, détermina Henri IV à signer des lettres patentes, dites de 1605, créant « depuis la rivière d'Amazone, icelle comprise, jusqu'à celle d'Orénoque, pareillement comprise, une provision de vice-roi — des îles et terre ferme d'Amérique — en faveur du comte de Soissons ». Le gouvernement français occupait donc ce vaste circuit de côtes d'une manière explicite; et, sans rechercher s'il agissait en vertu d'un droit antérieur, ou s'il pratiquait purement et simplement une prise de possession conforme au droit des gens, nous devons reconnaître que cette pièce diplomatique, notifiée aux puissances européennes, nous fournit un précédent et un titre dont les Portugais ne sauraient nous offrir l'équivalent.

Il ne faut pas non plus oublier que Jérôme d'Albuquerque, le même qui délogea les Français du Maranhao, écrivait, le 13 décembre 1614, à l'ambassadeur d'Espagne à Paris, que la limite du Brésil doit être fixée à l'Amazone, dont la berge septentrionale est française; et ce consentement quasi-officiel marque, dès l'origine, que l'occupation de 1605 n'avait pas été vaine, et qu'on savait fort bien où commençait le territoire annexé par la France, d'après les règles ordinaires de la jurisprudence internationale.

Mais, sans attacher à ce document plus d'importance qu'il n'en a, reprenons l'histoire du différend actuel, qui remonte au traité d'Utrecht, du 11 avril 1713. Par ce traité célèbre, la France renonçait en faveur du Portugal aux terres dites « du Cap Nord », situées entre l'Amazone et la rivière Oyapock ou Vincent-Pinçon. La navigation et les deux rives de l'Amazone devaient appartenir au Portugal et la rivière Vincent-Pinçon servir de frontière aux possessions des deux pays.

La clause semble très nette au premier abord. Malheureusement il n'existait pas, lors de la conclusion du traité, de cartes sérieuses de la contrée, de sorte que lorsqu'il s'agit pour la première fois d'appliquer le traité, des difficultés s'élevèrent. Les Portugais prétendirent que la rivière Vincent-Pinçon était l'Oyapock, tandis que les Français affirmaient que ce nom désignait une rivière située beaucoup plus au sud. S'il faut s'en rapporter au récit du voyage de Vincent Pinçon, la rivière qui porte son nom serait le fleuve des Amazones lui-même.

Mais n'insistons pas sur ce point, puisque actuellement ce n'est pas l'Amazone, que nous réclamons comme limite méridionale, mais seulement l'Araguary. Nos arguments étaient excellents. Tout d'abord, Oyapock est un nom commun et signifie : rivière, en guarani; de sorte qu'il est bien difficile de tabler sur une pareille désignation. De quel oyapock a-t-on voulu parler? Est-ce de celui qui porte actuellement ce nom comme nom propre et qui sépare la Guyane française du Contesté? Mais cet oyapock, qui se jette dans la mer au cap d'Orange, n'a jamais porté le nom de Vincent-Pinçon. Par contre, l'oyapock qui se jette près du Cap Nord s'est toujours appelé Vincent-Pinçon, parce qu'à tort ou à raison on croit que ce fut à l'embouchure de cet oyapock qu'aborda le grand navigateur. D'autres géographes prétendent même, comme je l'ai déjà dit, que c'est à la bouche nord de l'Amazone que doit appartenir le nom de rivière de Vincent-Pinçon.

D'après le traité de 1713, c'est bien assurément l'Araouari qui nous est reconnu comme limite, puisqu'il est stipulé que la navigation et les deux rives de l'Amazone appartiendront aux Portugais seuls. On n'aurait certainement pas ajouté cette clause explicite si la limite française eût été située à plus de 400 kilomètres au nord des bouches de l'Amazone.

Le traité conclu à Madrid, le 29 septembre 1801, fixa la frontière des deux colonies limitrophes à la rivière Parapanatuba, par 0° 10' de latitude nord; le traité d'Amiens, du 25 mars 1802, nous reconnaît la limite de l'Araouari, dont l'embouchure est au sud du Cap Nord, par 1° 15' de latitude septentrionale. Malheureusement, en 1815, sous la pression anglaise, le traité de Vienne remit tout en question en reprenant purement et simplement le texte d'Utrecht et laissant aux intéressés le soin de s'entendre. En conséquence, et d'après une convention passée à Paris le 28 août 1817, pour l'exécution provisoire des stipulations de cet article, la Guyane nous fut remise jusqu'à l'Oyapock seulement, sauf décision ultérieure relativement au territoire contesté.

De nombreuses notes furent échangées, depuis, entre la France et le Brésil, qui s'était, en 1822, substitué au Portugal, et en 1853, à la suite de divers conflits, il nous offrit de partager le Contesté en prenant la Carsevène pour limite. Forts de notre droit, nous refusâmes la transaction, mais en nous bornant à cette manifestation platonique. Depuis cette époque, la France semble s'être désintéressée de la question, tandis que le Brésil favorisait l'infiltration lente mais continue de ses nationaux et procédait à une main-mise déguisée, que nous n'avons jamais combattue sérieusement. Aussi, qu'est-il arrivé? C'est que de proche en proche le territoire contesté s'est rempli d'une foule d'aventuriers, que la richesse du pays y a attirés et qui y vivent en maîtres, répudiant tout aussi bien l'autorité du Brésil que celle de la France.

Il eût pourtant été facile, lors de la proclamation de la République au Brésil, d'obtenir la reconnaissance formelle de nos droits en échange de notre reconnaissance du nouveau régime. Un journal spécial, *la Politique coloniale*, assure que cette proposition fut faite, mais que nos diplomates se sont laissés berner en se contentant d'une promesse formelle, mais *verbale*. Si ces renseignements sont exacts, il n'y a pas de termes assez sévères pour apprécier la duplicité du gouvernement de Rio-de-Janeiro et la faiblesse du nôtre.

En effet, d'après une conférence faite en décembre dernier par M. Coudreau, il fonctionnerait à Rio, depuis 1890, une Commission dite du Contesté brésilien; elle se compose de onze personnes et a à sa disposition un budget de 1,237,000 fr. On comprend que ce budget est employé à étendre l'influence brésilienne sur le territoire compris entre l'Oyapock et l'Amazone, en subventionnant les aventuriers qui se sont infiltrés dans le Contesté, profitant de ce que la population indigène, issue du croisement des nègres marrons et des Indiens Roucouyennes, est très clairsemée et de mœurs douces et tranquilles.

Pour donner encore plus d'autorité aux bandits qui servent d'avant-garde au Brésil et viennent de nous donner un échantillon de leur bonne foi, deux navires de guerre brésiliens croisent, depuis 1892, sur les côtes du Contesté; sous prétexte d'études, des centres brésiliens se forment dans les endroits les plus favorables à la colonisation ; en un mot, le Brésil est allé tout doucement de l'avant, tandis que le gouvernement français est resté inactif.

L'insolence de ces gens a augmenté en raison même de notre faiblesse. Qu'on en juge plutôt par ce dialogue étrange entre le lieutenant de vaisseau Audibert, commandant du *Bengali*, avec le brésilien Lopez Ribeyra, qui se donne le titre de troisième capitan de Mapa, payé par le gouvernement du Para ou plutôt par la fameuse Commission du Contesté.

La conversation engagée entre le commandant Audibert et le capitan peut se résumer en quelques mots : « Que voulez-vous ? — Que vous assuriez à la mission française la liberté de remonter la rivière de Mapa et la protection à laquelle elle a droit. — Les Français n'ont rien à faire ici. Cette terre est la nôtre : elle nous appartient comme premiers occupants. Nous sommes sujets brésiliens. Vous n'avez pas le droit d'enfreindre les lois du pays. — Quels sont vos titres pour tenir ce langage ? — Où sont les vôtres ? »

Là, exhibition de la lettre officielle de mission. Fort embarrassé de montrer quoi que ce soit, Lopez Ribeyra reprend de fort méchante humeur : « Vos nationaux ne passeront que contre mon gré et à leurs risques et périls : les autorités de Mapa ne répondent nullement de ce qui pourra leur arriver au cours de leur voyage. — Ce n'est pas le langage des nations civilisées que vous tenez là ; les violences dont vous menacez nos nationaux ne seraient que des actes de brigandage. — Ce n'est pas nous qui sommes des brigands, mais bien vous autres qui venez exploiter les richesses de notre sol. »

Et là-dessus, le commandant Audibert, conformément à ses instructions, est parti, laissant un mois entier à ces drôles pour préparer le guet-apens que vous savez.

Il y a cinq ans, nous aurions pu facilement, et avec un peu d'énergie, obtenir du Brésil l'exécution de ses engagements. Aujourd'hui, ce sera certainement plus difficile, car la découverte des gisements d'or de la Carsevène a singulièrement modifié nos rapports avec le Contesté.

Vous savez, en effet, qu'au mois de mai de l'année dernière, un nègre de Cayenne y a découvert, sur le bord de la rivière Carsevène, au delà de l'Oyapock et du Counani, d'incalculables gisements aurifères. Ce nègre revint avec une fortune de plusieurs centaines de mille francs, sous forme de paillettes et de pépites enfermées dans un sac. Il était dès lors facile de prévoir ce qui allait arriver. Au lieu de quelques rares marchands débarquant à Counani, ou de quelques missionnaires, voilà que nos nationaux ont tout à coup émigré en masse vers le pays de l'or. Les Brésiliens, les Haïtiens préparèrent des expéditions. Il devenait évident qu'on allait de toutes parts se ruer sur le bassin de la Carsevène. Des chercheurs d'or de nationalités diverses se trouvèrent là-bas, par milliers, en présence, sabre d'abatis à la main, revolver en poche, fusil en bandoulière, au fond des grands bois, dans une contrée où il n'y a ni soldats, ni gendarmes, ni tribunaux, où tous les crimes demeurent anonymes et, par conséquent, impunis.

Tout le monde, à Cayenne, sentit le danger, réclama des précautions, demanda que l'estuaire du fleuve fût protégé militairement. Le Conseil général insista de toutes ses forces en ce sens auprès du gouverneur, en signalant les graves empiètements du gouvernement brésilien.

C'est à la suite de ces réclamations que le commandant Audibert partit de Cayenne, le 11 mai dernier, avec la mission de constater exactement le caractère des dangers que courent nos nationaux sur le territoire contesté, et d'aller à Mapa exiger la reddition de Trajan, emmené prisonnier par les habitants de ce village. Tous les journaux ont raconté les faits douloureux qui se sont alors produits. Cinq morts et vingt blessés de notre côté, soixante tués ou blessés du côté des Brésiliens, tel fut le sanglant résultat de cette fatale collision, qui aurait été évitée si le gouvernement français avait tenu compte un peu plus vite des plaintes qui lui avaient été faites et des désirs qui lui avaient été exprimés par les intéressés sur la prompte solution de la question du Contesté franco-brésilien.

Il faut enfin se décider à en finir. Dernièrement, l'Angleterre a débarqué des troupes dans le Guatémala pour moins que cela. Ses adversaires ont d'abord beaucoup crié, et ont ensuite fait droit à ses demandes. Nous espérons que les nôtres en feront autant et que la décision d'arbitrage, qui sera bientôt prise, nous donnera, selon tout droit et toute justice, pleine et entière satisfaction.

Et ce ne sera pas seulement notre amour-propre qui sera satisfait, mais aussi notre intérêt, car la région en question est des plus riches. Cette grande contrée présente des aspects fort divers. La région septentrionale entre la ligne de partage des eaux, l'équateur, le 54° et le 62° de longitude occidentale, est une région de montagnes et de forêts. La région méridionale, entre l'équateur et les inondations de l'Amazone, est à peu près plate, mais aussi boisée que la précédente. Des cantons noyés, mal affermis, marécageux, existent un peu partout. La plus étendue de ces régions de quaternaire actuel en fixation est celle qui s'étend entre la bouche de Mapa et celle de l'Araouari, limitée à l'ouest par les terres fermes des lacs, et à l'est comprenant l'île de Maraca. La végétation y est rare et maigre, les forêts y sont inconnues, sauf celles de palétuviers sur la côte. La région bordant les grands cours d'eau, tels que l'Amazone, le Rio-Negro et le Rio-Branco, est formée de terres inondées pendant la saison hivernale, où abondent les lacs, les marais et les canaux naturels, sur les bords desquels croissent les plus belles essences de l'Amérique équatoriale.

Enfin, la plus remarquable est la région des Prairies, pâturages naturels appelés dans la contrée Savanes ou Campos. Ces prairies, situées dans des endroits élevés et bien aérés, sont la partie la plus saine de la contrée. Le travailleur européen s'y acclimaterait aisément, et les travaux auxquels il pourrait se livrer : élève du bétail, culture du tabac, du café, du cacao, ne préjudicieraient nullement à sa santé. Ces prairies forment le tiers du Contesté. Le climat est le même que celui de la Guyane; toutefois, il est bien meilleur dans les prairies, et la race européenne peut les coloniser sans auxiliaires, ce qu'elle ne pourrait faire dans les forêts. Les voies de communication intérieures, sauf les rivières, font presque complètement défaut; mais les communications extérieures sont fréquentes et des plus commodes : beaucoup de lignes de navigation desservent cette partie de la côte américaine du sud.

L'élevage du bétail se fait déjà avec succès; d'après M. Coudreau, qu'il faut toujours citer quand on parle de ce pays, les rares habitants actuels posséderaient déjà de beaux troupeaux de bœufs, dont le nombre s'élèverait à 18,000.

Et ce ne sont pas les seules ressources que nous présente le territoire contesté. Un négociant nantais, qui est en relation constante avec Cayenne, et qui nous a fourni sur la Guyane de nombreux renseignements, jetait un cri d'alarme dans une note publiée dans notre dernier Bulletin. Il y établit que dans les six derniers mois de l'année dernière il est entré en France, par les paquebots de la Compagnie transatlantique, 4,033 kilogrammes d'or.

L'or natif, dit M. Fleuriot, le négociant en question, transitant par Cayenne, pour être embarqué sur les paquebots arrivant à Saint-Nazaire, paie à l'administration un droit exorbitant de 8 0/0.

Pour se soustraire à cette taxe, il est reconnu que les deux tiers de l'or trouvé au Contesté ont été expédiés directement pour l'étranger, sans passer par Cayenne. Si 4,033 kilogrammes d'or, à 3,300 francs le kilogramme, ont produit plus de 13 millions en six mois, c'est donc plus de 26 millions et demi qui ont échappé à la France dans une année, par suite de l'inertie de l'Administration qui, jusqu'à ce jour, n'a rien fait pour protéger nos nationaux.

Remarquez que les importations diminuent; ce qui n'a rien de surprenant, puisque plusieurs expéditions parties de Cayenne pour le Contesté ont été obligées de rentrer au chef-lieu.

Les étrangers font acte de propriété et nous empêchent de nous livrer à de nouvelles recherches. Plus l'inertie de l'Administration augmente, plus ils deviennent audacieux.

Et, pendant ce temps, des millions échappent à la France. L'or part directement du Contesté pour l'étranger et les marchandises qui le paient arrivent directement de l'étranger au Contesté.

Qui en supporte les conséquences? La France.

Comme il n'y a pas d'entrepôt à Cayenne, il en résulte que toutes les marchandises d'origine française, expédiées de Cayenne au Contesté, ont acquitté un droit de 10 à 12 0/0, plus 1 fr. 10 par litre d'alcool, tandis que les marchandises provenant des ports étrangers n'acquittent aucun droit.

Ce territoire contesté, poursuit M. Fleuriot, offre à ceux qui sont partisans de l'expansion coloniale, presque sans bourse délier, chose bien rare, un vaste champ d'exploitation! Citant une lettre d'un de nos plus hardis pionniers aurifères et des premiers partis pour Carsevène et Mapa, il ajoute ce qui suit :

« Il y a dans ce pays, dans le bassin de Mapa surtout (où j'ai fait deux expéditions qui ont été repoussées par la violence et sans que le gouverneur ait voulu intervenir, malgré mes réclamations), il y a dans ce pays, dis-je, d'immenses richesses minières et agricoles, des ressources nombreuses et immédiates pour assurer la création d'une nouvelle colonie française. On y fait notamment, chaque année, de grandes exploitations de caoutchouc, et c'est à Para que va en ligne droite cette denrée. »

Est-il besoin, Messieurs, d'ajouter quelque chose à ces citations? Je ne le crois pas. Je me bornerai, en terminant, à vous faire remarquer qu'en dehors des ressources que ce territoire définitivement annexé à la Guyane française donnera en bœufs, chevaux, caoutchouc, gutta-percha, cacao et autres productions tropicales, il faut signaler, toujours avec M. Coudreau, l'importance capitale de la grande île et de la baie de Maraca, le seul port naturel important qui existe de Rio-Janeiro aux Antilles.

Placée dans la zone du Contesté, l'île de Maraca, par sa situation à l'extrémité des bouches de l'Amazone, deviendra certainement, dans un avenir prochain, un centre commercial des plus florissants et constituerait pour nous une précieuse source de fortune.

Ce port a été visité, en octobre 1893, par l'aviso de l'État *le Bengali*, et, dans son rapport officiel, le commandant de ce navire a déclaré que c'était un mouillage en eau profonde de tout premier ordre, d'une sécurité absolue; il a, de plus, constaté que depuis soixante-douze ans il n'avait rien perdu de ses avantages et n'était pas sujet aux exhaussements du fond, comme bien d'autres ports de la côte orientale de l'Amérique du Sud.

En résumé, les droits de la France sur le territoire dit Contesté, sont de la dernière évidence. La Guyane entière, de l'Orénoque à l'Amazone, était considérée comme française du temps de Henri IV. Nous nous sommes laissé évincer de la plus grande partie de ce vaste territoire. Il ne faut pas laisser diminuer encore le dernier lambeau qui nous reste de nos immenses

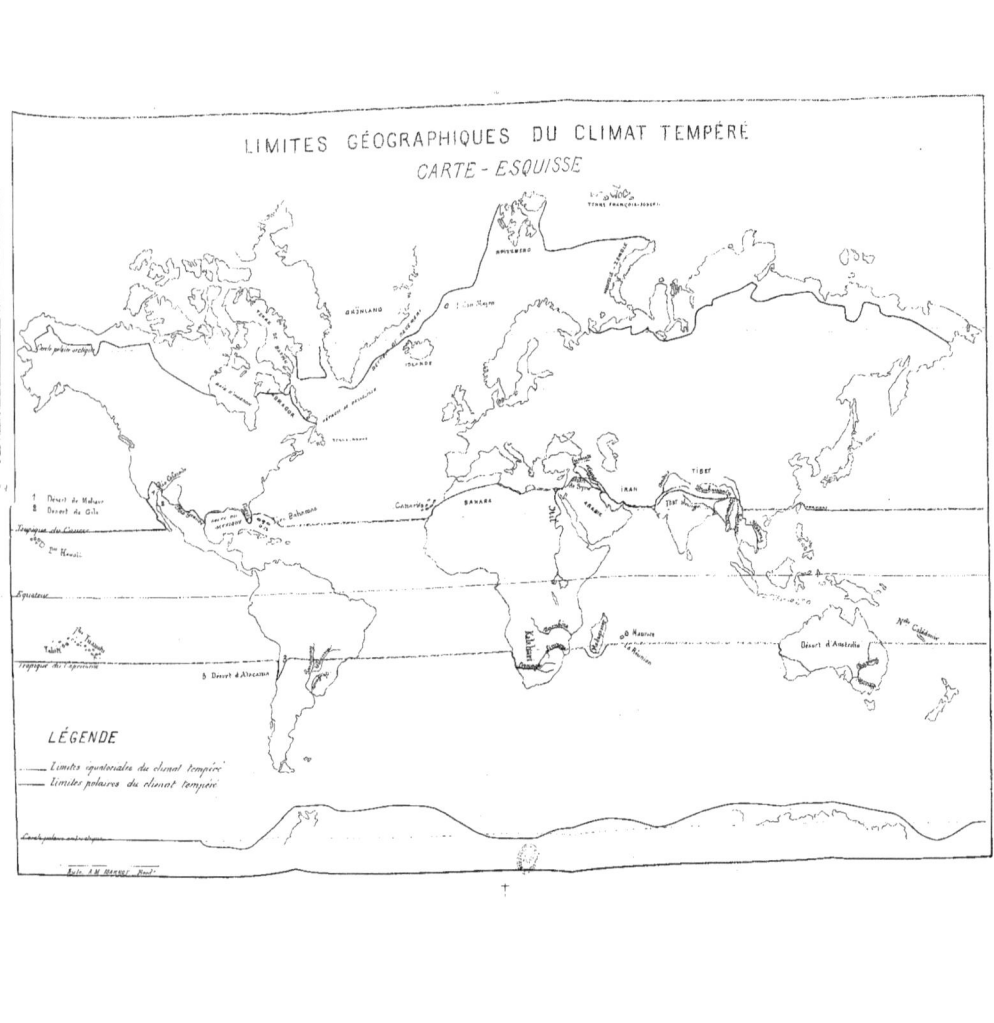

possessions d'autrefois sur le continent américain. Une transaction doit au moins intervenir, qui donne à la France la plus grande partie d'une région sur laquelle ses droits sont inattaquables.

Puis, nous aurons à mettre en valeur cette Guyane, dont les ressources sont si grandes et dont l'état actuel est vraiment humiliant pour notre pays.

En conséquence, je vous propose donc de vouloir faire bon accueil au vœu suivant que j'ai l'honneur de déposer :

« Le Congrès, considérant les droits les plus incontestables
» de la France, droits qu'elle n'a jamais laissés périmer,
» Émet le vœu que la question pendante entre la France et
» le Brésil ne soit résolue que dans le sens des dits traités qui
» établissent que la frontière sud de la Guyane ne saurait être
» autre que le fleuve Araguary. »

Ce vœu, fortement appuyé par M. DE MAHY, est adopté par le Congrès.

M. GEBELIN fait ensuite sur les *Limites géographiques du climat tempéré,* la communication ci-après, très intéressante et très applaudie.

Se plaçant au point de vue purement géographique, il démontre que ce sont surtout les régions désertiques du globe qui déterminent les limites de la zone tempérée. C'est une conception originale et nouvelle, qui détruit les lignes imaginaires déterminées, soit par la latitude, soit par les lignes isothermes établies par des moyennes, et rien n'est plus trompeur que des moyennes.

Les Limites géographiques du climat tempéré ;

Par M. J. GEBELIN,
Professeur à la Faculté des lettres de Bordeaux [1].

Les limites géographiques du climat tempéré, telles que je vais les esquisser, sont des bornes matérielles, reconnaissables

[1] Cette notice est accompagnée d'une carte.

sur le sol, par opposition aux cercles idéaux qui, suivant la tradition classique, circonscrivent ce climat.

D'après un système que les uns attribuent à Parménide, les autres à Pythagore, et qui, dans tous les cas, remonte à une haute antiquité, la terre, tout le monde le sait, se répartit en cinq zones : une zone chaude, deux zones tempérées, deux zones froides. Des divisions mathématiques, déduites de la position que la terre occupe par rapport au soleil, séparent ces zones ; chacune des deux zones tempérées a pour limite un tropique et un cercle polaire.

La latitude n'est pas, tout le monde le sait aussi, le facteur unique du climat, et la division traditionnelle ne répond pas à toutes les exigences. Plus d'une fois, les tropiques, le cercle polaire boréal traversent des contrées dont le climat et les conditions biologiques qui en dérivent sont, de part et d'autre, semblables. Le tropique du Cancer coupe en deux le Sahara, la chaudière de la mer Rouge et les déserts d'Arabie ; le tropique du Capricorne passe au milieu des déserts australiens. Le cercle polaire boréal laisse dans la zone froide les régions septentrionales de la péninsule scandinave que recouvre la forêt et où la mer ne gèle pas ; il parcourt les immensités boisées de la taïga sibérienne. En revanche, il abandonne à la zone dite tempérée la glacière de la baie d'Hudson tout entière et une partie du Grönland.

Pour une division climatique, la zone tempérée classique est, du côté du tropique, trop étendue ; du côté du cercle polaire, tantôt, dans l'Europasie, elle se tient en deçà, tantôt, en Amérique, elle avance au delà des circonstances auxquelles elle doit son nom.

Ces divergences ont naturellement conduit à la recherche de limites climatiques nouvelles. Les uns, tout en rejetant les tropiques et les cercles polaires, conservent des parallèles comme limites. D'autres, plus hardis et plus absolus, substituent aux mesures de l'astronomie les observations de la météorologie, aux tropiques et aux cercles polaires les isothermes.

Je me contente de faire allusion à ces systèmes ; je n'ai pas l'intention de les discuter et je rends hommage aux auteurs éminents qui les ont formulés et dont les travaux apportent une contribution importante aux progrès de la science. Qu'il me soit cependant permis de faire observer que les limites nouvelles proposées ont toutes une origine factice et qu'elles comportent toutes une part d'arbitraire. Les lignes isothermes, par exemple, n'ont de rigoureux que l'apparence. D'abord, elles ne représentent que des moyennes et de bons esprits commencent à dire assez haut que les moyennes sont un des dangers de la climatologie, considérée dans ses rapports avec la vie organique. De plus, elles supposent une réduction de la température au niveau de la mer. Enfin, elles ne sont pas établies sur une série d'observations assez nombreuses, assez constantes, assez reliées les unes aux autres pour qu'on puisse dès à présent considérer comme invariable le tracé des isothermes.

Convention pour convention, le mieux est de s'en tenir aux vieilles limites classiques, tropiques et cercles polaires : elles procèdent d'une origine certaine, fixée par les phénomènes astronomiques; elles ont pour base l'agent primordial du climat, le soleil; si elles ne séparent pas exactement des zones climatiques, du moins elles déterminent, et cela d'une façon absolue, des zones d'éclairement. Et pourvu que nous n'attachions pas à ces zones mathématiques une signification climatique trop précise, pourvu que nous sachions au besoin les élargir ou les rétrécir suivant les données de la météorologie et de la biologie, elles offriront à une étude géographique d'ensemble la commodité de circonscriptions approximatives. Tels sont, sinon les termes, du moins le sens, des conclusions de M. Hann, et je ne suis pas éloigné d'y souscrire. On ne saurait, sans méconnaître la réalité, rayer de la carte ces contrées où s'opère, d'une façon insensible, le passage d'un climat à un autre.

Mais, s'il existe des régions de transition, il existe aussi, entre les climats, des régions de séparation, des régions-barrières. La désignation de celles-ci n'a besoin ni des méthodes de l'astronomie, ni des procédés de la météorologie; elle résulte directement, immédiatement, de la géographie proprement dite. Nous avons là, entre le climat tempéré et les autres climats, des limites que j'appelle géographiques, parce qu'elles ne sont pas des abstractions, comme les parallèles et les isothermes, parce qu'elles sont visibles sur la terre.

Ces régions-barrières n'existent pas partout, mais elles se

rencontrent sur d'immenses espaces. Dans la direction de chacun des deux pôles, elles forment une ceinture complète, reconnaissable en tous lieux. Dans la direction de l'équateur, elles ne constituent pas une limite continue; elles sont plus marquées dans l'hémisphère boréal que dans l'hémisphère austral, dans l'ancien monde que dans le nouveau; sur le côté occidental des continents, elles se présentent toujours; sur le côté oriental, elles font défaut. Ici, les régions de transition les remplacent, c'est-à-dire les régions pour lesquelles, en l'absence de faits terrestres bien nets, on peut, avec une approximation qui se rapproche suffisamment de la réalité, adopter comme limites climatiques les tropiques.

Les régions-barrières, ce sont les régions où la différence entre deux climats est représentée par un obstacle matériel, et notamment ces vastes espaces qu'un fait par-dessus tout caractérise : la rareté de la vie organique, conséquence elle-même tantôt de la rareté de l'humidité, tantôt de la rareté de la chaleur. Du côté de l'équateur, ce sont les déserts chauds, les déserts proprement dits, entre le domaine tropical des pluies d'été et le domaine des pluies d'hiver, ou mieux des longues sécheresses d'été. Du côté du pôle, ce sont les déserts froids, la toundra, auxquels s'ajoute, sur mer, la banquise, pour compléter la continuité de l'obstacle. Désert, toundra, banquise, sont l'effet visible des causes nombreuses et complexes dont le climat est la résultante.

Les régions de transition, ce sont les régions de la partie orientale des continents où le régime des pluies d'été prévaut de côté et d'autre du tropique, où la flore des pays chauds et celle des pays tempérés se joignent jusqu'à se confondre : ainsi la Chine méridionale; ainsi la partie sud-est des États-Unis; ainsi, pour l'Afrique, les rivages de Lourenço Marquès et de Natal, et, pour l'Australie, le Queensland.

Ces régions-barrières, ces régions de transition, je ne chercherai ni à les expliquer, ni à les décrire. Je laisse à la météorologie la poursuite des causes, à la climatographie et à l'histoire naturelle l'exposition des faits, à la chorographie le détail des lieux. Je veux seulement, à l'aide d'une esquisse qui pourra être corrigée, indiquer les traits principaux des limites climatiques que je propose.

Examinons d'abord ces limites du côté de l'équateur et dans l'hémisphère boréal.

C'est dans l'ancien continent que se trouve le type des régions-barrières chaudes. En Afrique et dans l'Asie occidentale, la zone géographique de séparation entre deux climats est large et continue. De l'Atlantique à la mer Rouge, le Sahara isole l'Afrique blanche de l'Afrique noire. Le désert, avec ses champs de pierres, ses amoncellements de dunes, se poursuit dans l'Asie occidentale: il englobe presque toute l'Arabie et s'incurve, au nord, entre le système du Liban, les terrasses qui précèdent l'Arménie et le soubassement sud-ouest de l'Iran. Au sud du désert, aux approches immédiates du bas Sénégal, de la boucle du Niger, du Tchad, du confluent du Nil et de l'Atbara, et dans les pays arabes de l'Yémen et de l'Hadramaout, les pluies d'été annoncent l'entrée du domaine tropical. Au nord du désert, les massifs de l'Atlas, de la Cyrénaïque, de la Palestine et du Liban, de l'Arménie, de l'Iran, sont le domaine tempéré du blé, de la vigne, et, pour partie, de l'olivier. Sur la lisière septentrionale du désert, là où les pluies d'hiver expirent, se développent de grandes plantations de dattiers; sur la lisière méridionale, là où parviennent encore quelques pluies d'été, s'éparpille la végétation spontanée des bosquets de gommiers. Deux antiques berceaux de civilisation, l'Égypte, que le Nil a faite, la Chaldée, que l'Euphrate et le Tigre fertilisent, sont les plus belles oasis, où les flores s'unissent, de cette trainée désertique.

Des bouches du Chat-el-Arab à celles de l'Indus, la mer peut être considérée comme la suite de la limite climatique; les derniers efforts pluvieux de la mousson d'été effleurent à peine les rives méridionales de l'Iran. Puis, à l'est de l'Indus, nouvelle barrière terrestre : les sables du désert de Thar s'étendent jusqu'à la base des monts Aravalli.

Ici s'arrête la ceinture de déserts que nous avons suivie depuis l'Atlantique. Au nord-ouest du Thar, le Pendjab, avec ses emblavures, se rattache à la zone tempérée; mais la vallée du Gange, avec ses rizières, appartient aux pays chauds. Une limite naturelle, et des plus fortes, ne nous fait pas défaut et nous la suivrons de l'ouest à l'est, depuis les sources du Gange jusqu'à celles de l'Irraouaddi; c'est un pâté de montagnes, l'Himalaya, au delà duquel s'épanouissent les plateaux froids du Tibet. A l'est de cet obstacle énorme, et jusqu'au Pacifique, vient la région de transition, la Chine méridionale. Nous suivrons là, faute de mieux, le tropique du Cancer, et cette frontière approximative s'accorde de bien près avec la réalité, car elle laisse dans la zone chaude Canton et le Tonkin.

Le nouveau monde offre, mais en raccourci, avec moins de continuité, la répétition de l'ancien. A l'ouest, entre le Pacifique et la base orientale des montagnes Rocheuses, entre la flore tropicale du Mexique et la flore tempérée des États-Unis, s'intercalent des étendues arides : désert de Mohave, au sud de la Californie; désert de Gila, au sud de l'Arizona. Le Rio Grande, le golfe du Mexique et le détroit de Floride fournissent ensuite une limite commode; mais déjà, par le régime des vents et des pluies, par la nature de la végétation, la pointe méridionale de la Floride présente tous les caractères des pays chauds.

Dans l'hémisphère sud, c'est sur le continent australien que la barrière désertique est le plus accusée. Elle occupe tout le centre de l'Australie et rejette vers le nord, jusqu'au 18e degré de latitude, le domaine tropical des pluies d'été; à l'ouest, au sud, elle touche à la côte; mais, à l'est, elle n'arrive pas jusqu'à la mer, qui baigne le Queensland, région de transition.

Dans l'Afrique méridionale, les terres sont moins vastes, le désert moins large qu'en Australie. Entre les approches du Zambèze moyen et le fleuve Orange, le Kalahari n'est qu'un diminutif imparfait du Sahara. S'il se prolonge jusqu'à l'Atlantique par le littoral assoiffé du pays des Damaras et des Namaquas, il n'atteint pas l'océan Indien dont le séparent les plateaux tempérés des républiques boers et, à leur pied, les rivages à végétation tropicale de Lourenço Marquès et de Natal.

Dans l'Amérique du sud, la région aride n'est plus représentée que par une bande côtière parallèle au Pacifique, très longue, car elle court des approches du golfe de Guayaquil jusqu'au Chili central, du 5e degré de latitude sud jusqu'au 30e, mais très mince, car elle s'arrête aux Andes. Le lessivage du sol par les précipitations atmosphériques fait tellement défaut que nous rencontrons ici la terre classique des amoncellements de guano, qui furent la richesse du Pérou, et des efflorescences de nitrate pour lesquelles trois républiques ont combattu. Mais, des Andes à l'Atlantique, la majeure partie du sol, aux latitudes correspondantes, est abondamment arrosée par les pluies et le tropique du Capricorne n'est qu'une limite climatique indécise.

Du côté du pôle, c'est encore le désert qui, sur terre, sert de limite matérielle à la zone tempérée, et même, de l'ouest à l'est, d'un bout à l'autre des continents de l'hémisphère arctique, il se rencontre presque partout. Mais, cette fois, c'est un désert de mousses ou de lichens, la toundra, où la chaleur estivale dure trop peu pour permettre la croissance des arbres. Là où finissent les arbres, là commencent la toundra et, avec elle, la zone froide. La distinction des climats est d'autant plus aisée à reconnaître sur le sol qu'une immense forêt de conifères forme la couronne boréale des continents.

Dans l'hémisphère sud, les continents, rétrécis en pointe, disparaissent trop tôt pour qu'il y soit question d'une limite polaire terrestre de la zone tempérée. Dans l'hémisphère nord, la ligne où les arbres cessent représente, sous l'influence refroidissante de la glace de mer, une courbe mouvementée, qui, d'ordinaire, se rapproche du pôle en raison de l'extension des masses continentales vers ce point. Tantôt elle coïncide à peu près avec le cercle polaire, comme au nord-est de la Russie d'Europe; tantôt elle s'avance au nord de ce cercle, comme le plus souvent en Sibérie, où, par endroits, elle pénètre jusqu'au 72e degré de latitude; tantôt elle demeure au sud du cercle polaire, comme dans la moitié orientale du continent de l'Amérique du nord; des deux côtés de la baie d'Hudson, elle recule jusqu'au 60e degré de latitude; puis, elle longe presque la côte du Labrador et descend au sud-est jusqu'au 52e degré de latitude, à l'entrée du détroit de Belle-Isle.

Il nous reste à définir les limites océaniques du climat tempéré. Du côté de l'équateur, on pourrait les déterminer par des lignes tirées d'un continent à l'autre, en partant des limites terrestres précitées, car l'océan, au large, est vide ou presque vide de terres, et la plupart des îles de quelque étendue se trouvent ramassées au voisinage des continents. Tous, ou presque tous d'ailleurs, les pays chauds insulaires ainsi circonscrits sont aussi compris entre les tropiques, et le plus sage est de suivre ces lignes traditionnelles, sauf à leur faire subir quelques inflexions au voisinage des côtes.

Du côté du pôle, au contraire, la limite océanique du climat tempéré est très nettement désignée par un fait tangible : la glace persistante de mer, la banquise d'été. Sans doute, cette banquise n'occupe pas une place invariable et, pour en indiquer la situation, nous sommes obligés de nous contenter d'approximations et de moyennes ; mais elle existe en toute saison ; elle a toujours opposé à la navigation commerciale un obstacle invaincu ; par contraste avec les mers ouvertes, elle constitue une barrière, au sens le plus matériel du mot.

De même que les forêts de la Scandinavie brisent la continuité de la toundra, de même, et pour des raisons semblables (le contact des eaux chaudes venues des basses latitudes), la mer libre, au nord de cette péninsule, s'enfonce, en été, comme un large coin, jusqu'au 80e parallèle, jusqu'aux rivages septentrionaux du Spitzberg. A l'ouest et à l'est de cette trouée, la banquise d'été se rabat vers le sud ; d'un côté, elle frôle l'île de Jan Mayen, puis elle encombre la majeure partie du détroit de Danemark, en laissant libre la côte d'Islande, et en emprisonnant à perpétuité le Grönland oriental ; de l'autre côté, elle s'adosse à l'est du Spitzberg, pour atteindre ensuite les parages septentrionaux de la Nouvelle-Zemble, en bloquant la terre François-Joseph. Au nord de l'Amérique, entre le Grönland et l'archipel polaire, des chenaux sont ouverts aux navires durant les mois les plus chauds ; mais les glaces persistantes n'en descendent pas moins dans le détroit de Davis, jusqu'à la ligne qui passe par l'extrémité méridionale de la terre de Baffin. Au nord du détroit de Bering, une mer assez large s'ouvre en été ; mais la coupure étroite et superficielle de ce détroit interrompt à peine la toundra, entre l'Asie et l'Amérique.

Quant aux régions polaires antarctiques, la faiblesse et l'incertitude de nos connaissances suffisent pour attester les difficultés de la pénétration. Habituellement, la banquise d'été semble y coïncider d'assez près avec le cercle polaire ; plus d'une fois, qu'elle soit ou non, en ce cas, le front d'immenses glaciers, elle se dresse, sur des centaines de kilomètres, en forme de haute muraille verticale.

En résumé : du côté de l'équateur, une traînée de déserts,

mais qui n'atteint pas les rivages orientaux des continents; du côté du pôle, une ceinture complète, représentée sur terre par la toundra, sur mer par la banquise d'été; telles sont, pour le climat tempéré, les limites matérielles que je propose.

Les ouvrages principaux, où j'ai pris le détail des faits qui m'ont servi à formuler mon système, sont les suivants:

Élisée Reclus, *Nouvelle géographie universelle.*
Alexander Supan, *Grundzüge der physischen Erdkunde.*
Julius Hann, *Handbuch der Klimatologie.*
A. Woeikof, *Die Klimate der Erde.*
A. Grisebach, *La végétation du globe*, traduction de P. de Tchihatchef.
Oscar Drude, *Handbuch der Pflanzengeographie,* et l'édition française, traduction de Georges Poirault.
Georg von Boguslawski, *Handbuch der Ozeanographie.*
Karl Fricker, *Die Entstehung und Verbreitung des antarktischen Treibeises.*
Stieler's Hand-Atlas.
Berghaus' physikalischer Atlas

La séance est levée à onze heures et demie.

Le Secrétaire des séances,
Secrétaire de la Société de géographie de Bordeaux,

Perez-Henrique.

II. — Séance du mardi 6 août (après-midi).

Président M. HAUTREUX, lieutenant de vaisseau, ancien directeur des mouvements du port de Bordeaux,
vice-président de la Société de géographie commerciale de Bordeaux.

Assesseurs: MM. LEFAIVRE, consul de France, délégué du Ministère des affaires étrangères.
SERVONNET, lieutenant de vaisseau, délégué du Gouvernement tunisien.

La séance s'ouvre à deux heures et demie.

La parole est donnée à M. le Dr Verrier, membre du Conseil supérieur des Colonies, président honoraire de la

Société africaine, pour une communication relative à la création d'une École coloniale pratique, dans un domaine mis à la disposition du gouvernement en Tunisie.

En présentant le mémoire inséré ci-après, M. le Dr Verrier expose que, d'après lui, le morcellement des fortunes, par suite du partage égal entre enfants, est une cause de décadence et de dépopulation; le père de famille, dit-il, devrait être libre de disposer de sa fortune d'une façon plus indépendante. Il vaudrait mieux, à son avis, qu'il pût la répartir selon les aptitudes de chacun de ses descendants. Ce serait, selon lui, le moyen de voir revenir l'époque des grandes familles, où les enfants allaient chercher fortune au loin, et faisaient la souche des nombreuses familles coloniales des XVIIe et XVIIIe siècles. Maintenant, toutes les professions sont encombrées presque partout, la production dépasse la consommation, des quantités énormes de marchandises et d'objets manufacturés s'accumulent dans les magasins sans trouver d'écoulement. Aussi le nombre des enfants diminue-t-il et la difficulté de trouver à les caser amène dans les familles la diminution volontaire de la natalité.

École coloniale agricole pratique spécialement fondée par les Drs Verrier et Bertholon, en Tunisie, en vue du développement de l'initiative privée ;

Communication de M. le Dr VERRIER.

J'ai entretenu la Société africaine, en 1892 [1], de la possibilité de créer en Tunisie une École coloniale agricole différant complètement de l'École coloniale, fondée par l'honorable M. Étienne, à Paris.

Celle-ci ne formant guère que des fonctionnaires, des administrateurs coloniaux ; celle-là, bien au contraire, créée spécialement en vue du développement de l'initiative privée et ne formant que des colons.

J'ai cherché, comme modèle, l'École coloniale de Holeslay-

---

[1] Voir *Bulletins et Mémoires de la Société africaine*, 2e série, t. II, p. 173.

bay, en Angleterre, qui donne de si bons colons dans les possessions anglaises.

J'ai expliqué comment on entendait là-bas initier les élèves aux travaux de laboratoires, aux expériences chimiques, horticoles, à la cuisson du pain, la traite des vaches, la fabrication des fromages et du beurre, les labours soit avec chevaux ou bœufs, l'étude des races animales et l'art vétérinaire, la maréchalerie, le charronnage, l'arpentage, l'exploitation des forêts et jusqu'aux pratiques de la navigation fluviale et maritime.

Dans une deuxième conférence ([1]), j'ai exposé les motifs de cette création et étudié les moyens d'action de cette entreprise.

J'ai répété ces conférences tant à la mairie du Ve arrondissement qu'au Congrès de Paris de la Ligue de l'enseignement, sous la présidence de feu Jean Macé (1892).

Il m'est venu des propositions de diverses parts, notamment du Cercle tunisien de la Ligue de l'enseignement, mais, soit que M. Rouvier, alors résident, ne fût pas très favorable à ce projet, soit qu'à Paris je n'aie pas été suffisamment appuyé, je n'ai pu réussir dans mon entreprise.

Il est vrai que cette création d'école est une œuvre plus patriotique que financière, mais c'est précisément le motif qui doit la faire valoir auprès des hommes éclairés qui veulent le bonheur de la France et la prospérité de ses colonies.

En choisissant la Tunisie pour créer cette école, j'ai obéi à un triple mobile : 1° choix d'une colonie en rapport facile avec la métropole; 2° choix d'un terrain propre à la culture tropicale et à l'élevage; 3° essai d'un demi-acclimatement, qu'en ma qualité de médecin je crois indispensable pour les jeunes gens, avant de les lancer dans nos colonies éloignées.

Aujourd'hui, il m'est fait des propositions avantageuses; au lieu d'avoir à acquérir un domaine, ce qui nécessitait une première mise de fonds considérable, ou d'en louer un, ce qui grevait d'une lourde charge le budget de l'école, je trouve, grâce à la généreuse participation d'un de mes confrères, M. le Dr Bertholon, ancien président du Cercle tunisien de la Ligue de l'enseignement, un beau domaine de 200 hectares en pleine exploitation, situé à 30 kilomètres de Tunis et à 8 kilomètres

---

([1]) *Loc. cit.*, p. 294.

seulement de la mer. Le chemin de fer de Tunis à Hammamet traverse la propriété. Il y aura une station si l'école se fonde.

Le domaine comporte : 1° montagnes et bois; 2° coteaux et vignobles; 3° terres de labour et terres irrigables. Les bâtiments d'exploitation existent, ainsi qu'un laboratoire pour la stérilisation du lait, les conserves alimentaires, etc. Il y a, en outre, des troupeaux de bœufs et de moutons. Le pays est frais et non fiévreux. Il est à une heure du jardin d'essai de Tunis, au milieu des principaux domaines de la Tunisie, qui pourraient être visités par les élèves pour leur instruction. On pourrait aussi tenter, dans les environs, l'élevage de l'autruche.

Tout ce que demande le concessionnaire, c'est que le produit des essais et cultures, quel qu'en soit le résultat, lui revienne, et que, quand l'école fera des bénéfices, si jamais elle en fait, 25 0/0 de ces bénéfices soient attribués au propriétaire.

En somme, c'est une propriété mise à la disposition de l'école à *titre gracieux*, et de laquelle l'école ne saurait tirer d'autres bénéfices que l'instruction de ses élèves.

Ceux-ci, presque tous citadins, ignorant l'agriculture, s'ils ne sont pas initiés par des coloniaux expérimentés, font école à leurs dépens et aux dépens des capitalistes qui les ont patronnés; et ruinés, après un temps variable, ils se font rapatrier.

Rien ne discrédite nos colonies comme ces essais malheureux. Aujourd'hui, nous avons à Tunis un résident animé de bonnes intentions, j'ai eu l'honneur de le voir à Paris, et il est certain que le jour où l'école fonctionnera, le gouvernement tunisien lui accordera une subvention. Nous ne demandons rien au ministère des colonies de Paris, ni à celui des affaires étrangères ou de l'instruction publique jusqu'à nouvel ordre. Mais les Chambres de commerce de la métropole pourront coopérer à cette utile et patriotique fondation, soit par une subvention directe, soit par le placement des actions dont il va être question.

ENSEIGNEMENT

L'enseignement, sous peine de grever lourdement le budget de l'école, devra être donné par des professeurs habitant sur les lieux. Nous avons déjà le concours assuré de sept d'entre eux, ce qui est suffisant pour commencer.

Ce sont :

1º Un professeur de viticulture, lauréat de l'École de Montpellier, professeur d'agriculture à Tunis;

2º Un professeur de culture des pays chauds et de travaux pratiques. Il est élève de l'École de Rouïba;

3º Un professeur de zootechnie, auteur d'un traité de culture tunisienne, en ce moment sous presse;

4º Un professeur d'économie rurale et de pratique de colonisation;

5º Un professeur de chimie agricole et de microbiologie (élève de Pasteur);

6º Un vétérinaire diplômé;

7º Un professeur d'hygiène des pays chauds et de notions de médecine exotique, et des professeurs de langues étrangères.

En outre, il y aura des ateliers de forge, d'ajustage, de menuiserie, charronnage, bourrellerie et attelles; cours de natation, salle d'armes, de tir, conduite de bateaux, etc.

Je rappelle que la mer est à 8 kilomètres de la propriété, et qu'on pourra y avoir un garage, un sémaphore avec un vieux marin comme gardien et patron des bateaux de l'école.

J'estime que la dépense nécessitée par cet enseignement ne dépassera pas 15,000 fr. par an. Les professeurs ayant des soldes différentes, selon l'importance de leurs cours, et étant, d'ailleurs, titulaires d'autres chaires à Tunis.

CONSTRUCTIONS

Nous avons déjà dit que les bâtiments d'exploitation étaient prêts. Restent donc la construction du bâtiment scolaire et son ameublement.

J'estime, et j'ai pour moi l'approbation de Tunisiens compétents, que le corps de bâtiments pour dortoirs, réfectoire, cuisine, salles d'étude, de cours, laboratoires, forges, bureaux pour professeurs, le tout susceptible d'augmentation, ne dépasserait pas.................................... F. 30,000

Ajoutons pour le mobilier et la bibliothèque 20,000

Canalisation pour amener l'eau dans les chambres, laboratoires, etc.................................... 3,000

J'y ajoute pour faux frais imprévus................ 7,000

Total.................F. 60,000

Représentant, à 5 0/0, un intérêt annuel de........F. 3,000
Entretien du matériel, des laboratoires, livres, instruments... 2,000
F. 5,000

Ces 5,000 fr., ajoutés à 15,000 fr. pour le traitement des professeurs, donnent une dépense annuelle de........F. 20,000
auxquels il faut encore ajouter..................... 15,000
pour nourriture de vingt élèves, à 2 fr. 50 par jour, avec
blanchissage, soit............................F. 35,000

DÉPENSES ET PRIX DE PENSION

On peut, vu l'éloignement de Tunis et les difficultés de ravitaillement, évaluer la nourriture et l'entretien de chaque élève à 2 fr. 50 par jour. En supposant vingt élèves pour la première année pendant dix mois de scolarité, cela ferait 15,000 fr. D'où le prix de pension annuelle porté à 1,750 fr., mettons 1,800.

Si l'État tunisien fournit une subvention, ou dès que le nombre des élèves atteindra trente, on pourra réduire la pension annuelle jusqu'à concurrence de 1,200 fr.

On pourrait garder ces élèves deux années et leur délivrer un certificat d'aptitude après un examen probatoire.

En Angleterre, les cours durent trois ans et les prix sont de 1,800 fr., 2,000 fr. et 2,200 fr., d'après les années.

AVENIR DE LA CRÉATION

Pour assurer l'avenir et la marche de l'école pendant les premières années, qui peut être assurée d'ores et déjà, sans subvention et avec moins de trente élèves, il faudrait un fonds de réserve d'environ 40,000 fr. permettant de parer à toutes les difficultés financières qui pourraient surgir.

Donc d'une part, 1° capital fixe.................F. 60,000
D'autre part, 2° fonds de réserve................. 40,000
Total.................F. 100,000

Ce fonds de réserve pourrait n'être appelé par le Conseil d'administration de l'école, en totalité ou en partie, que si les élèves n'étaient pas nombreux ou si l'État ne donnait pas un secours suffisant pour rendre les frais généraux supportables.

On peut aussi les appeler en souscrivant et les verser au Comptoir national d'escompte de Tunis.

FORMATION DU CAPITAL

Nous arrivons à la question importante pour laquelle je demande l'appui de tous les gens de bonne volonté.

Cent mille francs, c'est peu de chose. Il suffirait de faire souscrire 1,000 actions de 100 fr. et de former entre les souscripteurs une Société civile.

Sur chaque action de 100 fr., le premier versement serait de 60 fr. Il rapporterait 5 0/0 d'intérêt. Le complément de 40 fr. ne serait appelé qu'en cas peu probable de besoin, ou versé à la succursale du Comptoir d'escompte de Tunis. Ces 40 fr. rapporteraient l'intérêt que donne cette banque et pourraient être rendus aux intéressés, par délibération du Conseil d'administration de l'école, dès que l'avenir de l'école serait assuré.

A partir de cinquante élèves, l'école pourra réaliser des bénéfices avec une pension de 800 fr. par élève et pour dix mois scolaires.

Il y aurait là, en effet, une recette assurée de.... F.   40,000
Si on en déduit les frais supportés d'autre part 25,000

Reste dividende à partager entre chaque part.... F.   15,000

Mais il y aura des réserves à faire pour fonds de réserve, part du concessionnaire (25 0/0), amortissement, etc. Il resterait environ net 10,000 fr. à partager entre 1,000 actions de 100 fr., rapportant déjà 5 0/0.

D'ailleurs, comme je l'ai dit en commençant, il s'agit, dans cette affaire, d'une œuvre nationale destinée à préparer à la colonisation pratique une élite de jeunes gens qui manque des premières notions nécessaires pour assurer la réussite d'une pareille entreprise, et pourtant l'on voit déjà poindre une rémunération suffisante des capitaux que quelques personnes, concevant la grandeur du projet, voudront bien m'aider à mener à bonne fin.

Le temps presse; il s'agirait d'ouvrir cette école de manière à ce que le crédit subventionnel, que nous avons lieu de croire devoir être octroyé, soit inscrit sur le budget de 1896 et parce que le Congrès pour l'avancement des sciences, qui doit avoir lieu, à Tunis, en 1896, vers le mois d'avril, vulgariserait et populariserait notre École coloniale agricole.

A l'œuvre donc et en avant, Messieurs. *Sursum corda!*

A la suite de sa communication, M. le Dr VERRIER propose à l'assemblée d'émettre un vœu en faveur de la création en Tunisie d'une école coloniale agricole.

Dans la discussion du vœu présenté par M. le Dr Verrier, M. le colonel BLANCHOT expose que la question lui paraît plutôt du ressort administratif que de la compétence du Congrès de géographie. M. le Dr VERRIER répond que le vœu qu'il soumet à l'approbation du Congrès pourrait être modifié.

Pour M. GUÉNOT, le vœu est absolument dans les attributions du Congrès, et pourrait être voté tel qu'il est. C'est aussi l'opinion de M. DE MAHY, qui donne son plein et entier acquiescement à la création d'une école coloniale pratique.

M. SERVONNET, attaché naval près du gouvernement tunisien, donne des renseignements sur ce qui a été fait déjà en Tunisie. Il s'étend principalement sur l'installation du jardin d'essai à Tunis, et sur les résultats qui ont été obtenus dans la création des vignobles. A son avis, une école comme celle que propose M. le Dr Verrier n'est pas pratique et ne peut réussir. Les dépenses seraient bien plus considérables qu'on ne l'a dit, et, comme la Régence n'entrerait, selon toute probabilité, pour rien dans ces dépenses, ce serait une nouvelle charge pour le budget des colonies.

M. GUÉNOT insiste de nouveau pour l'adoption du vœu de M. le Dr Verrier. Nous sommes, dit-il, les interprètes de l'opinion publique et, notre vœu émis, c'est à l'Administration de fournir les voies et moyens pour l'exécution.

M. le colonel BLANCHOT se rallie à l'opinion de M. Guénot, et, comme lui, il affirme que le Congrès est compétent pour adopter et émettre le vœu de M. le Dr Verrier. C'est au gouvernement qu'il appartient de le mettre en pratique par les moyens à sa disposition.

M. le Dr VERRIER demande le renvoi de sa motion à la Commission des vœux. Il est invité, par la majorité du Congrès, à modifier sa proposition et à la présenter à la fin de la séance.

M. GUÉNOT prend ensuite la parole et fait, au nom de M. de Rey-Pailhade, président de la Société de géographie de Toulouse, qui assiste au Congrès de Londres, la communication suivante sur l'*Application du système décimal à la mesure du temps et des angles*.

De la division décimale des mesures des angles et du temps; l'état de la question;

Communication présentée par M. GUÉNOT.

Au nom de M. DE REY-PAILHADE, président de la Société de géographie de Toulouse.

Vous connaissez tous, Messieurs, la question que je viens traiter devant vous. Elle revient à l'ordre du jour en raison de ce fait qu'il faut frapper plus d'une fois sur un clou pour l'enfoncer. Ici la résistance est d'autant plus tenace que nous nous attaquons aux préjugés et à la routine et qu'il n'est, on le sait, rien de plus difficile à vaincre.

Ce qui nous a encouragé à agiter une fois de plus, devant vous, la nécessité de la division décimale des mesures des angles et du temps, au risque de passer pour des importuns, c'est que cette réforme a un caractère et un intérêt nationaux.

Il s'agit, vous le savez, de substituer dans la mesure du temps et du cercle le système décimal au système sexagésimal, en un mot de compléter l'œuvre des Laplace, des Monge, des Berthollet, de ces savants illustres, qui furent, au siècle dernier, la gloire la plus pure de la France.

Quand on nous a vu proposer de compter par 10 ce qui se compte actuellement par 24 et par 360, on en a conclu, *a priori*, à une bizarrerie de notre esprit, à une monomanie de changement, ne reposant sur rien de sérieux, de tangible, de rationnel. Il est probable que lorsque l'on proposa de substituer, comme unité de mesure, le franc à la livre ou à l'écu, le mètre à la toise, le litre au pot, etc., les mêmes objections durent se présenter tout d'abord à l'esprit des contemporains du siècle dernier. Si on avait tenu compte d'objections de cette nature, on sait ce qu'il en serait résulté.

Depuis, le progrès va s'accentuant. On a adopté un tarif international pour les correspondances originaires et à destination de presque tout l'univers. Tout tend à la simplification, à la célérité, à l'unité.

On comprend que l'unification des mesures du temps et du cercle se soit fait attendre un peu plus longtemps que les autres, mais si le progrès sur ce point a marché lentement, son heure n'en devait pas moins arriver et nous pensons qu'aujourd'hui elle a sonné.

A des besoins nouveaux doivent répondre des créations nouvelles. La rapidité des communications, la fréquence des relations internationales, la multiplicité des contrats, la nécessité de connaître facilement le point en mer, le moment où les engagements se contractent et celui où ils prennent fin, sur les points les plus éloignés et les plus différents du globe doivent amener fatalement la réforme que nous préconisons.

Deux faits, pris en dehors de ces considérations d'ordre purement économiques, montrent jusqu'à l'évidence l'urgence de cette modification au point de vue exclusivement scientifique.

Des astronomes, des marins, des savants ont expérimenté la nouvelle méthode et ils ont conclu que l'adoption simultanée et parallèle de la division décimale des mesures du temps et du cercle faisait gagner dans les calculs une heure sur trois et que les chances d'erreur étaient diminuées de cinq à une.

Quand une nouvelle méthode peut produire, au point de vue scientifique, de tels résultats, elle est jugée.

Au Congrès de Lyon, l'assemblée a reconnu l'importance de notre proposition et son utilité. La seule objection qui nous ait été adressée avait trait à un fait matériel. M. Caspari fit observer que l'armée avait déjà adopté le grade, c'est-à-dire la division de l'angle, quart de la sphère, en cent parties égales; et, qu'en conséquence, des sommes importantes avaient été dépensées pour construire des tables de logarithmes en concordance avec le nouveau système. Par suite, la question n'était plus entière. On ne pouvait admettre que l'État fût tenu ou se prêtât à créer de nouveaux instruments de calculs d'un prix élevé à des intervalles si rapprochés. Cette raison nous parut plausible. On reconnaissait notre méthode bonne, mais inopportune. C'était déjà moitié cause gagnée. Mais il y a mieux, cette objection ne portait pas. Un savant mathématicien mexicain, M. Mendizabal Tambarral, pris d'enthousiasme pour l'idée française, avait construit et fait imprimer, de sa seule initiative, des tables de logarithmes trigonométriques décimales dès 1891, et ces tables, les voici.

Encouragé par ces résultats, nous avons doté notre création de tous les autres instruments nécessaires à son fonctionnement régulier, instruments dont l'énumération se trouve plus loin.

Ceci dit, j'ai à remercier, au nom de la Société de géographie de Toulouse, les sociétés qui ont bien voulu appuyer notre initiative. Parmi ces sociétés, je citerai celle de Rochefort, qui, par l'organe d'un savant marin, M. Bellot, s'est ralliée absolument à notre proposition; celle de Nancy, qui a produit un rapport aussi lumineux que favorable sur la question; celle de Marseille, qui a conçu de toutes pièces, un nouveau système, dont le moindre inconvénient, et il est grave, a pour effet de diviser l'effort de la science française sur un point qui demande surtout l'union; enfin, celle d'Oran qui, avec des divergences, a émis cependant des idées dont quelques-unes sont pratiques.

Ce devoir accompli, je demanderai à ces sociétés, ainsi qu'à toutes les autres, de vouloir bien remettre ce sujet à l'étude, elles concluront vite, j'en suis certain, qu'il n'y a qu'un moyen de triompher de la routine, des adversaires du projet et de l'étranger, c'est de s'unir intimement à nous, de joindre leurs efforts aux nôtres si nous voulons faire triompher cette utile réforme.

La décimalisation des mesures des angles et du temps vient de faire un nouveau pas au Congrès de Londres. Et ce qui montre bien son caractère national, c'est qu'il s'est livré là une véritable bataille internationale. Italiens et Anglais se sont unis pour évincer notre proposition, mais en présence de l'attitude des délégués russes et français, soutenus par les fidèles clients étrangers qui nous sont restés sympathiques, en plus grand nombre que nous ne le supposons généralement, nos adversaires ont vu échouer leur tentative, et le Congrès international a émis un vœu en faveur du système décimal français.

Voici, pour mémoire, l'énumération des travaux favorables dont la publication a été provoquée par l'initiative de la Société :

1° Rapport de M. Bellot, capitaine de frégate (*Bulletin de la Société de géographie de Rochefort,* année 1893);

2° Rapport de M. Sevin Duplans, délégué du ministre de l'instruction publique (*Nouvelles géographiques,* année 1894);

3° Rapport de M. Krahnan (*Bulletin de la Société scientifique de Santiago, Chili,* année 1894; ce rapport est particulièrement concluant);

4° Deux rapports de M. Bernard Lavergne (*Le Génie civil,* années 1894 et 1895);

5° Article de la *Revue scientifique,* n° du 22 juin 1895;

6° Article du *Petit Temps,* 30 juin 1895.

Différents Congrès ou assemblées ont émis des vœux en faveur de l'adoption totale ou partielle du système. Ce sont :

1° Le Congrès national des Sociétés de géographie à Lyon, en août 1894;

2° La section de géographie de l'Association française pour l'avancement des sciences. Congrès de Caen, en août 1894;

3° La section de géographie au Congrès des sociétés savantes de la Sorbonne, en avril 1895;

4° La Société de géographie de Nancy, à la suite du rapport de M. Floquet, année 1894;

5° La Société astronomique de France, en juin 1895;

6° La Société de topographie de France, en juin 1895;

7° La Société de géographie d'Oran, année 1895. Rapport de M. Sarrauton.

Voici maintenant la série des instruments construits par nos soins et sur nos plans :

1° Transformation des cadrans sexagésimaux en cadrans décimaux : cadrans à double graduation;

2° Montre chronomètre donnant les 10 dimicès, soit les cent millièmes de jour, construite par M. Leroy, horloger de la marine ;

3° Règle à calcul ;

4° Sextant de 10 centimètres de rayon, divisé en dimicés, en centicés, etc., jusqu'au cent millième du cercle entier ;

5° Tables de logarithmes trigonométriques décimales dans la division du cercle entier, par J. de Mendizabal Tambarral. Paris, Hermann, 1895.

En outre, les principales sociétés savantes et les spécialistes des sciences astronomiques et mathématiques ayant reconnu l'opportunité de l'adoption des mesures proposées, M. de Rey-Pailhade, dans le but d'activer l'œuvre de propagande, posa les conclusions suivantes le mois dernier :

1° Considérant qu'il y a lieu de compléter l'œuvre éminemment française du système métrique décimal ;

2° Considérant que la science possède des logarithmes décimales donnant la division décimale du jour entier, ou, ce qui est la même chose, la division décimale du cercle entier ;

3° Considérant que la construction des appareils des mesures des angles et du temps par le système décimal n'offre aucune difficulté, ainsi qu'il est prouvé par les instruments dont il est l'auteur et qu'il expose au Congrès international de géographie de Londres ;

4° Considérant qu'un essai pratique dans une école primaire de Toulouse a démontré que des enfants, après quelques exercices, comprenaient et appliquaient ce système avec la plus grande facilité ;

5° Considérant que trois Congrès de géographie, ainsi que de nombreuses sociétés scientifiques françaises et étrangères, ont exprimé le désir de voir cette réforme aboutir ;

A proposé à la Société de voter la motion qui suit :

La Société de géographie de Toulouse, réunie en assemblée générale, a émis le vœu que M. le Ministre de l'instruction publique, de concert avec les autres ministres compétents, veuille bien nommer une commission chargée d'étudier et de rechercher les voies et moyens permettant d'appliquer — pour les usages scientifiques seulement — le système décimal aux mesures du temps et des angles.

Ce vœu a été adopté à l'unanimité.

Il a été transmis à M. le Ministre de l'instruction publique par les soins du bureau.

Je vous propose, Messieurs, de voter à votre tour la mise à l'ordre du jour de cette question dans toutes les sociétés de géographie.

Dans la discussion qui suit, M. le colonel BLANCHOT insiste sur ce que certaines lois astronomiques ne permettent pas l'application générale du système décimal; ce système ne pouvant s'appliquer ni aux mois, ni aux jours, ce dont convient amicalement M. Guénot.

Une longue et intéressante discussion s'engage sur ce sujet, discussion à laquelle prennent part M. MAREUSE, M. le capitaine LAPASSET, M. GUÉNOT, M. HAUTREUX. M. DELMAS, qui revient du Congrès de Londres, lit le texte du vœu adopté par cette assemblée. Enfin, après mûr examen, le vœu suivant est adopté à l'unanimité :

« Le Congrès, considérant les avantages du système décimal, » invite les sociétés de géographie à étudier l'application de ce » système aux mesures du temps et du cercle. »

M. GUÉNOT demande qu'on indique sur les cadrans à la fois la division décimale et la division duodécimale. D'après M. le colonel BLANCHOT, il vaudrait mieux diviser le cercle en 400 degrés qu'en 100. M. Guénot répond que le service de l'armée a déjà adopté la division du quart de cercle en 100 degrés. Un membre du Congrès fait observer que le ministère de la guerre a déjà admis le système des grades.

La parole est donnée ensuite à M. le comte de SAINT-SAUD, membre de la Société de géographie de Paris, délégué à titre officieux par la Société de géographie de

Madrid au Congrès de Bordeaux, pour une communication sur la *Cartographie des Pyrénées*. Dans le travail ci-après, M. de Saint-Saud expose, avec une connaissance approfondie du sujet et une compétence remarquable, l'état actuel des travaux cartographiques dans les Pyrénées espagnoles, tant centrales que cantabriques et asturiennes.

Note sur la cartographie des Pyrénées espagnoles en 1895;

Par le comte de SAINT-SAUD,

membre des Sociétés de géographie de Paris et Bordeaux, correspondant et délégué de la Société géographique de Madrid.

Depuis quelques années, l'attention de quelques géographes s'est portée sur le versant méridional des Pyrénées. Le peu de documents précis qu'on avait sur cette région intéressante, l'attrait que la montagne exerce chaque jour davantage chez un grand nombre de savants et de touristes, le renom de difficulté que présentaient à l'ascension plusieurs de ses cimes, le caractère mystérieux qui enveloppait quelques-uns de ses massifs en Aragon comme en Asturies, en Catalogne comme en Galice, joints à des problèmes orographiques et géologiques encore imparfaitement éclaircis, ont déterminé un courant d'études qui s'est plus particulièrement manifesté, en Espagne, chez les géologues soit ingénieurs provinciaux des mines, soit attachés à la *Comision del mapa geológico*.

Ce mouvement a amené, en France, M. Schrader à devenir, de modeste négociant, un des géographes les plus distingués de notre époque, comme il a fait naître chez le regretté Édouard Wallon, et chez l'auteur de cette note, un goût prononcé pour l'étude des Pyrénées ibériques. Le gouvernement espagnol, seul, a encouragé, moralement, les efforts de ces derniers, tandis que le premier, qui leur était infiniment supérieur par le talent et le savoir, était secondé par des subventions qui lui ont permis de terminer une superbe carte du versant méridional central. Je n'ai garde d'oublier le lieutenant-colonel du génie Prudent, véritable trait-d'union entre toutes ces bonnes volontés qui se sont fait jour presque en même temps. Sa savante collaboration nous a été utile à tous, et indispensable en ce qui me concerne.

Il m'a paru intéressant de donner ici l'état actuel des connaissances cartographiques des Pyrénées espagnoles, ne me limitant pas seulement à la partie qui nous sert de frontière avec notre aimable voisine, dont j'ai l'insigne honneur de représenter à ce Congrès la Société géographique.

Nous ne nous bornerons donc pas à notre frontière, mais, suivant en cela un géographe espagnol, D. Emilio Valverde, qui, par extension, étend le nom des Pyrénées jusqu'au cap Finisterre, nous prendrons cette chaîne là où vraiment elle commence, c'est-à-dire à l'extrémité occidentale de la côte nord de l'Espagne, pour venir jusqu'à la Méditerranée : soit du cap Finisterre au cap de Creus.

Vous aurez par province la nomenclature des cartes à grande ou moyenne échelle qui sont parvenues à ma connaissance, vous priant de m'excuser pour celles que j'aurais oubliées. Je les diviserai en deux séries. D'abord, la série de cartes de précision, si je puis m'exprimer ainsi, c'est-à-dire établies sur des triangulations et ne laissant que peu de place à l'arbitraire. Veuillez m'excuser, Messieurs, si je n'emploie pas les termes techniques, je ne me pose pas en géographe, n'ayant fait de l'orographie que par occasion et sans préparation spéciale. Ces triangulations s'appuient elles-mêmes sur les réseaux géodésiques français et espagnols. J'y ajouterai ce qui concerne les signaux espagnols.

La deuxième série comprendra les cartes où la précision absolue manque dans leur entier, mais qui renferment cependant des détails tantôt très exacts, tantôt moins conformes à la réalité, précieux cependant. Telles sont, en général, les cartes de S. Exc. l'éminent D. Francisco Coello y Quesada, savant laborieux, d'une conscience éprouvée, fondateur et président de la Société géographique de Madrid, parce qu'elles ont été conçues et même publiées à une époque où l'Espagne n'avait pas établi son réseau géodésique, et qu'elles sont une très habile compilation de sources de valeur nécessairement très inégale.

CARTES D'ENSEMBLE ET GÉODÉSIE ESPAGNOLE

Signalons d'abord la carte française dite : du Dépôt des fortifications. *Échelle :* 500,000^e. — *Extension :* Sa feuille X comprend les côtes cantabrique et basque, les sources de l'Èbre. Elle part du 7° de longitude ouest de Paris. La feuille XIII donne le cours moyen de l'Èbre, le bassin du rio Aragon, le bassin supérieur du Duero, et descend jusqu'à Madrid. La feuille XII embrasse presque toute la Catalogne. Cette carte, due au colonel Prudent, le géographe qui, avec M. Schrader, connaît le mieux les Pyrénées — sans cependant y avoir pour ainsi dire été — est aussi exacte que possible pour la partie de la chaîne qu'elle comprend. On a mis en œuvre des documents précis, tels qu'un travail inconnu d'ingénieurs géographes du siècle dernier, ceux rapportés par nous trois, des études techniques spéciales comme études et projets de chemin de fer, cartes marines, etc. Sauf pour la partie centrale proprement dite de la chaîne, elle ne peut rentrer dans la première série.

Certaines feuilles des cartes françaises au 80,000^e, au 200,000^e du Service géographique de l'armée, au 100,000^e du ministère de l'Intérieur, dépassent la frontière. Les récentes éditions donnent avec assez d'exactitude le versant espagnol, grâce aux mêmes documents que ci-dessus, qui, en ce qui concerne notre quatuor, leur ont été libéralement communiquées, même avant l'achèvement de nos cartes personnelles.

Je citerai, en outre, les trois cartes d'ensemble des Pyrénées dues à M. Schrader et parues : la première (800,000^e) dans la récente édition du *Guide Joanne,* et les deux autres (même échelle, en collaboration avec M. Em. de Margerie) dans les *Annuaires de 1891 et 1892 du Club alpin français.*

En Espagne, il y a l'*Atlas topográfico de la narracion militar de la guerra carlista de 1869 à 1876,* publié par l'État-major ; il contient des fragments étendus suffisamment exacts, et des ensembles au 200,000^e et au 500,000^e, empruntés parfois aux manuscrits de D. Francisco Coello, entachés de fréquentes mais inévitables erreurs.

Je n'entreprendrai pas même de vous résumer les travaux exécutés dans les Pyrénées espagnoles par l'Institut géographique et statistique d'Espagne, car ce n'est plus de la cartographie. Je me bornerai à vous faire connaitre que les Mémoires de ce savant Institut ont expliqué comment on a opéré pour établir, avant la guerre carliste, et reprendre, après 1876, le réseau géodésique et choisir les signaux de premier ordre qui serviront de base à la triangulation soit du versant méridional de la chaîne, soit des massifs par lesquels elle se prolonge le long du golfe de Gascogne. Cet Institut avait, au début, laissé de côté les calculs définitifs des quelques sommets désignés comme futurs signaux de premier ordre. Il les a repris et même les a récemment imprimés (sinon publiés). Ainsi se complète ce que j'ai donné dans la *Revue des Pyrénées* ([1]), dans un article auquel je renvoie le lecteur qui désirerait être fixé sur la géodésie espagnole de la partie centrale de ce massif.

La connaissance des coordonnées de ces points géodésiques a permis la construction des cartes dont nous parlerons, car on leur a rattaché les éléments de leur propre canevas.

Dans ces dernières années, l'*Instituto geográfico* a repris ses études pyrénéennes pour terminer son réseau géodésique de premier ordre; le capitaine de génie D. Antonio Losotreos et le capitaine d'État-major D. Rafael Aparici, ont été chargés de ce soin. En outre, on a travaillé au nivellement de précision des lignes suivantes: Santander à Béhobie (Cantabrie et Biscaye); Madrid à Béhobie (provinces basques); Saragosse à Béhobie par Pampelune (id. et Navarre); Saragosse au Somport par Huesca (Aragon); Casas del Campillo au Pertus, et Figueras à Port-Bou (Catalogne), et enfin à l'ouest, commencée mais non achevée, celle de Santander à Gijon (Cantabrie et Asturies).

GALICE. — Première série: A signaler la belle carte de D. Domingo Fontan, au 100,000e, appuyée sur une excellente triangulation originale, qui concorde avec le réseau de l'Institut géographique de Madrid pour les points communs aux deux réseaux, et dont voici le titre exact: *Carta geométrica de Galicia, dividida en sus provincias, levantada y construida en la escala del cien milesimo, por el Dr D. Domingo*

---

[1] *Pyrénées centrales espagnoles. Note sur les stations géodésiques de premier ordre*, par le comte de Saint-Saud. Dans le IIIe volume (1891), p. 58 de la *Revue des Pyrénées*.

Fontan, director del Observatorio astronómico de Madrid; grabada bajo la direccion del autor en 1845, por L. Bouffard. Le gouvernement espagnol fit les frais de la gravure et de la publication, aussi retint-il tous les exemplaires, tirés en 12 feuilles de format colombier. L'auteur désira préparer une nouvelle édition réduite, mais nous ne croyons pas qu'il ait exécuté son désir. Toujours est-il qu'on ne trouve plus ces cartes que dans les grandes bibliothèques, et que les planches sont égarées sinon perdues.

S. Exc. D. Francisco Coello y Quesada, qui fut directeur de l'Institut géographique et statistique, a entrepris — mais non achevé malheureusement — depuis de longues années, une publication intitulée: *Atlas de España y sus poscsiones de Ultramar.* Chaque province civile parue forme une carte séparée à l'échelle du 200,000^e. Les trois provinces pyrénéennes — si je puis ainsi parler — de la Galice ont leur carte, empruntée en très grande partie à celle de Fontan, qu'elle complète pour les détails de la topographie.

Oviedo. — Pas de carte de la première série, sauf le petit coin oriental de notre esquisse des Pics d'Europe, dont nous parlerons plus loin. Dans la seconde, rentrent celle de Coello au 200,000^e, dont je viens d'expliquer la conception, et une carte à l'échelle bizarre du 127,500^e, publiée sous ce nom: *Mapa topográfico de la provincia de Oviedo, por D. Guillermo Schulz, publicada por la Comision del mapa geológico de España, 1878.* Très imparfaite au point de vue topographique, elle est utile à consulter pour les voies de communication et la toponymie.

Léon. — Cette province étendue confine à la cordillère pyrénéo-cantabrique; elle empiète même sur le versant nord, dans la partie la plus intéressante de la chaîne, la région des Picos de Europa. Il n'a été publié aucune carte espagnole ni française de ce petit coin du Léon, en dehors de travaux de triangulation, existant en manuscrit, je ne sais chez qui, exécutés vers 1856 par D. Casiano de Prado, et en dehors de l'esquisse que M. Prudent et moi avons donnée dans l'*Annuaire du Club alpin* de 1893, paru en 1894. Notre travail rentre dans la première série des cartes, car nous n'avons donné à l'échelle du 100,000ᵉ que ce que nous avions déterminé d'une façon exacte pendant quatre campagnes consécutives, aidés par M. Labrouche pendant deux. Quelques rares points, la complétant pour la planimétrie, sont empruntés aux documents manuscrits ou publiés de M. Coello, qui pour le Léon a construit, en vue d'une publication ultérieure, la minute manuscrite de la carte au 200,000ᵉ de cette province.

Notre carte donne, pour la première fois, des détails curieux sur le superbe massif des Pics d'Europe. Sa construction a été l'objet d'une publication et de communications à la Sorbonne; inutile donc d'insister. Je me borne à vous faire connaître qu'elle s'étend non seulement sur le Léon, mais aussi sur les provinces d'Oviédo et de Santander (¹).

PALENCIA ET SANTANDER. — Je ne connais pour la province de Palencia, limitée par la grande ligne de partage des eaux, que la carte géologique du nord de Palencia, due à l'ingénieur des mines feu D. Casiano de Prado, et appuyée sur une bonne triangulation exécutée par cet ingénieur. Santander n'a que la carte de D. Amalio Maestre parue dans un mémoire géologique et celle de D. Francisco Coello au 200,000ᵉ. Seconde série bien entendu.

PROVINCES BASQUES. — Rien dans la première série : dans la seconde toujours les cartes de Coello, auxquelles il faut ajouter pour l'Alava et le Guipuzcoa : les mémoires géologiques de D. Ramon Adan à cause des esquisses qui les accompagnent, et pour la Biscaye la carte au 100,000ᵉ qui vient de paraître à Paris chez Andriveau-Goujon. Voici son titre : *Plano itinerario de la provincia de Viscaya, formado por D. Juan Luis de Luzarraga, arquitecto provincial, y director de las carreteras de Viscaya, año de 1894*. Elle a été gravée et imprimée en quatre couleurs chez Erhard; elle est à consulter surtout pour les communications. Mais elle est par trop sobre d'altitudes et de noms de cours d'eau.

Il existe bien les cartes officielles — non seulement pour ces

---

(¹) Nous avons les éléments d'une carte de la Cordillère cantabrique au sud des Pics d'Europe; elle fera l'objet d'une publication ultérieure.

provinces, mais aussi pour les autres — éditées par les *Obras públicas*. Mais elles ne concernent que les routes ; les altitudes, le figuré du terrain, enfin presque tout ce qui constitue une carte topographique, manque.

Dans chaque province il y a aussi des cartes spéciales, telles que, par exemple, pour le Guipuzcoa, celle éditée en 1890 à Saint-Sébastien sans nom d'auteur sous le titre : *Estados indicadores de las distancias existentes por carreteras entre pueblos y puntos importantes de la provincia de Guipuzcoa*. Elle est à l'échelle du 192,000^e. Mais ces cartes n'offrent pas assez de précision, et ne doivent pas entrer dans notre nomenclature.

Navarre. — M. Coello a publié une bonne carte au 200,000^e de cette province, puis une autre carte, plus récente, d'ensemble, au 400,000^e, qui contient aussi les provinces basques et que l'auteur considère comme meilleure que les premières. En 1882, M. Mallada, ingénieur des mines, a bien donné dans le Bulletin de la Commission de la carte géologique d'Espagne une carte de la Navarre accompagnant son étude *(reconocimiento)* de cette province, mais d'abord elle est à une échelle très petite, le 800,000^e, puis surtout trop spéciale. La carte de M. Wallon et la mienne empiètent si peu sur l'est de cette province, qu'il ne vaut pas la peine d'en parler.

Huesca (Aragon) [1]. — Pour le nord de cette province (car le sud est en dehors de la région pyrénéenne) nous nous trouvons en présence de trois cartes qui rentrent dans la première série, celle des cartes de précision. La première porte pour titre : *Carte des Pyrénées comprenant les deux versants du massif central, depuis la Navarre jusqu'à la vallée d'Aure, par E. Wallon*. Échelle : 150,000^e ; éditeur, Cazaux à Pau, en 1884. S'arrêtant au rio Cinca, elle ne donne donc pas toute la partie pyrénéenne de l'Aragon. Résultat de quinze années de labeur, l'éloge de cette carte n'est plus à faire : les erreurs — qui n'en commet pas? — y sont rares.

Infiniment supérieures sont les cinq feuilles parues de la

[1] La province de Zaragoza fait une légère pointe dans la région montagneuse. Coello l'a donnée et moi-même j'y ai fait des relevés.

grande carte au 100,000ᵉ, en six feuilles de M. F. Schrader, intitulée : *Pyrénées centrales avec les grands massifs du versant espagnol*. Le ministère de l'instruction publique et le Club alpin français ont fait les frais de l'édition. Cette carte, égale sinon supérieure à ce qui s'est fait de mieux jusqu'à ce jour concernant la montagne, a une célébrité bien méritée. Nombreuses sont les stations trigonométriques qui ont servi à l'auteur pour l'établir.

Vient ensuite, mais suivant de loin la précédente, la carte que j'ai publiée, à mes frais, dans la *Revue des Pyrénées* de 1892, avec la savante coopération de M. Prudent, intitulée : *Contribution à la carte des Pyrénées espagnoles*. Sur les cinq feuilles qu'elle comprend, trois et le fragment d'une sixième concernent la province de Huesca. Elle donne au 200,000ᵉ avec mes 145 stations trigonométriques, appuyées sur les réseaux géodésiques de France et d'Espagne, plus de 3,000 kilomètres d'itinéraires levés à la boussole. A part quelques rares points, concernant par exemple des parties de ruisseaux non relevées et que, pour indiquer la corrélation avec les parties que je n'avais pas déterminées, nous avons remplis avec les indications manuscrites si libéralement et obligeamment communiquées au colonel Prudent par M. Coello, nous ne donnons, comme nos devanciers du reste, que du relevé, du déterminé scientifiquement. La Société de géographie de France a daigné couronner la mise en œuvre de nos efforts, en m'accordant la grande médaille d'argent du prix Grad.

D. Lucas Mallada, éminent ingénieur du corps des mines d'Espagne, a publié dans sa remarquable étude géologique sur la province de Huesca (dont il est natif d'ailleurs) une très intéressante carte au 400,000ᵉ, précieuse non pas tant pour la précision, qui lui manque, que pour la description géographique très détaillée qui l'accompagne dans le texte.

Je dois mentionner également, mais comme rentrant dans la deuxième série, plus encore que la précédente, la carte de D. Francisco Magallon éditée en 1892, je crois, et intitulée : *Nuevo Mapa de Aragon*. Elle est en trois couleurs, à l'échelle du 400,000ᵉ, et n'a tenu compte que dans une faible mesure des découvertes récentes faites dans les Pyrénées.

Lérida (Catalogne). — Comme pour Huesca, rien de publié par D. Francisco Coello. Quelques portions de cette province ont paru en fragments empruntés souvent à ses manuscrits et figurent dans l'*Histoire de la guerre carliste*, par mon érudit ami le colonel du génie espagnol D. Joaquin de la Llave. Cette province était donc aussi, il y a vingt-cinq ans, une véritable *terra incognita*. Seul M. Packe, de l'Alpine Club, avait donné une carte originale de la région des monts Maudits, que je ne signale que pour mémoire, ne l'ayant jamais eue entre les mains.

Il faut donc se borner à citer, comme documents cartographiques de précision, les feuilles 3 et 6 de mon ami F. Schrader et mes feuilles 2 et 5.

Je ne crois pas que la Commission de la carte géologique d'Espagne ait rien publié, en tant que relevés, sur Lérida. Son savant ingénieur provincial, D. Luis Vidal, doublé d'un archéologue comme aussi d'un photographe émérites, a reçu la mission de combler cette lacune.

Barcelone et Gérone. — Les Pyrénées s'étendent sur une partie de ces deux provinces. Ma carte ne donne que quelques rares points de la première. Rentre dans la deuxième série la carte qui accompagne le mémoire géologique concernant la province de Barcelone, par D. José Manresa et D. Silvino Thos-Codina. Je ne sais quelle est son échelle. A mentionner aussi une carte au 365,000ᵉ pleine d'utiles renseignements et intitulée : *Descripcion geográfica de las cuatro provincias catalanas... por D. Eduardo Brosa*. La feuille *Barcelona* d'une carte éditée à Vienne (Autriche) il y a quelques années n'en est qu'une copie.

D. Francisco Coello a publié, toujours dans sa série *Atlas* etc., les cartes au 200,000ᵉ de ces provinces. Le savant chanoine D. Jaime Almera publie pour le compte de la *Diputacion provincial* une excellente carte topographique et géologique à l'échelle du 40,000ᵉ de la province de Barcelone ; seule a paru la feuille comprenant la capitale de la Catalogne et ses environs. Elle s'appuie sur des levés réguliers.

Il y a treize ans, en cette même salle, nous avions pour président de l'une de nos séances, M. Coello, président de la Société géographique de Madrid. Je viens de prononcer souvent son nom, pas encore assez par rapport à sa science, et à l'aide généreuse et bienveillante dont il seconda toujours les efforts des explorateurs pyrénéens. Il fût certainement revenu parmi nous cette année même et nous aurait apporté le concours de son autorité. Hélas! une terrible maladie, causée par un deuil cruel, nous prive de sa présence. C'est interpréter vos vœux, n'est-ce pas, Messieurs, que de souhaiter un prompt rétablissement à cet esprit éminemment distingué, qui a fait avec nous en Algérie ses premières armes comme officier du génie, et qui est toujours resté l'ami de la France.

Dans la discussion qui suit, M. le capitaine LAPASSET fait en quelques mots l'historique de la carte d'Espagne, et rend hommage au général Ibañez et au général Péricr. Pour lui, les cartes des Pyrénées espagnoles manquent absolument de précision. Elles sont suffisantes pour les propriétaires, les médecins, etc., mais ne peuvent servir de base à aucun travail topographique sérieux. L'orateur parle ensuite des travaux de M. le colonel Blanchot et de la carte des Pyrénées dressée par lui d'une façon si remarquable. Il exprime le désir que les cartes françaises soient prolongées au delà des Pyrénées, sur tout le versant sud de ces montagnes. La carte des Pyrénées va prochainement être exécutée en planimétrie. M. le capitaine Lapasset donne des détails sur la gravure des cartes et les dépenses qu'elle entraîne, qui varient de 6,000 à 40,000 francs.

M. le colonel BLANCHOT prend ensuite la parole pour faire l'éloge des géographes qui ont dressé les différentes cartes des Pyrénées : MM. Wallon, Schrader, Coello. Il cite également à côté d'eux M. Ballard, négociant, devenu géographe, et dont les travaux sont remarquables. Il ajoute que ces divers cartographes ont adopté la méthode de la lumière oblique, contrairement au principe adopté par l'état-major français.

M. le colonel Blanchot dit encore que les géographes

français ne sont pas toujours accueillis d'une façon courtoise et rencontrent souvent des difficultés dans l'exécution de leur mission.

Après une réplique de M. DE SAINT-SAUD, qui déclare n'avoir jamais rencontré que de la bienveillance et avoir eu toute liberté pour exécuter ses travaux géodésiques, le vœu ainsi conçu par lui est adopté :

« M. de Saint-Saud émet le vœu que les sociétés de géogra-
» phie de France et d'Espagne, et les autorités compétentes,
» s'entendent pour la confection d'une carte à « grand point »
» des deux versants des Pyrénées, où seront comprises toutes
» les études récemment faites, spécialement dans les Pyrénées
» espagnoles. »

L'ordre du jour portait ensuite une communication de M. FOURNIER DE FLAIX sur les *Missions catholiques*.

M. Fournier de Flaix étant absent, sa communication n'a pu être faite.

La parole a été donnée à M. LUNG, membre de la Société de géographie de Bordeaux, pour la communication suivante sur les *Missions protestantes*. Ce travail, rédigé d'une façon très intéressante et très claire, a été écouté avec la plus grande attention par les membres du Congrès.

Les Missions protestantes françaises en pays païen ;

Par M. GUSTAVE LUNG,

membre de la Société de géographie commerciale de Bordeaux.

La Société des Missions évangéliques de Paris, ayant été sollicitée par la Société Philomathique de participer à l'Exposition de Bordeaux, a accepté l'offre qui lui avait été faite et a envoyé la grande carte des Missions de l'Afrique de M. F.-H. Kruger, professeur à la Maison des Missions évangéliques de Paris, et de M. Borel, ainsi que la collection des ouvrages qu'elle a publiés et des spécimens de ses journaux mensuels.

Elle a cru également devoir exposer quelques armes et ustensiles des peuplades du Congo français et du Zambèze. Ces collections se trouvent réunies dans la section des sciences sociales, au premier étage du dôme central, dans l'écoinçon où sont présentées les œuvres protestantes françaises.

A l'occasion du Congrès national des sociétés françaises de géographie, nous avons pensé qu'une note sur les Missions protestantes françaises trouverait sa place parmi nos travaux.

La Société des Missions évangéliques de Paris a été fondée, en 1820, par quelques-uns des hommes les plus remarquables que possédait alors le protestantisme français. A côté des pasteurs Marron, Jean Monod, Juillerat, Goepp, Boissard, représentants du passé, il comptait des savants, des écrivains, des philanthropes tels que les Stapfer, les Auguste de Staël, et ces hommes pleins de foi et de zèle auxquels les églises protestantes doivent la plupart de leurs œuvres d'évangélisation et de charité, Henri Lutteroth, Frédéric Monod, F. Delessert, Bartholdi, Waddington, etc.

Son comité-fondateur eut pour président l'amiral comte Ver-Huel, et une Maison des Missions, ouverte par lui en 1823, fut dirigée d'abord par M. le pasteur Galland, puis par M. le pasteur Grandpierre, en qui s'est incarnée, pendant de longues années, l'activité de la Société.

En 1829, la Société avait la joie de faire partir pour l'Afrique du sud ses premiers envoyés : Lemue, Bisseux et Rolland. Trois ans après, Pélissier, Casalis, Arbousset et Gosselin. L'année suivante, avait lieu la fondation du poste de Morija au Lessouto, qui est resté jusqu'à ce jour un des champs de travail de la Société.

En 1846, le comte Jules Delaborde succède comme président à l'amiral comte Ver-Huel. En 1873, le baron Léon de Bussière, élu à son tour, demeure pendant vingt ans à la tête de ce comité, qui lui conserve le plus reconnaissant et le plus affectueux souvenir pour son appui moral comme pour son intérêt actif et généreux. Depuis 1893, le Dr Jules de Seynes préside le comité.

Pendant ce temps, la Maison des Missions ayant perdu

M. Grandpierre, était dirigée par le missionnaire E. Casalis, remplacé lui-même, en 1882, par le directeur actuel, M. le pasteur Bœgner.

Après soixante-quatre ans d'existence nomade, la Société des Missions a été dotée, grâce au zèle, à la libéralité, mais surtout à la foi persévérante du Dr Gustave Monod, d'une belle maison qui s'élève à Paris, 102, boulevard Arago, et qui est le « home » indispensable à la Société pour ses missionnaires, ses directeurs et ses élèves, dont le chiffre est en moyenne de douze à quatorze par an.

Dès lors, l'extension au dehors a marché de pair avec l'accroissement et la prospérité intérieurs.

Passons maintenant en revue les différents champs de travail.

Lessouto (Afrique méridionale). — L'œuvre commencée en 1833 par les missionnaires Arbousset, Casalis, Gosselin, a pris, en soixante ans, un essor vraiment magnifique. Elle compte 7,900 membres communiants de l'Église et 4,543 catéchumènes, ce qui suppose 40 à 50,000 personnes placées directement sous l'influence de la Mission. Les adhérents sont répartis sur 15 stations, dont chacune est le centre d'un réseau d'annexes dont le nombre total est de 128, et qui sont desservies par 81 évangélistes et 160 instituteurs, tous indigènes.

Le système scolaire établi par les missionnaires compte 129 écoles primaires avec 7,689 élèves, plus les grandes écoles suivantes : école normale d'instituteurs à Morija, avec 86 élèves ; école supérieure de jeunes filles avec 30 élèves ; école industrielle, 22 élèves ; école d'évangélistes, 58 élèves ; enfin, une école de théologie, fondée récemment, qui a fourni les trois premiers pasteurs indigènes de Lessouto.

Une imprimerie, installée à Morija, publie annuellement, à part la Bible, un grand nombre de livres en lessouto, sans compter un journal mensuel, *la Petite Lumière du Lessouto*, qui pénètre dans plusieurs régions de l'Afrique méridionale.

Tahiti (Océanie). — Les travaux de la Mission à Tahiti et dans les îles environnantes, Iles australes et Iles sous le vent, se répartissent sous deux chefs bien distincts : l'œuvre pastorale et l'œuvre scolaire. La première consiste essentiellement dans la direction et la tutelle exercée sur les églises tahitiennes, églises reconnues par l'État, au nombre de vingt-deux, réparties en trois arrondissements, et à la tête desquels sont placés les missionnaires Vernier et Brun. Ce dernier dirige, à Moorea, un école théologique destinée à pourvoir les églises de bons pasteurs indigènes. La branche scolaire de l'œuvre a son centre à Papeete, où la Société possède, sous la direction du missionnaire Viénot, des établissements de premier ordre par l'organisation, le personnel et les résultats obtenus.

Sénégal (Afrique occidentale). — Cette Mission qui a son centre à Saint-Louis et son annexe à Kerbala, comprend, outre l'œuvre religieuse proprement dite, une école et un internat de filles, plus une œuvre médicale. Ayant à lutter contre des difficultés de toute sorte, elle progresse lentement sous la direction de son missionnaire dévoué M. Benjamin Escande.

Zambèze (sud de l'Afrique centrale). — La Mission du Zambèze doit son origine au zèle des églises du Lessouto devenant à leur tour missionnaires. Depuis, cette Mission s'est personnifiée en un homme digne successeur de Livingstone, le missionnaire Coillard, qui aidé de sa vaillante compagne et de quelques autres missionnaires d'élite, a fondé en moins de huit ans, dans cette citadelle par excellence du paganisme, quatre stations, chacune pourvue d'une école.

Quelques conversions du meilleur aloi et d'autres indices, trop longs à énumérer ici, prouvent que la Mission a jeté dans le pays de profondes et vivantes racines.

Kabylie (Afrique septentrionale). — Depuis 1885, la Société accorde une subvention annuelle à M. Mayor, évangéliste indépendant, dont l'action s'exerce surtout par des moyens indirects : entretiens avec les indigènes, secours médicaux, instruction des enfants.

Congo français (Afrique occidentale). — Cette œuvre, fondée depuis six ans à peine, mais appelée à prendre une extension considérable, ne compte encore que deux postes, Lambaréné et Talagouga sur l'Ogowé, chacun dirigé par une jeune famille missionnaire que secondent un instituteur et un aide missionnaire chargé spécialement de l'éducation industrielle de la nombreuse et sauvage tribu des Pahouins.

Maré (Océanie). — A la suite de l'annexion à la France des îles Loyalty, la Société des Missions de Paris a pris ces îles sous sa tutelle évangélique. C'est M. Lengereau qui a accepté cette tâche, dont il s'est acquitté aussi longtemps qu'il lui a été possible et cela avec le plus grand dévouement.

En résumé la Société des Missions de Paris compte à son service trente-quatre missionnaires consacrés, outre un grand nombre d'aides européens et d'évangélistes indigènes.

Elle occupe vingt-sept stations, soit en Afrique ou dans l'Océanie, ses dépenses qui augmentent d'année en année, à mesure que ses stations se multiplient et se développent, ont dépassé pendant le dernier exercice la somme de 500,000 francs, somme couverte entièrement par des contributions volontaires venues de tous les bouts de la France et de divers pays parmi lesquels notamment l'Alsace et la Suisse.

La Société des Missions évangéliques de Paris rend compte de ses travaux dans des rapports annuels envoyés gratuitement à ceux qui en font la demande à M. Bœgner, directeur, boulevard Arago, 102, à Paris. Elle publie deux journaux : le *Journal des Missions évangéliques* depuis 1826, et le *Petit Messager des Missions évangéliques* depuis 1844.

Elle a publié chez Fischbacher, libraire-éditeur à Paris, 33, rue de Seine, plusieurs volumes. Voici la liste de quelques-uns :

La Mission française évangélique au sud de l'Afrique, par Th. Jousse, ancien missionnaire; 2 beaux volumes.

La Mission au Zambèze, par Th. Jousse; 1 volume.

Mes Souvenirs, par E. Casalis, ancien missionnaire; 3ᵉ édition.

Les Bassoutos ou vingt-trois ans en Afrique; gravures, cartes, etc., par E. Casalis.

La Mission française au sud de l'Afrique, par un ancien soldat : C. H. Malan.

Tahiti et les îles adjacentes, par Th. Arbousset; portrait, gravure, carte.

On trouve encore à la Maison des Missions, 102, boulevard Arago, les ouvrages suivants :

Une Femme missionnaire : Mme Coillard, par Mme Rey.

Pourquoi les Missions ? par H. Dieterlen, missionnaire.

Les Missions et l'occasion présente, par A. Bœgner.

Enfin : *Ernest Dhombres; quelques souvenirs,* vient de paraître.

La Société a publié aussi les cartes suivantes :
La Carte du Lessouto, cartonnée et coloriée.
La Carte du Sénégal, cartonnée et coloriée.
La Carte du Congo.
La Grande Carte murale de l'Afrique, montée sur toile et rouleaux.

Comme branche importante de la Société des Missions évangéliques de Paris, nous tenons à mentionner le comité auxiliaire des dames qui remonte à 1825 et qui fut successivement présidé par Mme Juillerat, Mlle de Chabaud-Latour, la baronne de Staël, Mme André Walther, Mme Henri Mallet.

Enfin les comités auxiliaires de Montbéliard, Montauban, Bordeaux, Marseille, Montpellier, de la Drôme, du Nord, de Lyon, de la Normandie, de la Suisse et de l'Alsace, qui travaillent à faire connaître l'œuvre des Missions aux églises de province.

A la fin de la séance, le vœu de M. le Dr VERRIER, relatif à la création d'une école pratique coloniale en Tunisie, revient en discussion.

Après un examen approfondi, auquel prennent part MM. GUÉNOT, BLANCHOT, GAUTHIOT, SERVONNET, M. le Dr VERRIER retire son vœu.

M. Henri PENSA, de la Société de géographie de Paris, demande si le travail de M. Fournier de Flaix, qui n'a pu être lu en séance, sera inséré dans le compte rendu du Congrès.

M. BARBIER dit qu'il ne saurait y avoir de doute pour l'affirmative. A défaut d'une stipulation spéciale réglementaire, — un règlement ne peut tout prévoir, — la tradition est constante. De tout temps, une étude sur une question qui figure au programme, lorsqu'elle ne peut être lue, a été admise à figurer au compte rendu lorsque, surtout, elle n'aboutit pas à une proposition de vœu.

Même dans ce cas, l'insertion ne saurait en rien engager le Congrès, sa responsabilité n'étant en jeu que quand un vœu émis par l'assemblée a reçu l'approbation du Comité du Congrès.

Après des recherches dans le règlement des Congrès géographiques et une discussion à laquelle ont pris part MM. DE MAHY, LAPASSET, GEBELIN, BLANCHOT, il a été arrêté que la communication de M. Fournier de Flaix sera mise à l'ordre du jour de la prochaine séance et publiée dans le volume du Congrès.

L'ordre du jour étant épuisé, le Président lève la séance à six heures.

Le Secrétaire de la séance,
Secrétaire de la Société de géographie de Bordeaux,

Léon CANU.

SEPTIÈME JOURNÉE

I. — Séance du mercredi 7 août (matinée).

Président M. BREITTMAYER, délégué des Sociétés de géographie de Lyon et de Marseille.

Assesseurs :
- MM. GALLET, délégué de la Société de géographie de Saint-Nazaire.
- CANU, secrétaire de la Société de géographie commerciale de Bordeaux.

La séance est ouverte à dix heures.

Au début de la séance, M. Manès, secrétaire général de la Société de géographie de Bordeaux, lit le compte rendu des travaux de cette Société et de sa situation morale et matérielle [1]. Cette situation est très satisfaisante à tous les points de vue. La Société est en grand progrès comme nombre de membres; le *Bulletin* qui renferme le compte rendu de leurs travaux est de plus en plus répandu.

M. le colonel Blanchot parle ensuite pendant quelques instants d'une question qui a été traitée précédemment, l'application du système décimal à la mesure du temps et des angles, et énumère les avantages et les inconvénients de l'application de cette méthode.

La question de la création d'une carte à grande échelle de la région des Pyrénées est reprise à nouveau par M. le capitaine Lapasset; il explique que l'Espagne possède des cartes très complètes de ces régions, mais que ces cartes ne sont pas publiées. M. de Saint-Saud lui répond que les

---

[1] Ce compte rendu est inséré page 63, avec celui des autres Sociétés.

cartes espagnoles, même manuscrites, sont mises à la disposition de quiconque en fait la demande.

M. Gebelin donne ensuite le résumé du travail ci-après de M. Mengeot, secrétaire de la Société de géographie de Bordeaux, sur le *Pétrole et sa distribution géographique dans le monde, sa production et sa consommation.*

Cette question, si intéressante à l'époque actuelle, est traitée par M. Mengeot avec une haute compétence et une connaissance approfondie du sujet. Après une revue rapide des pays producteurs du pétrole : États-Unis, Canada, Amérique centrale, Amérique du sud, Asie centrale, Birmanie, Japon, Chine, M. Mengeot constate que depuis dix ans la production du pétrole a augmenté dans des proportions considérables. Dans cette production, les États-Unis concourent pour une quantité égale à 51 0/0; la Russie, pour 46 0/0; les autres pays : la Birmanie, le Canada, la Galicie, etc., entrent à peine pour 3 0/0 dans la production totale. D'après M. Mengeot, la consommation du pétrole, qui est actuellement, dans le monde entier, de 100 millions d'hectolitres, deviendra bien plus considérable dans un avenir prochain. Les nouveaux modes de traitement et les perfectionnements apportés aux procédés d'épuration, en rendront l'usage de plus en plus général.

Les quantités de pétrole utilisées dans un pays, dit en terminant M. Mengeot, peuvent servir à constater les progrès accomplis par ce même pays dans la marche incessante vers le mieux et le progrès indéfini de la civilisation.

L'insertion *in extenso* du rapport de M. Mengeot dans le compte rendu des travaux du Congrès est votée à l'unanimité.

Du Pétrole et de sa distribution géographique dans le monde ; production ; consommation ;

Par M. ALBERT MENGEOT,
Secrétaire de la Société de géographie commerciale de Bordeaux.

Le pétrole n'est pas susceptible d'être noté par une formule chimique fixe : c'est, en effet, un mélange en proportions variables de plusieurs hydrocarbures de densités différentes et de propriétés diverses ; sa couleur est généralement brun verdâtre ou vert foncé, mais on en trouve de noir, on en trouve aussi de jaune : presque incolore, tout dépend de sa plus ou moins grande pureté, des matières goudronneuses et autres corps qu'il tient en dissolution. Exposé très longtemps à l'air, il s'oxyde pour ainsi dire, devient épais, visqueux et se présente sous forme de bitume. Son odeur est également variable : en général suffocante, quelquefois aromatique, parfois sulfureuse comme certains pétroles du Canada.

Le pétrole se rencontre à tous les étages géologiques, souvent dans le voisinage des volcans, fréquemment aussi près des bassins houillers bien que cela soit loin d'être un fait régulier. Il se trouve soit sur des couches de grande étendue, soit dans des poches isolées, séparées par des espaces improductifs. Il affleure souvent le sol, par suintements ou par petits dégagements de gaz ; mais, dans une recherche, on peut n'arriver qu'avec beaucoup de difficultés à tomber exactement sur une veine qui, quoique importante, est quelquefois de très petite largeur. Les sources peuvent être situées fort loin de l'endroit où le terrain permet de montrer leur présence, et la nappe couler pendant de longs espaces sous des couches imperméables ; les travaux de recherches deviennent alors fort difficiles, faute d'indications superficielles.

Les théories de la formation de cette huile minérale sont nombreuses et contradictoires ; je ne m'y étendrai pas. Une opinion qui est en faveur aux États-Unis, où on a le plus étudié le pétrole, est que ce produit serait le résultat de la décomposition de matières salines animales ou végétales au sein de la terre, donnant en partie des gaz, en partie des liquides. On a remarqué, en effet, la présence de l'eau, du sel marin et des gaz dans nombre de gisements de pétrole.

Divers géologues admettent la théorie de la formation volcanique, le pétrole se rencontrant souvent dans le voisinage des volcans, éteints ou non, et des salzes.

Certains savants, MM. Mendeleef et Berthelot, entre autres, feraient intervenir des réactions purement chimiques ; on a trouvé assez récemment des météorites contenant des traces de pétrole, ce qui semblerait en faveur de leur hypothèse ; du pétrole a, d'ailleurs, été créé de toutes pièces en laboratoire. Mais ce serait sortir de mon cadre que de discuter les arguments pour ou contre de ces diverses théories qui, toutes, s'appuient sur des faits paraissant assez probants ; peut-être même y a-t-il plusieurs origines à la formation de ce produit.

Depuis les temps les plus reculés, le pétrole a été connu et recueilli. Sans remonter à Noé, qui enduisit de ce liquide les bois servant à la construction de l'arche, on trouve dans les écrits de Pline, de Dioscoride, de Diodore de Sicile, des faits se rapportant à son exploitation ; le pétrole d'Agrigente servait à l'éclairage sous le nom d'*huile de Sicile*. Il y a nombre de siècles que les sources de Bakou sont connues, et c'est là que se trouvait le principal temple de Zoroastre et de ses disciples, les Adorateurs du Feu.

On trouve du pétrole un peu partout, et la mise en exploitation de ce produit se développe chaque jour.

Ce sont les gisements pétrolifères américains qui approvisionnent la France pour la plus grande partie de sa consommation.

En 1826, un propriétaire de l'Ohio cherchant de l'eau salée, vit apparaître de l'huile. En 1845, à Pittsburg, le même fait se produisit dans le forage d'un puits artésien. Dès 1855, une compagnie se forma pour l'exploitation de l'huile minérale à Titusville, mais ce n'est qu'en 1859 qu'on réussit à atteindre une poche souterraine donnant un rendement important et fournissant 25 barils par jour. En 1861, on trouve le premier puits jaillissant du district d'Oil Creek, donnant 240 barils par jour. Puis, les puits se succèdent avec rapidité : c'est le *Philipps*, 2,000 barils par jour ; l'*Empire*, 3,000, etc.; ces chiffres de production ont, du reste, été dépassés dans des forages plus récents. En 1882, le *646*, dans le comté de Warren, donnait 4,000 barils dans les premières vingt-quatre heures ; en 1884, le *Christie*, 6,000 barils; en 1885, un autre puits en donna 9,000; la contenance des barils étant évaluée au chiffre fixe de 42 gallons américains, soit environ 160 litres, le rendement de ce dernier était de près de 1,500,000 litres par jour au moment de son apparition. Bien entendu, ces quantités décroissent au bout de quelques jours. En 1862, la Pensylvanie produisait 3 millions de barils, 10 millions en 1874, 20 en 1880; cela montre avec quelle rapidité se fit l'accroissement dans les premières années.

D'après le professeur Peckham, chargé en 1885, par le gouvernement des États-Unis, d'une enquête sur les centres pétrolifères, la production quotidienne d'un puits jaillissant est de 1,000 à 3,000 barils, alors que les puits non jaillissants donnent de 20 à 500 barils, suivant l'importance de la source d'une part, et l'outillage de l'autre. La profondeur moyenne des forages pensylvaniens est de 3 à 400 mètres.

Quelques puits donnent du gaz naturel; c'est ce gaz qui, amené à Pittsburg, la Cité du Feu, éclairait en 1890 plus de 30,000 édifices divers, dans lesquels on brûle annuellement 25 millions de mètres cubes.

A Macdonald, près de Pittsburg, divers forages ont été établis à la fin de 1891 et courant 1892, et ont donné une production totale de 47,000 barils par jour. A Noblestown, un groupe d'autres puits donnait, en 1892, 43,700 barils en vingt-quatre heures.

Alleghany, Bradford, Warren, Oil City, au confluent de l'Oil Creek et de l'Alleghany, Franklin, Corry, Titusville, Tidioute, Venango, Butler, Beaver, sont les principaux centres de la production du pétrole dans les États de New-York et de Pensylvanie. Cette région, qui est bornée par les lacs et les Alleghanys, s'étend en une bande de près de 500 kilomètres de longueur sur 50 à 60 et quelquefois 100 kilomètres de large, et le vaste port d'Érié est tout désigné pour exporter les pétroles de ces exploitations.

Les territoires dont je viens de parler comprennent plus de 40,000 puits. Certains sont épuisés et inservables; d'autres, stériles depuis longtemps, ont vu de nouveau l'huile s'amasser dans leurs profondeurs; d'autres, enfin, sont redevenus productifs en agrandissant simplement leur diamètre. De 1860 à 1884, ils ont donné plus de 230 millions de barils, sur lesquels près de 140 millions ont été exportés.

Mais ce n'est pas seulement en Pensylvanie et dans l'État de New-York qu'on trouve des pétroles. Dans l'Ohio, plus récemment exploité, on en rencontre dans les comtés de Washington, Trumbull, Lorain et Columbiana. Dès 1861, un puits, à Devellyn, donnait 1,000 barils par jour. Près de Findlay, on trouve de riches réservoirs de gaz naturel, et, en 1889, une trentaine de puits fournissaient environ trois millions de mètres cubes quotidiennement. Lima est le principal centre d'exploitation du pétrole de l'Ohio; l'huile de Lima, quelquefois sulfureuse, est un peu plus dense que celle de Pensylvanie. Sa production journalière est aujourd'hui d'environ 40,000 barils.

La région de White-Oak, dans la Virginie occidentale, a été assez florissante à une certaine époque. Le Kentucky, l'Indiana, le Texas, le Michigan et l'Illinois, près de Chicago, offrent aussi des terrains pétrolifères. Enfin, le Colorado renferme des gisements situés dans la vallée de l'Arkansas, sur le flanc est des Montagnes-Rocheuses; depuis une quinzaine d'années, ils ont produit 450,000 à 500,000 barils par an.

En Californie, sur les côtes du Pacifique, depuis San-Francisco jusqu'à Los Angeles, et à Santa-Barbara, se trouvent également des gîtes importants. En 1879, la Californie donnait 14,000 barils; puis, cette quantité s'accrut rapidement, et en 1882 elle atteignait 85,000 barils, chiffre qu'elle a dépassé depuis. Cependant, il faut ajouter que ces pétroles sont très lourds et qu'ils ont peu d'avenir; aussi les consomme-t-on presque exclusivement dans la région même de production.

De 1876 à 1886, 31,707 puits ont été forés aux États-Unis. En 1882, le nombre de puits exploités était de 19,000, et la production de l'année de 30 millions de barils. En 1859, les États-Unis n'en produisaient que 2,000; en 1870, le chiffre s'élevait à 5,250,000; en 1880, à 26,286,000; en 1889, à 34,820,000; enfin, en 1892, à 54,344,500 barils. Plus de la moitié provenait des États de Pensylvanie et New-York, un tiers de l'Ohio, les autres États faisaient le complément.

Le Canada possède aussi du pétrole et a pris sa part de la fièvre qui régnait aux États-Unis après 1860. La vallée de l'Ottawa, de l'Ontario péninsulaire, est riche en huile. On en trouve dans le comté de Lambton, à l'ouest de l'Ontario, et c'est dans le territoire d'Enniskillen que s'élèvent Oilsprings et aussi Pétrolia, qui a dû son nom aux sources du pays. C'est près du lac Huron que se trouvent les principaux puits fournissant des quantités importantes de pétrole n'ayant qu'un défaut, c'est de contenir des sulfures rendant son odeur très forte.

On rencontre encore du pétrole dans la Gaspésie, au sud-est de la province de Québec. La présence de ce produit dans les roches de Gaspé a été constatée vers 1852. Il en existe en plusieurs endroits sur les bords des rivières Dartmouth, York, Saint-Jean et Malbaie. Cette huile a une odeur aromatique bien moins désagréable que celle du pétrole d'Ontario.

Deux sondages avaient été pratiqués, l'un de 65 mètres de profondeur, sur les bords de la rivière York, et l'autre de 40 mètres aux environs de Douglasstown. On a obtenu peu de résultats. En 1890, une Compagnie américaine a commencé des forages pour rechercher les couches d'huile en donnant plus de profondeur que les premiers sondages. Trois puits sont maintenant en pleine production; l'un est jaillissant et a fourni au début, paraît-il, plus de 500 barils par jour; les deux autres rendent chacun de 50 à 60 barils. Le gouvernement de la province de Québec compte beaucoup sur l'avenir des sources pétrolifères de Gaspé.

A Louiseville, on trouve des puits de gaz naturel; l'un d'eux rejette en moyenne 300 mètres cubes de gaz quotidiennement et, en l'agrandissant, on pourrait en augmenter le débit pour en faire des applications pratiques.

Dans le Manitoba et les territoires du Nord-Ouest, on trouve également des gisements de pétrole et de sel assez importants, notamment au sud du lac Athabaskaw; le bassin du Mackenzie renferme aussi de très riches districts pétrolifères, inexploités du reste, à cause des difficultés de transport, mais il y a là une réserve pour l'avenir.

Au lac Ainslie, dans le Cap-Breton, à Béliveau, dans le Nouveau-Brunswick, il existe une couche de roches imprégnées de pétrole. A Béliveau principalement, les écoulements de pétrole sont de quelque importance, mais, malgré des sondages dont certains ont été poussés jusqu'à près de 400 mètres, on n'a pu obtenir de résultats satisfaisants.

En 1871, le Canada a produit 12,969,435 gallons de pétrole;
  1881, — 15,490,622 —
  1888, — 29,473,500 —
aujourd'hui environ 36,000,000, soit près de 900,000 barils.

D'après les rapports du commerce et de la navigation, les exportations des pétroles du Canada étaient en 1884 de 325,461 gallons de pétrole brut pour une valeur de 7,043 dollars et 2,102 gallons de pétrole raffiné pour une valeur de 503 dollars. De 7,546 dollars en 1884, le chiffre des exportations est passé à 27,303 en 1885 et à 30,957 en 1886. Aujourd'hui ces quantités ont bien augmenté, mais elles ne représentent toujours que des chiffres peu importants; cela tient à ce que le Canada n'arrive pas, en pétrole, à se suffire à lui-même ([1]).

Le Mexique n'est pas dépourvu d'huile minérale; on la trouve sur plusieurs points dans l'État de Vera-Cruz, dans le voisinage du port de Tuxpan; il y a une quarantaine de sources, mais de peu d'importance.

Si l'Amérique centrale ne nous offre pas de pétrole, des traces se montrent cependant dans les Antilles. On en rencontre dans l'île de Cuba, à Guana Baioa, où il est peu ou point exploité; dans la République Dominicaine, aux environs d'Azua; à la Barbade, où il se présente sous une forme visqueuse et où on l'appelle goudron naturel. C'est à la Trinité que se trouvent d'énormes dépôts d'asphalte et de bitume; mais le pétrole, à proprement parler, liquide, exploitable, ne s'y rencontre pour ainsi dire point. Quelques salses en rejettent de petites quantités, avec des boues, des bitumes, des gaz et de l'eau.

En Colombie, il y a quelques affleurements, mais qui sont loin de valoir ceux du Venezuela. Dans ce dernier pays, la portion du gouvernement de Colon qui est située entre la chaîne de montagnes servant de frontière à la Colombie et les rios Zulia et Santa Anna, est assez riche en huile minérale. A l'extrémité du lac de Maracaïbo, presque au confluent de la Sardinete et de la Tara, on rencontre un terrain sablonneux offrant de nombreux orifices. De ces trous s'échappent avec violence des jets de gaz, de pétrole et d'eau chaude. La quan-

---

[1] Afin d'en donner une idée, voici le chiffre des importations au Canada pendant la même période. En 1884, on a importé pour 425,456 dollars de pétrole étranger; en 1885, pour 450,357 et pour 481,785 en 1886.

tité ainsi rejetée atteindrait près de 300 hectolitres par jour.

Dans l'Équateur, il y a aussi près du bord de la mer des gisements de pétrole qui restent inexploités.

Le pétrole péruvien est connu depuis nombre d'années. Sur les côtes du Pacifique, au nord du Pérou, dans le département de Piura, on a foré un puits, en 1876, qui fournit d'abord plus de 1,200 hectolitres par jour, puis diminua rapidement. Aujourd'hui vingt sources sont captées à Zorritos, centre de l'exploitation, et donnent de très beaux résultats. L'usine installée sur ce point ne produisait que 6,700 hectolitres de raffiné en 1885, mais depuis elle a plus que décuplé sa production. A Amotape, tout près du port de Paita, à Talara, se trouvent également des dépôts de grande importance, et l'exploitation de Talara produit environ 32,000 tonnes par an de pétrole brut, contenant environ 40 0/0 d'huile lampante.

On trouve aussi du pétrole sur d'autres points de la côte, dans le département de Puño, tout près du lac Titicaca, mais ces gisements ne sont pas mis en valeur. Il paraît exister, du reste, au Pérou d'immenses nappes d'huile souterraines, dont quelques-unes communiquent avec l'Océan.

Diverses sources existent en Bolivie : celles de Cuarazuti, Piguerenda et Plata sont les plus remarquables et donnent une certaine quantité d'huile. Elles sont en exploitation depuis quelques années, mais n'ont pas donné les résultats espérés.

En République Argentine, on a signalé des dépôts de pétrole, au nord, dans la province de Jujuy. D'autres gisements importants ont été découverts dans la province de Mendoza ; le principal rappelle la mer Morte par son aspect. C'est un véritable lac de 35 hectares environ recouvert d'asphalte surnageant ; le pétrole extrait est noir, épais, et sans odeur désagréable.

En Nouvelle-Zélande, à Waiapu, situé à l'ouest d'Auckland, à Manutabé, dans le district de Taranaki, on trouve des salses, ces volcans de boues qui rejettent souvent du pétrole, et des affleurements de pétrole libre, mais il n'y a pas, pour le moment, matière à exploitation.

L'Australie offre peu de ressources en huile minérale ; en Tasmanie on connaît un petit gisement au nord-est de Jéricho. Dans la Nouvelle-Galles du sud, on en rencontre dans les districts de Maitland et d'Illawara ; les gisements sont distribués au milieu des centres houillers et il existe plusieurs puits en exploitation. En 1871, on a travaillé 14,700 tonnes d'une valeur de 34,050 liv. st.; en 1880, 19,201 tonnes valant 44,725 liv. st.; en 1885, 33,000 tonnes pour 75,000 liv. st.; enfin, aujourd'hui la production dépasse 50,000 tonnes. Ces huiles sont assez riches à la distillation et donnent de bons résultats.

Le pétrole paraît rare en Afrique, mais cela tient peut-être à ce qu'on n'a pas cherché d'une façon bien sérieuse. Cependant, tout récemment, on a signalé la présence de gisements d'huiles minérales dans le sud de l'Afrique et une société serait en voie de formation à Kimberley, dans le Griqualand, pour exploiter les sources pétrolifères du district de Carnarvon.

Divers affleurements se montrent aussi au Congo et à Angola.

En Égypte, dans les environs du golfe de Suez, à Gemsah et Gebel-el-Zeit, sur le versant occidental du détroit de Jubal, près des bords de la mer Rouge, des sondages ont été faits en 1884, puis en 1887. L'un d'eux a atteint, à près de 600 mètres, la couche pétrolifère, mais le rendement a été peu abondant et les travaux ont été interrompus depuis.

Traversant le golfe de Suez, on voit quelques affleurements dans l'Arabie Pétrée.

Plus au nord, la mer Morte offre ses asphaltes et ses bitumes, mais on n'y rencontre pas de pétrole libre.

Dans la vallée du Tigre, non loin de Tekrit, quelques sources d'huile ont été signalées. On en recueille encore sur les bords de l'Is, affluent de l'Euphrate.

A Zohab, dans les montagnes du Kurdistan, sur la frontière de la Perse, à Tuzkurmeti, à Arderica, à Herbuk, en Perse, on trouve du pétrole. Les sources de Perse ont du reste été indiquées par Hérodote; quelques gisements aussi à signaler sur le plateau d'Iran.

L'Hindoustan renferme quelques dépôts d'huile minérale dans le Lahore, au pied des monts Himalaya, à Gunda et Pusmoba. L'exploitation en est insignifiante.

La Birmanie offre de nombreux districts oléifères; dans les îles Ramri, Tchedouba, Barongah, le long des côtes d'Aracan, on trouve des sources de pétrole associées à des sources salines et exploitées par les indigènes depuis des siècles. Mais les plus importantes sont situées dans la Haute-Birmanie, aux environs de Yenan-Gyoung, sur la rive gauche de l'Irraouaddy. Plus de 600 puits sont forés dans cette région à une profondeur moyenne de 60 à 75 mètres, quelques-uns cependant atteignent 150 mètres; il n'y a guère que 200 puits exploités d'une manière régulière.

A Baema, on rencontre d'autres gisements de pétrole assez importants; on a signalé aussi sa présence dans les salses de Pathar.

La Birmanie se suffit à elle-même comme huile minérale. Les auteurs ne sont pas d'accord sur le chiffre de la production; les uns parlent de 12,000 tonnes par année, d'autres de 1 million de barils (125 à 140,000 tonnes). D'après un document officiel, je trouve qu'en 1889, la Birmanie a produit 320,000 hectolitres, environ 26,000 tonnes; une petite partie est exportée en Angleterre.

Les îles de la Sonde apportent également leur contingent dans la production du pétrole.

A Sumatra, on en trouve dans le district de Minjak Lingi, à Rembang, à Chéribon; les forages atteignent 250 mètres de profondeur, les huiles sont de bonne qualité. Des gisements situés dans la province de Langkhat, dans la partie nord de l'île de Sumatra, et le long des côtes du détroit de Malacca, sont en bonne voie d'exploitation; les puits se trouvent à peu de distance de la côte et, en 1891, la production a été de 15 à 20,000 caisses par mois, soit 6 à 7,000 tonnes par an.

A Célèbes, dans la presqu'île de Menada, à Java, dans les provinces de Bambang et de Japara, des volcans de boue rejettent du pétrole. En outre, divers forages ont donné à Java des résultats intéressants et l'exploitation du liquide combustible marche rapidement. Près de Sourabaya, l'huile jaillit avec assez d'abondance, dans le centre de l'île également; une canalisation relie les puits à la voie ferrée qui amène le pétrole par wagons-citernes jusqu'à Samarang où des entrepôts sont construits pour le recevoir.

A Bornéo, il est aussi des gisements à peine exploités par les indigènes.

Dans l'île Formose, on en rencontre parmi les terrains houillers; il est probable que le Japon saura mieux exploiter cette source de revenus que ne l'a fait la Chine jusqu'à présent.

Au Japon, en effet, où l'huile minérale est connue depuis plus d'un millier d'années, son extraction a pris une certaine importance. On la rencontre principalement dans les districts d'Echigo, de Shinano, de Totomi, de Migohoji, d'Akita-Ken e de Kuzodzu; plus de mille puits, creusés d'une façon assez primitive, sont en activité, fournissant 4 à 5,000 tonnes annuellement.

La Chine a de fort beaux gisements de pétrole, mais laisse ces richesses inexploitées; elle ne veut pas donner de concessions aux Européens et n'en recueille pas elle-même les profits qu'elle pourrait en tirer.

Dans le Setchouen, à Mongouth, sur les bords du Taï-Kong-Kiang, un district qui le longe et qui offre une surface d'une quarantaine de kilomètres carrés, renferme de très nombreuses sources de pétrole et d'eau salée. Des jets presque continuels de gaz inflammables (d'où le nom de *puits de feu* donnés aux forages) s'échappent avec violence; les Chinois utilisent ces gaz pour le chauffage ou l'éclairage, comme à Pittsburg et à Findlay, mais d'une manière assez originale et peu perfectionnée. En effet, il les font circuler simplement par des tubes de bambous creux enduits d'argile, fixes ou mobiles.

Les Chinois n'exploitent que les puits de saumure qui fournissent annuellement 250 à 300,000 tonnes de sel pour tout le district. Ils recueillent l'huile qu'ils trouvent, mais ne la recherchent pas; quant aux gaz naturels, ils les emploient aussi sur place à chauffer les chaudières de distillation.

Ces gisements oléifères seront utilisés dans l'avenir, quand la Chine s'ouvrira tout à fait au progrès, et seront pour ce pays une vraie source de richesse.

Les régions arrosées par l'Amou-Daria et le Syr-Daria, dans le Turkestan, sont excessivement riches en pétrole, mais sont peu ou point exploitées; leur surface est évaluée à 6 à 800 kilomètres carrés et peut-être leur production égalera-t-elle un jour celle de la région caucasienne.

La couche pétrolifère part de l'extrémité des massifs de l'Himalaya, traverse le Touran, les steppes de Corazmie, atteint la presqu'île de Krasnovodsk, reparaît dans l'île de Tchélékène, traverse la mer Caspienne et rejoint la chaîne du Caucase par la péninsule d'Apchéron.

Les régions pétrolifères de la presqu'île d'Apchéron, avec les régions transcaspiennes peu exploitées dont j'ai parlé, sont les plus riches du monde.

Depuis une vingtaine d'années, ces districts du Caucase sont tout à fait mis en valeur. C'est en 1872 que la Russie supprima le monopole des exploitations de pétrole; de ce moment-là date l'ère de développement du produit, et surtout de 1875 où la maison Nobel donna un essor puissant à cette industrie. Dès 1886, la Russie fournissait les huit centièmes de pétrole de l'Europe.

C'est à Sourakhany que se trouve le temple des anciens Guèbres, adorateurs du feu. Pendant deux mille cinq cents ans les disciples de Zoroastre sont venus se prosterner dans son sanctuaire. Le gaz naturel qui alimentait le feu éternel depuis des siècles est maintenant employé pour l'éclairage et le chauffage des usines. Le temple est aujourd'hui fermé, son dernier prêtre exploitait du reste tout simplement les sources du sanctuaire et l'abandonna quand elles furent à peu près épuisées.

Il y a relativement peu de puits en exploitation à Sourakhany, nombre étant abandonnés, presque épuisés; c'est, en effet, le district le plus anciennement fouillé.

Sur le plateau de Balakhany, point le plus important, se trouvent une grande quantité de forages; la profondeur varie de 50 à 250 mètres. Certains, comme celui de la Droujbah, ont donné près de 50,000 barils par jour; il est vrai qu'un débit pareil ne se maintient pas uniformément pendant longtemps. A Tagieff, à la fin de 1886, un sondage produisit 40,000 barils par jour pendant une semaine, en diminuant ensuite d'une manière progressive jusqu'à 4,500 fûts quotidiennement. Comme pour la Droujbah, des milliers de tonnes furent perdues avant qu'on pût se rendre maître du puits.

Au sud-ouest de Balakhany se trouve Bakou, sur la Caspienne, qui a donné son nom à toute cette région de 2,000 kilomètres carrés. A ce sujet j'appellerai l'attention sur les districts pensylvaniens qui n'arrivent pas à couvrir le cinquième de cette surface.

En 1873, il n'y avait que 17 puits en exploitation à Bakou; en 1885, le nombre s'élevait à 344 dont 200 ne fonctionnaient pas, soit qu'ils ne fussent pas terminés, soit qu'ils fussent épuisés ou abandonnés à la suite d'accidents.

A Grosnoje, un sondage à 123 mètres donna en juin 1893 un jaillissement énorme qui s'abaissa ensuite à 100 barils par jour; un second puits à 56 mètres donna au début 10,000 barils quotidiennement. Le chemin de fer transcaucasien passant à Grosnoje, on établit un *pipe-line* (ligne de tuyaux métalliques) pour amener directement de 700 à 1,000 tonnes par jour au chemin de fer.

A Binakdi, Aladjane, Ponta, on rencontre des salses lançant des pétroles épais et des matières goudronneuses, avec expansion de gaz inflammables, mais il n'y a pas là d'exploitation.

Jusqu'à l'autre extrémité du Caucase, on trouve des dépôts d'huile minérale : sur les bords de la mer Noire, aux environs de Kouban, dans la presqu'île de Taman et la partie orientale de la Crimée, des deux côtés du détroit de Kertch. Chose curieuse, le pétrole apparaît tout le long de cette chaîne à des niveaux très différents, variant entre 150 à 180 mètres au-dessous du niveau de la mer et 2,800 à 3,000 mètres au-dessus.

Les gisements d'Ilskaïa comportant une centaine de puits donnent de 75 à 80,000 tonnes par an.

La production des pétroles de Russie s'est accrue dans des proportions excessives, ainsi :

En 1865 elle se chiffrait par	9,000 tonnes		1882 elle se chiffrait par	645,000 tonnes		
1872	—	24,800 —	1883	—	990,000 —
1877	—	242,000 —	1885	—	1,900,000 —
1878	—	350,000 —	1890	—	3,900,000 —

Cette augmentation doit être mise en parallèle avec le rendement des puits de la Pensylvanie qui sont loin de suivre la même progression. Ainsi le rendement quotidien des puits américains forés en 1889 était d'environ 16 barils. En 1891, le débit moyen des 11,000 puits forés pendant les quatre années précédentes, était, paraît-il, de 5 barils par puits. A Bakou, dans la même période, on avait établi 200 puits fournissant 280 barils chacun en moyenne. Voici la production journalière en Pensylvanie et en Russie pendant quelques années :

En 1882.....	82,303 barils contre	13,838 barils en Russie.
1884.....	67,684	—	24,653	—
1886.....	70,729	—	32,889	—
1888.....	46,700 ([1])	—	50,312	—

([1]) Ces chiffres se rapportent à la région *pensylvanienne* exclusivement, la production totale des États-Unis étant de beaucoup supérieure.

Or les réserves des États-Unis étaient de 37,000,000 de barils en 1884, et en 1889 de 14,500,000 seulement. En Russie, au contraire, les stocks avaient augmenté. Du reste, je me hâte d'ajouter que la production des États-Unis qui avait faibli pendant quelques années s'est très vivement relevée en 1889, pour remonter bien au delà des chiffres de 1882, par l'appoint de nouveaux terrains pétrolifères mis en exploitation, et de nombreux puits forés dans d'excellentes conditions de rapport.

L'amélioration ne s'est malheureusement pas maintenue et voici les chiffres de ces trois dernières années :

Au 31 décembre 1892, le stock dans les pipe-lines de Pensylvanie
était de........................... 17,396,000 barils.
Au 31 décembre 1893, de............... 12,112,000 —
Au 31 décembre 1894, de............... 6,336,777 —
Au 31 mars 1895, de................... 4,789,541 —
Au 30 juin 1895, de................... 4,109,788 — [1].

Cependant dans cette dernière année près de 5,000 puits nouveaux avaient été mis en exploitation dans la région pensylvanienne.

Il y a dix ans, dans une conférence publique de vulgarisation sur « le pétrole, son histoire et ses usages », j'insistais sur le magnifique avenir réservé aux huiles de Russie, dont la production était alors moitié moindre que celle des huiles américaines, et qui, disais-je, devaient arriver rapidement à l'atteindre et plus tard à la dépasser. Les années qui viennent de s'écouler ne m'ont pas donné tort, et voici la progression suivie par les pétroles des deux origines pendant cette période :

1884. Extraction des États-Unis, 3,074,362 tonnes. De Russie, 1,477,967 tonnes.
1887.   —   3,589,873   —   —   2,702,700   —
1890.   —   5,816,997   —   —   3,979,390   —
1893.   —   6,145,792   —   —   5,544,630   —

Je n'ai pas encore les renseignements pour 1894 qui donnera probablement des chiffres à peu près identiques pour les deux pays [2]. Pendant ces dix ans la production des États-Unis a doublé, mais elle a presque quadruplé en Russie.

Actuellement les États-Unis fournissent encore 51 0/0 des

[1] Au 30 septembre 1895, de 4,635,564 barils.
[2] En 1894, l'écart a encore été en faveur des États-Unis, mais 1895 donne une plus-value très sensible au profit de la production russe.

pétroles recueillis dans le monde, la Russie 46 0/0, et les autres pays y entrent à eux tous pour 3 0/0.

La Roumanie nous offre des régions prospères comme exploitations d'huile de pétrole. De Mainesci et de Buzoul, on retire près de 3,000 tonnes annuellement.

Sur les territoires de Dembrovitza et de Romnicul-Sarat, on a creusé plus de 400 puits dont un bon nombre sont productifs. A Braïla, sur le Danube, il y a également quelques gisements de signalés.

Le nombre des puits de Roumanie dépasse 1,000, la profondeur varie de 50 à 200 mètres. On évalue le rendement des divers gisements à 50 ou 60,000 tonnes par an.

En Valachie, on trouve du pétrole à Modreni, Plojezti, Baïkoi, Tsinta.

Dans le Montenegro, on a découvert une source à Boukovitz, non loin d'Antivari, port de l'Adriatique, et à quelques kilomètres du lac de Scoutari. Quoique assez important, ce gisement n'est pas encore exploité.

En Grèce, dans les îles Ioniennes, à Zante, l'huile minérale a été signalée depuis l'antiquité et Hérodote en fait mention. Des sources naturelles produisent quotidiennement de 300 à 400 kilog. par jour de matière brute, noirâtre et très dense, pouvant donner environ 25 à 30 0/0 d'huile lampante à la distillation. Une concession avait été accordée par le gouvernement grec, et il y a une douzaine d'années quatre sondages furent pratiqués au bord de la mer, sur certains terrains présentant des traces de pétrole; la quantité extraite était minime et faute de fonds les travaux furent arrêtés.

En Sicile, les sources d'Agrigente étaient connues dès la plus haute antiquité.

En Italie, on trouve diverses sources, près de Tarente, à Caserte, dans la région de Chicti, à Grapperello, à Ormiano, où le pétrole était employé pour l'éclairage au siècle dernier.

Les gisements les plus riches sont ceux de la vallée du Pô. A Bologne, Modène, Reggio, Fornovo, Montanaro de Plaisance, il y a eu quelques exploitations régulières, mais qui n'ont pas duré longtemps. On a recueilli également de l'huile minérale à Rivanozzumo, près de Voghera.

En Suisse, on a signalé quelques traces de pétrole dans les

exploitations de bitume de Dardagny, canton de Genève, sur la frontière française.

L'Autriche-Hongrie offre quelques sources d'huile, à Maramaros par exemple, mais les gisements de valeur se trouvent concentrés dans la région carpathique; ils ont commencé à prendre une assez grande importance depuis une dizaine d'années.

C'est dans la province de Galicie, en une série de failles parallèles aux Carpathes que sont situés ces gisements dont l'exploitation se développe sur une zone de 30 kilomètres de large et longue de 500.

Les districts de Bobkra et Ropianka ont vu se développer les débuts de cette industrie. Depuis elle s'est étendue à Polanka, Ivoniez, Plowce, Wielzrno, Kryg, Kroscienko, Lodina et surtout Boryslaw et Sloboda, centres des plus importants. On compte environ 400 puits en Galicie; le système de forage, tout d'abord assez primitif, a été perfectionné depuis; les profondeurs atteintes sont maintenant plus considérables, et certains puits jaillissent et donnent jusqu'à 1,000 barils par jour. Celui de Schodnica, tout nouvellement exploité, produit environ 200 tonnes quotidiennement. La Galicie fournit aujourd'hui près des trois quarts de la consommation de l'Autriche.

C'est, paraît-il, à Cracovie, en Galicie, autrefois dans l'ancien royaume de Pologne, qu'a brûlé la première lampe à pétrole du monde.

La production de la Galicie était de :

20,900 tonnes en 1872	170,000 tonnes en 1888
32,000 — 1880	240,000 — 1890
80,000 — 1884	300,000 — 1893

L'Allemagne nous offre divers gisements d'huile. On en trouve quelque peu en Bavière, à Tegernsee; dans le duché de Bade, près de Carlsruhe.

A Pechelbronn, dans la basse Alsace, des quantités relativement importantes ont été trouvées dans les mines de bitume de cette localité. Il y a trois zones de profondeur, 70, 130 et 200 mètres, où on rencontre le pétrole et l'eau salée.

Certains puits sont jaillissants et ont donné jusqu'à 100 hectolitres en vingt-quatre heures. D'autres sont utilisés à l'aide de pompes; l'un d'eux dure depuis dix ans sans avoir été épuisé. On estime à 2,000 tonnes le rendement annuel de ces différents puits. C'est là une des principales concessions perdues par la France.

D'autres terrains pétrolifères existent encore en Alsace, à Lobsann, Schabwiller et Bieberbach.

Dans le duché de Brunswick, à Hordorff, à Neitling, divers forages ont été pratiqués donnant à peine 3 à 4,000 barils par an.

Le Hanovre offre aussi quelques gisements oléifères en exploitation. Le principal est à Oelheim, près de Peine, qui donne jusqu'à 5,000 tonnes par an. Puis on peut citer Weitze, Sehnde, Adesfe, Kœnigsen qui produisent fort peu.

Au Holstein, enfin, on trouve quelques sources près de Heide, mais l'exploitation n'en a pas donné les résultats attendus.

En Suède, on rencontre quelques affleurements d'huile minérale.

En Angleterre, indépendamment des huiles de schiste et bogheads, on a signalé à Ashwick-Court, dans le Sommerset, des infiltrations de pétrole de couleur jaune paille et de 0,816 de densité. Dans le pays de Galles, le Lancashire et le Shropshire, on a trouvé les mêmes indications.

Le Portugal offre quelques traces pétrolifères sans importance, dans le district de Leiria.

En Espagne, non loin de Conil, dans la province de Cadix, on trouve des gisements de pétrole qui pourraient peut-être donner matière à une petite exploitation.

Indépendamment des schistes exploités dans les environs d'Autun, la France possède-t-elle aussi du vrai pétrole ? Actuellement non, mais il a été signalé dans les départements de l'Hérault, de l'Ardèche, du Puy-de-Dôme, de l'Allier, de l'Ain et de la Savoie, soit des traces oléifères, soit des émissions de gaz indiquant la présence de l'huile à peu de distance.

A Gabian, dans l'Hérault, la présence du pétrole est connue et signalée depuis près de quatre siècles et une source naturelle laisse couler quelque peu de ce liquide. Une société s'est formée pour la recherche de la nappe souterraine, et on espérait que son exploitation compenserait largement la perte faite après la guerre de 1870-71 de trois concessions en bonne voie de réussite dans le département du Bas-Rhin. Le succès n'a pas répondu à l'attente : à 100 mètres, les terrains traversés étaient bien imprégnés de pétrole, mais en poursuivant les travaux on n'a plus trouvé de traces et on a atteint, dans un des sondages, la profondeur de 413 mètres sans autre succès; on a dû passer à côté de la veine liquide.

Dans l'Isère, à Saint-Barthélemy-du-Gua, près de Grenoble, au lieu dit *la Fontaine ardente*, on trouve, en creusant un peu la surface du sol, des dégagements de gaz qu'on allume facilement. Une société lyonnaise a foré un puits de 198 mètres de profondeur; la quantité de gaz inflammables dégagés est considérable, mais on n'a pas encore trouvé l'huile cherchée.

Un sondage a été fait au nord des mines d'asphalte de Seyssel, mais sans qu'on ait pu atteindre la couche de pétrole dont les affleurements avaient été constatés.

En Auvergne, au Puy de la Poix, une source d'eau salée et sulfureuse entraîne quelques traces d'huile minérale. Un forage établi n'a pas donné de résultats.

En 1892, sur la rive droite de l'Allier, près des mines de Pont-du-Château, un sondage a été pratiqué. Vers 200 mètres, on a rencontré de l'eau salée et une sorte de bitume visqueux; poussé à 220 mètres, le pétrole n'est pas encore apparu.

Dans la Limagne d'Auvergne, à Pont-Battu, près de Riom, on a trouvé à 276 mètres de l'eau salée, du bitume, de l'huile lourde, un peu de pétrole et des gaz inflammables; allumés, ils donnaient une flamme de près de 2 mètres. Les travaux ont été arrêtés, provisoirement, paraît-il, à la fin de 1892.

C'est avec intérêt qu'on voit ces recherches d'huiles minérales, ressemblant plus ou moins au pétrole, se faire en France, et il est peut-être possible qu'à un moment donné elles soient couronnées de succès [1]. Sans penser trouver une Pensylvanie française, il serait à désirer qu'un jour nos huiles indigènes vinssent diminuer dans une petite part les importations d'Amérique et de Russie.

A ce sujet, je ne passerai pas sous silence les tentatives faites en Algérie qui, si elles réussissent, développeront et feront

---

[1] Une concession de mines de pétrole sur le territoire de diverses communes des arrondissements de Riom et Clermont-Ferrand a été sollicitée par pétition du 29 octobre 1895.

prospérer la richesse nationale. Des affleurements de pétrole avaient été constatés il y a plusieurs années déjà dans la province d'Oran. Des sondages ont été entrepris récemment au Dahara, et le mois dernier un puits foré tout près des sources de l'Aïn-Zeft, a atteint une veine de pétrole à la profondeur de 416 mètres; le débit serait de 225 à 250 hectolitres par jour. Ces chiffres sont modestes, car il est à craindre que le rendement ne diminue au bout de peu de temps[1], mais le résultat acquis ne doit pas moins encourager beaucoup à continuer des recherches; on a, en effet, tout lieu d'espérer que de nouveaux forages réussiront et viendront augmenter l'importance de la production de cette région, pour qu'elle puisse devenir d'une exploitation vraiment pratique [2].

La consommation de l'Algérie n'est pas très grande. En 1893, elle était de 37,000 hectolitres; en 1894, elle a presque doublé: 67,000 hectolitres. Sur ces chiffres, on peut compter l'huile russe pour un sixième, les États-Unis fournissant le reste.

L'usage du pétrole se développe de plus en plus. Autrefois, il ne servait qu'à l'éclairage des classes pauvres et ne donnait qu'une lumière médiocre accompagnée souvent de mauvaise odeur; maintenant, grâce aux procédés de raffinage et aux perfectionnements apportés à la fabrication des lampes, on obtient une lumière très puissante, sans aucun des désagréments anciens. Les produits spéciaux appelés de divers noms, tels que *Saxoléine, Auréole, Lucifer,* etc., etc., ne sont autre chose que des pétroles de luxe, traités de telle façon qu'ils se présentent sous forme d'un liquide incolore comme de l'eau, presque sans odeur, et dont le point d'inflammabilité au lieu d'être 32 ou 35, est repoussé à 50 ou 60 degrés, ce qui constitue une garantie supplémentaire pour ceux qui l'emploient. Ces

---

[1] Le débit est, en effet, tombé presque aussitôt à 75 hectolitres, puis a baissé d'une façon continue; le rendement est peu important aujourd'hui. Le pétrole recueilli, noirâtre, visqueux, d'une densité de 0,890 environ, ne contient en moyenne que 21 0/0 d'huile lampante, obtenu après plusieurs distillations. Il renferme 28 0/0 d'huile à graisser et est riche en paraffine; la teneur en est de 10 à 12 0/0. Il donne en distillant jusqu'à 33 et 34 0/0 d'huiles lourdes. Sa composition laisse donc beaucoup à désirer.

[2] La Tunisie pourrait bien un jour offrir également des ressources, et par arrêté du 1er mai 1896, une autorisation a été accordée pour faire des recherches de bitumes et d'huiles minérales entre le Djebel-Sourra et l'Oued-el-Ksob, où le concessionnaire a tout lieu de penser qu'il rencontrera ces produits.

huiles de sûreté n'ont pas peu contribué à répandre l'usage du pétrole dans les classes riches de la société.

Mais ce n'est pas seulement à l'éclairage qu'on emploie l'huile minérale; le chauffage avec les poêles à pétrole, la cuisine avec des fourneaux *ad hoc*, les moteurs à pétrole, les voitures automobiles à gazoline, etc., etc., paient leur tribut et aident au développement de la consommation [1].

En France, cette consommation se chiffrait, d'après les statistiques officielles :

En 1882	par 93,100 tonnes.
1885	138,000 —
1889	184,400 —
1893	259,800 —
1894	294,900 —

C'est-à-dire qu'elle a doublé en sept ans et triplé en douze [2].

Autrefois, la France ne consommait que des pétroles américains, mais depuis les traités récents avec la Russie, le Caucase nous a envoyé ses produits. C'est ainsi qu'en 1893, les États-Unis ont importé en France 271,800 tonnes d'huile brute ou raffinée, et la Russie 19,000 tonnes. En 1894, l'importation américaine s'est abaissée à 243,100 tonnes, alors qu'il est entré 53,700 tonnes de pétroles russes, soit plus d'un sixième de l'importation totale.

Les réserves d'entrepôt en France, pour chacune des deux dernières années, ont été de 40,000 tonnes environ.

Je n'ai pas parlé des transports des pétroles et n'en dirai que quelques mots. Des puits aux points d'embarquement, l'huile coule dans de longs tubes métalliques appelés *pipe-lines*; toute la région américaine est couverte d'un réseau de ces pipe-lines. Autrefois, le transport se faisait en Europe dans

---

[1] L'avenir réserve au pétrole de nouveaux emplois. On a déjà expérimenté le chauffage des locomotives et des chaudières à vapeur avec le pétrole et avec les résidus et huiles lourdes. On a également fabriqué des briquettes de pétrole qui semblent devoir donner de bons résultats.

[2] C'est la maison Fenaille et Despeaux (alors Fenaille et Châtillon) qui reçut en France les premières huiles brutes de pétrole américain, en 1861, et en essaya la distillation. Cette nouvelle industrie se développa rapidement et, en 1871, MM. Fenaille et Despeaux produisaient plus du tiers de la consommation française. Aujourd'hui encore, malgré les concurrents qui se sont élevés sur nombre de points, les usines de cette maison fournissent près du cinquième de la consommation totale de notre pays.

des fûts en bois fabriqués mécaniquement; on a essayé, mais sans succès, les fûts en papier comprimé. Aujourd'hui, les transports sur mer se font presque exclusivement en vrac, par des *tanks-ships* ou *tanks-steamers* ([3]) de fort tonnage, et j'en ai vu atteignant une capacité de plus de 40,000 barils d'huile. Les voiliers sont peu nombreux, et ce sont généralement des vapeurs qui font ces transports de pétrole en vrac, cela sans aucun accident en cours de route; l'hiver dernier, on a même porté dans des conditions identiques un chargement d'essence de pétrole, le premier qu'on se fût risqué à transporter ainsi.

Sur terre, on se sert aussi fréquemment de vagons-réservoirs et c'est par trains entiers que les pétroles du Caucase sont dirigés vers l'intérieur de la Russie.

Nombre de pays reçoivent le pétrole brut pour en faire eux-mêmes la distillation; d'autres, au contraire, reçoivent le pétrole tout raffiné. C'est ainsi que les entrepôts d'Anvers, que j'ai visités il y a quelques années, sont admirablement installés pour emmagasiner dans d'immenses réservoirs des quantités énormes d'huile minérale. A Amsterdam, on a également établi un dépôt de pétrole avec cuves de capacité variant entre 3 et 8 millions de litres. Il ne faudrait pas croire, cependant, qu'on ne trouve de tels réservoirs qu'à l'étranger; nos raffineurs français, dans la région même, ont fréquemment dans leurs établissements des cuves pouvant contenir 5 millions de litres et plus.

La consommation du monde a presque triplé depuis dix ans, et peut être évaluée actuellement à plus de 100 millions d'hectolitres de pétroles raffinés, alors qu'il y a quarante ans l'huile minérale était à peine employée. Ce chiffre continuera à augmenter chaque année dans de fortes proportions, grâce aux perfectionnements réalisés dans la distillation de ce produit et aux multiples emplois découverts chaque jour, et on peut dire du pétrole ce qu'on a dit du fer et de la houille : que les quantités de pétrole consommées dans un pays peuvent servir à mesurer l'importance de ses progrès et le degré de sa civilisation.

([3]) Navires-citernes, voiliers ou vapeurs; ces navires renferment dans leurs flancs un certain nombre de citernes. Le chargement et le déchargement se font à l'aide de pompes aspirantes et foulantes.

L'ordre du jour de la séance appelle la communication de M. Rossignol, professeur de géographie au Lycée, secrétaire de la Société de géographie de Bordeaux, sur le *Relèvement de la natalité en France et l'avenir colonial de notre pays.*

M. Rossignol, en commençant sa communication, déclare qu'ayant habité pendant trois ans à l'étranger, il a été frappé de l'énorme disproportion qui existe entre la natalité des pays voisins de la France, et surtout de l'Allemagne, et la natalité de notre pays, qu'il qualifie à juste titre de pays de célibataires et de fils uniques. Après avoir appuyé ses affirmations de renseignements statistiques d'une exactitude et d'une véracité absolues, M. Rossignol s'inquiète, tant au point de vue de la défense du territoire que de l'avenir colonial de la France, de cette dépopulation progressive, surtout dans les pays où la terre est le plus productive et où le bien-être a le plus pénétré. Il en est de même dans nos colonies où, vu la faiblesse de l'immigration, le nombre des colons reste stationnaire ou n'augmente que dans une très faible proportion. En revanche, l'élément étranger, espagnol, anglais et allemand, augmente dans des conditions telles que la sécurité de nos colonies serait en danger de ce fait en cas de guerre.

Pour ce qui est de la France, la population actuelle est de 38 millions seulement; celle de l'Allemagne de 52 millions, c'est-à-dire neuf fois la population de l'Alsace-Lorraine, qui nous a été enlevée, et cette disproportion ne fait que s'accroître.

Au point de vue militaire, et en ne tenant compte que du nombre, nos chances sont dans la proportion de 38 à 52.

Une armée formée de fils uniques sera battue par une armée dont les soldats, sortis de familles nombreuses, seront plus disciplinés, plus accoutumés aux privations. L'Italie elle-même a une natalité et une expansion extérieure bien supérieures aux nôtres. Nous avons été autrefois colonisateurs, parce que le droit d'aînesse et la natalité plus nombreuse nous donnaient des cadets de famille et des émigrants. Maintenant, nous ne pouvons plus l'être : ce ne sont ni les fils uniques, ni les enfants de familles peu nombreuses qui fournissent des éléments d'émigration.

En revanche, nous avons en France 1,200,000 étrangers qui viennent coloniser chez nous.

La France est une sorte de centre de dépression dans lequel affluent les courants du trop-plein des nations voisines. Nous ne pouvons sortir de là que par une augmentation de la natalité, qui devrait être encouragée par tous les moyens à la disposition du pouvoir. Or, c'est le contraire qui se produit, et, entre deux fonctionnaires également méritants, c'est souvent le célibataire que l'on choisit.

A la fin de sa communication, insérée *in-extenso* ci-après, M. Rossignol indique quelques remèdes basés sur la diminution du fonctionnarisme, l'allègement des impôts, etc.

Le relèvement de la natalité et l'avenir colonial de la France;

Par M. ROSSIGNOL,

Professeur de géographie au Lycée et Secrétaire de la Société de géographie commerciale de Bordeaux.

MESSIEURS,

La communication que je vais avoir l'honneur de vous présenter durera quinze minutes. Elle se terminera par un vœu que je désirerais vous voir adopter.

Ce qui m'a décidé à prendre la parole, c'est qu'il m'a semblé, en suivant nos discussions, qu'il y a dans ce Congrès des choses qui devraient être dites, mais que chacun sous-entend, parce qu'elles sont pénibles et inquiétantes. Qu'il s'agisse de l'Algérie ou de la Tunisie, ou du Contesté dont on nous parlait hier, ou de Madagascar, bref d'une quelconque de nos colonies, le fond de notre pensée à tous est de nous demander s'il y aura des Français pour y aller en nombre suffisant. Nous nous disons tous : C'est très beau notre empire colonial, mais, à nos portes, Oran est une ville plus espagnole que française, Tunis est plutôt italien. Qu'adviendra-t-il de nos colonies lointaines, si nous ne savons pas assurer dans le nord de l'Afrique, si rapproché de nous, la prépondérance numérique à nos nationaux ? Qu'adviendra-t-il du Contesté, et surtout de cet admirable Madagascar, qui nous passionne tous en ce moment ? Sont-ce des Français qui s'y installeront, qui y fonderont une race plus ou moins métissée peut-être, mais française de langue et d'aspirations ? ou bien aurons-nous travaillé pour d'autres, et préparé le nid où des nationalités rivales viendront plus tard étouffer la nôtre ?

Messieurs, je supposerai connue la question de ce qu'on appelle (improprement jusqu'à 1889; avec raison depuis) la dépopulation de la France. Tout au plus, vous rappellerai-je la situation par quelques chiffres précis. Selon les calculs de M. Loua, la France de Louis XIV représentait les 20 0/0 de la population européenne ; la France de 1800 en représentait encore les 15 0/0, mais la France de 1890 n'en représentait même plus les 11 0/0. Si nous regardons plus particulièrement vers l'est, comme c'est notre devoir, nous constaterons que, vers 1850, l'Allemagne et la France (en leur supposant, bien entendu, les limites actuelles) avaient à peu près la même population. Or, aujourd'hui, en 1895, l'Allemagne a 52 millions d'habitants, la France en a 38 millions. Écart à notre désavantage : 14 millions. En quarante-cinq ans, la France, mise en regard de l'Allemagne, a pour ainsi dire perdu neuf fois la population de l'Alsace-Lorraine. Si vous admettez que ce sont les hommes seuls qui font la force durable d'un pays, vous conviendrez que l'Allemagne s'est, en quelque sorte, pacifiquement agrandie de neuf Alsace-Lorraine. Elle nous en a arraché une : nous ne pouvons pas l'oublier, et nous avons raison de ne pas l'oublier ; mais pourquoi ne pensons-nous pas aux huit autres Alsace-Lorraine, perdues par notre volonté, par la limitation du nombre de nos enfants, c'est-à-dire par un plébiscite de tous les jours ? Nous avons le droit de ne pas aimer l'Allemagne ; mais de quels sentiments de haine ne devrions-nous pas alors être animés pour les deux générations françaises qui nous ont précédés, et qui ont volontairement diminué la Patrie ?

Songez, Messieurs, que les deux générations dont il s'agit n'avaient aucune excuse admissible. La France est à peu près grande comme l'Allemagne, et à personne ne viendra l'idée de la trouver moins riche. Elle peut donc nourrir autant d'habitants. N'est-il pas désolant, dès lors, de voir l'écart des naissances, entre les deux pays, continuer à augmenter encore, à augmenter démesurément? Dans chacune des trois dernières années, il est né 1,900,000 Allemands contre 900,000 Français!

Quand il naît un Français, il naît un peu plus de deux Allemands!

Je sais l'objection : les Allemands émigrent. L'objection n'a pas la portée qu'on lui donne : car, défalcation faite des émigrants, il reste à l'Allemagne un gain annuel qui dépasse 500,000 individus.

Ainsi, chaque année, elle s'augmente d'un corps d'armée, et, chaque trois ans, d'une population qui équivaut à une Alsace-Lorraine. C'est comme si, tous les trois ans, elle s'annexait une Alsace-Lorraine pendant que nous ne nous annexerions absolument rien. Sans doute, l'Allemagne n'augmentera pas indéfiniment de population; mais il suffit de feuilleter la collection de l'*Almanach de Gotha* pour constater que le mouvement ascensionnel n'est pas près de finir, puisqu'il n'est même pas stationnaire encore, et que, depuis 1875, l'écart entre naissances et décès a régulièrement, constamment tendu à s'accroître. Ceux qui savent avec quelle lenteur se déroulent et se modifient les mouvements démographiques, ne peuvent douter que notre population ne soit, dans cinquante ans, deux fois moins nombreuse que celle de l'empire allemand. Il y aura deux Allemands contre un Français.

Messieurs, les conséquences d'une telle situation seront sûrement désastreuses; et il est légitime qu'un Congrès national des Sociétés françaises de géographie s'en préoccupe. A ceux qui en douteraient, il suffit de faire observer que le nombre des Français a au moins autant d'importance, économiquement, que celui des sardines sur nos côtes ou des autruches dans notre Algérie. Je laisse de côté les funestes résultats que notre diminution numérique pourrait avoir au point de vue militaire (je sais que les officiers, présents parmi nous, sont absolument de mon avis), je m'en tiens aux résultats à craindre au point de vue colonial.

Notre force colonisatrice sera de plus en plus diminuée, d'abord parce que la qualité des Français baissera (des célibataires et des fils uniques ne vaudront jamais, en moyenne bien entendu, des hommes issus de familles nombreuses), ensuite et surtout parce que la quantité manquera. Dans les luttes coloniales, 14 millions de Français manquent déjà à l'appel, et le nombre des manquants croîtra encore. Ces 14 millions de Français qu'on a négligé de faire naître suffisent à expliquer nos déboires économiques actuels; à plus forte raison sont-ils la vraie cause de notre médiocre succès colonial. Car c'est la partie surabondante de la population, celle qui est de trop en quelque sorte, qui, au point de vue du commerce extérieur et de la colonisation, contribue le plus efficacement d'ordinaire à la grandeur d'un pays. Cette partie de la population nous fait défaut aujourd'hui; mais, dans le passé, elle ne nous faisait pas défaut. Et c'est de là que viennent les réponses contradictoires que, nous autres Français, nous faisons nous-mêmes à cette question : « Sommes-nous colonisateurs? » — Oui, disent les uns. Voyez Maurice, la Réunion, la Guadeloupe, la Martinique, Saint-Domingue, surtout le Canada; autrement dit voyez l'Histoire. Le Gouvernement commit des fautes, des crimes même; la race n'en déploya pas moins de remarquables qualités colonisatrices, dont les fruits durent encore. — Non, répondent les autres, voyez Oran, Tunis, la Guyane, voyez toutes nos colonies, voyez le présent : nos colonies sont belles, mais les Français n'y vont pas, ou n'y vont guère : ils y sont à peine 300,000, dont une moitié de soldats et de fonctionnaires. Messieurs, les uns et les autres ont raison : nous fûmes d'excellents colonisateurs, quand nous avions des familles nombreuses; nous ne le sommes plus depuis que le « système du fils unique », comme disent les Allemands, s'est généralisé parmi nous. Nous pourrons le redevenir quand il aura cessé. En attendant, la disproportion, après tant d'annexions coloniales, tant d'efforts qu'on ne saurait trop admirer et dont le mérite revient avant tout au Gouvernement, puis aussi aux explorateurs, aux sociétés comme les nôtres, à la presse, la disproportion entre le rêve et la réalité est bien faite pour décourager.

Pour décourager, peut-être; mais, pour étonner, non pas, si du moins vous avez bien voulu me suivre, Messieurs. Je vous prie, où les prendrions-nous, nos émigrants? Parmi nos fils uniques? Les fils uniques, on ne les met pas au monde pour qu'ils aillent, en pays inconnu, se créer des situations au prix de longs efforts. Le papa du fils unique lui a gagné beaucoup d'argent, pour que « Bébé » n'ait rien à faire, ou du moins qu'il ait très peu à faire. Sans doute, c'est un idéal d'imbécile que « papa » s'est proposé, mais vous ne nierez pas que la majorité des Français n'aient cet idéal. Ils ignorent que le travail, l'effort au bout duquel il y a le pain, font toute la dignité de l'homme, toute sa valeur morale aussi. Ils ignorent que le père, qui aime vraiment son fils et qui veut en faire un homme honorable, doit plutôt éviter de lui laisser une fortune qui écarte la nécessité salutaire du travail.

On objectera peut-être, en citant l'exemple des colonies espagnoles et portugaises, que des cadres coloniaux composés de Français peuvent à la rigueur suffire à fonder des Frances extérieures. Mais les éléments de ces cadres coloniaux, d'où les tirerons-nous, nous qui ne suffisons même pas à exploiter notre propre sol, nous qui avons en France 1,200,000 étrangers (dont pas un soldat et dont pas un fonctionnaire)? Ces étrangers prennent les places qui exigent de l'énergie, de la docilité, des connaissances variées, places dont nous ne voulons pas, nous en général fils uniques, c'est-à-dire un peu paresseux, gâtés par une mauvaise éducation et tous, plus ou moins, candidats fonctionnaires. Voici ce que dit à ce sujet un très haineux, mais très judicieux étranger, M. le Dr Rommel. Oublions un moment, Messieurs, notre qualité de Français, et voyons si le tableau suivant n'est pas assez exact :

« La France se fait trop vieille pour sortir de chez elle. C'est aux nations jeunes et vivaces qu'appartient le rôle de colonisateurs, à celles dont le trop-plein croissant tend à s'échapper, à remplir les espaces vides. En France, où est ce trop-plein ? C'est la France que les étrangers colonisent. Allemands, Suisses, Belges, Italiens, tous arrivent. Jadis, avant la décadence, les Français fondaient au Canada, à la Nouvelle-Orléans, dans les Antilles, dans les Indes, des colonies avec de véritables colons en chair et en os et un commerce effectif. Aujourd'hui ces velléités de jeunesse, ces prétentions d'imiter l'Angleterre font rire doucement. Voyez-vous cette vieille toute paralysée qui voudrait encore sortir de chez elle et courir le monde comme dans ses jeunes années! Quand on est réduit à se liguer chez soi pour la protection des Français en France, contre l'immigration des étrangers, on ne va pas ouvrir aux quatre coins du monde des colonies plus grandes que son pays, c'est ridicule (¹). » La haine de ce gallophobe le rend clairvoyant. Nous prétendons coloniser les autres, et ce sont les autres qui nous colonisent. Nous aurions besoin d'émigrants et nous sommes un pays d'immigration au même titre que les contrées neuves de l'Amérique ; là-bas, les hommes manquent à la terre ; chez nous, ils manquent également, et de plus ceux qui s'y trouvent sont des fils uniques, c'est-à-dire pas tout à fait des hommes. S'il faut, à Marseille ou à Aigues-Mortes, de bons travailleurs, capables de rudes besognes, les paysans des environs se dérobent et laissent la place à des Italiens ; tel négociant de Bordeaux a-t-il besoin d'un employé docile, zélé, connaissant les langues étrangères ; c'est un article qu'il trouve rarement sur la place : il préfère le jeune Allemand qui a sa fortune à faire, qui sera souple, au jeune Français à qui il reproche de se sentir par derrière une petite fortune et d'être par suite peu facile à manier et moins assidu. A Paris, à Cognac, en Champagne, dans tout notre pays, même spectacle, et l'*Économiste français* (²) déclarait, dès 1884, que tout le commerce de notre pays tendait à passer aux mains des étrangers, et que, si nous n'y prenons garde, la France ressemblera bientôt à nos colonies : les Français seront tous fonctionnaires, et les étrangers feront tout le travail agricole et tout le commerce. Il sera plaisant alors que nous songions à annexer ou à coloniser les autres, quand nous serons nous-mêmes en péril de mort. « Où donc la prudence du peuple le plus léger, où donc l'avarice du peuple le plus dissipateur vont-elles se loger ? Dans la reproduction de la race ! C'est très bien d'aimer le confort et de détester les ennuis ; malheureusement le moment approche où les cinq fils pauvres de la famille allemande viendront facilement à bout du fils unique de la famille française... Excellent peut-être pour chaque cas particulier (ce dont nous doutons fort), le raisonnement du Français, appliqué à une nation, est synonyme de décadence, d'invasions et de désastres... Vous ne voulez pas vous payer d'enfants, supporter les ennuis de leur éducation ; vous paierez ceux qui en font, qui

---

(¹) D' Rommel, *Au pays de la revanche*. Genève, 1886, p. 155.
(²) *Économiste français*, 29 mars 1884.

ont besoin de place et d'argent et viendront prendre chez vous ce qu'ils ne trouvent plus chez eux. C'est sauvage, c'est monstrueux, c'est tout ce que vous voudrez; malheureusement, c'est naturel... Quand une nation grossissante en coudoie une autre plus clairsemée, qui par suite forme un centre de dépression, il s'établit un courant d'air, vulgairement appelé invasion, phénomène pendant lequel le Code civil est mis de côté... C'est aux nations clairsemées à se serrer les coudes ([1]). »

Messieurs, je vous demande pardon d'avoir encore emprunté à notre Dr Rommel ces lignes pénibles à lire aussi bien qu'à entendre. Elles nous ont certes grandement éloignés du magnifique rêve colonial que nous faisons tous, mais c'est précisément ce que je désirais. Nous rêvons d'avoir un jour des millions de Français dans nos colonies. Nous ne semblons pas voir qu'il n'y a qu'un moyen de rendre possible la réalisation de ce très noble rêve, comme il n'y a qu'un moyen de *faire grand* aujourd'hui, à ce moment de l'Histoire où les heures comptent double dans la destinée des grandes races humaines, c'est d'avoir des enfants. Mais s'arrêter d'avoir des enfants juste au moment où, pour notre race, nous avons de si grandes ambitions, ne vous semble-t-il pas que c'est de la démence? C'est au point que si j'ose vous livrer toute ma pensée, je considère comme un misérable et comme un traître tout chef de famille qui, n'ayant *voulu* avoir qu'un ou deux enfants, se permet de faire du patriotisme théorique à propos de l'Alsace-Lorraine ou à propos des questions coloniales.

Messieurs, je conclus que si nous voulons persévérer dans nos entreprises coloniales et les voir couronnées de succès, il faut nous occuper, préalablement et toute affaire cessante, de relever la natalité française. Comment s'y prendra-t-on? C'est l'affaire du Législateur. Les moyens ne manqueront pas, pourvu qu'il soit bien entendu que c'est là une question essentielle, vitale, à laquelle il faudrait subordonner toutes les autres, pourvu qu'on soit bien décidé à ne reculer devant aucun remède, si radical soit-il. Prêchons le patriotisme : répandons l'idée que tout homme qui n'a pas l'intention d'avoir au moins trois enfants est traître à son pays. Montrons que

---

([1]) Dr Rommel, ouvr. cité, p. 221 et 222.

l'intérêt de l'individu, la meilleure garantie de bonheur et de moralité sont encore dans les familles nombreuses. Demandons à la littérature et à la presse de glorifier la vie de famille, au lieu de se complaire dans les récits d'adultère et dans les drames passionnels; que tout homme qui tient une plume se considère comme ayant charge d'âmes; qu'il y ait d'ailleurs des lois contre la pornographie. Traquons le célibataire qui est essentiellement un agent de démoralisation; supprimons-lui la fille publique; accablons-le d'impôts non point pour le punir, mais pour qu'il dédommage le pays avec beaucoup d'argent pour l'impôt du sang que ses enfants ne paieront pas. Changeons le mode d'avancement des fonctionnaires, dont la carrière est d'autant plus brillante qu'ils sont plus mondains et moins chargés de famille. Modifions au besoin le régime de nos impôts; dégrevons le plus possible la famille nombreuse.

Craignez-vous de toucher aux impôts proprement dits? Reprenons, en l'aggravant, la proposition de loi Pieyre de 1883. Elle frappait l'héritier fils unique d'un droit successoral de 6 fr. 50 0/0. C'était trop peu. Voulez-vous quelque chose de plus efficace : que l'État renonce à tout droit de succession quand la famille sera composée au moins de trois ou de quatre enfants; qu'en revanche il soit regardé comme un des copartageants toutes les fois qu'il n'y aura pas au moins trois enfants. A défaut d'autres mesures, celle-là suffirait sûrement à relever la natalité française, et par suite à vous donner de quoi recruter des colons pour vos colonies.

En un mot, Messieurs, et sans plus insister, puisque ce n'est pas notre rôle, mais celui du Législateur, qu'on applique au mal une médication énergique. Faute de quoi, tout ce que nous projetterons, y compris et surtout notre œuvre coloniale, sera voué à l'insuccès. J'ai donc l'honneur de vous proposer l'adoption du vœu suivant :

« Que les pouvoirs publics veuillent bien se préoccuper
» d'encourager énergiquement et par tous les moyens, même
» fiscaux, le relèvement de la natalité en France (¹). »

(¹) Voir les mêmes idées exprimées avec beaucoup de force dans Roger Debury : *Un pays de célibataires et de fils uniques*. Dentu, in-18 jésus.

M. Turquan, chef du bureau de la statistique générale, délégué du Ministère du commerce, de l'industrie, des postes et télégraphes, répond à l'orateur, et insiste sur ce fait, qu'il y a 400,000 Français à l'étranger; que la France possède en Égypte, au Mexique, dans l'Amérique du Sud, des agglomérations vivaces et prospères. Il se demande si le Congrès a qualité pour émettre un vœu qui, par beaucoup de points, touche à l'économie politique.

M. le colonel Blanchot approuve, de la façon la plus complète, les conclusions de M. Rossignol et le vœu qu'il a formulé.

M. de Mahy déclare que le Congrès des sociétés de géographie est compétent, et a toute autorité pour s'occuper de questions touchant à l'économie politique et pour formuler des vœux analogues à celui qui vient d'être déposé par M. Rossignol.

D'après M. Lourdelet, les étrangers sont un élément de prospérité. Pour lui, c'est à l'alcoolisme que sont dues la diminution de la natalité et la dégénérescence de la race française.

M. Rossignol dit que presque toujours l'enfant pauvre réussit, tandis que le fils unique ne sait ni travailler ni vouloir.

Pour M. Hautreux, il est prouvé que, sur la place de Bordeaux, un employé étranger trouve plus facilement à se caser qu'un jeune homme du pays. On est plus certain de sa soumission, et en général, il sait un plus grand nombre de langues. M. Rossignol est du même avis, et, pour lui, les ouvriers étrangers sont plus travailleurs et plus soumis parce qu'ils sont plus pauvres, parce qu'ils appartiennent à des familles nombreuses, parce qu'ils ne sont pas des fils uniques.

Après un premier vote, dans lequel le Congrès se trouve partagé, un nouveau scrutin réunit 18 voix pour et 12 voix contre. M. GAUTHIOT fait observer que les Congrès n'ont jamais adopté les considérants d'un vœu, mais le vœu seul. M. ROSSIGNOL déclare abandonner les considérants qui précèdent le vœu qu'il a émis; — nous les reproduisons néanmoins tels qu'il les a présentés :

« Le Congrès national de géographie, considérant que les hommes sont la vraie richesse et la seule garantie de grandeur durable pour un pays;
» Considérant qu'en France, ce sont les hommes qui manquent à la terre et non la terre aux hommes, ainsi que le prouve la présence sur notre sol de 1,200,000 étrangers;
» Considérant en outre que, si nous ne pouvons, faute d'hommes, suffire à exploiter notre propre pays, il est douteux qu nous puissions être à la hauteur des magnifiques destinées que semble réserver à notre race notre admirable empire colonial, le Congrès de géographie émet le vœu :
» Que les pouvoirs publics veuillent bien se préoccuper d'en-
» courager énergiquement, et par tous les moyens, même
» fiscaux, le relèvement de la natalité en France. »

M. le commandant BONETTI donne ensuite connaissance du travail de M. Forest, sur *l'Élevage et la domestication de l'autruche dans le Sud algérien*. M. Forest cite les magnifiques résultats obtenus dans la colonie du Cap et dans la République Argentine, pays dans lesquels l'élevage de l'autruche est une industrie courante et très rémunératrice. Il serait à désirer que, dans le Sud oranais surtout, pays admirablement approprié à l'élevage de cet oiseau, les essais des colons soient encouragés et protégés.

Le commerce des plumes d'autruche devient de plus en plus important, et il serait utile que les colonies françaises deviennent un pays de production abondante de cet article si demandé particulièrement sur la place de Paris.

L'Autruche, son utilité, son élevage ;

Extraits d'un travail de M. FOREST

Communiqués par M. le commandant BONETTI, vice-président de la Société de géographie commerciale de Bordeaux.

L'emploi de la plume d'autruche remonte à la plus haute antiquité. Les fresques de la vieille Égypte figurent des guerriers coiffés d'une plume, des chars attelés de chevaux qui sont richement empanachés de plumes multicolores. L'écran éventail formait le complément de la toilette féminine d'une dame de la cour de Ramsès, de Sésostris.

L'industrie plumassière en France remonte à une époque fort ancienne, que M. Forest croit pouvoir fixer au xiiie siècle. Sa période de prospérité fut le règne de Louis XVI. La fureur des plumes fut poussée si loin que le prix en avait décuplé et qu'on les payait jusqu'à 50 louis la pièce. On sait que Marie-Antoinette, allant à un bal donné par le duc d'Orléans, fut obligée de faire ôter son panache pour monter en carrosse; on le lui remit lorsqu'elle descendit.

La France conserva jusqu'en 1870 le monopole du commerce et de l'industrie des plumes d'autruche; mais, depuis, ce commerce est passé aux mains des Anglais. Les Allemands nous font également une concurrence redoutable.

Pour l'appréciation de l'importance du commerce de plumes d'autruche, voici un exposé relatif au chiffre des exportations, d'après les meilleures sources de renseignements :

1° Exportation de Tripoli, de 1884 à 1891, 14,600,000 fr.; moyenne annuelle, 1,826,000 fr. L'exportation de Bengazi, de 1885 à 1890, s'est élevée à 905,000 fr.; moyenne, 181,000 fr.;

2° Exportation par Mogador, de 1865 à 1874, 949,700 fr.; moyenne, 118,710 fr.;

3° Exportation du Caire (Égypte), année 1893, environ 60,000 fr.;

4° Exportation par Aden, Souakim, Berbera, valeur inconnue, 3 à 4,000 kilog. de plumes désignées Yamani;

5° Exportation de Saint-Louis (Sénégal), au 1er janvier 1878, 684 kilog., 30,780 fr.; prix moyen, 45 fr. le kilog.

Le gouvernement français, qui dispose de millions d'hectares incultes dans le sud de l'Algérie, dans les régions impropres à la création de centres de population européenne, pourrait et devrait aider à la création d'une industrie si importante dont la réussite dépend uniquement de la possibilité d'utiliser de grands espaces.

Mon expérience d'ancien éleveur me permet d'affirmer que, si des essais avaient été faits dans le Sahara, nous occuperions aujourd'hui le premier rang dans la production des plumes d'autruche, et notre colonie posséderait une nombreuse population d'oiseaux de cette espèce barbaresque, tant prisée autrefois.

Les territoires nécessaires ne manquent pas : ce serait assurer le développement progressif des ressources de l'extrême-sud algérien ; et, du même coup, nous pourrions centraliser dans nos mains le commerce des plumes d'autruche qui transitent par Tombouctou ; de ce chef, les commerçants de Tripoli font actuellement un bénéfice annuel d'environ 2 millions de francs.

La reconstitution de l'autruche en Algérie, grâce aux autorités militaires, aurait la valeur d'une victoire économique sans effusion de sang, sans nouvelles charges budgétaires.

Après une discussion, à laquelle prennent part MM. Guénot, Lourdelet et Fournier de Flaix, le vœu suivant est présenté au nom de M. Forest et adopté :

« Le Congrès émet le vœu que le gouvernement favorise
» l'élevage de l'autruche en Algérie. »

M. Fournier de Flaix donne ensuite quelques renseignements d'une haute importance sur les *Missions catholiques*.

Il fait l'éloge des missionnaires et surtout des missionnaires français, dont les établissements nombreux et considérables sont certainement un des plus puissants et des meilleurs éléments de colonisation. Il fait l'éloge des Congrégations qui se vouent aux missions lointaines : l'Œuvre de la Propagation de la foi reçoit de toute la catholicité

26 millions, sur lesquels la France seule fournit 16 millions. La Propagation de la foi a dépensé, depuis son origine, près de 240 millions, dont bien plus de la moitié ont été fournis par la France. Ce sont nos missionnaires qui ont commencé la conquête de Madagascar et qui seront les meilleurs pionniers de la colonisation. C'est certainement sur eux et sur leurs néophytes que nous devons compter d'abord pour la conservation de notre empire colonial.

Les Missions catholiques françaises;

Par M. FOURNIER DE FLAIX.

Puisque vous êtes favorables au mouvement d'expansion et de colonisation qui s'est produit en France depuis les événements de 1870-1871; puisque vous venez de voter l'annexion même de Madagascar au territoire national à titre de colonie complète, permettez-moi de vous entretenir, pendant quelques instants, à propos d'un livre important qui vient de paraître, de nos grandes, patriotiques et très prospères Missions catholiques françaises. Ces missions sont bien l'un des plus puissants instruments coloniaux qu'aucun peuple ait jamais possédés.

Quelques mots, d'abord, sur le livre très remarquable qui m'a fourni l'occasion de ma communication. Ce livre est dû à M. Louis-Eugène Louvet [1], des Missions étrangères à Paris. Il a été publié par le groupe important de la Propagation de la foi à Lyon; c'est un grand in-quarto, composé d'un excellent texte à quatre colonnes, avec de nombreuses statistiques et de bonnes gravures. Je ne saurais trop vous recommander ce bel ouvrage, d'une lecture agréable et du plus grand intérêt.

M. Louvet établit, dans les premiers chapitres, une comparaison saisissante entre les conditions d'expansion de l'Église catholique sur le globe au commencement du XIXe siècle, en 1800 et en 1890. Il démontre qu'au XIXe siècle, contrairement à ce que l'on croit, surtout en France, l'Église catholique a accompli les progrès les plus extraordinaires. Au surplus, il en est de même des deux autres branches du christianisme,

[1] Depuis le Congrès, l'Académie des sciences morales et politiques lui a accordé une mention très honorable.

l'Église orthodoxe et les Églises protestantes, ainsi que du mahométisme. Si le xviiie siècle a été une époque de recul pour les religions, le xixe siècle a été, au contraire, une époque de progrès, de très grands progrès. Il restera à tous égards, malgré les plaintes de pessimisme et d'anarchie morale et sociale, comme un siècle religieux.

De toutes les preuves que je pourrais vous produire, le livre de M. Louvet est certainement la plus immédiate et la plus convaincante, car, ainsi que je viens de vous le dire, ce livre est assorti de statistiques nombreuses dont nous allons nous servir.

M. Louvet établit qu'en 1,800 il n'existait, dans les États protestants et orthodoxes de l'Europe du Nord, que 3,258,440 catholiques. Venaient ensuite 8 millions de catholiques en Irlande, 6 millions dans l'Allemagne méridionale, 6 millions en Pologne, 350,000 en Suisse, 250,000 en Turquie, 27 à 28 millions en France, 10 à 12 millions en Italie, 15 millions en Espagne et en Portugal. Les missions d'Orient comptaient 381,000 fidèles, de divers rites, dans la Turquie d'Asie, 475,000 dans les vicariats des Indes, 310,000 en Indo-Chine, 187,000 en Chine, 6,000 en Corée, 61,000 aux États-Unis, 120,000 au Canada, 105,000 aux Antilles anglaises, 14,000 dans la Guyane hollandaise et anglaise, 33,000 dans les États de Californie, 30,000 dans les missions de l'Amérique du Sud, 47,000 en Afrique.

Les changements que je vais maintenant avoir à vous signaler ont réellement quelque chose de merveilleux :

1º *En Angleterre et en Écosse*, les 120,000 catholiques du xviiie siècle sont devenus 1,690,921, avec 1,628 églises et plus de 2,000 écoles;

2º *États Scandinaves*, 6,000 catholiques;

3º *Allemagne*, 16 millions au lieu de 6;

4º *Hollande*, 1,488,852 au lieu de 350,000;

5º *Suisse*, 1,080,409;

6º *Pologne*, 4,300,000. — Russie et Caucase, 3 millions;

7º *États des Balkans*, 639,785 au lieu de 250,750;

8º *Asie-Mineure*, 657,698, la plupart attachés à l'Église française;

9º *Missions des Indes*, 1,692,337 catholiques en 1890, au lieu de 475,000 en 1800. Indo Chine, 690,672 au lieu de 310,800.

Missions de Chine, 576,440 au lieu de 202,000. Japon, 44,500. Corée, 19,000;

10° *Aux États-Unis*, le changement est de premier ordre : 7,977,278, avec 3,759 écoles, 2,056 églises et chapelles;

11° *Canada*, 2 millions de catholiques avec 5,082 écoles;

12° C'est toutefois, dans l'*Amérique du sud* et l'*Amérique centrale*, renfermant plus de 50 millions de catholiques, qu'a eu lieu le plus grand développement de l'Église catholique au xix° siècle. Aussi M. Louvet ne compte pas ces 50 millions d'Américains parmi les populations des Missions. Il y comprend seulement 8,297,044 indiens christianisés;

13° Les nouvelles terres d'extension des Missions catholiques sont l'Afrique, l'Océanie et l'Australie; elles ont une importance de premier ordre;

14° *Les Missions d'Afrique* se subdivisent en 7 sections : 1° Afrique du nord, comprenant l'Égypte avec 80,000 catholiques; Tripoli, 6,000; Maroc, le Sahara, la Tunisie, 27,000 catholiques avec 50 églises et 20 écoles; l'Algérie, 400,000 catholiques avec 200 églises et 220 écoles; 2° l'Afrique occidentale : Sénégal, Sénégambie, Congo, avec 56,000 catholiques; 3° l'Afrique méridionale, 23,750 catholiques; 4° Afrique orientale, 23,860 catholiques, 40 églises, 37 écoles; 5° Afrique centrale; 6° Afrique intérieure, avec tous les catholiques des nombreuses îles africaines, 1,200,000 catholiques; 7° Madagascar, 98,400 catholiques, 368 chapelles, 641 écoles, et les Seychelles, 15,000 catholiques;

15° *Missions d'Australasie*. Elles comptaient en 1820 2,000 catholiques, qui sont devenus 859,460 avec 1,709 églises;

16° *Missions d'Océanie*. Elles se subdivisent en 12 sections : 1° colonies hollandaises, Java, Sumatra, Bornéo, Célèbes, 45,371 catholiques; 2° colonies anglaises, missions de Bornéo; 3° colonies portugaises, Timor, avec 2,000 catholiques; 4° colonies espagnoles, les Philippines, avec 5,542,753 catholiques; 5° îles Sandwich, 27,600 catholiques; 6° Tahiti, 6,600 catholiques; 7° îles Marquises, 2,470 catholiques; 8° Océanie centrale, 3,450 catholiques; 9° île des Navigateurs, 5,000 catholiques; 10° Nouvelle-Calédonie et Nouvelles-Hébrides, 28,550 catholiques; 11° îles Fidji, 10,200 catholiques; 12° Micronésie et Mélanésie, 1,600 catholiques. L'ensemble de la Polynésie compte 90,400 catholiques.

Cette œuvre immense, réalisation vivante de l'Évangile, a été principalement accomplie par la France au moyen des dix congrégations suivantes : 1º la Société de la Propagation de la foi ; 2º la Société de la Sainte-Enfance ; 3º les écoles d'Orient ; 4º les Missions étrangères de Paris ; 5º les prêtres de Saint-Lazare ; 6º les Maristes ; 7º les Oblats de Marie ; 8º la Congrégation du Saint-Esprit ; 9º les Missions étrangères de Lyon ; 10º les Frères des Écoles chrétiennes.

De ces diverses sociétés, de beaucoup la plus puissante et la plus extraordinaire est celle de la Propagation de la foi. Elle a été fondée à Lyon, en 1820, par une femme héroïque, par Mlle Jarricot, sous l'inspiration d'un évêque français, Mgr Dubourg, évêque de la Nouvelle-Orléans. Depuis 1822, l'œuvre de la Propagation de la foi a pu réunir et distribuer 268,346,836 fr., dans lesquels la France a fourni 174,071,165 francs. Viennent après le chiffre énorme de la France :

```
Italie....................F.  23,476,064
Allemagne.................    21,137,283
Belgique..................    15,280,101
Grande-Bretagne...........     9,768,237
Amérique du nord..........     7,771,487
Hollande..................     4,787,911
Suisse....................     2,978,472
Espagne et Portugal.......     3,327,000
Amérique du sud...........     1,584,171
Missions du Levant........     1,179,100
```

Ces ressources ont été réparties de la manière suivante :

```
Missions d'Asie...........F.  101,352,353
Missions d'Europe.........     42,613,242
Missions d'Amérique.......     46,595,648
Missions d'Afrique........     34,529,669
Missions d'Océanie........     24,579,127
```

De son côté, l'œuvre de la Sainte-Enfance n'a pas encaissé moins de 82,405,000 francs dont 37,767,905 francs en France [1].

L'Œuvre des Écoles d'Orient dispose chaque année d'environ 200,000 francs, avec lesquels elle soutient 200 écoles avec 40,000 élèves et 1,600 religieux.

---

[1] C'est elle qui, depuis le Congrès, a tant fait pour porter du secours aux chrétiens d'Orient, massacrés par les Turcs et les Kurdes. En quelques jours elle a recueilli plus de 150,000 francs.

Les Missions étrangères de Paris dirigent 27 missions, comprenant plus de 1 million de catholiques.

Les prêtres de Saint-Lazare ou de Saint-Vincent-de-Paul, comptent 38 missions.

Les Frères des Écoles chrétiennes ont 203 maisons à l'étranger, avec 2,135 frères et 70,437 élèves.

Les femmes, les Sœurs, tiennent une place considérable dans ce mouvement. M. Louvet cite 112 congrégations de femmes ou sœurs dépendant des Missions, avec 42,329 sœurs d'Europe, la plupart françaises et 10,000 sœurs indigènes. L'ordre principal est celui de Saint-Joseph avec 11 maisons.

Tels sont les grands traits du vaste tableau des Missions catholiques à la fin du xixe siècle. Ils donnent un démenti irréfragable et dramatique aux prédictions des philosophes du dernier siècle et même de celui-ci, notamment de Jouffroy et d'Auguste Comte. S'il a été l'objet d'attaques dangereuses chez quelques peuples de l'Europe occidentale, le Christianisme, plein de vigueur dans l'Église orthodoxe, chez les peuples protestants et même chez les nations catholiques, s'est répandu de toutes parts et à aucune époque de sa glorieuse histoire, il n'a étendu, plus rapidement et plus pacifiquement, ses conquêtes pour porter partout le flambeau de la civilisation et accomplir la promesse de l'Évangile : *Ite et docete omnes gentes.*

M. le capitaine GODET approuve chaleureusement les paroles de M. Fournier de Flaix.

M. BALLAY, gouverneur de la Guinée, exprime seulement le regret que les missionnaires des Congrégations, surtout celles qui sont subventionnées par l'État, n'insistent pas davantage sur l'étude de la langue française et enseignent surtout l'anglais.

M. DE MAHY insiste pour qu'on n'admette comme missionnaires dans nos colonies que des Français.

M. le Dr VERRIER, membre du Conseil supérieur des colonies, communique un questionnaire et un projet de vœu au sujet de la conservation de la race des éléphants d'Afrique, dont la destruction est prochaine par suite de la guerre impitoyable qui est faite à ces animaux par les chasseurs d'ivoire. Le seul moyen de sauver cette espèce intéressante serait sa domestication, et c'est ce sujet que M. Bourdarie soumet aux études des Sociétés de géographie.

La Domestication de l'éléphant africain;

Questionnaire et projet de vœu communiqués au nom de M. P. BOURDARIE, secrétaire général de la Société africaine de France
par M. le Dr VERRIER.

1° L'éléphant africain peut-il être domestiqué?

2° Quelle est la colonie africaine qui se prêterait le mieux à des tentatives?

3° De quelle utilité serait cette domestication? au point de vue de l'utilisation des territoires africains et particulièrement du Congo (transports, travaux divers, etc., etc.)?

4° Les procédés employés dans l'Inde sont-ils applicables dans cette colonie?

5° Quelle race d'indigènes fournirait les meilleurs cornacs?

6° Est-il nécessaire de transporter, à titre d'éducateurs, des éléphants indiens en territoire africain?

7° Les essais à faire réussiront-ils mieux à l'intérieur des terres ou sur les côtes?

8° Faut-il, pour la solution du problème, demander aux gouvernements des colonies européennes de procéder aux tentatives voulues par la création de « fermes d'essais » et de « dépôts » ou attendre que l'initiative privée ou des sociétés particulières aient atteint des résultats importants?

9° Quels seraient les avantages plus généraux de cette domestication? Par exemple auraient-ils une influence sur la disparition des razzias et de la traite? Dans quelle proportion?

10° Que coûterait, suivant les régions, une ferme qui ferait les essais sur un couple d'éléphants africains, capturés jeunes et dressés : 1° avec l'aide d'un éléphant indien déjà dressé ; 2° sans cette aide?

Il est demandé :

« 1° Que les mesures nécessaires soient prises par les gouver-

» nements des colonies françaises de la côte occidentale, pour
» que les indigènes, dans les parties où l'action de l'Européen
» est suffisante, soient intéressés, non plus à la destruction de
» cet animal, mais à sa conservation et à son utilisation.

» 2° Que ces mêmes gouvernements soient invités par la
» métropole à faire des essais sérieux et prolongés de domesti-
» cation et d'utilisation pratique de l'éléphant africain. »

A la suite d'une courte discussion ce vœu est adopté.

M. Ch. JAMBON, ex-attaché commercial à Calcutta, communique ensuite une *Étude sur le Sikkim*. Ce pays, au point de vue de la flore, présente, à cause de son altitude, une foule de plantes des pays tempérés.

Les Anglais s'y sont implantés et administrent maintenant le pays. Ils se serviront du Sikkim comme d'un poste avancé pour pénétrer dans le Thibet. Jusqu'à présent, l'accès de ce pays leur a été impossible et ils sont en contestation avec lui pour une délimitation de frontières.

Le travail de M. Jambon, complètement original, fort intéressant, a été écouté avec la plus grande attention et unanimement applaudi.

Étude sur le Sikkim;

par M. Ch. JAMBON,

employé de commerce à Calcutta, membre des sociétés de géographie commerciale de Paris et Bordeaux.

Quoique le Sikkim soit un pays généralement peu connu, la position qu'il occupe entre le Népal et le Bhoutan d'un côté, l'Inde et le Thibet de l'autre, lui donne une véritable importance, que les Anglais ont su reconnaître et apprécier.

Le Sikkim est limité à l'ouest, au nord et à l'est, par un cirque de hautes montagnes comprenant une partie de l'arête principale des Himalayas et deux chaînes qui s'en détachent, dans la direction du sud. La chaîne des Singalila et un tronçon de la grande ligne himalayenne servent de frontière naturelle au Népal et au Sikkim. Sur ce versant, je signalerai un sommet, le Kantchindjenga, dont l'altitude est de 8,580 mètres et qui, après l'Everest, est le point culminant du globe. La chaîne qui sépare, au nord, le Sikkim du Thibet, comprend aussi plusieurs pics très importants : le Tchomiomo, le Kantchindjhau et le Powhunri.

A l'est, le Thibet possède la vallée de Tchoumbi, séparée du Sikkim par un chaînon dont les principaux sommets ont de 5,000 à 5,500 mètres, tels que le Narim et le Tchanako. A partir du Gipmochi, commence la frontière du Bhoutan qui longe la ligne du partage des eaux du Di-Tchou.

Au sud, la Tista et quelques-uns de ses affluents, le Rungpo, la Grande-Randjit et le Ramam, sont les limites actuelles du Sikkim et de l'Inde anglaise.

Dans le Sikkim, les chaînons et sous-chaînons sont orientés sans ordre et forment un véritable chaos de montagnes, ainsi que vous pouvez le voir d'après la carte que j'ai l'honneur de communiquer au Congrès.

Une rivière, la Tista, traverse le Sikkim du nord au sud et le divise en deux parties à peu près égales. De nombreux torrents descendent des flancs des montagnes et viennent tous apporter leur tribut à la Tista. Les vallées profondes de la Tista et de ses affluents sont excessivement humides et très chaudes, aussi la végétation y atteint-elle des proportions extraordinaires. C'est ainsi que, dans des vallées comme celle de la Rongli par exemple, à une altitude de 1,700 et 1,800 mètres, j'ai pu voir des bananiers et une flore absolument tropicale, tandis que sur les hauts sommets surplombant la vallée, j'apercevais en même temps, des sapins, des rhododendrons et d'autres plantes des pays froids.

Mais on se fait mieux une idée des différentes zones de la végétation en gravissant la montagne. Comme je viens de le dire, les vallées présentent une variété, une abondance de plantes très remarquables. Les bambous répandus en épais bouquets atteignent une hauteur de 30 mètres, les pandanus laissent retomber leurs longues feuilles minces ; les grands arbres, le sal, le cotonnier, le pêcher, etc., sont couverts d'orchidées épiphytes, dont les fleurs bizarres charment la vue. Dans les fourrés, des fougères d'espèces les plus variées, attirent le regard par leur profusion et la forme gracieuse de leur feuillage.

Dès qu'on arrive à une hauteur de 1,200 mètres, apparaissent les chênes, les bouleaux et d'autres essences des climats tempérés, et dans la mousse qui recouvre en épais tapis le sol, sous les grands arbres, on découvre nos violettes d'Europe. Malgré ce changement, la flore tropicale prédomine toujours, mais à 2,000 mètres elle disparaît. Alors on se croirait transporté dans quelque partie accidentée de la France, les chênes abondent, puis les magnolias, les érables, le houx, le saule pleureur, les rhododendrons. A mesure qu'on s'élève, on rencontre le sapin, le genévrier, le frêne. A 3,800 mètres, on ne trouve plus que le sapin et des plantes telles que la primevère, le saxifrage, le myosotis, la gentiane, des mousses et des lichens. A 4,000 mètres, les sapins eux-mêmes disparaissent.

On le voit par ce court exposé, la richesse végétale du Sikkim est très grande. Par suite des différences d'altitude, la plupart des plantes d'Europe et des pays chauds peuvent y être cultivées, à condition, toutefois, qu'elles ne craignent pas trop l'humidité. Dans les vallées on voit s'étager en amphithéâtre, le long des montagnes, de nombreuses plantations de riz. Les vallées de la Tista et du Lacheng paraissent être admirablement dotées pour la culture du thé, mais, jusqu'à présent, il n'a pas été permis aux Européens de s'établir au Sikkim, et les indigènes n'ont pas l'initiative ni les capitaux nécessaires pour installer des plantations de ce genre.

Dans les pâturages des hauts plateaux, on élève des troupeaux de yaks et de moutons; les premiers sont d'une très grande valeur pour les indigènes, qui les emploient comme bêtes de somme, boivent leur lait et vendent très cher la laine qui les recouvre.

Je ne vous infligerai pas, Messieurs, une étude de la géologie du Sikkim; cependant, je tiens à indiquer que, surtout dans la partie occidentale du Sikkim, on a relevé, à une altitude de 2,000 à 2,500 mètres, un grand nombre d'anciennes moraines, ce qui tendrait à prouver que les glaciers descendaient autrefois bien au-dessous de leur altitude présente, à moins qu'une très forte dépression se soit produite dans cette région depuis la formation de ces glaciers.

Le Sikhim est habité par des gens de races très différentes les unes des autres, et qui ont chacune leur dialecte particulier.

On y trouve les Lepchas, ce sont les aborigènes, mais leur nombre est inférieur à celui des Népalais, venus au Sikkim pour faire de la culture et gagner quelque argent, qu'ils rapportent ensuite dans leur pays; les Limbous, les Thibétains et les Bhoutias, qu'il ne faut pas confondre avec les Bhoutanais. Les religions de ces tribus sont plus ou moins dissemblables; c'est, généralement, du bouddhisme, auquel se mêlent des principes ou plutôt des pratiques brahmanistes et fétichistes.

Par sa situation entre quatre pays, le Sikkim devait forcément attirer l'attention de l'Angleterre. Dès l'année 1817, la Compagnie des Indes passa un traité d'amitié avec le rajah du Sikkim; plus tard, des difficultés s'élevèrent et diverses expéditions eurent lieu, dont le résultat fut la cession à l'Inde d'une bande du territoire sikkimois, puis l'établissement du protectorat britannique sur ce pays; car, bien qu'il porte encore, même sur les cartes anglaises, le nom de Sikkim indépendant, il n'a d'indépendant que le nom. Le rajah est prisonnier de l'Angleterre à Kursisug et son royaume est gouverné par une Assemblée de notables, présidée par l'Agent politique — c'est ainsi qu'on le nomme — résidant dans la nouvelle capitale : Guntok.

Je ne critique point, Messieurs, ce qu'a fait l'Angleterre, j'apporte des faits simplement, pour faire connaître la manière dont elle opère pour agrandir ses colonies. Il y a à tirer un enseignement d'une grande valeur en étudiant la méthode qu'elle suit, et il y aurait un avantage immense à suivre nous-mêmes cette méthode dans nos entreprises coloniales.

Voyons les progrès accomplis par le Sikkim, sous l'administration de l'Angleterre, depuis la déposition du rajah.

En 1889, à l'époque de l'internement du rajah du Sikkim à Kursisug, le gouvernement anglo-indien nomma un ingénieur des ponts et chaussées, M. White, agent politique au Sikkim. Il s'agissait d'abord d'ouvrir le pays, de faciliter les communications; le choix d'un ingénieur pour remplir le rôle d'agent politique était donc parfait. Les routes ont été ouvertes, les sentiers élargis, plusieurs ponts érigés sur les torrents et les rivières; enfin, des bungalows ont été construits sur les principales routes pour abriter les voyageurs et leur offrir un gîte pour la nuit.

Ces améliorations ont été faites avec le revenu seul du pays. L'impôt est, cependant, peu élevé, mais la collection en est bien faite et à peu de frais par les « khazis » ou maires. Le peuple se trouve très heureux de l'intervention britannique et, d'après les renseignements que j'ai recueillis sur place, il résulte que le bien-être des habitants ne fait que s'accroître, qu'ils sont traités avec justice et se déclarent satisfaits.

Les immigrants, attirés par la sécurité qu'ils trouvent au Sikkim, augmentent de jour en jour et les cultures se développent. Le commerce de l'Inde avec le Sikkim et avec le Thibet et le Népal par le Sikkim, prend une importance très large. La laine du Thibet est un des articles qui a le plus de succès auprès des commerçants anglais, grâce à la beauté et à la longueur de sa fibre, ainsi qu'au prix relativement modéré auquel on peut se la procurer.

Les relations du Sikkim avec l'Inde sont faciles, grâce au chemin de fer construit jusqu'à Darjiling, dès l'année 1880. Darjiling, on le sait, est le sanitarium du Bengale; elle est bâtie en pleine montagne, à 2,150 mètres d'altitude, et quoique sa distance au nord de Calcutta soit de 600 kilomètres, on y parvient en moins de vingt-quatre heures.

Darjiling est trop bien connue pour que j'en dise un seul mot. Qu'il me suffise de mentionner que son importance s'accroît rapidement, grâce à la mise en exploitation du district dont elle est le chef-lieu et au développement des transactions avec le Népal, le Sikkim et le Thibet.

A la suite de traités signés avec la Chine, après l'invasion des Thibétains dans le Sikkim en 1888, la délimitation de la frontière devait être faite d'une façon précise par une Commission anglaise et chinoise. Je reviendrai un peu plus loin sur les opérations de cette délimitation qui ont lieu actuellement.

La question Sikkim, en effet, n'était que le prélude d'une question Thibet. C'est presque toujours ce qui se passe sur les frontières de l'Inde, la main-prise sur un pays attire les convoitises sur le pays situé au delà, et comme les annexions sont faites habilement, les bornes de l'empire britannique reculent chaque jour.

Je ne donne point tort aux Anglais d'augmenter ainsi leur territoire, du moment qu'il en résulte une recrudescence de leur commerce et la prospérité des pays annexés. Laissons-les faire leur besogne tant qu'ils ne gênent pas la nôtre, et tâchons, si c'est possible, de les imiter sur le terrain colonial. Je n'ai point l'autorité ni l'expérience suffisantes pour formuler un jugement sur notre manière d'envisager l'action anglaise; cependant, mon opinion est que nous sommes trop habitués à regarder les Anglais comme nos ennemis et que nous devrions plutôt les considérer comme nos concurrents. Ils cherchent à augmenter leurs débouchés en créant de nouvelles colonies, faisons de même; mais lorsqu'ils voudront, comme dans la question du Siam par exemple, mettre la main dans nos affaires, agissons avec fermeté, énergie et rapidité. A ce sujet, je me permettrai d'ajouter, entre parenthèse, que nous devons maintenir l'occupation des postes de Xieng-Khong et de Xien-Hong afin de bien montrer aux Anglais que leur projet d'État tampon n'est qu'un mythe.

Je vous demande pardon, Messieurs, de m'être écarté de mon sujet, et je m'empresse d'y revenir, en répétant que la question Sikkim amènera la question Thibet, et qu'après avoir vu l'expédition du Waziristan, celle du Tchitral, nous verrons probablement bientôt celle du Thibet.

Comme vous le disait, il y a quelques jours, M. Merchier, dans sa très intéressante conférence sur la Chine et le Japon, les Chinois sont peu scrupuleux sur l'exécution des traités signés par eux.

En 1890, une convention fut faite entre l'Angleterre et la Chine relativement au Sikkim et au Thibet, et certains points devaient être réglés dans les six mois suivants. Ils l'ont été au mois de décembre 1893! Par ce dernier traité — qui ne porte probablement pas le grand sceau chinois... — un marché thibétain a été ouvert au commerce anglais à Ya-tung, à quelques kilomètres de la frontière sikkimoise. Les Chinois n'ont alors rien trouvé de mieux, pour empêcher tout trafic à Ya-tung, que de rendre impossible l'accès de ce marché, en construisant à côté une muraille semblable à la muraille de Chine, qui barre la vallée sur toute sa largeur.

Je l'ai déjà dit, à la suite de ces traités, une délimitation précise de la frontière Sikkim-Thibet avait été résolue, et c'est ici que viennent se placer les faits d'actualité.

Après de nombreux pourparlers, il avait été entendu que la Commission anglaise et la Commission chinoise se trouveraient le 7 mai 1895 sur la passe Pemberingo, mais par suite de retards de la part des Chinois, ce n'est que le 18 mai que la rencontre eut lieu, sur le col Jelep. Puis, le 2 juin, un meeting ayant été fixé sur le Daka-la, la Commission chinoise fit faux bond et, depuis, on ne l'a plus revue. Les poteaux-frontières établis par les Anglais sur les cols Pemberingo et Jelep ont été démolis, et un télégramme, en date du 18 juin, annonce que les Thibétains s'opposent aux opérations de démarcation. Enfin, le 4 juillet, un autre télégramme disait que les opérations étaient arrêtées, car les lamas de Lhassa sont hostiles à la délimitation, ce qui a encore été confirmé, et d'une façon plus absolue, par une dépêche du 10 juillet.

Dans ces conditions, que fera l'Angleterre? L'opposition catégorique des Thibétains, inspirée par les lamas et la Chine, empêchant toute délimitation, lui permettra, à l'Angleterre, de faire naître un incident de frontière, dans lequel ses intérêts seront lésés, — car, en bonne diplomatie, c'est toujours ainsi que cela se passe — et l'honneur britannique demandera une réparation.

On peut donc s'attendre à voir, d'un jour à l'autre, une nouvelle annexion se produire sur les limites du Sikkim, et l'empire anglo-indien étendre sa domination sur une partie du Thibet. C'est ce qu'on appelle là-bas : *The forward policy,* la politique d'En-Avant.

L'heure étant très avancée, onze heures quarante-cinq, le reste des communications à l'ordre du jour du matin a été reporté à la séance de l'après-midi.

Le Secrétaire de la séance,
Secrétaire de la Société de géographie de Bordeaux,

Léon CANU.

II. — Séance du mercredi 7 août (après-midi).

1° SÉANCE GÉNÉRALE SUPPLÉMENTAIRE.

Au début de la séance, M. DE MAHY, président du Congrès, consulte le Comité à l'effet de savoir s'il convient de faire une séance supplémentaire pour épuiser l'ordre du jour du matin qui appelle encore la communication de M. Videau. Sur l'assentiment de la majorité, la séance supplémentaire est ouverte à trois heures et demie sous la présidence de M. de Mahy, assisté des délégués des divers ministères.

M. VIDEAU donne lecture de la communication ci-après sur la *pêche de la sardine, l'industrie de la sardine à l'huile, et l'inscription maritime*. Il déclare, d'abord, que, contrairement à l'opinion émise par M. Layec, la sardine n'a pas disparu de nos côtes, mais qu'elle est moins abondante certaines années que d'autres, comme c'est le cas actuellement. D'après l'orateur, la température et le régime des vents sont les principales causes qui influent sur l'abondance du poisson sur nos côtes. Il y a en outre le système de pêche qui est défectueux ; nous employons toujours le petit filet, alors qu'en Espagne et au Portugal on emploie de grands filets qui assurent une pêche plus abondante. Les pêcheurs bretons à qui l'on a voulu imposer ceux-ci, à un moment, se sont révoltés contre cette obligation et ont préféré conserver le petit filet qui réduit les chances de prendre du poisson quand il est rare, et d'en pêcher beaucoup à la fois quand il est abondant.

Notes sur la pêche de la sardine, l'industrie de la sardine à l'huile et l'inscription maritime ;

par M. L. VIDEAU,
membre de la Chambre de commerce de Bordeaux.

Dans la troisième journée du Congrès de géographie, sous la présidence de M. Doby, M. Layec, de Lorient, a dit que par suite de la disparition de certains poissons et notamment de la sardine, la situation de la pêche côtière est loin d'être brillante.

M. Layec a ajouté que la question est cependant capitale puisque ce sont nos populations côtières qui forment l'inscription maritime et que les ressources de cette pêche s'élèvent à 60 millions.

M. Layec conclut à ce qu'il soit pris des mesures pour encourager les 80,000 matelots du littoral se livrant à cette pêche et il préconise la création d'écoles de pêche.

Adoptant les vues de M. Layec, le Congrès a renouvelé le vœu déjà émis à de précédents congrès de géographie, qu'il soit créé en France un enseignement technique et professionnel de pêche, à l'exemple de celui qui existe au point de vue agricole (professeurs d'agriculture, fermes-écoles, conférences, etc.).

Quoique n'attendant pas de la réalisation de ce vœu tous les effets que peuvent en espérer leurs auteurs, convaincu qu'en matière de pêche, la pratique doit produire d'autres résultats que la théorie, je suis loin, néanmoins, de désapprouver ce vœu qui tend à instruire le pêcheur, en général très ignorant de ce qui se passe au loin.

Aussi n'est-ce pas pour le combattre que j'ai l'honneur de solliciter de votre bienveillance quelques minutes d'attention; je n'aurai garde d'en abuser, sachant combien vos instants sont comptés.

Mais comme l'a très bien dit M. Layec, la question est capitale; il ne s'agit pas seulement de la pêche à la sardine qui se rattache à une des industries les plus importantes de France, dont vivent les populations maritimes de cinq ou six départements, mais de la fabrication de la sardine à l'huile et autres conserves de poissons; et il s'agit aussi de la pépinière de nos marins, de l'enfant se formant au rude métier de la mer en mettant d'abord le pied dans nos bateaux de pêche, et si on improvise quelques rares matelots à bord de nos vaisseaux de guerre, il est indispensable de les encadrer de solides marins rompus au dur travail de la mer, si on veut assurer la défense de la patrie.

Si je suis d'accord avec M. Layec sur ce point, je diffère

absolument sur celui de la disparition de la sardine de nos côtes.

Vieux pêcheur moi-même, je n'ose pas dire marin, quoiqu'ayant plus de trente années d'inscription maritime pour la pêche fluviale, toute ma vie s'est passée à suivre les efforts laborieux et peu fructueux de nos braves marins.

Depuis 1850, je m'occupe de la pêche de la sardine et je me suis appliqué de mon mieux à développer les industries et le commerce qui s'y rattachent.

La sardine, Messieurs, n'a nullement disparu de nos côtes, voilà où je diffère avec M. Layec, et j'en apporte la preuve dans les années d'abondance de pêche qui se sont succédé par intervalles et par périodes, telles que les années de 1855 à 1860, de 1866 à 1869, de 1875 à 1878, de 1890 à 1893; et 1894 même n'a pas été une année disetteuse; par contre 1895 s'annonce mal, car voici le mois d'août et c'est à peine si ce poisson a paru sur quelques points.

La sardine n'a donc pas abandonné nos côtes; il y a eu, de tous temps et à toutes les époques, des périodes de bonne et de mauvaise pêche.

Les causes d'abondance ou de disette de poisson sont trop nombreuses, trop diversement appréciables pour qu'elles puissent être traitées ici.

Des hommes de grande valeur, tels que MM. Gerville-Réache en 1887, M. P. Lacenette en 1888, ont fait de nombreux rapports; des commissions scientifiques ont fait des études en mer, sans faire avancer la question; et à mon humble avis, on pourra travailler longtemps ainsi, sans réussir à la résoudre, parce que la pêche, Messieurs, c'est, passez-moi l'expression triviale, la bouteille à l'encre; plus on cherche, moins on trouve; on peut conjecturer, on ne peut rien préciser et on se trompe presque toujours.

J'ai beaucoup étudié, j'ai surtout beaucoup examiné, et mon avis est que les effets de la température et le régime des vents sont les principaux facteurs de la précocité ou du retard de la pêche; si les froids sont rigoureux et longs, si les vents soufflent de l'ouest, du nord et de l'est, durant avril à juin, la pêche sera probablement tardive, et si, au contraire, l'hiver est doux et court, et que les vents soufflent du sud-est au sud-ouest, la pêche sera probablement précoce; et cela, parce que la sardine aime les eaux chaudes et vient du sud-sud-est.

Quant à prédire, avec quelque certitude, l'abondance ou la disette, c'est absolument impossible.

La disparition de la sardine n'existe donc pas et cependant nos pêcheurs et nos industriels souffrent.

Mais cela tient au système de pêche et non à la disparition du poisson.

La question n'est pas neuve, Messieurs, elle préoccupa dès 1875-76 et elle aurait dû préoccuper bien avant, puisque avant de pêcher la sardine pour la mettre en conserve, on la pêchait pour la mettre en barils, et cette industrie dite *sardine pressée,* dont je ne saurais assigner la date de naissance, mais fort ancienne assurément, puisque je l'ai vue très prospère de 1850 à 1855, commença à péricliter en 1856-57, par suite de la concurrence espagnole, et cela parce que nos pêcheurs se servant de petits filets de 25 ou 30 mètres de long (dits filets de maille) ne prenaient que peu de poissons et devaient conséquemment le vendre relativement cher pour gagner leur vie, tandis que nos voisins, mieux avisés, pêchaient avec de grands filets : des sortes de sennes; et si le genre de filet ne fait pas venir le poisson, s'il n'y en a pas, le grand filet en prend abondamment le jour où le poisson paraît, et cette abondance permet au pêcheur de le vendre à bas prix, tout en retrouvant une rémunération suffisante, et conséquemment cela permet aussi aux usines de s'approvisionner avantageusement.

Cette concurrence espagnole fit promptement disparaître de France l'industrie de la sardine pressée.

Néanmoins, nos pêcheurs purent survivre, grâce à ce qu'à ce moment l'industrie de la sardine à l'huile, naissante en France, inconnue en Espagne, se développa très rapidement, et dès 1860 elle avait acquis une importance considérable.

Mais l'étranger veillait et, déjà en 1865 ou 1866, une usine se fondait en Corogne, et en 1875 il existait 12 ou 15 fabriques en Espagne; le Portugal s'en mêlait presque aussitôt et on comptait 55 ou 60 grandes usines en 1885 dans ces deux pays.

L'inquiétude était grande en France, et malgré les avis de gens pratiques conseillant de modifier le système de pêche, ce ne fut qu'en 1878 qu'une première pétition fut adressée au gouvernement, pour autoriser l'emploi de grands filets, mais, par suite de divergences d'appréciations et surtout de la résistance des armateurs et des pêcheurs, on ne put vaincre la routine.

Cependant, en 1885, une lutte vigoureuse s'engagea entre les partisans du système ancien des petits filets et ceux qui préconisaient les grands filets; et dans une réunion du 25 mars 1885, à l'hôtel du Louvre, à Paris, composée des délégués des chambres de commerce de Paris, Nantes, Lorient, Quimper et de Bordeaux, d'armateurs, de pêcheurs, de fabricants, de députés et de sénateurs des départements intéressés, il fut décidé qu'une démarche serait faite près du ministre de la marine, pour lui déposer une pétition de nombreux pêcheurs et fabricants demandant à être autorisés à se servir de grands filets.

M. le Ministre de la marine autorisa des expériences de tous engins susceptibles de prendre la sardine.

Mais, trois jours avant la date fixée pour ces expériences, le 5 mai 1885, une émeute fomentée par les partisans des petits filets eut lieu à Douarnenez (Finistère), et, par crainte de plus graves désordres, les autorisations d'expériences furent retirées et elles n'ont jamais vu le jour depuis.

Les conséquences ne se firent pas longtemps attendre, l'industrie de la sardine à l'huile continuant à se développer en Espagne et en Portugal surtout, toute l'exportation de la sardine à bon marché et une grande partie de celle de bonne marchandise est passée en Espagne et en Portugal. Les mêmes causes qui avaient chassé de France l'industrie de la sardine pressée, devaient fatalement chasser celle de la sardine à l'huile. Aujourd'hui, il ne reste à la France que la fabrication des produits de luxe, que nous conserverons il faut l'espérer, grâce à la qualité du poisson pêché sur nos côtes et au savoir de nos fabricants.

Mais de 1,200,000 caisses que nous produisions, nous sommes tombés à 4 ou 500,000 et nous tendons à décliner.

Tandis que, si nous avions la liberté des engins de pêche, nous aurions, grâce à la supériorité de nos produits, toutes chances de reprendre la plus grande partie d'une industrie essentiellement française et, par suite, nos braves marins du littoral retrouveraient la prospérité, le bien-être qui est dû à cette vaillante population, et notre pays, sa pépinière de marins.

Je prie donc le Congrès de géographie d'émettre le vœu :

« Que le Gouvernement accorde la liberté des engins de » pêche, et que des délégués soient envoyés près du ministre » de la marine, pour qu'il presse la solution de ce vœu, si nous » voulons qu'il profite à la pêche de 1895. »

Ce vœu est adopté par le Congrès.

Prenant ensuite la seconde partie de sa communication, qui a pour titre : *l'Émigration et le Service militaire*, l'orateur propose, tout en fortifiant notre pouvoir militaire, de modifier l'éducation de nos enfants pour les pousser dans une voie de travail et non de plaisir.

Il demande que, dans l'intérêt de notre développement commercial, on accorde une réduction de deux années de service militaire aux jeunes gens qui prendraient l'engagement de passer deux ans à l'étranger, avec faculté de cinq années de séjour pour être dispensés de tout service militaire, tout en restant astreints à rentrer immédiatement en cas de guerre, pour servir dans la catégorie ou classe à laquelle ils appartiendront, après avoir fourni des preuves suffisantes de capacité et d'honorabilité, et en particulier de connaissances de langues étrangères.

M. le colonel Blanchot demande que le Congrès ne touche pas aux choses militaires, surtout lorsqu'il est question d'amoindrir encore les forces du pays.

Comme M. Videau paraît, dans sa réponse, attaquer le système colonial, il provoque une vive repartie de M. Victor Gaboriaud, explorateur du Fouta-Djalon.

M. Barbier, de Nancy, demande la question préalable, et M. le capitaine Lapasset, au nom du ministre de la guerre, prie le Congrès de ne pas discuter une question qui est du seul ressort de son administration.

M. VIDEAU déclare alors qu'il n'émet aucun vœu sur la question; qu'il demande seulement sa mise à l'étude d'une Commission.

La séance est levée à quatre heures trois quarts après le dépôt sur le bureau, par M. GAUTHIOT, d'une communication de MM. Blanc et le général Aneukof sur le *développement des études économiques et sociales au point de vue géographique.*

(La séance est levée pour permettre au Comité d'examiner le vœu de M. Videau.)

2° SÉANCE DE CLOTURE.

A cinq heures, le président du Congrès, M. DE MAHY, ouvre de nouveau la séance pour la clôture de la session.

Il donne lecture du règlement pour l'adoption des vœux; puis M. Manès, secrétaire général, communique à l'Assemblée les divers vœux retenus par le Comité du Congrès et qui sont au nombre de dix-huit.

VŒUX VOTÉS PAR LE CONGRÈS

et retenus par le Comité, conformément aux prescriptions de l'article 19 du Règlement.

Premier vœu.

Le Congrès émet le vœu : 1° que les ministères qui dressent des cartes statistiques veuillent bien s'entendre pour dresser, à une échelle unique, celles d'entre elles qui s'y prêtent le mieux (population, démographie, dynamique, agriculture, commerce, industrie, propriété, paupérisme, instruction publique, cultes, criminalités, etc.);

2° Qu'en ce qui concerne l'établissement de ces cartes, l'étude de la question soit demandée au Conseil supérieur de statistique;

3° Que ceux des ministères qui ne publient pas leurs cartes statistiques veuillent bien les communiquer, ainsi que tous les travaux à l'appui, aux éditeurs qui en feront la demande.

Vœu n° 2.

Demander le développement des observations météorologiques sur mer comme sur terre et, en particulier, obtenir des capitaines marins le dépôt, à la capitainerie du port, de leurs livres de bord pour en faire un extrait;

Publier tous les mois une carte régionale de ces observations.

Un modèle uniforme sera adopté pour toutes les stations.

Vœu n° 3.

Le XVI° Congrès national de géographie rappelle le vœu qu'il a formulé dans la session de 1891, et considérant que le port de Rochefort est, à de nombreux points de vue et plus que jamais, indispensable aux grands intérêts de la France, par sa situation au centre du littoral méridional de l'Océan où, de Belle-Isle à la Bidassoa, il constitue le seul point d'appui de nos forces navales couvrant Saint-Nazaire et Bordeaux; que de plus ce point est invulnérable aux attaques de mer;

Émet le vœu que cet arsenal, déjà démembré, soit rétabli avec de puissantes ressources de combat et de construction, et, enfin, qu'en toute circonstance de mer, les plus grands bâtiments puissent y pénétrer et s'y reconstituer au besoin.

Vœu n° 4.

1° Que les manifestations de l'activité étrangère, en France et dans les Colonies, manifestations financières, religieuses et autres, soient l'objet d'une surveillance exacte et soumises strictement aux principes de la législation française;

2° Que les travaux militaires intéressant la défense nationale soient effectués exclusivement par la main-d'œuvre française;

3° Et qu'aux Colonies, en raison des charges particulières qui pèsent sur le commerce national, ce dernier soit mis en situation, par un régime douanier approprié, de lutter au moins à armes égales avec le commerce étranger.

Vœu n° 4 bis.

Le Congrès demande l'annexion pure et simple de Madagascar.

Vœu n° 5.

Le Congrès, prenant acte de la satisfaction donnée aux vœux de ses aînés par la création, au ministère des colonies, d'un bureau de renseignements coloniaux et de son organe *la Revue coloniale,* émet le vœu :

1° Que cette publication reçoive les développements et la diffusion proposés par le rapport de M. J.-V. Barbier;

2° Que le fonctionnement du bureau colonial soit facilité par la création d'agents choisis et entretenus par chaque colonie.

Vœu n° 6.

Le Congrès, renouvelant un vœu déjà émis à de précédents Congrès, et regrettant que le Gouvernement n'ait pu encore y donner suite, émet le vœu suivant :

« Qu'il soit créé en France, dans les régions du littoral, un enseignement technique et professionnel de la pêche, à l'exemple de ce qui existe au point de vue agricole (notions pratiques dans les écoles normales primaires et dans l'enseignement primaire, professeurs d'agriculture, écoles d'agriculture). »

Vœu n° 7.

Le Congrès, considérant qu'il y a lieu de s'occuper sans plus tarder :

1° D'empêcher la plage d'Arcachon de disparaître ;

2° De rendre l'entrée du bassin praticable en tous temps et aux navires de tous tonnages,

Émet le vœu :

Que le Gouvernement procède à l'étude des travaux nécessaires.

Vœu n° 8.

Considérant que la vaine pâture et le déboisement ont pour conséquences les détériorations du sol et du climat, les inondations, la ruine et la dépopulation,

Le Congrès émet le vœu :

1° Que la loi de 1882 soit revisée dans un sens conforme à l'intérêt général en péril ;

2° Que l'allocation, notoirement insuffisante, de 3 millions soit portée à 10 millions au moins, en vertu de ce principe qu'il vaut mieux prévenir les désastres et les ruines qu'avoir à les réparer ;

3° Que toutes les forêts communales soient soumises, sans exception, au régime forestier.

Vœu n° 8 bis.

Le Congrès vote, de plus, de chaleureuses félicitations et des encouragements aux fonctionnaires de l'Administration forestière, qui luttent avec autant de courage que de dévouement contre les éléments déchaînés sur les hautes montagnes.

Il rappelle en outre les vœux antérieurs émis à Tours.

Vœu n° 9.

Le Congrès de Bordeaux, renouvelant le vœu du Congrès de Tours (1893), émet le vœu que le gouvernement continue à l'école grecque, de Saint-Julien-le-Pauvre, la subvention de 4,000 fr. (affaires étrangères) et 1,000 fr. (instruction publique) et l'augmente au besoin.

Vœu n° 10.

Le Congrès émet le vœu qu'il soit créé un canal maritime, à moyenne section, réunissant l'Océan à la Méditerranée et permettant le transit du cabotage des navires ne calant pas plus de 3 mètres ou 3^{m}50 et des bâtiments de notre flottille de guerre; que ce canal soit, avant tout, une transformation, une appropriation du canal actuel du Midi et du canal latéral à la Garonne.

Vœu n° 11.

Le Congrès, considérant l'importance de la population française établie spontanément en Égypte et qui atteint plus de 20,000 habitants;

Attendu que l'importation des produits français pour le seul port d'Alexandrie a progressé de 1890 à 1894 de 15 à 20 millions de francs;

Considérant que des capitaux considérables sont actuellement engagés par des Français qui ont entrepris de créer en Égypte des industries nouvelles;

Émet le vœu que le gouvernement s'efforce de faire la neutralité effective de la totalité du bassin du Nil et que le ministère des affaires étrangères publie chaque année, comme il y procède pour la Tunisie, un rapport d'ensemble sur la situation de l'Égypte, où seront coordonnés les renseignements épars dans les rapports des consuls, rapport d'ensemble analogue à celui qui est publié chaque année par le gouvernement anglais.

Vœu n° 12.

Le Congrès demande que, à l'imitation de ce qui se fait dans plusieurs nations maritimes, des observations d'océanographie soient faites, d'une façon continue, sur les navires de l'État qui sont chargés de la surveillance des pêches,

Et que ces observations soient, tous les mois, largement communiquées aux populations maritimes qui se livrent à l'industrie de la pêche.

Vœu n° 13.

Le Congrès émet les vœux suivants :

1° Que, pour éviter les abordages, sur tous les bâtiments à vapeur, un feu blanc supplémentaire soit placé au sommet du grand mât ;

Que les navires à voiles signalent leur allure au moyen de fusées colorées ;

Que le feu vert soit toujours de la même nuance, conforme à un type déterminé par les lois de la physique ;

Que les signaux phoniques soient faits à bord de tout navire au moyen de l'air comprimé ;

Que le nom des navires, ayant une vitesse normale supérieure à douze nœuds, soit inscrit en toutes lettres de 50 centimètres de hauteur sur le flanc, au milieu du franc-bord, à l'instar des bateaux feux-flottants.

Vœu n° 14.

Le Congrès, considérant les droits les plus incontestables de la France, droits qu'elle n'a jamais laissés périmer ;

Émet le vœu que la question pendante entre la France et le Brésil ne soit résolue que dans le sens desdits traités, qui établissent que la frontière sud de la Guyane française ne saurait être autre que le fleuve Araguary.

Vœu n° 15.

Le Congrès, considérant les avantages du système décimal, invite les sociétés de géographie à étudier l'application de ce système aux mesures du temps et du cercle.

Vœu n° 16.

Le Congrès national de géographie émet le vœu que les pouvoirs publics veuillent bien se préoccuper d'encourager énergiquement et par tous les moyens, même fiscaux, le relèvement de la natalité en France.

Vœu n° 17.

Le Congrès émet le vœu que le Gouvernement favorise l'élevage de l'autruche en Algérie.

Vœu n° 18.

Le Congrès émet le vœu :

1° Que les mesures nécessaires soient prises par les gouvernements des colonies françaises de la côte occidentale d'Afrique, pour que les indigènes, dans les parties où l'action de l'Européen est suffisante, soient intéressés, non plus à la destruction de l'éléphant, mais à sa conservation et à son utilisation ;

2° Que ces mêmes gouvernements soient invités par la métropole à faire des essais sérieux et prolongés de domestication et d'utilisation pratique de l'éléphant africain.

Dans une brillante allocution, M. DE MAHY remercie la Chambre de commerce, la Municipalité bordelaise et la presse de l'accueil, du concours si bienveillants qu'ils ont prêtés au Congrès.

En résumé, dit-il, ce qui ressort des délibérations, parfois très vivantes, du Congrès national de géographie, c'est le désir fermement exprimé de voir enfin la France être maîtresse chez elle en Europe et dans ses colonies.

Ces paroles empreintes d'un ardent patriotisme sont fort applaudies.

Le Président déclare clos le seizième Congrès de géographie et annonce que la prochaine réunion aura lieu en 1896 à Lorient.

Le Secrétaire de la séance,
Secrétaire de la Société de géographie de Bordeaux,

J. PEREZ-HENRIQUE.

III. — Banquet offert aux Délégués des Ministères.

Conformément au programme, la séance de clôture a été suivie d'un banquet offert à MM. les Délégués des Ministères.

Avaient été invités : MM. le Préfet de la Gironde, le Président du Conseil général, le Maire de Bordeaux, le Président de la Chambre de commerce et le Président de la Société Philomathique.

A sept heures et demie, les membres du Congrès et les invités se réunissaient à l'établissement du Moulin-Rouge et prenaient place à la table du banquet que présidait M. Hautreux, le plus ancien des vice-présidents de la Société de géographie commerciale de Bordeaux, assisté de ses deux collègues, MM. le commandant Bonetti et Gebelin. Au nombre des convives on comptait plusieurs dames du Congrès et presque tous les délégués des ministères et des sociétés françaises de géographie.

S'étaient fait excuser : M. le Préfet, M. Strohl, délégué du Ministère des travaux publics, absent de Bordeaux, et MM. Daney, Dezeimeris, Brunet et Hausser, empêchés.

Pendant tout le repas, la meilleure gaieté n'a cessé de régner, et les conversations qui se sont engagées, empreintes de la plus grande cordialité, ont eu le plus souvent pour sujet, alternant avec les questions agitées dans le Congrès, soit les découvertes les plus récentes, soit les problèmes coloniaux à l'ordre du jour. Les explorateurs présents, racontant à leurs voisins les épisodes les plus saillants de leurs récents voyages, n'étaient pas des moins écoutés.

A l'heure des toasts, M. Hautreux se lève et prononce les paroles suivantes que tous les convives accueillent de leurs plus chaleureux applaudissements :

« Messieurs,

» Puisque je suis appelé à l'honneur de présider ce banquet confraternel et d'exprimer les sentiments que nous éprouvons tous, ma première parole doit être adressée à notre très vénéré président, pour le remercier du grand honneur qu'il a fait à la Société de géographie de Bordeaux, en acceptant de venir au milieu de nous pour donner à notre réunion le lustre et le retentissement nécessaires à l'accomplissement de nos vœux.

» Nous le remercions de la bienveillance qu'il nous a témoignée, de la cordialité, de la facilité de son accueil. Ici, au bout de la France, nous sommes bien éloignés du centre d'action, de force et de lumière, et c'est toujours avec un sentiment d'hésitation que nous nous risquons près de ces puissants rayonnements.

» Nous le remercions aussi d'avoir bien voulu assister aussi constamment à toutes nos séances et d'y avoir apporté cette chaleur entraînante, cette ardeur patriotique qui nous ont maintes fois soulevés d'enthousiasme.

» Je suis encore votre interprète, Messieurs, en remerciant MM. les Délégués des divers départements ministériels d'avoir bien voulu suivre assidûment nos travaux ; ces relations de tous les jours, ces échanges constants d'impressions sur tous les sujets que nous avons abordés, ont été tellement intimes que de *Missi Dominici* qu'ils étaient, nous espérons bien en avoir fait des amis et avoir laissé dans leur cœur une trace que nous pourrons retrouver un jour.

» Je crois aussi ne pas excéder mon rôle en remerciant tous les congressistes qui ont bien voulu répondre à l'invitation de la Société de géographie de Bordeaux.

» Vous nous avez apporté, Messieurs, des travaux considérables qui nous ont permis de développer toutes les parties du programme que nous avions offert à vos études, soit au point de vue général, soit au point de vue régional et colonial.

» Grâce aux efforts de nos différents bureaux, toutes les questions mises à l'ordre du jour ont été traitées avec l'ampleur désirable, et le public de notre ville, un peu rebelle aux séances du jour, a témoigné à nos conférenciers que, à la sortie des comptoirs, l'esprit tendu aux affaires recherche avidement les enseignements éloquents qui lui furent donnés.

» Notre Congrès a eu une réussite éclatante. Mais que deviendront nos vœux? C'est entre vos mains, Messieurs les Délégués, que nous les remettons, en vous adressant un pressant appel pour plaider notre cause auprès des ministres que vous représentez.

» Enfin, Messieurs, il est un remerciement tout spécial que nous devons adresser, c'est à la cheville ouvrière de notre œuvre, c'est à l'homme ultra modeste qui, depuis plus de vingt ans, et sans un jour de répit, nous réunit, nous guide et assume la charge considérable d'organiser nos travaux; je ne veux pas blesser sa modestie, mais qu'il me soit permis devant vous, Messieurs, de trouver que la récompense méritée de tels efforts, en vue du bien public, est bien longue à arriver.

» Pour obtenir la faveur des dieux, c'est en leur honneur autrefois que se faisaient les libations. Imitons les anciens et buvons, Messieurs, à notre cher et vénéré président, M. de Mahy. »

M. Manès donne, aussitôt après, communication de la lettre ci-dessous que lui a remise M. de Mahy pour être lue au banquet :

« Bordeaux, le 7 août 1895.

» Mon cher Monsieur Manès,

» Je viens vous prier de vouloir bien être mon interprète au banquet de ce soir, auprès de nos invités et des membres du Congrès, tous, les uns et les autres, nos collaborateurs excellents, et qu'ils me permettent de le dire, nos amis.

» Vous savez quel motif douloureux m'oblige à ne pas assister au banquet, et vous savez aussi que je suis de cœur avec vous. Je m'associe aux toasts qui seront portés et je vous prie de porter de ma part celui-ci, qui résume l'esprit de nos travaux et se trouve être la devise du Congrès national des sociétés françaises de géographie tenu à Bordeaux. Il réunira tous les suffrages :

« *A la France! maîtresse chez elle, en Europe et dans ses* » *possessions d'outre-mer.* »

» Permettez-moi, mon cher Monsieur Manès, de vous redire, en terminant, combien j'apprécie le grand honneur qui m'a été fait et que je dois à la Société de géographie commerciale de Bordeaux. J'en renouvelle mes remerciements à la Société, à vous, mon cher Monsieur Manès, et à l'honoré président, M. Maurel. Je vous prie de transmettre à celui-ci mon regret des circonstances pénibles qui l'ont éloigné de nos séances.

» Veuillez me croire votre bien affectionné et dévoué

» DE MAHY. »

Cette communication et le toast si patriotique qu'elle propose de porter, soulèvent des acclamations unanimes, et c'est après une salve d'applaudissements que tous les assistants se lèvent et entrechoquent leur verre pour boire, ainsi que les y convie le message de leur éminent et vénéré Président : « *A la France! maîtresse chez elle, en Europe et dans ses possessions d'outre-mer.* »

Plusieurs toasts sont portés ensuite, tour à tour, par MM. Gauthiot qui, au nom des Délégués des ministères, boit aux délégués des sociétés de géographie; Barbier, à la Société de géographie de Bordeaux; Lorin, à la Société Philomathique; de Saint-Saud, aux distingués conférenciers du Congrès; Lourdelet, aux propagateurs des idées géographiques et des voyages; Guénot, à M. Gauthiot et à la presse. A ce dernier toast quelques mots, pleins d'à-propos, ont été répondus, au nom des journalistes présents, par M. Bouchon, rédacteur à la *Gironde*.

Les convives se rendent alors sur la terrasse où le café et les cigares les attendent. Les conversations reprennent de plus belle, joyeuses et animées, et il est près de minuit lorsque les congressistes se séparent, en se donnant rendez-vous au ponton des Quinconces, pour l'excursion du lendemain.

HUITIÈME JOURNÉE

Jeudi 8 août.

I. — Excursion à Bourg.

A neuf heures du matin, la sirène du vapeur *le Laprade*, de la Compagnie Gironde-et-Garonne, affrété pour l'excursion, avait jeté ses derniers appels et l'on avait démarré en route sur Bourg. La journée s'annonçait radieuse; la gaieté fit comme le soleil, elle se mit rapidement de la partie. Tant que le spectacle animé de la rade et du port défila sous les yeux des touristes, que la sévère et monumentale perspective des quais dessina nettement sur le ciel sa crête hérissée de cheminées, et que par-dessus, dans les chaudes buées matinales, s'élevaient de plus en plus les flèches, les tours et les sommets de la ville, l'attention se dispersa un peu partout : les docks, les chantiers de constructions maritimes, le vert promontoire de Lormont attiraient tour à tour l'œil émerveillé de nos collègues étrangers; mais quand on fut en pleine rivière, entre deux rives uniformément plates, la conversation battit son plein, et si les dames excursionnistes achevèrent de lui donner ce charme particulier que les femmes imposent et qui rayonne autour d'elles, il est juste de reconnaître qu'il a été brûlé bien de l'esprit en leur honneur.

Mais comme la Géographie ne devait pas perdre ses droits, encore que les séances du Congrès eussent pris fin de la veille, puisqu'en somme cette excursion n'était qu'un prolongement du programme, on en a fait un brin. Pour-

CONGRÈS NATIONAL DES SOCIÉTÉS FRANÇAISES DE GÉOGRAPHIE

BORDEAUX 1895

EXCURSION DU 8 AOUT

DÉPART POUR BOURG

Cliché de M. Marcel CHARROL   Photogravure A. COURRÈGES, Libourne

CONGRÈS NATIONAL DES SOCIÉTÉS FRANÇAISES DE GÉOGRAPHIE

BORDEAUX 1895

EXCURSION DU 8 AOUT

VUE GÉNÉRALE DE BOURG

Cliché de M. Marcel CHARROL   Photogravure A. COURRÈGES, Libourne

CONGRÈS NATIONAL DES SOCIÉTÉS FRANÇAISES DE GÉOGRAPHIE

BORDEAUX 1895

EXCURSION DU 8 AOUT

UNE PORTE A BOURG

Cliché de M. Marcel CHARROL   Photogravure A. COURREGES, Libourne

quoi donc Bourg. dont le centre de population et le ponton d'embarquement ou de débarquement est bel et bien en Dordogne, s'appelle-t-il Bourg-sur-Gironde? Lors même que les confins de la commune viendraient apporter leurs vases riveraines à la Gironde, cela ne serait point suffisant pour justifier son nom géographique. On disserte et tout en réunissant l'unanimité des avis, voilà que les cloches sonnent à toutes volées, que le canon municipal gronde à Bourg. Les abords du quai, le ponton, la terrasse sont pavoisés et couverts de monde. Une délégation du Conseil municipal, avec l'honorable maire de la commune à sa tête, n'attend que l'achèvement de l'amarrage pour franchir la passerelle et souhaiter la bienvenue aux membres excursionnistes du Congrès que cette spontanée manifestation de sympathie a fort touchés. Les présentations faites, on se met à déambuler avec les autorités à travers les quais et la ville dont on ascensionne allègrement les rampes; on franchit la vieille porte, on visite l'Hôtel de Ville dont M. le Maire fait les honneurs avec la plus grande courtoisie; de la terrasse la vue est admirable et chacun fouille ces riches lointains où s'étalent les plaines fertiles de l'Entre-deux-Mers vers Ambarès et Lormont, vers Lamarque, Blanquefort et Bordeaux de l'autre côté de la puissante Gironde dont les flots limoneux s'allument aux feux du soleil. Cette promenade décousue à travers les rues est charmante, les groupes circulent, éparpillant leurs fantaisies jusqu'à ce que l'heure de midi donne le signal du ralliement. Mais on se souvient que si les estomacs creusés par l'air de la rivière ont donné depuis longtemps le leur, il y a quelques curiosités à voir au presbytère où M. le vicaire, en l'absence de M. le curé, nous montre deux devants d'autel en perles dont l'un a été fait de la main d'Anne d'Autriche elle-même et donné à l'église par elle un jour qu'elle traversa Bourg, et l'autre, du xviiie siècle, offert également comme pendant au précédent. Ce sont là deux intéressants objets qui portent bien respectivement la marque de leur temps et dont communication avait été faite très peu auparavant à la Société d'archéologie de Bordeaux par le savant M. Daleau, d'après une photographie de M. Amtmann. Mais aussitôt l'on regagne l'hôtel du Commerce, non sans avoir remercié M. le premier vicaire de sa courtoisie, et grâce aux organisateurs dévoués qui ont présidé à ces préparatifs spécialement gastronomiques, l'on n'a qu'à se mettre à table. Si les conversations furent animées, je laisse à chacun le soin de s'en souvenir, à telles enseignes que le silence fut presque difficile à obtenir à la minute grave des toasts. Les plus emballés étaient encore nos amis les septentrionaux; je fais appel à mon aimable voisin de droite dont je respecterai l'anonyme. M. le Dr Abadie, maire de Bourg, en termes très heureux, nous dit un mot de l'intéressant passé historique de sa commune qui joua de tout temps un grand rôle dans l'histoire de notre province; il se déclare heureux de la bonne occasion qui lui est offerte de recevoir le Congrès national de géographie, il en a suivi les travaux avec intérêt, les grandes questions qui y ont été agitées sont de celles qui intéressent tout bon Français au plus haut degré; il espère que le Congrès, de son côté, emportera le meilleur souvenir de l'accueil sympathique que la population de Bourg lui a réservé. Des applaudissements couvrent les dernières paroles de M. le Maire, et comme elles ne sauraient rester sans réponse, c'est M. Gauthiot, délégué des Ministères de l'instruction publique et du commerce, qui prend la parole avec cette bonhomie, ce cœur et ce grand sens qu'apprécient tous ses collègues. Et puis on boit aux dames du Congrès, on boit aux représentants du Ministère de la guerre, de la marine et des colonies, aux pionniers hardis de notre civilisation française, à notre explorateur, qui est de l'excursion, M. le capitaine Marchand.

Trop courts sont ces instants. La marée a de ces exigences à nulles autres pareilles; les flots des vins de Bourg nous ont fait oublier ceux trop peu généreux de la

Dordogne, puisqu'ils ne nous permettent pas de remonter jusqu'aux ponts de Cubzac où nous attendait une seconde manifestation sympathique. C'est avec bien du regret que nous manquons à ce rendez-vous, mais quel est le programme qui ne comporte une anicroche? La faute en est au lit de la Dordogne et un peu à nous qui avions trouvé le nid bon. Alors, changement d'itinéraire et en route pour Blaye. On ne nous y attendait pas, et le Congrès en excursion profita de l'inattention générale pour se livrer aux ébats les moins géographiques. Il y avait dans notre bande un musicien de talent qui n'eut de cesse qu'il n'ait trouvé une flûte. Pour soixante-quinze centimes, il se procura un instrument qu'il tâcha de mettre à la hauteur de ses moyens. Il en avait assurément plus que le galoubet n'avait de trous. A partir de ce moment, gagnés par sa cadence, les excursionnistes emboîtèrent machinalement le pas et les plus étonnés furent ceux qui assistèrent à l'assaut en musique qui fut donné à la citadelle. Les violons de Lérida eussent été enfoncés si cet assaut eût été plus périlleux. On déambule ainsi pendant près de deux heures sans trop songer au retour.

La sirène du vapeur de Gironde-et-Garonne nous appelait cependant éperdument.

Après les courtoises discussions du Congrès qui avaient permis à tous les collègues que nous étions d'apprécier la communauté d'efforts que chacun de nous apportait au triomphe de l'influence française dans nos colonies et dans le monde, communauté dans l'action qui resserrait davantage notre estime et notre sympathie réciproques, cette excursion de Bourg, après celle de Saint-Macaire, avait achevé de créer de ces liens d'amitié qui survivent aux Congrès, et c'est sous cette heureuse impression que toutes les mains se serrèrent à Bordeaux, à l'arrivée.

Non cependant, ce n'était pas encore l'adieu. Le même soir tous les congressistes géographes se retrouvaient à la soirée offerte par le Conseil municipal de Bordeaux au

Congrès de l'alliance française et au nôtre, et les géographes se resserrèrent en un coin de notre jardin de la Mairie où s'échangèrent les derniers : au revoir! C'est au prochain Congrès national que les Bordelais auront à cœur de retrouver leurs amis.

Le Secrétaire de la séance,
Secrétaire de la Société de géographie de Bordeaux,

A. NICOLAÏ.

II. — Réception à l'Hôtel de Ville.

La Municipalité avait organisé pour la soirée du jeudi 8 août, en l'honneur des congrès réunis à Bordeaux en ce moment, une magnifique réception.

Nous empruntons au journal *la Gironde* le compte rendu suivant de cette soirée :

« Le palais Rohan resplendissait hier soir de mille feux.

» Jamais sa décoration n'avait été plus brillante. Au dehors, oriflammes et drapeaux ; aux portes d'entrée, tentures et velours somptueux ; dans les salles, l'éclat des lumières, l'animation, la vie.

» C'est que la Municipalité offrait une réception solennelle à l'occasion de la présence à Bordeaux des savants, des professeurs, des hommes de distinction qui font partie des Congrès tenus en ce moment dans notre ville : Congrès de l'avancement des sciences, Congrès de médecine, Congrès de gynécologie, Congrès des langues romanes, etc., sans compter le Congrès des aliénistes et le Congrès de géographie, qui viennent à peine de finir.

» Certes, si, comme nous venons de le dire, notre hôtel de ville n'avait jamais été plus beau, il est aussi vrai de déclarer que jamais il ne vit réunion plus imposante, plus respectable.

» Des rois, des ministres, des grands de la terre ont pu fouler ses parquets, être reçus avec de grands honneurs ; mais ces princes de la science, ces grands dignitaires de la pensée, ces gloires de notre pays et des pays voisins avaient droit plus que personne aux hommages de notre population, que la municipalité, M. Daney et ses adjoints en tête, ont représentée ce soir avec beaucoup de correction et de dignité.

» Nous renonçons à énumérer toutes les notabilités qui se pressaient hier soir dans les salons de la mairie. Les invitations avaient été lancées en foule, et tous les appelés, à peu d'exceptions près, avaient répondu.....

» Tous ces savants étrangers étaient d'ailleurs entourés de nos célébrités françaises, de nos illustrations locales, et disparaissaient dans ce large enveloppement.

» La réception s'est prolongée fort avant dans la nuit.

» Elle a été agréable à tous les points de vue.

» Un très confortable buffet, servi par le Café de la Comédie, a souvent arrêté les visiteurs dans leur excursion à travers les salons, et les musiques du 57e et du 144e, si habilement dirigées par leurs chefs MM. Barnier et Lançon, ont offert le plus beau et le plus artistique concert.

» Tous les invités se sont retirés en louant la Municipalité de l'éclat qu'elle avait donné à sa réception. »

RÉUNIONS DES DÉLÉGUÉS

RÉUNION DES DÉLÉGUÉS

I. — Séance du jeudi 1er août (matinée).

Le Bureau du Congrès s'est réuni le jeudi 1er août, sous la présidence de M. DE MAHY, pour la vérification des pouvoirs des délégués et la communication des lettres d'excuses des Sociétés qui n'ont pu se faire représenter au Congrès.

Ouverte à onze heures, la séance s'est terminée à midi.

II. — Séance du vendredi 2 août (après-midi).

Le Bureau du Congrès, réuni sous la présidence de M. DE MAHY, examine le projet de modification du règlement proposé par la Société de géographie de l'Est. La séance commence à cinq heures trois quarts.

M. BARBIER rappelle les principales raisons qui ont amené la Société de l'Est à étudier une transformation du règlement de 1884, et qu'il a développées dans une circulaire envoyée aux Sociétés de géographie le 15 janvier 1895.

Ces raisons sont les suivantes :

L'expérience de quinze années de Congrès, les transformations inévitables des choses en un temps où tout se transforme, les constatations que j'ai pu faire au cours de plusieurs de nos sessions, les observations, avis désintéressés autant qu'éclairés que j'ai recueillis, m'ont amené à rechercher si notre organisation, vieille déjà de dix ans, après avoir donné de bons, d'excellents résultats, ne devait pas être — je ne dirai pas transformée — mais complétée ; si notre recrutement ne devait pas s'élargir.

Il est constant, en effet : 1° que le système actuel risque tous les jours davantage d'écarter de notre Congrès des sociétés, des personnalités dont le concours ne nous serait pas seulement utile, mais nécessaire ; 2° que le laconisme de notre règlement de 1884 — dont je serais le dernier à altérer le fond — laisse à l'inexpérience ou à des interprétations judaïques des latitudes qui exposent nos sessions à un regrettable manque d'unité, à des déviations malencontreuses; 3° que *des améliorations devenues aujourd'hui traditionnelles*, ignorées parfois des sociétés chargées de l'organisation de nos sessions, *gagneraient à revêtir la forme réglementaire*.

Enfin, pénétré de l'esprit de notre Congrès, également éloigné de deux extrêmes d'opinions sur la nature, le caractère et le but de nos sessions, il m'a semblé bon d'en proposer une définition faisant la substance de l'article 1er du règlement, de manière à couper court, désormais, aussi bien à l'exclusivisme des uns qu'à l'exubérance souvent dévoyante des autres.

D'ailleurs, les griefs que l'on formule le plus souvent au sujet de notre Congrès, de tels de ses prétendus errements, — je sais qu'il y en a eu de réels, mais quoi qu'on en pense, ils sont l'exception, — reposent sur une ignorance persistante, aussi bien de la diversité des milieux où se sont créées, où se meuvent, où se recrutent les sociétés, que du but que se sont proposé les fondateurs de notre Congrès. Ce n'est point ici le lieu d'engager une discussion par correspondance. Mais il me suffira de citer ici des extraits du discours prononcé par M. le vice-amiral de La Roncière le Noury — qui n'est point suspect, que je sache, aux plus exigeants, — lorsqu'il inaugura le Congrès de 1878. « Notre réunion, disait-il, doit avoir un caractère intime, exclusif de toute préoccupation oratoire; *c'est en quelque sorte une session d'affaires et d'affaires françaises avant tout.* »

Est-ce clair? Faut-il ajouter que, depuis lors, le champ s'est élargi; que nos sessions annuelles l'ont modifié en faisant une part plus grande que l'on n'y songeait à l'origine, à la science géographique pure?

Certes, tout en envisageant ainsi notre Congrès à ses débuts, le savant amiral n'a point ménagé les avis, les bons conseils : « Évitons, ajoutait-il plus loin, les vagues aspirations, les vœux stériles, les mesures inapplicables où s'émousserait l'autorité de la réunion. »

Toutes les considérations qui précèdent m'ont amené à proposer des additions et quelques modifications à notre règlement. Elles s'expliquent assez d'elles-mêmes pour me dispenser de tout commentaire.

Du reste, lorsqu'il y a lieu, des notes justificatives sont placées en renvoi dans le projet que je vous adresse avec la présente.

Dans ce projet, les parties conservées du règlement primitif sont en caractères « romains », les parties additionnelles ou rectificatives sont en *italiques*. (Extrait de la circulaire du 15 janvier 1895.)

M. Barbier donne ensuite lecture du projet proposé, tel qu'il a été rédigé par la Société de l'Est, après examen des observations présentées par les diverses sociétés.

Le Bureau examine article par article ce projet de règlement et prend successivement les décisions suivantes :

Adoptés sans modifications : articles 1, 6, 7, 9, 10, 11, 12, 15, 16, 17, 19 et 20.

Adoptés avec légères modifications : articles 2, 3, 8, 13, 18 et 21.

Adoptés avec modifications importantes : articles 4, 5 et 14.

Le numéro 14 a été divisé en deux articles, ce qui a augmenté d'une unité tous les numéros suivants.

La réunion décide que le règlement ainsi adopté, et qui renferme vingt-deux articles, sera imprimé et distribué aux membres du Bureau du Congrès, pour être soumis à une deuxième lecture dans une prochaine séance fixée au lundi 5 août.

La séance est levée à six heures un quart.

III. — Séance du lundi 5 août (matinée).

Le Bureau du Congrès se réunit à dix heures et demie du matin, sous la présidence de M. DE MAHY, et examine à nouveau le projet de règlement adopté en première lecture et qui, depuis la dernière séance, a été imprimé et distribué à tous les délégués.

Ce règlement est définitivement adopté sous la forme ci-après, et, pour faciliter la recherche des modifications qui y ont été introduites, l'impression en est faite en regard du projet de la Société de géographie de l'Est.

PROJET DE MODIFICATION AU RÈGLEMENT

DU

CONGRÈS NATIONAL DES SOCIÉTÉS FRANÇAISES DE GÉOGRAPHIE

PRÉSENTÉ PAR

M. J.-V. BARBIER

SECRÉTAIRE GÉNÉRAL DE LA SOCIÉTÉ DE GÉOGRAPHIE DE L'EST

I (NOUVEAU)

Le Congrès des Sociétés françaises de géographie a pour but essentiel :

1° De contribuer à l'étude, au progrès et à la diffusion des sciences géographiques, ainsi qu'à l'étude et à la solution des questions d'ordre géographique touchant aux intérêts du pays;

2° D'entretenir et de développer les rapports de confraternité indispensables entre les sociétés qui cultivent ces sciences; le rapprochement des hommes qui s'y consacrent.

II (ANCIEN I)

1° Les sociétés françaises de géographie seront invitées, par les soins de la Société organisatrice, à adhérer au Congrès, sous l'obligation de se faire représenter officiellement par un délégué. Cette adhésion, donnée une fois pour toutes, ne peut cesser que par dénonciation ou par défaut de délégation au Congrès deux années consécutives;

2° Tous les membres des sociétés françaises de géographie et des sociétés assimilées sont admis à faire partie du Congrès national.

3° Sont d'ores et déjà considérées comme assimilées, les sociétés dont le Comité du Congrès de Bordeaux a arrêté la liste, à charge par elles de se soumettre à l'obligation stipulée pour les sociétés de géographie de se conformer au règlement du Congrès et d'être en rapport d'échange de leur Bulletin avec toutes les sociétés adhérentes;

4° Toute Société qui, dans la suite, voudra faire partie du Congrès, devra en faire la demande par la voie de la Société organisatrice.

RÈGLEMENT
DU
CONGRÈS NATIONAL DES SOCIÉTÉS FRANÇAISES DE GÉOGRAPHIE
ADOPTÉ LE 5 AOUT 1895
PAR
LA RÉUNION DES DÉLÉGUÉS AU CONGRÈS DE BORDEAUX

I

Le Congrès des sociétés françaises de géographie a pour but essentiel :

1° *De contribuer à l'étude, au progrès et à la diffusion des sciences géographiques, ainsi qu'à l'étude et à la solution des questions d'ordre géographique touchant aux intérêts du pays;*

2° *D'entretenir et de développer les rapports de confraternité indispensables entre les sociétés qui cultivent ces sciences; le rapprochement des hommes qui s'y consacrent.*

II

1° *Les sociétés françaises de géographie seront invitées, par les soins de la Société organisatrice, à adhérer au Congrès, sous l'obligation de se faire représenter officiellement par un délégué. Cette adhésion, donnée une fois pour toutes, ne peut cesser que par dénonciation;*

2° *Tous les membres des sociétés françaises de géographie et des sociétés assimilées sont admis à faire partie du Congrès national;*

3° *Sont d'ores et déjà considérées comme assimilées, les sociétés dont le Comité du Congrès de Bordeaux a arrêté la liste, à charge par elles de se soumettre à l'obligation stipulée, pour les sociétés de géographie, de se conformer au règlement du Congrès et d'être en rapport d'échange de leur* Bulletin *avec toutes les sociétés adhérentes;*

4° *Toute Société, ayant un caractère géographique, qui, dans la suite, voudra être admise au Congrès, devra en faire la demande par la voie de la Société organisatrice. Celle-ci en saisira les sociétés*

Celle-ci en saisira les sociétés adhérentes qui, par délégation ou par correspondance, se prononceront sur cette demande.

L'admission ne sera acquise que si elle réunit les deux tiers au moins des suffrages exprimés.

III (ANCIEN II)

Le Congrès *tient, autant que possible,* une session annuelle au siège de l'une des sociétés, laquelle *est* chargée de l'organisation *ainsi qu'il est dit notamment aux articles XII et XVII.*

Six mois au moins avant l'époque de la session, la Société organisatrice devra saisir les sociétés intéressées de la préparation du questionnaire, solliciter et grouper toutes questions ou travaux qu'elle soumettra à l'étude et aux délibérations du Congrès.

Toute question sujette à discussion et à l'émission d'un vœu devra figurer préalablement au programme et être accompagnée de quelques lignes explicatives sur les principaux considérants à l'appui.

Le questionnaire définitif devra être adressé aux sociétés au moins trois mois avant la réunion du Congrès.

IV (ANCIEN III)

Chacune des sociétés françaises de géographie *ou des sociétés assimilées* déléguera, pour la représenter au Comité du Congrès, un de ses membres, muni de ses pouvoirs *ou désigné à l'avance par lettre émanant du président de la société représentée et adressée au président de la Société organisatrice.*

Les sections de groupes géographiques peuvent envoyer des délégués au Congrès; mais ceux-ci n'ont que voix consultative, et, bien qu'ils puissent prendre part aux délibérations du Comité, le vote seul du délégué du groupe central est admis.

C'est la réunion des délégués spéciaux des sociétés qui constitue le Comité du Congrès. Il est présidé par le président du Congrès (V. art. VIII nouveau) ou, à son défaut, par le président de la Société organisatrice, ou encore par tel délégué désigné par le Comité lui-même.

V (ANCIEN IV)

Par les soins et l'initiative de la Société organisatrice, les différents ministères (instruction publique, guerre, colonies, affaires étrangères, intérieur, commerce, marine et travaux publics) seront *adhérentes, lesquelles, par délégation ou par correspondance, se prononceront sur cette demande.*

L'admission ne sera acquise que si elle réunit les deux tiers au moins des suffrages exprimés.

III

Le Congrès tient, *autant que possible,* une session annuelle au siège de l'une des sociétés, laquelle *est* chargée de l'organisation *ainsi qu'il est dit notamment aux articles XII et XVIII.*

Six mois au moins avant l'époque de la session, la Société organisatrice devra saisir les sociétés intéressées de la préparation du questionnaire, solliciter et grouper toutes questions ou travaux qu'elle soumettra à l'étude et aux délibérations du Congrès.

Toute question sujette à discussion et à l'émission d'un vœu devra figurer préalablement au questionnaire. Ce questionnaire devra être adressé aux sociétés au moins trois mois avant la réunion du Congrès, chaque question étant accompagnée de quelques lignes explicatives sur les principaux considérants à l'appui.

IV

Chacune des sociétés françaises de géographie *ou des sociétés assimilées* déléguera, pour la représenter au Comité du Congrès, un de ses membres, muni de ses pouvoirs *ou désigné à l'avance par lettre émanant du président de la Société représentée et adressée au président de la Société organisatrice.*

Les sections de groupes géographiques peuvent envoyer des délégués au Congrès.

C'est la réunion des délégués spéciaux des sociétés qui constitue le Comité du Congrès. Celui-ci est présidé par le président du Congrès (V. art. VIII) *ou, à son défaut, par le président de la Société organisatrice, ou encore par tel délégué désigné par le Comité lui-même.*

V

Par les soins et l'initiative de la Société organisatrice, les différents ministères seront invités à se faire représenter officiellement à chacune des sessions du Congrès.

invités à se faire représenter officiellement à chacune des sessions du Congrès.

Seront également invités à prendre part aux travaux du Congrès, des voyageurs et explorateurs, des personnalités qualifiées sous le rapport de leurs connaissances géographiques, les directeurs de publications géographiques avec lesquelles les sociétés de géographie sont en rapport d'échange.

Peuvent être invitées à se faire représenter les sociétés étrangères des pays frontière. (V. art. XVI.)

VI (ANCIEN V)

La session du Congrès pourra durer de cinq à six jours consécutifs. Autant que possible, la Société organisatrice devra éviter de l'entrecouper par des excursions.

VII (ANCIENS VI, VII, VIII)

Lorsque la Société appelée à recevoir le Congrès aura organisé une exposition *spéciale de géographie*, un jury local sera formé par ses soins pour préparer les opérations du jury définitif.

Durant la session, les membres du Congrès, suivant leurs aptitudes, seront répartis dans les diverses sections pour constituer le jury définitif.

Ne pourront faire partie du jury les membres du Congrès qui sont exposants personnels, s'ils ne sont mis hors concours, au moins dans la section dont ils font partie.

Toutes les expositions collectives seront, pour les récompenses accordées, mises hors concours.

Il est entendu, toutefois, que les membres isolés de ces collectivités auront droit à concourir aux récompenses à titre personnel.

VIII (NOUVEAU)

Chacune des sessions du Congrès est placée sous la présidence à la fois d'honneur et effective d'une haute personnalité française, de compétence et de notoriété incontestées, invitée par la Société organisatrice et dûment informée par celle-ci des obligations qui lui incomberont.

Seront également invités à prendre part aux travaux du Congrès, des voyageurs et explorateurs, des personnalités qualifiées sous le rapport de leurs connaissances géographiques, les directeurs de publications géographiques avec lesquelles les sociétés de géographie sont en rapport d'échange.

Peuvent être invitées à se faire représenter les sociétés étrangères des pays frontière. (V. art. XVII.)

VI

La session du Congrès pourra durer de cinq à six jours consécutifs. Autant que possible, la Société organisatrice devra éviter de l'entrecouper par des excursions.

VII

Lorsque la Société appelée à recevoir le Congrès aura organisé une exposition *spéciale de géographie,* un jury local sera formé par ses soins pour préparer les opérations du jury définitif.

Durant la session, les membres du Congrès, suivant leurs aptitudes, seront répartis dans les diverses sections pour constituer le jury définitif.

Ne pourront faire partie du jury les membres du Congrès qui sont exposants personnels, s'ils ne sont mis hors concours, au moins dans la section dont ils font partie.

Toutes les expositions collectives seront, pour les récompenses accordées, mises hors concours.

Il est entendu, toutefois, que les membres isolés de ces collectivités auront droit à concourir aux récompenses à titre personnel.

VIII

Chacune des sessions du Congrès est placée sous la présidence à la fois d'honneur et effective d'une haute personnalité française, de compétence et de notoriété incontestées, invitée par la Société organisatrice et dûment informée par celle-ci des obligations qui lui incomberont.

Le président du Congrès préside la séance d'ouverture et prononce le discours d'usage. Il préside également les réunions du Comité du Congrès, ainsi que la séance de clôture.

D'accord avec la Société organisatrice, il s'occupe, à l'issue du Congrès, de la transmission à qui de droit des vœux retenus par le Congrès. Lorsque le président sera fixé sur le sort et le résultat des vœux du Congrès, il en fera part au président de la Société organisatrice de la session suivante.

IX

La session s'ouvrira par une séance générale, *entourée autant que possible d'une certaine solennité, dans laquelle seront prononcés les discours de cérémonie.*

Dans la séance générale suivante *et dans l'ordre indiqué par voie de tirage au sort, le délégué attitré de chaque société représentée au Congrès* fera l'exposé sommaire des travaux de cette société.

X (NOUVEAU)

La lecture de chaque rapport ne devra pas durer plus de dix minutes, délai de rigueur. Ceux dont la lecture serait plus longue seront brièvement analysés par leurs auteurs. Ces rapports figureront in extenso *au compte rendu général, à la condition cependant de ne pas tenir plus de cinq pages d'impression.*

Tout rapport qui n'aura pas été présenté à la séance spéciale sera simplement déposé sur le bureau pour être inséré au compte rendu. Ce compte rendu — sténographique chaque fois qu'il se pourra — sera publié par les soins et aux frais de la Société organisatrice dans le plus court délai possible.

XI

Une fois ouvert, le Congrès tiendra une séance le matin et une l'après-midi.

Les séances du matin seront exclusivement consacrées aux travaux sujets à discussions.

Celles de l'après-midi comprendront les communications diverses.

Il ne pourra être dérogé à cette disposition qu'en cas de force majeure ou quand il y aura surcharge à l'une des séances au détriment de l'autre.

Le président du Congrès préside la séance d'ouverture et prononce le discours d'usage. Il préside également les réunions du Comité du Congrès, ainsi que la séance de clôture.

D'accord avec la Société organisatrice, il s'occupe, à l'issue du Congrès, de la transmission à qui de droit des vœux retenus par le Congrès. Lorsque le président sera fixé sur le sort et le résultat de ces vœux, il en fera part au président de la Société organisatrice de la session suivante.

IX

La session s'ouvrira par une séance générale, *entourée autant que possible d'une certaine solennité, dans laquelle seront prononcés les discours de cérémonie.*

Dans la séance générale suivante *et dans l'ordre indiqué par voie de tirage au sort, le délégué attitré de chaque société représentée au Congrès* fera l'exposé sommaire des travaux de cette société.

X

La lecture de chaque exposé ne devra pas durer plus de dix minutes, délai de rigueur. Ceux dont la lecture serait plus longue seront brièvement analysés par leurs auteurs. Ces rapports figureront in extenso au compte rendu général, à la condition cependant de ne pas tenir plus de cinq pages d'impression.

Tout exposé qui n'aura pas été présenté à la séance spéciale sera simplement déposé sur le bureau pour être inséré au compte rendu. Ce compte rendu — sténographique chaque fois qu'il se pourra — sera publié par les soins et aux frais de la Société organisatrice dans le plus court délai possible.

XI

Une fois ouvert, le Congrès tiendra une séance le matin et une l'après-midi.

Les séances du matin seront exclusivement consacrées aux travaux sujets à discussions.

Celles de l'après-midi comprendront les communications diverses.

Il ne pourra être dérogé à cette disposition qu'en cas de force majeure ou quand il y aura surcharge à l'une des séances au détriment de l'autre.

Il pourra être organisé, suivant les besoins, des séances du soir pour des conférences spéciales (V. art. XVII).

XII

La Société organisatrice sera chargée de pourvoir au service du secrétariat et de la publicité. *Elle devra notamment assurer la rédaction des procès-verbaux de chaque séance pour être lus à la séance suivante, à tout le moins à la première séance du lendemain. Des ordres du jour imprimés seront, par ses soins, mis à la disposition des membres du Congrès, autant que possible la veille même de la date des séances.*

Dès que les procès-verbaux des séances auront été approuvés par le Congrès, elle devra les transmettre à la presse et s'efforcer de leur donner la plus grande publicité possible.

XIII

Afin d'éviter les surcharges d'ordre du jour et de conserver aux délibérations du Congrès leur caractère absolument géographique, les personnes qui auront des communications à faire devront en donner au préalable le titre, et au besoin le caractère défini à la Société organisatrice.

Toute communication qui aurait été publiée avant d'être présentée au Congrès sera exclue. Cette disposition n'interdit en rien la présentation au Congrès d'ouvrages de nature à l'intéresser.

XIV

Les ordres du jour seront préparés par le bureau de la Société organisatrice.

Dès avant l'ouverture de la session, dans une réunion préliminaire du Comité du Congrès, les projets d'ordre du jour seront soumis à son approbation. Mais son acquiescement ne saurait supprimer la faculté qu'il a toujours de s'inspirer des nécessités du moment pour y apporter les modifications qu'il jugerait bonnes.

Si, dans le cours de la session, sous un titre géographique, il est présenté un travail ayant un tout autre objet, la parole sera retirée à son auteur après consultation de l'assemblée par le président.

Il pourra être organisé, suivant les besoins, des séances du soir pour des conférences spéciales (V. art. XVIII).

XII

La Société organisatrice sera chargée de pourvoir au service du secrétariat et de la publicité. *Elle devra notamment assurer la rédaction des procès-verbaux de chaque séance pour être lus à la séance suivante, à tout le moins à la première séance du lendemain. Des ordres du jour imprimés seront, par ses soins, mis à la disposition des membres du Congrès, autant que possible la veille même de la date des séances.*

Dès que les procès-verbaux des séances auront été approuvés par le Congrès, elle devra les transmettre à la presse et s'efforcer de leur donner la plus grande publicité possible.

XIII

Afin d'éviter les surcharges d'ordre du jour et de conserver aux délibérations du Congrès leur caractère absolument géographique, les personnes qui auront des communications à faire, en dehors du programme, devront en donner au préalable le titre, et au besoin le caractère défini à la Société organisatrice.

Toute communication qui aurait été publiée avant d'être présentée au Congrès sera exclue. Cette disposition n'interdit en rien la présentation au Congrès d'ouvrages de nature à l'intéresser.

XIV

Les ordres du jour seront préparés par le bureau de la Société organisatrice.

Dès avant l'ouverture de la session, dans une réunion préliminaire du Comité du Congrès, les projets d'ordre du jour seront soumis à son approbation. Mais son acquiescement ne saurait supprimer la faculté qu'il a toujours de s'inspirer des nécessités du moment pour y apporter les modifications qu'il jugerait bonnes.

XV

Si, dans le cours de la session, sous un titre géographique, il est présenté un travail ayant un tout autre objet, la parole sera retirée à son auteur.

XV

La présidence des séances du matin comme de celles de l'après-midi revient de droit aux délégués officiels des sociétés.

Mais le nombre de ces séances ne pouvant jamais être en rapport avec celui des délégués, le Comité du Congrès, dans la séance préliminaire dont il est fait mention ci-dessus (art. XIV) élira au scrutin secret et à la majorité relative ceux d'entre les délégués présents à qui la présidence sera confiée à tour de rôle. Les autres délégués seront désignés comme vice-présidents, de manière que tous, sans exception, figurent au bureau dans le cycle des séances d'une session.

XVI

Si des délégués du Gouvernement, des membres des sociétés étrangères de géographie sont présents, à titre officiel ou non, ils pourront être désignés comme assesseurs. La présidence d'honneur de l'une ou l'autre séance pourra être offerte *aux délégués étrangers ; mais en aucun cas cette présidence ne pourra être effective pour les séances du matin ou de l'après-midi.*

Le bureau de la société pourra présenter comme assesseurs *également* les représentants des sociétés, académies, administrations ou institutions locales.

XVII

L'ordre du jour et l'organisation du bureau des séances supplémentaires du soir sont réservés à la Société organisatrice. *Mais il est entendu, en principe, que ces séances sont exclusivement consacrées à des conférences publiques destinées tout à la fois à faire œuvre de vulgarisation utile et à donner au Congrès toute sa portée dans la région où il se tient. En conséquence, elles seront l'objet de toute la publicité possible.*

XVIII

Toute question admise au Congrès sera traitée en séance de discussion générale. Les vœux qui pourront être formulés et votés en séance générale seront tous renvoyés au Comité du Congrès composé uniquement des délégués spéciaux des sociétés de géographie *et des sociétés assimilées* à raison de un

XVI

La présidence des séances du matin comme de celles de l'après-midi revient de droit aux délégués officiels des sociétés.

Mais le nombre de ces séances ne pouvant jamais être en rapport avec celui des délégués, le Comité du Congrès, dans la séance préliminaire dont il est fait mention ci-dessus (art. XIV), élira au scrutin secret et à la majorité relative ceux d'entre les délégués présents à qui la présidence sera confiée à tour de rôle. Les autres délégués seront désignés comme vice-présidents, de manière que tous, sans exception, figurent au bureau dans le cycle des séances d'une session.

XVII

Si des délégués du Gouvernement, des membres des sociétés étrangères de géographie sont présents, à titre officiel ou non, ils pourront être désignés comme assesseurs. La présidence d'honneur de l'une ou l'autre séance pourra être offerte *aux délégués étrangers; mais en aucun cas cette présidence ne pourra être effective pour les séances du matin ou de l'après-midi.*

Le bureau de la société pourra présenter comme assesseurs *également* les représentants des sociétés, académies, administrations ou institutions locales.

XVIII

L'ordre du jour et l'organisation du bureau des séances supplémentaires du soir sont réservés à la société organisatrice. *Mais il est entendu, en principe, que ces séances sont exclusivement consacrées à des conférences publiques destinées tout à la fois à faire œuvre de vulgarisation utile et à donner au Congrès toute sa portée dans la région où il se tient. En conséquence, elles seront l'objet de toute la publicité possible.*

XIX

Toute question admise au Congrès sera traitée en séance de discussion générale. Les vœux qui pourront être formulés et votés en séance générale seront tous renvoyés au Comité du Congrès composé uniquement des délégués spéciaux des sociétés de géographie *et des sociétés assimilées* à raison de un par société. La décision du Comité pour l'acceptation ou le rejet des vœux sera souveraine.

En séance générale de clôture, le président du Congrès fera connaître les vœux que le Comité aura maintenus.

XIX

A chaque session, le Congrès désignera la société qui devra le recevoir à la session suivante. Cette désignation devra être faite, quand il sera possible, deux ans à l'avance.

XX

Le président de chaque séance sera chargé d'assurer l'exécution du présent règlement et de prendre toutes les mesures nécessaires pour maintenir la régularité de la marche des travaux.

XXI

Un exemplaire du présent règlement, imprimé aux frais de la Société organisatrice, sera distribué à chacun des membres du Congrès à la séance d'ouverture de chaque session et sera déposé en permanence, par ses soins, sur le bureau de l'assemblée.

Le présent règlement, *voté* par le Congrès réuni à Toulouse, dans la séance du 9 août 1884, *a été modifié du consentement général des sociétés et par un vote du Congrès de Bordeaux le 2 août 1895.*

par société. Le Comité décide s'il retient ou non les vœux émis par l'assemblée.

Toutefois, les modifications au règlement, ou les questions particulières aux sociétés de géographie, ainsi que le choix de la société qui recevra le Congrès, sont exclusivement réservés aux seuls délégués des sociétés de géographie.

En séance générale de clôture, le président du Congrès fera connaître les vœux que le Comité aura maintenus.

XX

A chaque session, le Congrès désignera la société qui devra le recevoir à la session suivante. Cette désignation devra être faite, quand il sera possible, deux ans à l'avance.

XXI

Le président de chaque séance sera chargé d'assurer l'exécution du présent règlement et de prendre toutes les mesures nécessaires pour maintenir la régularité de la marche des travaux.

XXII

Un exemplaire du présent règlement, imprimé aux frais de la Société organisatrice, sera distribué à chacun des membres du Congrès à la séance d'ouverture de chaque session et sera déposé en permanence, par ses soins, sur le bureau de l'assemblée.

Le présent règlement, *modifiant celui de* Toulouse du 9 août 1884, *a été voté par le Congrès de Bordeaux le 5 août 1895.*

Après l'adoption du nouveau règlement, et conformément aux prescriptions de l'article II, § 3, le Bureau du Congrès se met en mesure de dresser la liste des sociétés qu'il y a lieu de considérer comme assimilées aux sociétés de géographie.

Dans le projet qui accompagnait sa circulaire du 15 janvier 1895, la Société de géographie de l'Est proposait de « considérer comme assimilées, — sous le bénéfice de leur acceptation préalable du règlement adopté par les sociétés de géographie, et en tant qu'elles seront, avec la plupart de celles-ci, en rapport d'échanges de publications périodiques, — les sociétés suivantes : Club alpin français, Alliance française, Comité de l'Afrique française, Société nationale de topographie, Société des études maritimes et coloniales, Institut géographique de la Sorbonne, Union coloniale française, Institut de Carthage, » et elle expliquait, en ce qui concerne l'Institut géographique de la Sorbonne et l'Institut de Carthage :

1° Que, depuis sa création, l'Institut géographique de la Sorbonne s'est fait représenter à nos sessions de la façon la plus honorable et la plus utile pour les travaux du Congrès ;

2° Que l'Institut de Carthage a été, par suite d'une circonstance fortuite, admis en 1894 à prendre part au Congrès de Lyon.

Après discussion, le Bureau déclare assimilées les sociétés ci-après :

1° Le Club alpin français ;
2° L'Alliance française ;
3° Le Comité de l'Afrique française ;
4° La Société de topographie de France ;
5° La Société des études maritimes et coloniales ;
6° L'Institut de Carthage.

La séance est levée à onze heures trois quarts.

IV. — Séance du mercredi 7 août.

A deux heures précises, conformément au programme, les délégués se réunissent sous la présidence de M. DE MAHY, pour la revision des vœux émis par le Congrès.

Après examen et discussion, le Bureau retient dix-huit vœux, dont la liste sera communiquée à la séance de clôture (¹).

La réunion s'occupe ensuite de la question de la ville qui aura à recevoir le Congrès en 1897, la ville de Lorient ayant déjà été désignée par le Congrès de Lyon pour 1896.

Deux candidatures sont en présence : Saint-Nazaire, qui, par l'organe de son délégué M. GALLET, sollicite depuis plusieurs années cette faveur, et Marseille, qui a fait parvenir au Congrès la lettre suivante, dont il est donné lecture :

« Marseille, le 20 juillet 1895.

» *A Monsieur le Président du Congrès national de géographie, Bordeaux.*

» MONSIEUR LE PRÉSIDENT,

» Au nom de la Société de géographie de Marseille, nous venons solliciter l'honneur de recevoir, en 1897, le Congrès national des sociétés françaises de géographie.

» Nous espérons que les représentants de nos sociétés-sœurs au Congrès de Bordeaux voudront bien consentir au choix de notre grand port pour la 18ᵉ session du Congrès national de géographie, qui ne s'est jamais réuni à Marseille. D'ailleurs, ce projet, officieusement communiqué l'an dernier au Congrès de Lyon par notre délégué, M. Breittmayer, y a été approuvé et encouragé.

» Notre cité maritime, en relations commerciales avec le monde entier, offrirait certainement un vif intérêt pour les congressistes, et notre Société s'efforcerait de rendre agréable

---

(¹) Voir cette liste page 386.

leur séjour en Provence, dans la métropole française de la Méditerranée.

» Dans l'espoir que notre invitation recevra un accueil favorable, nous vous prions d'agréer, Monsieur le Président, l'expression de notre considération la plus distinguée.

» *Le Secrétaire général,*   » *Le premier Vice Président,*
» Jacques LÉOTARD.   » E. DELIBES. »

Après discussion, la ville de Saint-Nazaire est désignée et M. GALLET, au nom de sa Société, remercie la réunion de cette décision.

La séance est levée à trois heures et demie.

V. — Séance supplémentaire du mercredi 7 août (après-midi).

A quatre heures trois quarts, aussitôt après la séance générale supplémentaire, le Bureau se réunit de nouveau pendant quelques instants, sous la présidence de M. DE MAHY, pour l'examen d'un dernier vœu, adopté à cette séance, et qui n'est pas retenu.

APPENDICE

APPENDICE

Observations adressées au Congrès au sujet du § 4 du vœu n° 13;

Par M. Maurice SOUILLARD,

ex-mécanicien, employé à la Compagnie maritime *Gironde-et-Garonne*.

Bordeaux, le 7 août 1895.

Monsieur le Président du Congrès national de géographie,
à Bordeaux.

Monsieur,

J'apprends par la voie de la presse que dans la séance tenue hier matin, 6 août, le vœu suivant a été adopté :

4° « Que les signaux phoniques soient faits à bord de tout navire au moyen de l'air comprimé. »

Je prends la liberté, Monsieur le Président, de venir soumettre à votre haute compétence quelques objections, qu'il m'a paru nécessaire de mettre à jour, si toutefois vous voulez bien m'accorder quelques instants d'attention :

Pourquoi ne pas se servir de la vapeur qui coûte bien moins cher que l'air comprimé, surtout à haute pression (12 à 17 kilog.), pour produire des signaux phoniques?

La portée du signal phonique est d'autant plus grande que la pression initiale est plus élevée.

J'ai mis en service, sur le vapeur *Magicienne n° 8,* de la Compagnie maritime « Gironde-et-Garonne », au mois de février 1895, une sirène *à vapeur*, de mon système, dont on peut faire varier le son à volonté; cet appareil, placé dans des conditions tout à fait défavorables, a toujours très bien fonctionné depuis cette date (six mois), il n'a exigé ni entretien ni réparations, bien qu'il fonctionne journellement; son usure est insignifiante, on peut s'en rendre compte *de visu*.

Je ne m'explique pas le motif pour lequel on voudrait substituer l'air comprimé à la vapeur, à bord des bateaux munis de générateurs à vapeur.

Les quatre-mâts à voile, eux-mêmes, sont aujourd'hui munis d'une chaudière à vapeur pour virer leurs ancres; ne pourrait-on pas monter sur cette chaudière une sirène pour produire des sons en temps de brume?

On ne doit pas oublier que *pratiquement* les appareils à air comprimé sont très délicats et exigent des soins très minutieux.

Quant à la nécessité d'avoir une sirène à bord de *chaque bateau*, elle est aujourd'hui incontestable, à la suite de tous les sinistres maritimes qui sont survenus.

Sans remonter bien haut, il suffira de citer la catastrophe du *Charles-Martel*, survenue l'hiver dernier, par temps de brume, à la hauteur du kilomètre 12 (vers Grattequina), en Gironde.

Il est très probable que si le *Charles-Martel* avait eu une sirène assez puissante, il ne serait pas à l'heure actuelle au fond de l'eau; en outre, avec l'argent que va coûter son renflouement, on aurait pu munir de sirènes un très grand nombre de vapeurs français.

Il existe dans l'organisation des signaux phoniques des anomalies assez grandes; entre autres : Pourquoi exiger des paquebots qui font la ligne de New-York une sirène à leur bord et pas pour ceux qui naviguent en rivière?

Il semble cependant qu'un bateau a plus d'espace pour se mouvoir dans l'Océan qu'en Gironde, par exemple, surtout en temps de brume.

Les sifflets ordinaires ne s'entendent pas d'assez loin; il en existe même qu'on entend à peine à 1/2 mille.

Il serait à souhaiter que tous les navires à vapeur fussent *obligés* d'avoir une sirène, portant à une distance moyenne, fixée par des règlements spéciaux, sans cependant nécessiter des appareils trop coûteux pour les armateurs.

La portée de la sirène devrait, en outre, être proportionnelle à *la vitesse maximum* du vapeur; car il est évident qu'un navire qui file 17 ou 18 milles doit être entendu de plus loin que celui qui en file 8 ou 10 seulement.

Je prends la liberté, Monsieur le Président, d'établir une comparaison entre les signaux mus par la vapeur et par l'air comprimé.

La sirène à vapeur est un appareil qu'on peut facilement comparer à une arme constamment chargée et prête à partir au premier signal, tel que le fusil Lebel actuel;

La sirène à air comprimé peut et doit être comparée à une arme qu'il faut d'abord charger pour la faire partir, puis recharger encore, si on veut s'en servir de nouveau, tel que le fusil Gras 1874.

La substitution de *l'air comprimé à la vapeur* ne saurait donc, *en aucun cas,* augmenter la sécurité de la navigation, au point de vue des signaux; ce ne serait, au contraire, qu'une source de dépense beaucoup plus grande pour les armateurs et une complication du mécanisme déjà si complexe des navires à vapeur.

Je viens donc, Monsieur le Président, vous demander d'avoir la bonté de soumettre ces quelques objections au Congrès, si vous reconnaissez toutefois ma lettre fondée, et l'inviter à modifier dans le sens ci-après le § 4, voté hier matin, en ce qui concerne les *abordages en mer :*

« 1° Que tout navire (vapeur ou voilier) soit *obligatoirement* » muni d'une sirène, dont la portée sera proportionnelle à *sa* » *vitesse maximum.* (Transport des passagers ou des mar- » chandises.)

» 2° Que cette sirène soit mue à bord des navires à vapeur » au moyen de la vapeur, et à bord des navires à voiles soit au » moyen de la vapeur, soit à l'air comprimé. »

Je crois, Monsieur le Président, qu'un vœu dans ce sens déciderait bien des armateurs à appliquer des signaux phoniques à bord de leurs navires sans leur occasionner de fortes dépenses.

J'ai appris ce matin même que la séance de clôture du Congrès de géographie avait lieu aujourd'hui; aussi, me suis-je empressé de vous transmettre ces quelques objections, dans l'espoir que vous voudrez bien en faire part au Congrès dans la séance de clôture de ce jour, ne pouvant me rendre moi-même à l'amphithéâtre de l'École professionnelle pour les exposer.

Daignez agréer, Monsieur le Président, l'expression de ma parfaite considération.   Maurice Souillard.

PÉTITION

des Patrons et Marins du port de Saint-Macaire.

(Cette pétition n'est parvenue au Congrès qu'après la séance de clôture.)

———

Saint-Macaire, le 5 août 1895.

A Monsieur le Président de la Société géographique et commerciale du Sud-Ouest.

Monsieur le Président,

Les soussignés, patrons et marins du port de Saint-Macaire, ont l'honneur de vous exposer que la Garonne, depuis l'année 1890, époque à laquelle on a cessé les dragages, est absolument impraticable à cause du manque d'eau.

Pendant l'été, le fleuve a, tout au plus, un mètre de hauteur d'eau.

Cette situation intolérable empêche toute navigation à notre batellerie et à celle du haut du fleuve.

Nous sommes tous obligés, afin d'éviter un échouage, en face de Saint-Macaire, de prendre des allèges, opération longue et dispendieuse et même qui ne peut avoir lieu que rarement, car la plupart du temps, la passe est obstruée par de nombreux bateaux, qui sont échoués en cet endroit.

Ils osent espérer qu'avec votre haute protection leur demande sera favorablement accueillie par l'Administration supérieure.

Daignez agréer, Monsieur le Président, l'assurance de leurs sentiments les plus respectueux et de leur dévouement le plus absolu.

(Suivent les signatures des pétitionnaires.)

Les soussignés, membres du Conseil municipal, se joignent à MM. les marins, afin que leur demande soit favorablement accueillie.

(Suivent les signatures des conseillers municipaux.)

LISTE

des Ouvrages déposés sur le bureau du Congrès.

Ministère du commerce, de l'industrie, des postes et télégraphes :
Annuaire statistique de la France, 15ᵉ année (1892-93-94).

Société de géographie commerciale de Lille :
Bulletin de la Société : 7-12 de 1894, et 1-6 de 1895.
Notice historique : *Liste des conférences faites à Lille, Roubaix et Tourcoing, et nomenclature des excursions dirigées par la Société, janvier 1888 à décembre 1894.*

Société de géographie et d'archéologie d'Oran :
Bulletin de la Société : 18ᵉ année, tome XV, fascicule 65, avril à juin 1895.
Notice : *Observations sommaires sur les tracés du Chemin de fer transsaharien par l'est ou l'ouest de l'Algérie*, présentées à M. Bourlier, député, rapporteur de la Commission du Transsaharien, par M. Bouty, contrôleur principal des mines, secrétaire général de la Société.

M. Barbier (J.-V.) :
Rapport sur la question des renseignements coloniaux, présenté au Congrès national des Sociétés françaises de géographie, réuni à Bordeaux en 1895.

M. Breittmayer :
Notices : *Canal dérivé du Rhône, de Beaucaire à Aigues-Mortes.*
Canal d'irrigation du Bas-Rhône.
Débuts des bateaux à vapeur et des chemins de fer en France. 3ᵉ partie : Les voies ferrées en France avant 1842.
Les premières années du Dock Talabot.

M. J. Forest :
Notice : *L'autruche. Son importance économique depuis*

l'antiquité jusqu'au XIXᵉ siècle. Son avenir en Algérie au point de vue français.

Revue des sciences naturelles appliquées, publiée par la Société nationale d'acclimatation. Extrait : *L'autruche*.

M. Jules de Guerne :
Bulletin de la Société des Amis des Explorateurs français du 30 mars 1895 : statuts et séance d'organisation.

M. Pensa :
Bulletin du Comité d'Égypte, n° 1, juillet 1895.

M. le Dʳ Verrier :
Étude des arbres à quinquina. Leur introduction dans nos colonies africaines et en particulier à Madagascar.

M. Paul Vibert :
Mon Berceau. Histoire anecdotique, pittoresque et économique du premier arrondissement.
L'Électricité à la portée des gens du monde.
Les Musées commerciaux et l'Exposition universelle de 1889.

M. Delarue, éditeur à Paris :
Monographies communales et l'Exposition de 1900. Type de notices géographiques et historiques, par M. Cottin, inspecteur de l'enseignement primaire.

TABLE DES MATIÈRES

INTRODUCTION

	Pages.
ORGANISATION DU CONGRÈS	1
CIRCULAIRE ADRESSÉE AUX SOCIÉTÉS DE GÉOGRAPHIE	4
QUESTIONNAIRE DU CONGRÈS	5
RÈGLEMENT	9
PROGRAMME GÉNÉRAL DU CONGRÈS	11
COMPOSITION DU CONGRÈS : Délégués des Ministères	13
Délégués et représentants des Sociétés	14

TRAVAUX DU CONGRÈS

PREMIÈRE JOURNÉE (jeudi 1ᵉʳ août).

I. — *Séance du matin* : OUVERTURE DU CONGRÈS 21
II. — *Séance de l'après-midi* : VISITE A L'EXPOSITION 25
Les régions naturelles de la Gironde à l'occasion d'une carte géologique du département, par M. EMMANUEL FALLOT, professeur à la Faculté des sciences de Bordeaux 27
III. — RÉCEPTION PAR LA CHAMBRE DE COMMERCE 32

DEUXIÈME JOURNÉE (vendredi 2 août).

I. — *Séance du matin* 34
Rapport sur les travaux des Sociétés (Paris, Marseille, Nancy, Bourg, Lille, Lorient, Nantes, Toulouse, le Havre, Saint-Nazaire, Paris (commerciale), Rochefort et Bordeaux) 34-64
II. — *Séance de l'après-midi* 65
Le rôle commercial de nos fleuves et de nos ports, par M. ALBERT BREITT-MAYER, délégué de la Société de géographie de Marseille 66
Note au sujet d'un vœu émis par le Congrès de Lyon en vue de la création d'un atlas de géographie physique et statistique de la France, présentée par M. BARBIER, secrétaire général de la Société de géographie de l'Est. 71
Discussion et vœu 78
Les glaces de Terre-Neuve et notre climat. — Les pilot-charts de juin et juillet 1895. — Les trajets des tempêtes dans l'hémisphère nord, par

M. HAUTREUX, vice-président de la Société de géographie commerciale de Bordeaux... 81
Discussion et vœu... 88
   III. — *Soir :* Choses d'Asie : le Japon et la Chine, conférence par M. MERCHIER, secrétaire général de la Société de géographie de Lille... 89

TROISIÈME JOURNÉE (samedi 3 août).

   I. — *Séance du matin*.. 95
Rochefort, son arsenal et la défense des côtes ; observations de M. CHARRON, président de la Société de géographie de Rochefort................ 95
Discussion et vœu... 96
Système d'exploitation des colonies ; observations de M. LOURDELET, vice-président de la Société de géographie commerciale de Paris............ 99
Discussion et vœu... 101
   II. — *Séance de l'après-midi*................................... 107
Rapport sur la question des renseignements coloniaux, par M. BARBIER, secrétaire général de la Société de géographie de l'Est............... 108
Discussion et vœu... 134
La situation de la pêche côtière en France et la vulgarisation des notions d'océanographie, par M. LAYEC, secrétaire général de la Société bretonne de géographie.. 136
Adoption du vœu proposé.. 153
Le bassin d'Arcachon, par M. DUFFART, membre de la Société de géographie commerciale de Bordeaux... 153
Adoption du vœu proposé.. 167
Amélioration d'une rivière à marée, par M. HAUTREUX, vice-président de la Société de géographie commerciale de Bordeaux..................... 167
   III. — *Soir :* PROMENADE A L'EXPOSITION......................... 174

QUATRIÈME JOURNÉE (dimanche 4 août).

EXCURSION EN RIVIÈRE JUSQU'A L'ENTRÉE DU CANAL LATÉRAL A LA GARONNE... 177

CINQUIÈME JOURNÉE (lundi 5 août).

   I. — *Séance du matin*... 182
Des effets du déboisement dans les Pyrénées, par M. GUENOT, secrétaire général de la Société de géographie de Toulouse..................... 182
Discussion et vœu... 204
Communication de M. CASTONNET DES FOSSES, vice-président de la Société de géographie commerciale de Paris, sur les intérêts français en Syrie... 206
Adoption du vœu proposé.. 207
   II. — *Séance de l'après-midi*................................... 207
Le canal des Deux-Mers ; mémoire présenté au nom de M. KERVILER, ingénieur en chef des ponts et chaussées, par M. GALLET, délégué de la Société de géographie de Saint-Nazaire.............................. 208
Discussion et vœu... 222
L'Égypte au point de vue économique et les intérêts français, par M. PENSA, secrétaire général du comité d'Égypte................................ 227
Adoption du vœu proposé.. 235

L'immigration asiatique dans nos colonies, par M. CASTONNET DES
  FOSSES.. 236
Adoption du vœu proposé.. 247
Un plan de bibliographie géographique lorraine, établi par la Commission
  spéciale de la Société de géographie de l'Est et communiqué par
  M. BARBIER... 248
Côte des Landes et bassin d'Arcachon : les vents, les courants, les tempé-
  ratures et les densités de la mer, par M. HAUTREUX......................... 251
Adoption du vœu proposé.. 268
    III. — *Soir* : Le Canada et ses relations avec la France, conférence par
  M. H. LORIN, professeur de l'Université.................................... 268

SIXIÈME JOURNÉE (mardi 6 août).

    I. — *Séance du matin*... 272
Projet de répertoire des découvertes géographiques de 1800 à 1900 présenté au
  nom de la Société de géographie de Marseille (M. SAINT-YVES, rapporteur). 273
Les abordages en mer, par M. GODET, capitaine au long cours, à Bordeaux. 275
Mémoire du commandant RIONDEL sur la même question................. 276
Discussion et vœux... 280
Question du Contesté franco-brésilien, présentée par M. DOBY, délégué de
  la Société de géographie commerciale de Nantes............................ 282
Adoption du vœu proposé.. 293
Les limites géographiques du climat tempéré, par M. GEBELIN, vice-pré-
  sident de la Société de géographie commerciale de Bordeaux.............. 293
    II. — *Séance de l'après-midi*....................................... 301
Communication du Dr VERRIER sur une école coloniale agricole pratique,
  spécialement fondée par les Drs Verrier et Bertholon en Tunisie, en vue
  du développement de l'initiative privée.................................... 302
Discussion et vœu.. 308
De la division décimale des mesures des angles et du temps................ 309
Discussion et vœu.. 314
Note sur la cartographie des Pyrénées espagnoles en 1895, par M. le comte
  d'ARLOT DE SAINT-SAUD, délégué de la Société de géographie de Madrid. 315
Discussion et vœu.. 324
Les Missions protestantes françaises en pays païen, par M. LUNG, membre
  de la Société de géographie de Bordeaux................................... 325

SEPTIÈME JOURNÉE (mercredi 7 août).

    I. — *Séance du matin*... 332
Du pétrole et de sa distribution géographique dans le monde, par M. ALBERT
  MENGEOT, secrétaire de la Société de géographie commerciale de Bor-
  deaux.. 334
Le relèvement de la natalité et l'avenir colonial de la France, par M. ROS-
  SIGNOL, professeur de géographie au Lycée, secrétaire de la Société de
  géographie commerciale de Bordeaux.. 355
Discussion et vœu.. 363
L'élevage et la domestication de l'autruche dans le Sud algérien ; communi-
  cation présentée, au nom de M. J. FOREST aîné, par M. le commandant
  BONETTI, vice-président de la Société de géographie commerciale de
  Bordeaux... 365

Discussion et vœu	366
Les Missions catholiques françaises, par M. FOURNIER DE FLAIX	367
La domestication de l'éléphant d'Afrique; communication présentée au nom de M. P. BOURDARIE, secrétaire général, par M. le D⁰ VERRIER, président honoraire de la Société africaine de France	372
Adoption du vœu proposé	373
Étude sur le Sikkim, par M. Ch. JAMBON	373
II. — *Séances de l'après-midi :*	
1º Séance supplémentaire	380
Notes de M. L. VIDEAU sur la pêche de la sardine, l'industrie de la sardine à l'huile et l'inscription maritime	380
Discussion et vœu	385
2º Séance de clôture	386
Lecture et adoption des vœux	386
Allocution de M. DE MAHY	391
III. — *Soir :* Banquet offert aux délégués des Ministères (Compte rendu)	392
Toast de M. HAUTREUX	393
Lettre et toast de M. DE MAHY	394

HUITIÈME JOURNÉE (jeudi 8 août).

I. — Excursion a Bourg-sur-Gironde	396
II. — Réception a l'Hotel de Ville	400

RÉUNIONS DES DÉLÉGUÉS

I. — Séance du jeudi 1ᵉʳ août (vérification des pouvoirs des délégués)	405
II. — Séance du vendredi 2 août (examen du projet de modification du règlement)	405
III. — Séance du lundi 5 août (approbation du nouveau règlement et désignation des sociétés assimilées)	407
IV. — Séances du mercredi 7 août (revision des vœux et désignation du lieu de réunion du Congrès de 1897)	409

APPENDICE

I. — Observations de M. Maurice SOUILLARD au sujet du vœu relatif aux signaux phoniques à air comprimé	427
II. — Pétition des patrons et marins de Saint-Macaire au sujet du dragage de leur port	430
III. — Liste des Ouvrages déposés sur le bureau du Congrès	431

CARTE, GRAPHIQUES ET VUES PHOTOTYPIQUES

INSÉRÉS DANS LE VOLUME

I. — **CARTE**

Limites géographiques du climat tempéré (carte esquisse), page 300.

II. — **TABLEAUX ET GRAPHIQUES**

Côtes des Landes et bassin d'Arcachon, par M. Hautreux :
    Planche I, n° 1 : Biarritz; direction et force des vents; n° 2 : Arcachon; direction et force des vents.
    Planche II, n° 1 : Bouteilles flottantes; n° 2 : températures de surface de la mer, bassin d'Arcachon et côte des Landes.
    Planche III : Densités de surface de la mer; côte des Landes; bassin d'Arcachon.
    (Ces trois planches sont insérées page 268.)

III. — **PHOTOTYPIES**

Excursion du 4 août.

1. Les congressistes sur le pont du *Lot-et-Garonne*.
2. Arrivée à Langon.
3. Arrivée à Saint-Macaire.
4. Les écluses du canal latéral.
5. Ruines du château de Langoiran.
    (Ces cinq planches sont insérées page 176.)

Excursion du 8 août.

6. Le départ pour Bourg.
7. Vue générale de Bourg.
8. Une porte à Bourg.
    (Ces trois planches sont insérées page 306.)

Bordeaux — Imp. G. Gounouilhou, rue Guiraude.

BORDEAUX
IMPRIMERIE G. GOUNOUILHOU
11, RUE GUIRAUDE, 11

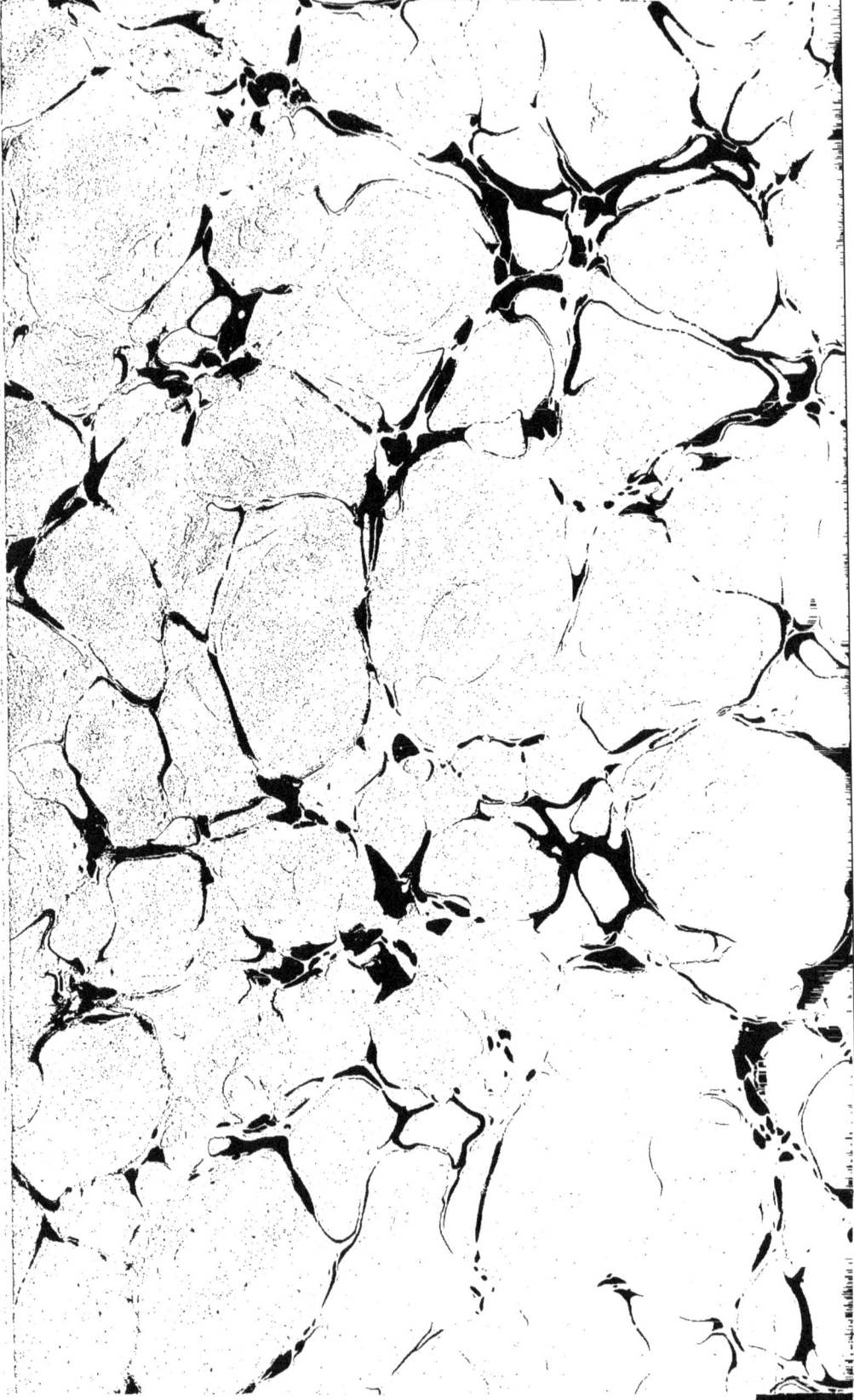

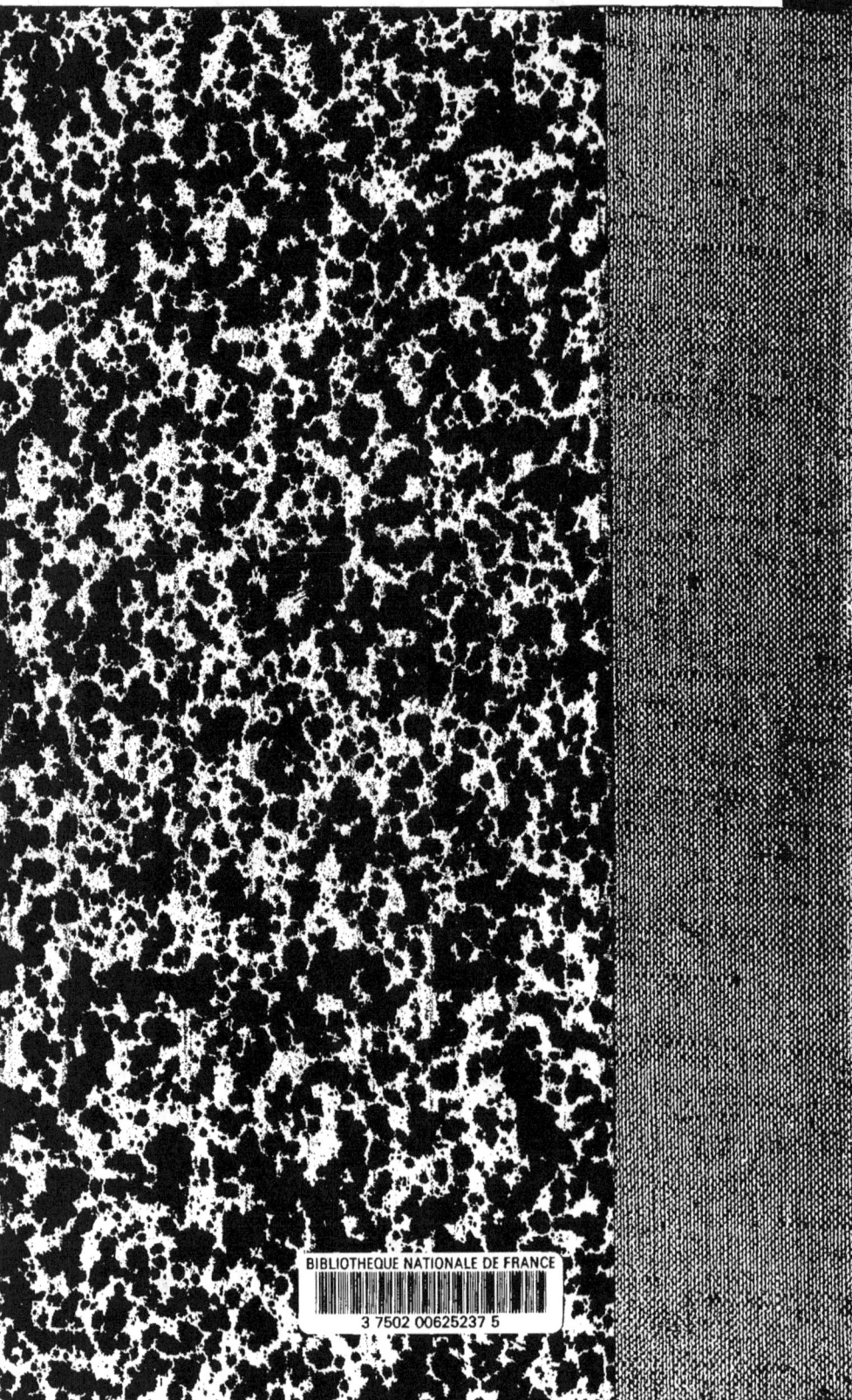

www.ingramcontent.com/pod-product-compliance
Lightning Source LLC
Chambersburg PA
CBHW050242230426
43664CB00012B/1791